Auxiliando a humanidade a encontrar a Verdade

Herculanum

(ROMANCE DA ÉPOCA ROMANA)

Título do original:
Herculanum
© 2007 – Conhecimento Editorial Ltda.

HERCULANUM
J. W. Rochester – Vera Ivanovna Kryzhanovskaia

Todos os direitos desta edição reservados à
CONHECIMENTO EDITORIAL LTDA.
Caixa Postal 404 – CEP 13480-970
Limeira – SP
Fone/Fax: 19 3451-0143
home page: www.edconhecimento.com.br
e-mail: conhecimento@edconhecimento.com.br

Nos termos da lei que resguarda os direitos auto-
rais, é proibida a reprodução total ou parcial, de
qualquer forma ou por qualquer meio – eletrônico
ou mecânico, inclusive por processos xerográficos,
de fotocópia e de gravação –, sem permissão, por
escrito, do Editor.

Tradução:
Maria Alice Farah Antonio
Revisão:
Josias A. Andrade
Antonio Rolando Lopes Jr.
Projeto gráfico:
Sérgio F. Carvalho
Ilustrações:
Lawrence Alma Tadena
Caio Cacau
Banco de dados

Produzido no Departamento Gráfico de
CONHECIMENTO EDITORIAL LTDA
grafica@edconhecimento.com.br

Dados Internacionais de Catalogação na Publicação (CIP)
(Câmara Brasileira do Livro, SP, Brasil)

Rochester, John Wilmot, Conde de (Espírito)
Herculanum : (romance da época romana) /
Conde J. W. Rochester ; obra psicografada por
Vera Ivanovna Kryzhanovskaia ; tradução de
Maria Alice Farah Antonio – 1ª. edição –, Limeira,
SP: Editora do Conhecimento, 2007.

Título original: *Herculanum*
ISBN 978-85-7618-111-8

1. Psicografia 2. Romance inglês I. Kryzhanovskaia, Vera Ivanovna 1861-1924. II Título.

07-1385   CDD – 133.93

Índice para catálogo sistemático:
1. Psicografia : Espiritismo 133.93
2. Romances mediúnicos : Espiritismo 133.93

J. W. Rochester

HERCULANUM
(Romance da época romana)

obra psicografada por
Vera Ivanovna Kryzhanovskaia

1ª edição – 2007

Obras do autor editadas pela Editora do Conhecimento:

- O Castelo Encantado – 2001
- Num Outro Mundo – 2001
- Dolores – 2001
- O Terrível Fantasma (Trilogia – Livro 1) – 2001
- No Castelo Escocês (Trilogia – Livro 2) – 2001
- Do Reino das Trevas (Trilogia – Livro 3) – 2002
- Os Luciferianos (Bilogia – Livro 1) – 2002
- Os Templários (Bilogia – Livro 2) – 2002
- Ksenia – 2003
- A Filha do Feiticeiro – 2003
- O Paraíso sem Adão – 2003
- A Teia – 2003
- O Chanceler de Ferro do Antigo Egito – 2004
- No Planeta Vizinho – 2004
- O Faraó Mernephtah – 2005
- A Vingança do Judeu – 2005
- Episódio da Vida de Tibério – 2005
- Herculanum – 2007
- Hatasu — a rainha do Egito – 2007
- Abadia dos Beneditinos – 2007

Obs: A data após o título se refere à primeira edição.

Sumário

Apresentação 7
Ao sr. S. J. M............sky 29
Parte um
1. A visita.. 35
2. O pai e o filho, a mãe e a filha........................... 42
3. A festa... 49
4. Um passado 58
5. O noivo 68
6. O camafeu de Tibério 73
7. O salvador.. 82
8. A visita de Sempronius a Túlia......................... 88
9. Os noivos 96
10. Os dois irmãos 104
11. As núpcias.. 115
12. A queda 123
13. O músico ardiloso 132
14. A despedida de Nero 147
15. As últimas horas de Herculanum 158

Parte dois

1. O ermitão 179
2. Corações de luto 203
3. Quinze dias mais tarde 220
4. Núpcias sangrentas 229
5. Sempronius e seus dois filhos 239
6. A morte de Sempronius 256
7. Nero 265
8. Na presença do pretor 276
9. Drusila e Caius 291
10. O proscrito 309
11. O fim de Claudius 318
12. Epílogo – As sombras da cidade morta 326
Anexo: Os personagens de Rochester 339

Apresentação

> Enquanto o Amor me dita, Cupido me inspira. Que possa eu perecer se quisera também tornar-me um deus sem ti.
> (Inscrição parietal em Pompéia)

Assim como Prometeu tomou o fogo sagrado do Olimpo para dá-lo aos homens, Rochester rendeu-se a Cronos, Senhor do Tempo, para dar ao artifício de sua narrativa a experiência de muitas vidas, permitindo-se invocar Nêmesis, para provar que a Arte é a única vingança humana contra a morte. Mais que uma invocação malsã, a deusa grega da vingança figura alegoricamente em suas obras, personificando as pulsões mais sombrias do homem, a exigir em múltiplas existências a vitória da reforma íntima.

Na reserva de nossos sonhos e ideários egressos da Antigüidade Clássica, guardamos os entalhes no mármore e as paixões dos deuses, cuja simbologia permanece no imaginário do Ocidente, traduzindo comportamentos imutáveis que nos colocam ao lado de faunos e titãs. No trânsito do paganismo para o cristianismo desapareceram Pompéia, Estábias e Herculanum, que secularmente tiveram por cenário a aparente indiferença de um vulcão e a serenidade do mar Tirreno.[1]

Na Antigüidade Clássica, o divino revelava-se ao humano. A

---
1 Parte do Mediterrâneo que se estende entre a Itália e a Sardenha.

mitologia greco-romana, das narrativas épicas à estatuária, inspirou as artes da cultura ocidental, alimentando a imagética neoclássica, no século XVIII, em pinceladas alegóricas: os afrescos de Pompéia exerceram influência no neoclassicismo, impulsionando pesquisas que se intensificaram até o início do século XX.

Se o historiador e naturalista Plínio, o Velho, identificasse na erupção do Vesúvio o devastador fenômeno que a ciência haveria de distinguir como *piroclástico*,[2] ainda assim teria usado sua embarcação quadrirreme para tentar salvar, em vão, aqueles que fugiam em direção ao porto?

Nas águas agitadas pelos tremores sísmicos que sacudiram o golfo de Nápoles, pereceu um dos mais importantes historiadores do século I, mas restaram-nos as cartas de seu sobrinho — Plínio, o Jovem, — a quem são atribuídos os dramáticos relatos da manhã do dia 24 de agosto de 79 d.C.: "...à medida que os navios se aproximavam, caía sobre eles cinza, cada vez mais densa e quente; choviam ainda pedras calcinadas, fragmentos enegrecidos, queimados, pulverizados pela força do fogo. Parecia que o mar se retirava e que as rochas deslocadas impediam o acesso à praia (...) Enquanto isso, o Vesúvio brilhava com enormes labaredas em muitos pontos e grandes colunas de fogo saíam dele, cuja intensidade fazia mais ostensivas as trevas noturnas. (...) O dia (25 de agosto) nascia já em outras regiões, mas aqui continuava noite, uma noite fechada, mais tenebrosa que todas as outras; a única exceção era a luz dos relâmpagos e outros fenômenos semelhantes". Ao longo dos séculos houve outras erupções, mas nunca tão devastadoras.[3]

As pesquisas arqueológicas, a historiografia, bem como os textos epistolares de Plínio (o Jovem) vão ao encontro das informações enciclopédicas, mas todas as fontes credíveis não bastam para dar conta daquilo que duplamente ainda nos fascina: um dos mais assustadores fenômenos geológicos e a vida que pulsava na então centenária Pompéia, hoje o maior sítio arqueológico do mundo. Coube à polêmica literatura mediúnica

---

2 Massa de lava precedida de espessa fumaça negra e toneladas de pedras e cinzas.

3 Pesquisadores dos Estados Unidos e da Itália acabam de juntar dados geológico e arqueológico para reconstituir uma catástrofe aparentemente muito pior, que teria acontecido 3.800 anos atrás. Tal como a erupção que varreu Pompéia do mapa do Império Romano, a da Idade do Bronze praticamente congelou no tempo os vilarejos que cercavam o Vesúvio. Além disso, de acordo com os pesquisadores, ela mostra que a conseqüência e um novo dia de fúria do vulcão podem ser ainda piores do que as registradas em Pompéia — e colocar em sério risco toda a zona metropolitana de Nápoles, hoje habitada por cerca de três milhões de pessoas. *Folha de São Paulo*, Caderno Mais, 2 de março de 2006, Reinaldo José Lopes.

alcançar os protagonistas do fascinante episódio que marcou o primeiro século da era cristã.

Enquanto o mundo acadêmico pôs a literatura entre períodos e cânones (da epopéia de Gilgamesh aos contos contemporâneos), em movimentos pendulares que revitalizam a atração pelo passado (a exemplo de autores do Romantismo, cuja inspiração é a Idade Média), Rochester resiste às convenções estéticas, pondo em causa o homem atemporal com suas fraquezas, dores e crimes. São digressões a nos intrigar por seu conteúdo documental, em múltiplos cenários que remontam à trilogia do Antigo Egito (*O Chanceler de Ferro do Antigo Egito, O Faraó Mernephtah e Hatasu — A rainha do Egito*) e do Império Romano (*Episódio da Vida de Tibério, Herculanum e In Hoc Signo Vinces*).

Como Fênix que renasce das cinzas, Rochester devolve os arcanos do tempo ao leitor. A migração de almas, que têm por enredo existências pregressas, instiga uma História ainda por sondar, numa literatura de muitos tomos e tantas línguas. Rochester conquistou receptividade editorial até mesmo na Letônia e na Alemanha, quando seus títulos eram publicados em russo. Desde o início do século XX, como um depositário da filosofia espírita, pode ser lido não apenas em português, mas em letão, lituano, esloveno, tcheco, polonês, bem como nas línguas mais difundidas, como alemão, espanhol, francês, inglês.

A ilustração medianímica no frontispício do original francês de *Herculanum* (1888), reproduzido nesta obra, nas páginas 33 e 177, é uma alegoria da universalidade de sua temática; é a contemporização dos elementos magnos das culturas ancestrais com os séculos futuros: o archote que Prometeu tomou aos deuses (o luminar do conhecimento) é erguido em triunfo pela mão direita, acima da fronte, enquanto a mão esquerda traz a cruz (a simbólica identidade do cristianismo) à altura do peito, traduzindo o que em Rochester é uma divisa, "essa ordem superior e racional de idéias".[4] A túnica informe e esvoaçante deixa entrever o homem desnudo à Verdade que se lhe franqueia pela via literária ("sobre a nudez forte da verdade, o manto diáfano da fantasia", escreveu Eça de Queirós, no pórtico de *A Relíquia*): no movimento do tecido está a ação dos ventos que impulsionam as idéias renovadoras.

As asas mitológicas remetem à Esfinge, ícone simbólico

---

4 Extraído do prefácio da obra *Episódio da Vida de Tibério*.

do Antigo Egito, e a Mercúrio, o mensageiro de Júpiter para os romanos (implantadas nos flancos do primeiro e nas sandálias do segundo). Em *O Chanceler de Ferro do Antigo Egito* encontramos a dádiva primordial concedida ao antológico personagem José, que haveria de escolher uma das partes da enigmática criatura alada, antes de tornar-se o Adon do Egito: "Quer minhas asas? Elas o levarão ao infinito, onde brilha uma estrela resplandecente que é o saber absoluto, a suprema recompensa da inteligência humana que minha face representa". Com Mercúrio, nos percursos inefáveis que a um hábil portador dos deuses é dado ultrapassar, as aletas nos pés figurativizam os alcances da imaginação em altos vôos, traço marcante dos recuos da memória em Rochester .

As duas asas às costas personificam a síntese da doutrina kardecista — a evolução pela inteligência e pela moral: é o domínio do conhecimento em harmonia com os valores humanos, tendo por destino a evolução espiritual para a qual fomos feitos.

Em seus polissêmicos significados, a alegórica figura masculina, no vigor de sua juventude, equilibra-se sobre o mundo, diminuto demais diante dos séculos que escoaram e daqueles que hão de vir. Olimpicamente, parece desafiar as leis da física, no passo que nos conduz da ancestralidade mítica às perspectivas do futuro. Sua tarefa é reviver importantes períodos da humanidade em personagens que guardam, acima da verossimilhança, uma ousada aproximação entre o literário e o histórico. A digna seminudez que se insinua é representação do conhecimento velado; a leveza do gesto que sustém dois símbolos fundamentais resume o propósito de uma literatura rompendo a barreira do tempo para impor-se, enigmática, em sua gênese medianímica, para intrigar o leitor e rever valores de toda ordem. Os ventos simbólicos do gênio humano, da cultura e da tolerância dissipam as nuvens à frente, que embargam os intentos das grandes obras: a contemporização do saber científico, filosófico e doutrinário.

Em *O Faraó Mernephtah, Episódio da Vida de Tibério* e *Abadia dos Beneditinos*, o autor deu voz a diferentes personagens para narrar, em múltiplos focos, o mesmo episódio; em *Herculanum*, ele divide a narrativa em dois momentos limítrofes no século I: a persistência do paganismo e as incipientes conversões cristãs. Somos conduzidos aos estertores da Antigüidade Clássica, que ainda nos fascina como matriz mítica (na qual a psicanálise foi buscar imagens simbólicas para explicar nossos mais inquietantes arquétipos). Numa civilização que invejamos milenarmente, na qual bardos de todos os crivos encontraram, fascinados, suas musas, Rochester revive o trânsito das crenças pagãs ao cristianismo nascente.

A mitologia, entre os poetas, ganhou a forma de fábulas triviais que a desacreditavam. "Não há uma visão coerente do mundo; não há um mandamento capaz de dirigir a vida quotidiana; não há nenhuma promessa senão a do sucesso da ação empreendida quando os deuses são favoráveis. Os bons espíritos buscam na filosofia grega introduzida em Roma no século II, vulgarizada por Cícero e por pregadores de esquinas no século I da nossa era, o alimento para suas reflexões", explica Jean-Marie Engel.

O paganismo, destituído de livros, dogmas, teologia ou inspiração metafísica, priorizava os ritos mais que as divindades, permitindo a síntese tolerante. Havia a possibilidade de "naturalizar" os deuses estrangeiros e sentir afinidades com os deuses nacionais. Encabeçando as religiões, o poder criador (*genius*) ou a vontade todo-poderosa (*numem*) satisfazia menos a religiosidade que a lealdade imperial. Pompéia sofreu influências culturais diversas: sua população original de pescadores e camponeses oscos — povo itálico aparentado aos latinos — teve contato com gregos, etruscos, samnitas e romanos.

O cristianismo triunfa no Oriente e em Roma, por sua mensagem de "caridade", que atraía "a gente miúda ou os generosos". Propaga-se rapidamente a nova religião estabelecida em Roma trinta anos após a morte de Cristo. A atividade missionária serviu-se da facilidade das comunicações marítimas e a superior adaptação às novas necessidades religiosas. A igualdade preconizada pelos cristãos põe em risco os hábitos sociais: denunciando os espetáculos, ameaçando os prazeres da plebe; as "reuniões secretas são contravenções da lei e favorecem as piores calúnias".

Jean-Marie Engel observa que o cristianismo apresenta superioridade sob diversos aspectos assinalados por são Paulo: é uma religião oriental, de salvação, universalista, com iniciação (o batismo) e mistérios (missa e eucaristia); "exige o amor de Deus", afirma um salvador, "e promete uma outra vida bem-aventurada". Ele ainda acrescenta: "Jesus Cristo, o Messias, tem uma existência histórica que não pode ser discutida, e a sua vitória sobre a morte, bem como os milagres, são confirmados por testemunhas irrefutáveis. Uma mensagem rapidamente constituída entre os anos 70 e 100 (os *Evangelhos*) difunde uma moral exigente, mas de uma riqueza inesgotável, anunciando a importância da vida futura, a igualdade espiritual de todos os homens e a obrigação da caridade".

Engel faz menção à grandeza do século I em sua diversidade, entre crises do gosto e do estilo. Foi um período dividido entre a retórica e a filosofia, a moderação e o exagero patético, a sátira e a elegância, a lógica e a busca do efeito. Ele afirma a propósito: "restam aos talentos a poesia, o teatro e a erudição". Ganham impulso diferentes áreas do saber: direito, gramática, agronomia, medicina, geografia, astronomia, história natural, questões de física, castrametação, agrimensura, tática militar e serviço de águas. Numa crise entre os clássicos e os modernos, "a literatura busca um estilo, hesitando entre a abundância e a brevidade, entre a naturalidade e o encanto poético, entre a força contínua e as fórmulas de efeito, entre o simples e o sublime".

Quando lemos em *Herculanum* a punição destinada à personagem Daphné, voltamos nossas inquietações a aspectos singulares da História, de que a narrativa de Rochester é tributária, para elucidar a dissipação dos costumes, tendo por afinidade o luxo e o fausto, sob os influxos do Império Romano.

Vale lembrar que, depois da guerra de Aníbal (215 a.C.), os costumes de Roma sofreram uma notável evolução, afirma Francesco Paolo Maulucci Vivolo. Desencadeou-se uma corrida aos vícios e, abandonada a antiga disciplina, entrou em vigor uma nova: os cidadãos passaram das armas aos prazeres, da atividade ao ócio, e a magnificência pública seguiu-se ao luxo privado. Houve uma evolução de alcance econômico mundial, cujo fruto foram guerras civis e lutas violentas, que mais tarde levariam à destruição da moral e dos bons costumes.

À mulher abriam-se novas possibilidades para satisfazer a inata vaidade, o orgulho e a sexualidade. Era-lhe permitido instruir-se mais e melhor, na dança e na música, no canto e na poesia. Essa mulher "liberada", segundo Salustro (*La Conjura de Catilina*) não havia dado valor ao decoro e ao pudor; em lugar de fazer-se desejar, ela mesma havia ido buscar os homens. Para Sêneca (*Ad Elvia*), a impudicícia tornou-se o maior mal da época. Segundo o filósofo (*De Beneficiis*),"a moral foi derrubada, reina a perversão, a humanidade está decaindo, o delito se propaga".

Assim como existiam em Roma, desde a época de Plauto, os bordéis eram encontrados também nas cidades de província de certo respeito: "no caso destas últimas, exceto Pompéia e Herculano, onde a arqueologia acode, não é fácil reconstruir a vida sentimental ou erótica devido à escassez das fontes literárias, que, em troca, são abundantes na capital. Herculano era menos pródiga em aventuras galantes; em Pompéia indaga-se mais sobre o amor e seus vícios". Daí, observa Vivolo, a necessidade de investigar todas as frentes: econômica, social, política, literária, cultural, religiosa, artística.

Pompéia tornou-se colônia romana no século I a.C. Com duplo porto fluvial e marítimo, surgiu sobre um relevo de desenhos vulcânicos. Produzia vinho, azeite, cebola e flores. Prosperava também a produção de perfumes; as mulheres branqueavam a pele, usavam tinturas e adornos "para estimular um instinto insaciável". A demonstração mais direta de que o coração da cidade era frenético, "são precisamente os sulcos que deixavam as rodas dos carros no basalto". Em "Pompéia florescia, pois, todo tipo de comércio, inclusive do corpo". Depois do terremoto de 5 de fevereiro de 63 d.C., "nasceram novos ofícios e foi absorvida nova mão-de-obra". Muitas casas destinadas a vivendas privadas foram transformadas em hotéis para abrigar os que haviam ficado sem teto ou forasteiros que chegavam, contribuindo para o renascimento da cidade. "O dinheiro constituía a única felicidade das classes emergentes: *Salve lucrum*".

Grafites e inscrições estavam em toda parte. Dentre estes, vários anúncios dedicavam-se aos "maus costumes" no contexto das atividades cotidianas: "meio-dia no anfiteatro, entre rugidos de feras e aclamações aos gladiadores, uma abundante comida acompanhada de um bom Falerno ou de um Vesuvino em uma taberna das cercanias (...) e depois uma aventura em algum lupanar". Os

afrescos estavam também nos lupanares, reconhecidos por sua divisão interna: "subdivididos em muitos compartimentos, destinavam-se a uma clientela variada e numerosa. Estavam distribuídos em vários pontos da cidade". O maior e mais bem organizado deles tinha o nome de seus proprietários, *Africanius e Victor*; erguia-se em dois pisos interligados por uma escada de madeira, ao pé da qual havia a uma pequena latrina: "considerando a afluência, devia ser tomada de assalto pelos clientes".

Pinturas nas paredes das alcovas, como um catálogo ilustrado, orientavam a especialidade preferida dos clientes. As camas eram de alvenaria com almofadas. Também o lupanar de *Somene*, perto das *Termas Centrais*, ofereciam pelos seus grafites o nome das prostitutas e seus preços. Esses e outros tantos locais não escondiam sua atividade. Muitas prostitutas trabalhavam "nos pontos mais cheios de gente, inclusive nas necrópoles, nas portas da cidade ou no porto. Havia as *noctolucae* ou *luciernas noturnas*, as *ambulatrices* ou deambuladoras, as *bustuariae*, que vagavam nos cemitérios e se dedicavam também a chorar pelos mortos e as *diabolarie*, ou seja, as mais baratas". Vivolo acrescenta: "Uma mulher provavelmente extraordinária podia se permitir pedir 16 ases quando o preço normal era de dois". Era rica a onomástica pompeiana, em especial, a feminina: Cloe, Misti, Quintila, Beronice, Restituta, Rufa, Veneria.

As "profissionais livres" podiam ser identificadas com facilidade pelo traje masculino que levavam, distinguindo-se das matronas; diferenciavam-se destas por não usarem a túnica larga. Como os homens, tinham de levar uma toga sobre a roupa: trabalhavam por conta própria, evitavam a usura dos rufiões, com os quais se desentendiam em razão das taxas cobradas e, ademais, tinham a possibilidade de eleger os clientes e quiçá também podiam observar algumas precauções higiênicas melhor que nos lupanares. Para não engravidar, além de amuletos, como por exemplo, peles de cervos com as quais se cobriam enquanto faziam amor, recorriam a aplicações locais à base de azeite e mel, assim como à infusão de plantas (...) ou a substâncias químicas, como o sulfato de cobre".

Atrizes e cantoras pertenciam a uma categoria que se dedicava ao amor livre, numa condição que "as colocava num nível intermediário entre as matronas ou mães de família e as meretrizes". Elas se exibiam nos teatros ou em alguma casa particular, como a dos Cupidos Dourados, e, se pertenciam a uma companhia conhecida, como a Novellia Primigenia, iam trabalhar nos teatros das cidades próximas.

O autor comenta ainda: "Muitos grafites nos informam dos fugazes encontros entre o servo ou liberto e sua ama; cumplicidade provavelmente comprada com o silêncio desta sobre outras faltas cometidas pelo serviçal". Ele observa que, tratando-se de uma matrona, o risco era verdadeiramente grave, já que podia ser expulsa com infâmia e vergonha, "perdendo o dote e sofrendo uma boa dose de castigos corporais, sancionados por um tribunal de família".

Já a traição do marido, era considerada "de pouca importância ou quase um acontecimento normal, sobretudo quando se consumava com escravas ou prostitutas". As mulheres que lamentavam a infidelidade do marido eram aconselhadas a serem complacentes, pois ele provia a esposa de ouro, vestimentas, servas e comida. Nos últimos anos de Pompéia, a prática do divórcio estava bastante difundida entre as matronas que não toleravam a excessiva permissividade do marido "e não queriam pagá-lo na mesma moeda ou recorrer a ferozes castigos".

As inscrições evidenciam aspectos morais sobre práticas até hoje polêmicas: "os grafites pompeianos encontrados nos bairros baixos da cidade quase nunca pregam uma condenação moral por certas práticas sexuais consideradas não só lícitas como normais. Seguindo o exemplo da Grécia, em Roma, como em Pompéia, não possuir um escravo ao qual dedicar as próprias atenções podia até parecer anormal".

Essencialmente, era a vida sentimental e erótica que estimulava o registro de comentários picarescos, maliciosos. Afirma Vivolo: "Aqui Euplia se entretém com homens refinados". Aquele que era citado nos grafites muitas vezes dava-se o direito de resposta à malignidade das inscrições. Os grafômanos parietais também primavam pelo tom afetivo na megalografia de Pompéia: "Enquanto o Amor me dita, Cupido me inspira. Que eu possa perecer se quisera tornar-me também um deus sem ti".

Num elaborado estudo sobre Herculano e Pompéia, Egon Caesar Comte Corti reuniu importantes dados históricos e arqueológicos que merecem ser citados: as relações com o Oriente helenizado, particularmente o porto de Alexandria, favoreceram a implantação da arte helênica em Herculano. Pompéia e Herculano, antigas fundações gregas imbuídas de helenismo, haviam, desde o início, adotado seus princípios. A partir do ano

89 a.C., as duas cidades romanizaram seus costumes e sua arquitetura. Por exemplo, as refeições eram feitas no *triclinium*, em divãs com pés de bronze, acolchoados e recobertos de almofadas ou por rebordos construídos em redor de uma pequena mesa; para que cada ambiente fosse alegre e animado, queria o costume que o número dos convidados não fosse superior ao das Musas nem inferior ao das Graças (a mitologia grega reconhece as Musas em número de nove e as Graças em número de três). Até os mausoléus tinham um *triclinium* pintado de afrescos; servia de sala para a refeição fúnebre, conclusão inevitável de todo enterro.

A língua latina invadiu progressivamente o domínio do dialeto osco. Com a cidadania romana, iniciou-se em 80 uma era de prosperidade; aumentaram as relações turísticas e comerciais e, principalmente Herculano (com população três vezes menor que a de sua vizinha), tornou-se ponto de veraneio dos romanos ilustres, que edificaram vilas e luxuosas casas de campo; a população beneficia-se de sua riqueza. De execução perfeita, a arte cirúrgica havia atingido alto grau de perfeição, a julgar pelos instrumentos encontrados em Pompéia: espátulas, estiletes, pinças, tesouras, fórceps etc.. Farmácias muito bem fornidas vendiam remédios prescritos: cápsulas, pílulas ou poções. Todos os objetos, mesmo os mais humildes, eram sempre ornados ou enriquecidos de algum modo: grampos de cabelo, frascos de perfume, navalhas, punhais etc. A maior parte da mobília era de madeira sobre pés de bronze, caprichosamente cinzelados.

Com o terremoto do ano 63, numerosos edifícios desabaram em Pompéia e Herculano (os mais altos, os mais ricos, os mais ornados de colunas). Ambas ficaram devastadas, lembra Egon Comte Corti: "Os tubos de chumbo da rede hidráulica haviam arrebentado em numerosos pontos, não havendo como abastecer as casas e as termas. Nessa situação, contentaram-se com os poços e as cisternas, com um projeto de instalar nova rede, de acordo com a última palavra da hidráulica romana. O senado, cedendo às instâncias de altas personalidades enviadas a Roma por Pompéia e Herculano, decretou a reconstrução das duas cidades. A restauração fez-se no estilo romano; com a modernização arquitetônica, desapareceram as características oscas e samnitas. Nos quinze anos seguintes ao terremoto, Herculano reergueu suas ruínas e não tardou a ficar à frente de sua vizinha.

Instaladas com luxo indescritível, as termas do Fórum eram dotadas de um pátio com colunata, uma seção reservada às mulheres e um sistema de aquecimento por ar quente, extremamente engenhoso. Ramificações na rede adutora permitiam levar água aos tanques e instalações, como repuxos nos átrios, nos jardins e sob os peristilos. Herculano destacava-se por dotar-se de edifícios públicos mais notáveis que os de Pompéia. O teatro semicircular, suntuosamente instalado, comportava 2.500 espectadores. Havia estátuas de tamanho natural, mármores policromados raros, estatuária de mármore e bronze. Particularmente interessante, para as colunas de seus templos foi empregado o alabastro translúcido. Cerca do ano 30 ou 20 a.C., construíram-se termas públicas: distinguiam-se pelo plano regular e pela separação de banhos masculinos e femininos.

Dentre os edifícios suntuosos, havia o Palácio com ricos pavimentos de mosaico, afrescos, peristilo e jardins floridos que causavam impressão nos visitantes. A proximidade de Nápoles fez com que, em Herculano, o elemento grego se conservasse mais puro, menos cruzado do que em Pompéia. A vizinhança e sua incomparável situação convidavam os napolitanos ricos a mandar construir casas para passeio. Seu passatempo favorito era a dedicação às artes e às ciências. Tal foi o motivo que levou um patrício a mandar construir uma grande vila a oeste de Herculano, fora dos muros, num dos últimos contrafortes do Vesúvio. Cercada de grande jardim, comportava dois peristilos, um grande e outro pequeno, dos quais o primeiro enquadrava um tanque. A instalação, extremamente luxuosa, estava suspensa nas encostas da montanha, entre o mar e os cimos; seu terraço projetava-se na amplidão.

Quanto ao aspecto cultural, o nome mais lembrado é o de Filodemo, que viveu e morreu na bela vila de Herculano. Deixou a seu hospedeiro e amigo (Lúcius Calpurnius Piso) sua biblioteca e todos os escritos, múltiplos papiros recobertos com sua letra, classificados e dispostos em estantes. A maior parte estava redigida em grego, alguns em latim. Filósofo e escritor, Piso era culto e apreciador da arte. Colecionador de estátuas e bronzes, havia transformado sua casa em museu.

Tiravam proveito dessa prosperidade os edifícios, praças e estabelecimentos públicos, sobretudo o Fórum, área quadrangular e centro de atividade mercantil e política. Em Pompéia, como em Herculano, os mercados funcionavam regularmente; anúncios nas aldeias vizinhas convidavam os habitantes a freqüentá-los. A parte restaurada do Fórum era teatro de intensa atividade. Sapateiros, alfaiates, padeiros, vendedores de frutas, de vinhos, de tecidos e peixeiros ofereciam suas mercadorias; inúmeros termopólios abertos nas ruas serviam refeições e refrescos. Cartazes eleitorais e letreiros anunciavam jogos; as paredes serviam também para os encontros marcados, felicitações, observações irônicas, considerações filosóficas. De todos os temas, o amor é o mais freqüente, tudo gira em seu redor; é o alfa e o ômega da existência. O amor venal desempenhava papel de importância.

Em todas as casas dominava o oratório dos deuses lares; estátuas e efígies das divindades ornavam poços, fontes e cruzamento de ruas. A prosperidade e a agitação iam a par com a imprevidade, os excessos e a licenciosidade. Se, algumas vezes, os banquetes dos ricos terminavam em orgias, se os cidadãos menos favorecidos procuravam o esquecimento nas tabernas, nos jogos de azar ou nos braços das prostitutas, a causa de tudo era o bem-estar em relação ao aumento do poderio, da segurança e as relações marítimas.

Após a erupção do Vesúvio, tudo quanto emergiu da camada de cinzas foi recolhido. O tempo apagou os últimos vestígios. Os habitantes de Herculano refugiados em Nápoles estabeleceram-se num bairro que tomou o nome de "Régio Herculanensis". Muitos desaparecidos não tinham deixado testamento; o Estado requisitou seus bens e distribuiu o valor aos refugiados sob a forma de indenizações. As localidades que se distinguiram na organização dos socorros foram recompensadas por isenções e privilégios, particularmente Nápoles, que se orgulhava de seu título de "colônia romana".

Alguns meses mais tarde, a comissão de inquérito entregou seu relatório ao imperador Tito, registrando o balanço exato da catástrofe. Se a região de Herculano (enterrada sob 15 metros de pedra) havia sido progressivamente repovoada (formara-se uma aldeia sobre as ruínas), a de Pompéia era habitada por raros vinhateiros que lá haviam levantado cabanas; apenas camponeses lembravam-se vagamente das cidades. Rebatizaram o local de Pompéia como "Civitas" e depôs "Civitás". Entretanto, os antigos nomes perpetuaram-se nas cartas geográficas.

Em 17 de dezembro de 1631, nova erupção soltou um rio de lava incandescente sobre Herculano, formando uma camada de cinco metros, recobrindo os arredores da então Resina, cidade que ali se formou. Em 1689, um desconhecido mandou cavar um poço não longe do sopé do Vesúvio: encontrara pedras e inscrições, uma das quais mencionava a palavra "Pompéia". Em 1710, um camponês de Resina resolveu aprofundar seu poço que havia ressecado, quando, após perfurar várias camadas de pedra dura, percebeu fragmentos de alabastro e uma qualidade de mármore muito apreciada na época romana, o "amarelo antigo". Herculano havia construído um templo circular com 24 colunas de alabastro, entre os quais erguiam-se estátuas. Em seu interior, igual número de colunas de mármore amarelo antigo cercavam um pavimento da mesma pedra.

Em 1710 foram encontradas três das doze estátuas que ornavam o pórtico de Hércules. A enxada dos operários só trazia à luz paredes e escadas. Em 11 de dezembro de 1738, uma inscrição incompleta revelou o nome que havia financiado a construção do *Theatrum Herculanensem*, cujo mecenas e arquiteto já eram conhecidos. Quando as galerias escavadas atingiram as casas e os edifícios próximos ao teatro, sucederam-se as descobertas de afrescos e pinturas de cenas mitológicas e lendas gregas.

Os operários também atingiram uma varanda semicircular pavimentada de mármore policromado, prova de que o edifício pertencia a um rico patrício. Havia um grande peristilo com 64 colunas que cercavam uma piscina de forma oblonga; depois, uma verdadeira coleção de objetos de arte de origem grega e romana, de bronze e mármore, e trinta grandes estátuas de bronze entre as colunas. Nove delas encontram-se entre as mais belas realizações da arte antiga. As ruínas eram de uma grande vila que possuía peças luxuosamente mobiliadas, *loggias*, varandas, pórticos e átrios decorados com magnificência. Soterrada durante cerca de dezesseis séculos, a vila conservara-se tal como no dia em que o rio de lava a havia coberto.

Em 19 de outubro de 1752, foi encontrado um acervo literário imenso: havia escritos de Horácio, de Ovídio, de Lívio e de Plínio (o Velho). Uma inscrição em grego citava o nome do filósofo epicureu Filodemo, contemporâneo de Horácio e Cícero. Em Herculano, o tufo protegera a biblioteca, mas, em Pompéia, tabuinhas e rolos haviam desaparecido, em razão da umidade que atravessara a camada de cinza e *lapilli*. Desenrolar e decifrar os papiros da Biblioteca Filodemo era tarefa enorme e os progressos modestos. Além da Academia de Nápoles e de instituições arqueológicas italianas, muitos institutos arqueológicos

Herculanum

esforçaram-se pela solução do problema. Foram salvos milhares de papiros. As descobertas espetaculares de Herculano haviam relegado Pompéia para segundo plano.

As escavações ficaram abandonadas por quatro anos. Em 1748, Venito e Gori publicaram o primeiro estudo exaustivo sobre esculturas e monumentos de Herculano. Em 1755, foi lançado um catálogo com o primeiro inventário dessas descobertas: 738 afrescos, 350 estátuas e 1.647 objetos. O museu real de Nápoles recebeu as estátuas de bronze e mármore, os bustos dos césares, os grupos eqüestres, as efígies da família Balbi, os afrescos reunidos naquela galeria única no mundo, os mosaicos, as colunas, os trípodes, os candelabros, os vasos e as lâmpadas.

Corria na época a notícia do descobrimento de afrescos de caráter erótico. Os antigos davam prova de maior liberdade nesse domínio e não hesitavam em pintar ou esculpir cenas que hoje rejeitamos como imorais. Os órgãos sexuais, como símbolos da força e do poder criador, eram freqüentemente representados. Suspendiam às paredes das casa *phallus* de bronze ou mármore, aos quais atribuíam a propriedade de atrair felicidade.

Em 1762, o arqueólogo Winckelmann publicou seu primeiro texto consagrado às obras de arte de Herculano. Na Europa, as publicações da Academia de Herculano haviam suscitado vivo interesse – um catálogo, um magnífico álbum ilustrado e quatro livros: dois com a descrição e a reprodução dos afrescos e dois com os bronzes e as estátuas da vila dos Papiros (na qual as descobertas se tornavam mais raras).

Enquanto em Herculano a lama transformada em tufo protegia os objetos que, fossilizados e carbonizados, conservaram a forma primitiva, em Pompéia, as camadas de *lapilli* e cinza, permeáveis, deixavam passar o ar e a chuva que apodreciam sobretudo as peças de madeira . A rainha de Nápoles, Carolina Murat, que morreu em 1839, foi grande incentivadora das escavações; quando queria honrar algum convidado, presenteava-o com os dois volumes de *O Teatro de Herculano*, de Francisco Pirese.

Somente doze cadáveres foram exumados em Herculano (ao contrário de Pompéia, onde havia centenas). Finalmente, durante o reinado dos Bourbons, em 1855, diante dos pequenos resultados, ficou decidida a interrupção dos trabalhos em Herculano. Desde 1828, haviam sido encontrados com dificuldade dois grupos de casas, notando-se o peristilo extraordinariamente bem conservado do edifício conhecido como Casa de Argo.

Ainda uma vez se verificava o quanto em Herculano a procura de edifícios era dificultosa. Ali, em 1855, uma das últimas descobertas foi a casa de um tintureiro com dois enormes caldeirões e instalação de aquecimento. Numa adega, encontraram-se vasos de chumbo que continham grande quantidade de colorantes ressecados, entre os quais um ocre vermelho (idêntico ao usado para rebocar as paredes das casas de Pompéia).

No início do século XX, começou a desenvolver-se a idéia de colaboração internacional. A ressurreição de Herculano tornava-se questão de prestígio nacional; a Itália decidiu assumir sozinha o financiamento e a execução dos trabalhos. A existência de Resina, com seus 30.000 habitantes, opunha-se à extensão dos trabalhos. Em 1939, no primeiro andar de uma casa em Herculano, descobriu-se numa parede um entalhe em forma de cruz (as cruzes encontradas nas catacumbas remontam ao II ou III século d.C.). Era uma espécie de oratório particular, ornado de uma cruz de madeira embutida na parede (um armário fechado por uma porta ocultava-a aos olhares indiscretos). Defronte, um móvel, sem dúvida um altar, cuja forma revela a origem pagã, servia de cofre para conservar objetos de culto. Julga-se que, assim como possuía uma comunidade judia, Herculano abrigava já um núcleo cristão. Entre os pobres e os escravos havia adeptos da nova religião. Sua conversão remontaria ao ano 60 da era cristã, data da pregação do apóstolo Paulo em Pozzuoli, cidade vizinha. Nada prova que um criptograma encontrado na palestra de Pompéia, ou o sinal cruciforme descoberto no humilde alojamento de um escravo, sejam efetivamente símbolos cristãos. Mas há probabilidade de que o quadrado mágico tenha sido traçado por um judeu e a cruz, por um cristão.

Na década de 40, o trabalho é relativamente fácil em Pompéia, porém menos em Herculano, onde 15 a 20 metros de lava constituem obstáculos de peso: ainda assim, ali se descobriram estátuas, afrescos e mosaicos que testemunham requinte e luxo maiores do que em Pompéia. Mas o centro de Herculano, o Fórum e os edifícios que o rodeiam estão soterrados sob a lava e a cidade de Resina. Perfuratrizes a ar comprimido e pás mecânicas perfuram a crosta de lava. Apesar das dificuldades, é certo que o futuro reserva importantes descobertas. A existência de Resina constitui o maior obstáculo. Virá o dia em que o governo italiano encontrará uma solução eqüitativa que permitirá ao mesmo tempo a exumação definitiva de Herculano e o realojamento de seus habitantes. Eis por que a magnífica vila, descoberta em 1752, ainda não está senão parcialmente exumada; o acesso a ela só é possível por galerias subterrâneas. A porção de Herculano atualmente desenterrada apresenta apenas uma pequena parte da antiga cidade.

Além das referências de historiadores e arqueólogos, foram compulsadas as informações das enciclopédias *Barsa* e *Mirador* (que condensam os conteúdos da *Enciclopédia Britânica*), além de *O Grande Livro do Maravilhoso e do Fantástico* (que descreve detalhes pitorescos dos últimos afazeres dos pompeianos): após 28 horas de erupção, as cidades soterradas permaneceram esquecidas. Fontes históricas afirmam que pereceram 2.000 dos 20.000 habitantes de Pompéia. Não há dados precisos sobre Herculano, cujas escavações representaram o começo da arqueologia moderna. Herculanum (ou Herculanaeum) foi parcialmente escavada entre 1738 e 1765. Na placa que hoje mostra sua localização, com grafia italiana, lê-se *Ercolano*.

As condições de umidade do solo e a espessura dos sedimentos vulcânicos permitiram a melhor conservação dos restos de madeira, tecidos e alimentos. Suas construções revelam o caráter mais refinado dos habitantes daquele aristocrático local de veraneio mais importante que Pompéia, ainda que menor. Todas as suas obras artísticas (de qualidade superior) estão no Museu Nacional de Nápoles. O teatro, para 3.000 espectadores, é um dos mais bem conservados da Antigüidade. Suas ruínas revelaram-se mais inacessíveis que as pompeianas. Sua história, interrompida com a erupção do Vesúvio, é paralela à de Pompéia, tornando-a um grande sítio arqueológico.

O Grande Livro do Maravilhoso e do Fantástico detalha: um pompeiano, cujo corpo jazia na rua, agarrava um punhado de moedas de ouro — qualquer que tenha sido seu direito ao ouro, foi seu destino apertá-lo entre os dedos por mais de 1.500 anos, até ser descoberto no século XVIII. Os lojistas fechavam as portas de seus estabelecimentos para irem almoçar. Algumas jovens conversavam num recanto junto a uma fonte. Um padeiro acabara de introduzir no forno 81 pães. Numa taberna, um cliente pousava uma moeda sobre o balcão e pedia uma bebida. O taberneiro não tocou o dinheiro. Os pães que permaneceram no forno podem ainda ser vistos, reduzidos a cinzas, num museu de Nápoles. Um grupo assistia, reverentemente, ao funeral de um amigo. Outros foram sepultados quando tentavam enterrar seus valores ou barricavam-se contra a força impiedosa do vulcão. Muitos carregaram seus bens em carros — apenas para serem apanhados em engarrafamentos junto aos estreitos portões de Pompéia.

Há cadáveres embalsamados pelas cinzas na posição em que se encontravam quando foram surpreendidos pela catástrofe. Nas mesmas condições, um cachorro foi encontrado ao lado de seu dono. Em 1763, Joseph Winckelman, filho de um sapateiro alemão, fascinado pelos segredos de Pompéia, estudou profundamente a história da cidade, da qual se tornou um especialista. Graças à sua erudição, transformou uma miscelânea confusa de relíquias num registro de seis séculos de vida da antiga estância de veraneio romana. Seu trabalho não se concluiu, pois foi assassinado por um ladrão, em 1767.

Somente um século mais tarde, o arqueólogo italiano Giuseppe Fiorelli criou a atual metodologia científica que propõe um avanço lento na exploração — casa por casa e rua por rua — que assegure a recuperação de tudo quanto possa revestir-se de interesse. As peças mais valiosas estão restritas ao Antiquarium, próximo à entrada reservada aos turistas. Muitos cachorros vagam em Pompéia, como guardiães involuntários. São tratados pelos seguranças e têm o respeito dos visitantes.

Surpreendentemente, encontram-se soterrados dois quintos da cidade. E o que a lava oculta pode futuramente revelar-se ainda mais admirável. Em Nápoles, o Museu Nacional conserva o maior acervo não apenas de Pompéia e Herculano, mas de coleções da antigüidade romana. Em 1860, os trabalhos arqueológicos se intensificaram e tornaram-se mais sistemáticos, mas foram interrompidos pela Segunda Guerra Mundial. Em Estábias, as pesquisas se reiniciaram em 1949: suas pinturas murais são comparáveis às de

Afresco romano que representa a cidade portuária de Estábias, destruída com Herculano e Pompéia, por uma erupção do Vesúvio no ano 79 (Museu Nacional, Nápoles).

Pompéia e Herculano.

Interessantes para os historiadores do Império Romano são as casas típicas da classe média provinciana abastada, vivendo com luxo. Geralmente elegantes, têm átrio, jardim central e pátio interno; mobiliário austero e pinturas murais. São numerosas as estátuas. Houve o cuidado em conservar — mas raramente reconstruir — as casas, templos, edifícios públicos, lojas e oficinas, assim como o calçamento das ruas, de modo que Pompéia parece hoje uma cidade viva. Encontram-se em Pompéia lojas e oficinas de toda espécie. Numa forja, as ferramentas estão no lugar, assim como foram abandonadas pelo dono, ao fugir. São especialmente bem conservadas a loja de um vendedor de frutas e uma padaria. A oficina de Verecundo é uma pequena fábrica de têxteis, indústria que florescia em Pompéia, havendo até um edifício de reunião dos *funellones* — fabricantes de têxteis.

Também havia lavanderia de togas. O proprietário deixava um vasilhame na calçada, próximo à entrada do estabelecimento, a fim de que os homens urinassem ali. A urina era empregada no processo de lavagem num tanque raso (lembrando uma piscina) dentro do qual escravos pisoteavam as roupas para desencardi-las. Há *hospitii* (hotéis) simples, talvez para caixeiros-viajantes, e um número surpreendentemente grande de tabernas populares, com grafites que anunciam os preços dos vinhos e de refeições. Nos lupanares, desenhos eróticos decoravam as paredes dos cubículos.

A existência de três teatros numa cidade de apenas 20.000 habitantes é um indício, entre outros, de que Pompéia também era centro para excursionistas de Nápoles e outras cidades. O teatro chamado *grande*, para 5.000 espectadores, provavelmente destinava-se à encenação de comédias. Ao teatro coberto (*Odeon*), reservavam-se os espetáculos musicais para 1.500 pessoas. Ainda existe, bem conservado, o anfiteatro com capacidade para toda a população (20.000 lugares); adjacente ficavam a caserna dos gladiadores e as jaulas para as feras. Sua maior atração são as casas, ricamente decoradas. Os afrescos encontrados nas residências de Pompéia e Herculano constituem praticamente o único testemunho dessa modalidade de pintura no mundo greco-latino. Prevaleciam as cenas mitológicas e alegóricas. Seu descobrimento influiu na configuração da arte neoclássica européia da época napoleônica.

Há, entretanto, uma casa de dois andares, modestamente

mobiliada. Em geral, as moradias são espaçosas e luxuosas. Seu estudo é uma das fontes principais de conhecimento da habitação romana típica dos ricos ou da classe média privilegiada. Em Pompéia, as privadas estavam sempre instaladas na vizinhança imediata das cozinhas. Nas paredes exteriores era comum encontrar anúncios de espetáculos teatrais e inscrições dos cidadãos, visitantes ou poetas (de teor afetivo ou pornográfico). A diferença entre o gosto popular e o das elites, entre princípios estéticos e conteúdos temáticos contrapostos evidencia-se na pintura erudita e no desenho popular parietal. Explica Pedro Paulo Funari: "as paredes encontram-se sempre repletas de pinturas, fornecendo à elite citadina a criação de uma ilusão, de um transporte no tempo e no espaço, que tendia a isolá-lo da vida das classes populares".

Fenômeno não erudito, os grafites (anônimos em sua maior parte) permitiram identificar as categorias sociais de então, observa Funari. Em sua diversidade temática, há os mais recorrentes: "campanhas eleitorais, poemas amorosos, jocosos, satíricos, irônicos são também muito freqüentes. Assinaturas, insultos, caricaturas e trocadilhos espalham-se por todas as paredes". Do erotismo ao protesto pessoal, os grafites revelam intervenção de crianças, o deleite afetivo e o comportamento sexual; tripudiam sobre a avareza dos ricos e advertem contra taberneiros que diluem o vinho com água.

Em Pompéia foram encontradas cerca de 10.000 inscrições, entre grafites e poemas icônicos. Funari explica que as inscrições eram constantemente apagadas pelos *dealbatores* (literalmente: *que tornavam a parede branca*), liberando o espaço para novas investidas. "As intervenções nas paredes ou parietais, além de numerosíssimas, provinham de todos os grupos populares da cidade, de camponeses e artesãos, de gladiadores e lavadores".

Propagandas eleitorais estavam em todas as paredes; políticos postulavam seus cargos. Trabalho, deveres e diversão tinham a mesma expressão (*munera*): "daí que a frase '*munus*, te vejo em toda parte', refira-se aos níveis concreto (cargos, espetáculos, grafites) e ideológico (obrigações mútuas articuladoras do tecido social)". Funari afirma que "o potencial crítico de uma análise multilateral da Antigüidade Clássica não pode ser subestimado, na medida em que põe em questão, justamente, as *construções ideológicas contemporâneas*. (...) O privilégio da cultura escapa das mãos exclusivas das elites ao se descobrir a produção cultural das massas".

Um pouco fora da cidade encontram-se a luxuosa casa de campo de Diomedes e a chamada *Vila dos Mistérios*, dedicada à celebração dos mistérios de Dioniso, aos quais se referem os afrescos nas salas e cubículos, de alto interesse para a história das religiões do Império Romano. Exemplo do gosto estético e dos costumes da época, a mansão pertencia ao aristocrata N. Istacídio Rufo: "Salas, quartos, banhos e saunas, copas e cozinhas, encadeavam-se, interligados por varandas, pátios e jardins internos, fornecendo ao pintor o espaço necessário para exercitar sua arte". Já o povo, "vivia 'amontoado' em cubículos exíguos e as famílias populares, na maior parte dos casos, não tinham nem acesso a banheiro e cozinha próprios. Isto explica o grande número de padarias, bares e banheiros públicos que, ao mesmo tempo que supriam esses serviços essenciais à população, criam um quadro comunitário para a vida do povo".

Funari faz referência ao anfiteatro (*munus*) e aos jogos gladiatórios, lembrando a significativa relação entre a capacidade das arquibancadas ser equivalente à população masculina adulta de Pompéia. Esse divertimento, elemento de manutenção da ordem social, entre os "ricos governantes, que pagavam os espetáculos, com os pobres governados, que se divertiam numa congregação social aparente com os outros estratos sociais, tornava este espaço de prazer um espaço de reforço dos laços sociais".

No centro da cidade, o Fórum estava reconstruindo suas majestosas colunas (derrubadas pelo terremoto de 63 d.C.). Na basílica realizavam-se reuniões comunitárias; em seu entorno, a tríade capitolina (Júpiter, Juno e Minerva) e o templo de Apolo. Havia também um templo consagrado à deusa egípcia Ísis, prova da tolerância em relação aos cultos de outros povos. No *comitium*, edifício em que se promoviam eleições municipais, as paredes exibem grafites de propaganda dos candidatos. Há, bem conservados, o *macellum* (mercado) e as *tabernae* de *argentarii*, equivalentes a casas de câmbio. Outros conjuntos monumentais são o foro triangular, o anfiteatro e a palestra, ou campo desportivo. Há, como em todas as cidades romanas, grandes termas e banheiros. Em suas paredes, muitos grafites de declarações e máximas de teor afetivo, erótico ou político, contemporizando na mesma prática a elite e o povo.

Hoje, a mesma contemporização encontramos na literatura de Rochester: para o leitor que aprecia o folhetinesco, uma narrativa cativante na qual os mais exigentes encontram também a exemplaridade de um estilo apurado por séculos de contato com as mais refinadas culturas. Poeta satírico do século XVII, Rochester manifesta-se no século XIX afinando a prosa ágil com as páginas da historiografia, num romance que em tudo alcança o gosto do leitor: envolvente, sem ser previsível; dramático, sem ser clicherizado; fundamentalmente reencarnacionista, sem fazer proselitismo.

À maneira de Prometeu, Rochester encarna a liberdade no que ela tem de atemporal e o destino no quanto se cumpre, fundado nas leis da ação e reação. Na tragédia de Ésquilo, *Prometeu Acorrentado*, o homônimo protagonista rebela-se contra a onipotência divina. Prometeu simboliza o homem que, em benefício da humanidade, foi supliciado (é o embate civilizador sob a égide do sacrifício. A civilização contra o Caos). No romantismo, foi para os poetas a imagem da condição libertária e do altivo enfrentamento do destino.

Como o trágico protagonista do teatro grego, que desafiou a supremacia do Olimpo, Rochester, traz a ousadia às convenções de nossas crenças, desafiando dogmas com a lógica da reencarnação, como lei natural defendida pela codificação de Allan Kardec. A propósito do enredo de Herculanum, um elucidário do autor reconhece no centurião Cornélius o codificador da doutrina espírita, assinalando os caminhos evolutivos que envolvem preceitos a serem imitados em sua contribuição científica, filosófica e moral, tríade que resume as concepções do kardecismo.

Se Pompéia encontrou na arqueologia o reconhecimento de sua monumentalidade, de seus dísticos e epigramas, Herculanum cobrou ao estro de Rochester a derradeira narrativa que, tirando das cinzas testemunhos aparentemente esquecidos da passagem do tempo, deu-nos a plenitude de seus segredos, guardados por dezoito séculos, para melhor desvendar os desígnios entre o visível e o invisível.

Thais Montenegro Chinellato[5]
São Paulo, outubro de 2006.

---

5 Thais Montenegro Chinellato é mestre em ciências da comunicação pela ECA/ USP e doutora em semiótica e ligüística geral pela FFLCH/USP. É autora de *O Espírito da Paraliteratura - Um estudo da obra psicográfica de John Wilmot Rochester*, disertação apresentada à Comissão de Pós-Graduação da Escola de Comunicação e Artes da Universidade de São Paulo.

Bibliografia:

Corti, Egon Caesar Comte, *Morte, Vida e Ressurreição de Herculano*. Belo Horizonte: Itatiaia, 1958.

Enciclopédias *Barsa* e *Mirador*.

O Grande Livro do Maravilhoso e do Fantástico. Lisboa: Reader's Digest, 1977.

Engel, Jean-Marie. *O Império Romano*. São Paulo: Atlas, 1978.

Funari, Pedro Paulo. *Cultura Popular na Antigüidade Clássica*. São Paulo: Contexto, 1996.

Vivolo, Francesco Paolo Maulucci. *Cancionero Erótico Pompeyano*. Itália (Nani-Terni): Casa Editrice Plurigraf, 2001.

Ao senhor S. J. M..........sky

Caro amigo,

O leitor não conhece os laços secretos que me prendem a ti. Habitualmente, escrevo minhas obras para um público indiferente, o qual pouco se preocupa com seu fundo espiritual e que considera o imenso trabalho da minha alma como um tributo merecido pela honra que ele me concedeu ao ler uma obra espírita.

Escrevi *Herculanum* como uma homenagem filial àquele que, no passado longínquo reconstituído neste romance, foi meu pai corporal e que continuou sendo meu amigo e sustentáculo na vida atual. Cuidadosamente, revi e esquadrinhei esse passado, bem como os pensamentos e sentimentos que perturbaram os atores do drama e dispensei tudo o que possuo de talento e toda a indulgente afeição de um filho para fazer reviver *Sempronius* tal como ele era na época, com seus defeitos e com as sombras que lhe obscureciam a alma, mas também, com as boas aspirações que nela germinavam naquela época distante.

Quando eu era Caius Lucilius, eu te converti ao cristianismo. Como espírito, eu vim do espaço, mil e setecentos anos mais tarde, para te converter ao espiritismo, à fé na imortalidade da alma. Tu te transformaste num ardente defensor do novo credo, que produziu em tua alma uma salutar reação e tive a alegria de te ver galgar mais um degrau na escalada da virtude.

Há quatro anos deixei o espaço infinito, a morada do espírito liberto, para me devotar, na atmosfera deste planeta, à criação destas obras.

Só tu continuaste meu amigo, todos os demais me traíram, caluniaram e fizeram o possível para entravar meu trabalho. Contudo, apesar de tua avançada idade, tu és infatigável, apóias minhas obras, abrindo-lhes um caminho no mundo.

Se, então, a leitura dos meus livros puder esclarecer e consolar uma alma ensombrecida pelas paixões e pela descrença, é a ti que ela deverá endereçar um agradecimento.

Aceita, pois, meu pai de outrora, a homenagem desta obra, cuja leitura, espero, te explicará mais de uma dolorosa provação da tua atual existência e expulsará as sombras ainda não dissipadas de tua alma corajosa e fiel.

Rochester

Herculanum

PRIMEIRA PARTE

Amor e Paixão

HERCULANUM

DESSIN MÉDIANIMIQUE

Obtenu au groupe qu'inspire J.-W. ROCHESTER

PARIS
TYPOGRAPHIE A.-M. BEAUDELOT
9, PLACE DES VOSGES, 9

HERCULANUM

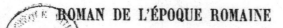

ROMAN DE L'ÉPOQUE ROMAINE

DICTÉ PAR L'ESPRIT DE

J.-W. ROCHESTER

MEDIUM W.-K.

TOME PREMIER

PARIS

AUGUSTE GHIO | LIBRAIRIE
Éditeur | des
PALAIS-ROYAL | SCIENCES PSYCHOLOGIQUES
1, 3, 5, 7, Galerie d'Orléans | 1, Rue Chabanais

Tous droits réservés.

1. A visita

Era uma esplêndida manhã de primavera do ano da graça de 79 (832 de Roma). O sol, já quente, inundava de luz as ruas movimentadas da encantadora cidadezinha de Herculanum incrustada, como uma pérola circundada de esmeraldas, no centro de jardins frondosos e de bosques de laranjeiras e oliveiras que se estendiam até o Vesúvio.

Provavelmente, os elegantes e as elegantes da cidade de Hércules ainda dormiam, mas isso não impedia, de modo algum, que uma multidão se formasse: mercadores de frutas, de louças e de flores enchiam o ar com seus gritos agudos; camponeses, com seus cestos vazios, regressavam apressadamente às portas da cidade; magistrados passavam em seus carros, a caminho do seu local de trabalho.

Através dessa multidão barulhenta e atarefada avançava, equilibrada por oito carregadores capadócios, [1] uma liteira ricamente incrustada. Suas cortinas de seda estavam suspensas e deixavam ver, reclinada em almofadas, uma jovem mulher cuja idade variava de vinte seis a vinte e sete anos, possuidora de uma beleza incomum: seu rosto regular de uma brancura mate, iluminado por grandes olhos negros, calmos e severos, era emoldurado por cabelos negros como o ébano. No entanto, a comissura enérgica e desdenhosa da boca e o nariz fino e reto, de narinas móveis, provavam que sob essa aparência tranqüila, escon-

---

1 Capadócio: natural da Capadócia, uma antiga província romana, situada em uma grande região interior na parte oriental da Ásia Menor.

diam-se paixões ardentes e um orgulho desmedido. Vestida simplesmente de lã branca, envolvia-se em um longo véu de matrona[2] que lhe cobria a cabeça. A liteira, que se embrenhara por uma rua menos freqüentada, parou diante de uma casa um pouco maior do que as outras. Diante da porta aberta, em cuja soleira lia-se a palavra hospitaleira: *"Salve"*, um homem idoso de cabeça grisalha (suas vestes indicavam que se tratava de um servidor de confiança) negociava, ruidosamente, flores que várias jovens vendedoras lhe ofereciam em seus cestos. Percebendo a visitante, ele se precipitou em direção à liteira.

— Saudações à nobre Metella — disse-lhe inclinando-se profundamente —, e que a bênção dos deuses acompanhe todos os teus passos.

— Bom dia, velho Scopelianus — respondeu a jovem patrícia, [3] inclinando a cabeça com benevolência —, tua patroa já se levantou?

— O patrício saiu, mas a nobre Virgília deve estar se preparando. Já faz bem uma meia hora que lhe levaram o almoço — respondeu o velho. Permita-me acompanhar-te até ela.

— Volta aos teus negócios, Scopelianus, subirei sozinha — disse a jovem mulher —; e vós esperai-me aqui — acrescentou, voltando-se para sua comitiva.

2 Matrona: na Antigüidade romana, o termo designava mulher casada. (N.T.)
3 Patrício: membro da classe nobre na antiga Roma.

Com passos ligeiros, atravessou um vestíbulo e um pequeno corredor, subindo, a seguir, a escadaria de madeira que levava ao andar superior, onde se sucediam vários quartos de pequena dimensão e uma sala de banho bem ampla e ornada de estátuas. Duas jovens escravas, que lá se ocupavam em arrumar as roupas e frascos de óleos perfumados, vieram beijar sua túnica e, a seguir, levantando um reposteiro bordado, introduziram a visitante no quarto de Virgília. Esse cômodo, ricamente ornamentado, abria-se para um pequeno terraço, ou cobertura plana, ornado de plantas raras e também, sombreado pelos ramos frondosos de grandes árvores montantes do jardim.

Nessa espécie de caramanchão umbroso e perfumado, rodeada de aias, encontrava-se uma mulher sentada junto de uma mesa abarrotada de caixinhas, de frascos e de mil outros delicados objetos necessários à toalete. A poucos passos dela, uma negra acocorada no chão brincava com uma criança de uns dez meses, cercada de brinquedos, que estava sentada sobre um espesso tapete de lã.

— Bom dia, querida Metella — exclamou a dona da casa, correndo ao encontro da amiga com as duas mãos estendidas e abraçando-a efusivamente. — Que boa idéia tiveste de vir! Estou sozinha, Fabius foi ao mercado de escravos, pois tem necessidade de alguns homens. Mas senta-te, por favor, e conversaremos enquanto termino minha toalete.

A um sinal de Virgília, suas mulheres trouxeram a Metella uma poltrona de junco trançado, colocaram-lhe um escabelo sob os pezinhos e lhe ofereceram uma taça de vinho, na qual ela umedeceu seus lábios. Nesse meio-tempo, sua amiga retomara seu lugar no toucador, contemplando-se num espelho de metal, sustentado por uma jovem negra, enquanto outra colocava em seus pés pequenas sandálias douradas. Virgília era uma encantadora criatura, tão frágil e delicada, que lhe dariam no máximo catorze anos, apesar de ela ter dezesseis. Seu rosto fresco e rosado, de contornos infantis, transpirava alegria e descontração; seus grandes olhos da cor do céu, brilhantes de espírito e de malícia, mudavam de expressão constantemente, refletindo as múltiplas impressões dessa alma cheia de vivacidade. Uma farta cabeleira, desse ruivo tão apreciado pelas damas romanas, emoldurava seu rosto como um véu espesso, e duas aias tinham dificuldade em desembaraçá-la e trançá-la.

— Que bons ventos te trazem à cidade esta manhã, Metella? E como vai Fabricius Agripa? — perguntou Virgília enquanto procurava num porta-jóias anéis que ela colocava nos dedos.

— Meu marido vai bem e te saúda — respondeu a jovem mulher —, e como gosto de me levantar cedo para assistir à ginástica dos meus meninos, aproveitei o frescor da manhã para fazer um passeio e vir pessoalmente convidar-te para esta noite. Dá-nos o prazer de vir com Marcus Fabius, será uma reunião íntima: o senador Verus e sua esposa, Sempronius e o filho, Flávia Secunda e alguns outros que meu marido convidou em homenagem ao seu amigo Serapião, que retornou de Roma trazendo na sua galera Claudius, nosso grande cantor e harpista. Ele também estará lá esta noite dando-nos a oportunidade de ouvir o que há de mais novo na capital em matéria de versos e de música.

— Mas será encantador! — exclamou Virgília batendo as mãos. — E também ficarei contente de poder conversar com Caius Lucilius: ele é tão espirituoso! Seu rosto me faz lembrar aquela admirável cabeça de Apolo que está no teu átrio. E, além disso, ele domina tudo o que faz: tão bom tocador de lira quanto bom cavaleiro e compositor de epigramas. No ano passado, quando de sua viagem a Roma, ele obteve o primeiro prêmio na corrida de bigas, o que, por sinal, segundo o que andam dizendo, deixou Sempronius contrariado.

— É incontestável — respondeu Metella — que Caius é um dos homens mais belos que se possa imaginar, mas seus gostos são muito extravagantes: tomá-lo-iam antes por um gladiador do que pelo filho do rico patrício Sempronius;[4] por exemplo, ele mandou construir, em sua casa, um pequeno pátio, calçado e fechado por todos os lados, no qual ele se diverte em adestrar um tigre e um leopardo, lutando com esses animais ferozes. Ele até deseja comprar um leão para exercitar ainda mais essa coragem selvagem. E além do mais, ainda faz com que toda a cidade comente seu louco amor por essa tal de Daphné, com a qual pretende se casar.

— É verdade, fizeste-me lembrar: ontem à noite, veio me ver Sextila, que mora defronte da loja de Túlia, e me contou que Caius ali passa a metade do dia a cercar Daphné de atenções. É muito estranho! Querer desposar essa pobre e obscura plebéia, quando podia escolher entre as filhas dos senadores! Somente — acrescentou Vigília animadamente — espero que Sempronius nunca permita tal insensatez, apesar da afeição que sente por Caius.

---

4 Em encarnação anterior, o patrício Caius realmente havia sido o gladiador Astartos, que trabalhava domando feras num circo, conforme relata *Episódio da Vida de Tibério*, J. W. Rochester, **EDITORA DO CONHECIMENTO.**

— Esperemos — respondeu Metella rindo. — Mas, aliás, tu és a responsável pelo grande perigo que Caius corre: por que te opuseste ao desejo de Sempronius quando ele pediu a tua mão para o seu filho a Fabricius Agripa? Como substituta de tua mãe, aconselhei-te a aceitar um partido tão vantajoso, mas recusaste obstinadamente.

Virgília voltou-se tão bruscamente, que os pentes e o espelho que as criadas seguraram voaram para o chão. Suas faces estavam em chamas.

— Como podes falar tão maldosamente, Metella, ou até mesmo brincar? — acrescentou ela ao ver o sorriso malicioso de sua amiga. — Por acaso existe no mundo um homem comparável a Marcus Fabius? Ele é tão *bom* quanto belo, indulgente e generoso; seu amor aquece e fortifica como os raios do sol nascente. O amor de Caius, impetuoso e selvagem como ele mesmo, deve queimar e sufocar como a tempestade do deserto.

Virando as costas para a porta, as duas jovens não haviam notado que alguns minutos atrás o reposteiro se levantara e que um rapaz alto se detivera na soleira, escutando-lhes a conversa com um sorriso nos lábios. Seu rosto, fino e regular, transpirava nobreza e lealdade; cabelos castanhos e cacheados cobriam-lhe a cabeça e seus grandes olhos aveludados fixavam-se em sua jovem esposa com um amor infinito.

— Vejo com prazer, bela Metella — disse ele avançando —, que teus esforços para afastar de mim o coração de Virgília, a favor de Caius Lucilius, não levam a nada. Mas, toma cuidado! Tão lamentável intriga pode levar-me à vingança e, então, informarei a Fabricius Agripa que a loira Lívia sente-se infeliz no seu casamento, apenas pelo fato de não poder esquecer que ele tenha preferido uma patrícia morena das minhas relações!

— Vede só como Fabius pode ser mau e rancoroso! E eu que o julgava incapaz de matar uma mosca sem chorar — respondeu Metella rindo e apertando cordialmente a mão do jovem patrício.

Este, sentando-se ao lado de sua esposa, atraiu-a para si e, aconchegando-a junto do seu coração, respondeu, também rindo:

— Desilude-te, pois, de minha bondade: confesso que não me agrada matar inutilmente uma *mosca*, mas eu estrangularia um *rival* com o mais perfeito sangue-frio.

— Então, é melhor não excitar teus maus instintos e falar de outra coisa — disse Metella. — Vim convidar-vos para a reunião de hoje à noite: Claudius veio com Serapião e tocará para nós, o que será um prazer para um amador como tu, Fabius.

Herculanum

— Estás satisfeito com as tuas compras, Fabius? — perguntou a petulante Virgília interrompendo a resposta do seu marido que agradecia e aceitava o convite de Metella. — Encontraste as pessoas de que necessitas?

— Sim, comprei vários homens vigorosos para os trabalhos do campo e, além disso, trouxe por compaixão um menino de cerca de doze anos, que o mercador vendeu-me quase por nada, pois seu temperamento taciturno, mau e teimoso fê-lo odiado por todos. Quando quis interrogá-lo, recusou-se a me responder, e então começaram a chicoteá-lo de um modo tão desumano, que fiquei comovido e adquiri-o. Na volta, esse ser singular contou-me, na sua algaravia bárbara, que é de origem germânica, filho de algum chefe de tribo, e que se chama Gundicar. Talvez possas ficar com ele, Virgília, para os pequenos serviços.

— Já devia ter partido — disse Metella —, mas o que contaste deu-me vontade de ver esse menino: não trarias aqui esse jovem bárbaro para que julgássemos se vale a pena ser aproveitado para o serviço das mulheres?

— Com prazer — respondeu Fabius, e, voltando-se para uma das criadas: — Vá e diga a Próculus que traga aqui, imediatamente, Gundicar, o pequeno escravo que acabo de comprar.

A moça saiu correndo e continuaram a conversar sobre as diversas notícias da corte e da cidade, mas ruídos de passos e a voz encolerizada de um homem fizeram com que todas as cabeças se voltassem para a porta: o reposteiro abriu-se e Próculus, o feitor dos escravos, apareceu. Puxava pela gola, apesar de sua resistência, um menino pálido e franzino ao qual aplicou um vigoroso pontapé, gritando:

— De joelhos, *béstia,* diante dos teus benfeitores. Perdoa-me, senhor, por ousar apresentar aos teus olhos um escravo tão indócil, mas, dentro de alguns dias, terei tornado estas costas flexíveis e aberto estes ouvidos surdos.

O menino permaneceu de pé, os braços cruzados sobre o peito, medindo o ambiente com um olhar sombrio e desafiador. Não era feio: uma floresta de cabelos loiros cobria sua cabeça, emoldurando um rosto emagrecido, mas regular; seus grandes olhos de um cinza vivo e seus lábios finos, fortemente comprimidos, exprimiam uma feroz energia, prestes a tudo enfrentar. À vista do pequeno infeliz, Virgília empalidecera subitamente:

— Não, não — murmurou estremecendo —, não o quero perto de mim, ele me repugna; onde foi, pois, grandes deuses, que eu já vi estes terríveis olhos?

— Realmente, este rosto é muito característico — observou

Metella — e parece-me ter visto estes traços em algum busto. Mas — acrescentou com compaixão — ele parece totalmente esgotado. Vede, sua palidez é terrível, é preciso dar-lhe algum alimento e roupas para substituírem estes farrapos.

Pegando sobre a mesa uma taça cheia de vinho, ofereceu-a ao menino. Gundicar pegou-a, mas, sem tocar no vinho, recolocou a taça silenciosamente sobre a mesa, perto de Virgília, encarando-a obstinadamente com um misto de ódio e de admiração.

— Por Júpiter! — disse rindo Marcus Fabius — creio que este jovem bárbaro está querendo que Virgília lhe ofereça a taça. Ele não tem mau gosto, apesar de não ter sabido apreciar tua beleza, Metella!

— Devo, então, me consolar por ter falhado nessa conquista — respondeu a jovem com bom humor, ao passo que Virgília, divertindo-se muito e já risonha, apresentava a taça ao jovem selvagem que a pegou com um olhar de agradecimento, esvaziando-a de um trago.

Todos começaram a rir.

— Leva-o, Próculus — ordenou o patrício —, dá-lhe roupas, alguns dias de repouso completo e não o maltrates mais.

— Esse menino promete e tu fizeste, realmente, uma aquisição interessante — acrescentou Metella levantando-se para se despedir.

2. O pai e o filho, a mãe e a filha

Em uma pequena sala de banho elegante e pavimentada de mosaico, um homem de alta estatura, magro e musculoso estava estendido num canapé, enquanto um escravo, ajoelhado diante dele, enxugava seus pés para, a seguir, calçá-los com altas botas de amarrar, de couro marrom. Um segundo escravo sustentava, sobre uma pequena bandeja de prata, uma taça cheia de vinho aromatizado que, por várias vezes, já oferecera ao seu senhor que, absorto em seus pensamentos, não parecia ter notado. Esse personagem, de traços duros e acentuados, cuja boca severa e os olhos de um cinza brilhante denotavam um caráter firme até ao despotismo, era Titus Balbius Sempronius, um rico patrício e magistrado aposentado que vivia em Herculanum, em cujos arredores possuía bens consideráveis.

Parecia estar extremamente preocupado, pois, franzindo as sobrancelhas, passou a mão sobre os cabelos grisalhos cortados à escovinha e, com uma voz impaciente, ordenou aos escravos para vesti-lo mais rápido. Dez minutos mais tarde, ele deixava a sala de banho e se dirigia para uma galeria de colunata, que ele percorreu silenciosamente. Um serviçal, anunciando que a refeição estava servida, foi tirá-lo de suas reflexões. Sem dizer uma única palavra, Sempronius dirigiu-se à sala, onde uma mesa farta e provida de baixela preciosa estava preparada para dois convivas.

O velho patrício alongou-se sobre o canapé, atrás do qual se postaram o copeiro e um escravo. Enquanto o mordomo apresentava os pratos, cortava as carnes e servia seu amo, um rapaz, ajoelhado perto do canapé, segurava uma bacia de prata e uma toalha bordada. Sempronius mergulhava os dedos engordurados na água perfumada e a seguir os estendia, sem olhar, para o jovem escravo, que os enxugava cuidadosamente.

— Caius Lucilius foi informado que a refeição já está servida? — perguntou de repente, fixando com um olhar irritado o lugar vazio à sua frente.

— Nosso jovem amo encontra-se no pátio onde estão as jaulas — respondeu o mordomo —; Flacus já foi, por três vezes avisá-lo, mas parece que ele não ouviu.

A refeição continuou silenciosamente. Sempronius bebeu e comeu com apetite, fez com que suas mãos fossem lavadas uma última vez e depois, levantando-se, dirigiu-se com um passo firme e ainda ágil para as áreas comuns confinantes com o jardim. Abrindo uma portinhola maciça, penetrou num pátio quadrado, cercado de altas muralhas, e na extremidade do qual duas grandes jaulas com grades de ferro encerravam um tigre e um leopardo. No centro do pátio, erguia-se um quadrante solar, e estátuas de pedra vermelha, representando gladiadores célebres, ornavam-lhe os ângulos. Defronte das jaulas, numa reentrância da muralha, encontrava-se um banco de mármore, perto do qual jorrava um jato de água límpida da goela de um leão para um pequeno lago. No banco estava sentado displicentemente um jovem de túnica branca, com ar aborrecido. Ao avistá-lo, a raiva e a severidade de Sempronius dissiparam-se, dando lugar a uma expressão de indulgência e orgulho paternais. De resto, a aparência exterior realmente sedutora de Caius Lucilius justificava, em parte, essa fraqueza: possuidor de formas admiráveis, como uma estátua de Apolo, seus braços vigorosos e seu peito largo denotavam uma força hercúlea; sua cabeça, de traços regulares e puros como os de um camafeu, era coroada por uma espessa cabeleira negra e encaracolada. No entanto, pelos seus olhos flamejantes e pela curva dos seus lábios, podiam-se adivinhar, apesar de seu encanto fascinante, paixões ardentes e uma audácia que ia até a temeridade.

Logo que percebeu a presença do pai, Caius Lucilius, voltando-se para ele, disse com um tom irritado:

— Disseste-me que não querias me ver até que eu tivesse mudado de opinião. Como nada mudou, não fui mais te procurar.

Sempronius sentou-se no banco, ao lado de seu filho.

— Eu não vim para te repreender, mas para que escutes a voz da razão — disse com bondade. — Sempre encontraste

Herculanum

em mim um pai indulgente e preocupado unicamente com a tua felicidade. Assim, poderias crer que, por capricho ou por orgulho, eu te entristeceria e me oporia aos teus desejos? Estou convicto de que essa mulher te fará infeliz, não porque ela seja plebéia (o homem enobrece a mulher, colocando-a à sua altura), mas porque essa Daphné, frívola, rude e limitada, é o instrumento e uma perfeita aluna de sua mãe. Tal mulher pérfida possui um passado obscuro: os anos que passou em Roma são desconhecidos de todos. É ela quem incita a filha a exigir de ti o casamento para introduzir em nossa antiga e ilustre casa essa criatura de origem duvidosa. Eu gostaria de acreditar que Daphné te ama verdadeiramente, mas, vaidosa e desajuizada tal como a conheço, penso que ela concordaria sem muito custo em ser tua amante, em troca de jóias, ouro e até mesmo de criadagem, com o que eu concordaria com prazer. Mas Túlia quer excitar tua paixão para te levar a cometer uma loucura.

— Talvez tu estejas enganado, pai! — exclamou Caius, com os olhos faiscantes. — Uma plebéia não pode ter uma rígida virtude como uma patrícia? Conhecemos casos em que jovens do povo preferiram afogar-se a ceder a um amor desonroso. Não, não! Se me amas, pai, conceder-me-ás a autorização para casar com Daphné.

Sempronius levantou-se, o cenho franzido:

— Não queres ouvir meus conselhos. Assim sendo, para teu próprio bem, devo negar-te tal autorização. Mas (ele colocou a mão sobre o ombro do rapaz) eu conheço meu filho: ele não desobedecerá ao seu pai e não fará nada que possa jogar uma sombra sobre sua casa. Tais amores, meu menino, passam como o calor do dia para dar lugar ao frio da noite. Conhecendo Túlia, tu não podes te ligar a tal ponto a Daphné. Imagem fidedigna de sua mãe, ela é rapace, falsa, intrigante e só te adora porque ela não pode te possuir. E agora, vai comer e descansar. Não queres, creio eu, ficar feio e magro. Fomos convidados para ir,

esta noite, à casa de Fabricius Agripa, isso te distrairá. Então, estejas pronto, ao pôr-do-sol, para me acompanhares na minha liteira. Até logo!
— Vais sair? — perguntou Caius Lucilius, ainda aborrecido.
— Não, mas devo receber vários intendentes que vieram de nossas terras trazendo trigo, óleo, frutas, gado etc. Devo ouvir seus relatos e, a seguir, examinar essas provisões. A propósito, hoje de manhã me ofereceram quatro magníficos cavalos e comprei-os para ti: não queres me acompanhar até as cocheiras para examiná-los?
— Claro que sim! Vamos já — exclamou Caius, subitamente mudado. — Que idéia maravilhosa tu tiveste, pai, de comprar esses animais. Poderemos hoje mesmo experimentá-los: mandarei atrelá-los à minha biga para irmos à casa de Agripa. Vem comigo, será mais agradável do que se arrastar em liteira à velocidade das lagartas.

Um sorriso furtivo surgiu nos lábios de Sempronius, quando viu seu filho esquecer seus males de amor e seus caprichos ao ouvir falar de cavalos.

Atravessaram um longo e espaçoso pátio. De um lado deste, encontravam-se as cocheiras, de outro, os estábulos de onde se ouviam mugidos, balidos e grunhidos dos animais recém-chegados. Na extremidade do pátio, perto de um bebedouro, uns vintes escravos se ocupavam em descarregar várias carroças cheias de sacos e em medir a aveia. À chegada dos amos, os trabalhos foram interrompidos.

— Rápido, Momus, manda trazer aqui os cavalos que meu pai comprou essa manhã — gritou Caius ao guardião dos cavalos.

Ao sinal de um homem já idoso que anotava em tábuas a quantidade de alqueires de aveia, vários escravos se precipitaram para as cocheiras e, logo, trouxeram quatro cavalos magníficos, mas tão fogosos, que dois homens vigorosos continham com dificuldade sua impetuosidade.

— Oh! Admirável animal!
— disse Caius aproximando-se de

uma égua de pêlo branco-prateado, ventas róseas e crina sedosa que, resfolegando e relinchando de impaciência, raspava o solo com seu fino casco.

— Ela se chamará Daphné — acrescentou ele acariciando seu pescoço lustroso. — Obrigado, pai, por este presente. Muito obrigado!

Voltando-se para Sempronius, beijou-o nas duas faces. Este riu e murmurou ao ouvido de seu filho:

— Contenta-te com esta Daphné de quatro patas e continuaremos bons amigos. Agora — acrescentou em voz alta — devo deixar-te. Os intendentes me aguardam.

Saudou-o com um gesto e saiu.

Algumas horas após a conversa que acabamos de relatar, em uma rua afastada de Herculanum, duas mulheres estavam sentadas à soleira de uma pequena loja de perfumaria. Pela porta aberta, avistavam-se prateleiras carregadas de frascos e de potes de maquiagem ou de cremes, bem como grandes ânforas de óleo no chão. Uma porta, ao fundo, conduzia aos cômodos internos.

A mais velha das duas mulheres aparentava uns quarenta anos. Seu rosto pálido e insignificante estava protegido por um lenço de lã, amarrado sob o queixo. Vestia uma túnica marrom simples, mas limpa, e ocupava-se em fazer e amarrar pequenos ramos de ervas aromáticas que retirava de um cesto ao seu lado. Sua companheira era uma moça de uma beleza radiante: magníficos cabelos loiros emolduravam um rosto alvo com faces rosadas que, também, era iluminado por olhos azuis brilhantes e ousados.

Também ela trazia sobre os joelhos um cesto cheio de plantas, mas, em vez de trabalhar, entretinha-se em admirar um rico bracelete de ouro decorado de rubis que estava em seu braço. Apesar dessa agradável contemplação, seu rosto exprimia o mais profundo descontentamento e seus lábios tremiam nervosamente.

— Tua ridícula vigilância começa a me cansar — disse com uma voz metálica. — Nem por um instante me deixas sozinha com Caius Lucilius, como, igualmente, me permites beijá-lo nem como sinal de agradecimento por um presente como este bracelete. Não sou uma menininha. Eu o amo e quero conversar com ele sem testemunhas, pois, na tua presença, ele não pode se explicar como gostaria.

— És uma tola, Daphné — respondeu sua mãe. — É justamente porque conheço tua inconseqüência que vigio teus encontros com Caius. Se eu relaxasse a vigilância uma só vez, estou certíssima que teu casamento não sairia. Tu és como um bezerro faminto que ao ver a erva fresca quer comê-la custe o que custar. Mas deixa por minha conta e verás que sairás desta loja miserável como a esposa legítima de Caius Lucilius. Assim não terás mais necessidade de fazer ramos de ervas, e as orgulhosas patrícias, que vês com olhos invejosos, passar em liteiras douradas, serão pessoas do teu relacionamento e tuas iguais. Esse jovem arde de amor por ti porque não pode te beijar nem te encontrar sozinha. Esse fogo o consumirá; ele empalidecerá e emagrecerá sob o domínio dessa paixão não saciada até o dia em que o altivo Sempronius dobre seu dorso tão pouco flexível e venha pedir minha filha em casamento. Então tu usufruirás os frutos de minha prudência. E agora que compreendes as razões de minha conduta, deixarás, espero, de me injuriar e tomarás cuidado de não perder o peixe de ouro antes de tê-lo fisgado.

Daphné nada respondeu. Amuada, continuou a girar e examinar o bracelete, mas, após um momento, ela disse, levantando a cabeça:

— Claudius está chegando.

— Então, tira este bracelete e retoma o teu trabalho — disse Túlia. — Também toma cuidado para não rir e gracejar com ele. Esse músico está começando a vir aqui com muita freqüência. Creio que tu lhe agradas e nisso não há mal algum, mas com relação a ele, as coisas não podem ir além disso.

— Ele é tão bonito e também é patrício — disse Daphné com aquele espírito de contradição que a caracterizava.

— Sim, mas sem dinheiro. Pobre ser que se alimenta dos sons de sua harpa. Tu aprecias o ouro, tu gostarias de possuí-lo para enfeitar teu corpo: pois bem! Não dês um rival a Caius. Que Claudius *me* faça a corte! Não sou assim tão velha e não é em vão que o provérbio assim o diz: "Para conseguir a filha, é preciso corromper a mãe!".

Ela removeu o lenço que lhe cobria a cabeça, alisou os cabelos e pegando na prateleira uma caixinha, tirou dela um colar de corais, colocando-o ao redor do pescoço. Nesse momento, um belo rapaz loiro e de maneiras afáveis, acompanhado de um escravo que carregava uma harpa enfeitada de flores e fitas, subiu com um passo ágil os degraus da loja.

— Bom dia, Túlia. Bom dia, Daphné — disse com uma voz clara e melodiosa. — Dai-me rápido essências bem fortes. Estou com pressa e entrei apenas para me perfumar um pouco.

— O que desejas em especial, Claudius? — perguntou Daphné rindo e mostrando seus dentes brancos. — Óleo de rosas para sua cabeleira? Essências de flores para suas vestes? Ou, quem sabe, carmim para maquiar teus lábios e faces?

— Para minhas faces? — exclamou rindo o músico. — Graças aos deuses, elas são tão coradas quanto as tuas. Não, não. Apenas borrifa sobre minhas vestes alguma essência aromática. Amanhã virei fazer compras, pois todos os meus óleos e pomadas acabaram, e, então, trar-te-ei uma cesta de confeitos. Aposto que estes dentinhos de rato gostam de roer boas coisas!

Aproximou-se de um pequeno espelho de metal pendurado na parede, ajeitou com um gesto elegante a rica fivela de ametista que lhe prendia a toga e saiu cumprimentando-as com um gesto.

— Aonde corre ele assim vestido? A alguma festa, provavelmente? — perguntou Túlia.

— Eu sei aonde ele vai — respondeu a moça. — Phoebe, a aia da rica Sextila, contou-me que há uma reunião, esta noite, na casa de Fabricius Agripa. Sua ama foi convidada, assim como Claudius e outros patrícios. Oh! Que felizardos! Como vão se divertir e comer guloseimas! Quando, pois, serei como eles? Tens razão, mãe, Caius deve me desposar a fim de que eu possa, também, desfrutar dessas festas, tenha escravos para me servir e camarote no circo, em vez de ficar perdida na multidão, sem que ninguém me note.

Deu algumas voltas impacientes na pequena loja e depois parou, bocejando, diante de sua mãe:

— Vou deitar-me e dormir um pouco para matar o tempo. Não posso nem pensar que todos estejam lá se divertindo, enquanto eu apodreço aqui.

E sem esperar resposta, dirigiu-se para a porta do fundo e desapareceu no interior da loja que lhes servia de casa.

Túlia continuou com os cotovelos apoiados na mesa, absorta em seus pensamentos. Pouco a pouco seu rosto comum e calmo assumiu uma expressão de maldade implacável e seus olhos apagados lançaram olhares cortantes e venenosos como os de uma serpente. É que nos seus pensamentos desenrolavam-se quadros do seu passado longínquo, quando ela mesma sonhava tornar-se uma rica patrícia, tendo Sempronius destruído seus planos.

— Aguarda, orgulhoso déspota — murmurou surdamente —, pois o momento da vingança finalmente chegou. Por muito e muito tempo tive que esperá-lo; mas Túlia é paciente e não esquece nada. Tudo fizeste para impedir teu irmão Drusus de casar com a plebéia, mas agora a filha dela se tornará a mulher do teu filho. Teu orgulho será quebrado, e — eu conheço Daphné — ela te cobrará a dívida!

48   J. W. Rochester

3. A festa

Diante da casa de Sempronius, vários escravos continham com dificuldade dois fogosos cavalos atrelados à biga. Espumando de impaciência, eles relinchavam e empinavam-se. Finalmente, acompanhado de seu filho, o velho patrício apareceu à porta e lançou um olhar inquieto e preocupado à agitada parelha.

— Toma cuidado, Caius. Temendo que não conseguisses dominar esses animais, ordenei que dois escravos nos acompanhassem para enfrentar qualquer eventualidade.

O rapaz acariciou a crina sedosa dos cavalos, deu-lhes uns tapinhas no pescoço e depois, saltando para dentro do carro, pegou as rédeas:

— Vejo que depositas pouca confiança em mim! Domar estes cavalos não é mais que uma brincadeira de criança. Afastai-vos!

Os escravos largaram o freio e Caius puxou as rédeas. Os músculos dos seus braços retesaram-se como cordas, suas mãos pareciam de ferro. Os cavalos fremiram, fazendo ranger os arreios, mas não se mexeram.

— Sobe sem medo, pai, estou seguro de mim.

Sempronius colocou-se ao lado de seu filho e este afrouxou as rédeas.

Atravessaram as ruas da cidade numa velocidade vertiginosa, mas a segurança do jovem condutor era tanta, que ele se desviou dos outros carros, virou as esquinas sem chocar-se com pedestres nem liteiras, como se estivesse dirigindo a mais tranqüila atrelagem. Logo transpuseram uma porta da cidade e pegaram o caminho que levava à residência de Agripa, situada no campo.

— Sobretudo, trata de estacar os animais bem diante da entrada, caso lá estejam nossos amigos para nos receberem — disse Sempronius.

— Fica tranqüilo, pai — respondeu Caius dobrando por um caminho transversal, ao fim do qual se avistavam as construções de uma grande casa de campo cercada de jardins e pomares.

Sempronius não se enganara: diante da porta de bronze trabalhada que dava acesso a um pequeno pátio ensombrecido por árvores seculares, reunia-se um grupo de homens conversando e olhando a estrada.

— Chegaram! E por todos os deuses do Olimpo, os indomáveis animais estão atrelados ao carro! — exclamou um belo patrício de uns trinta e cinco anos, cujos cabelos cortados rente, os movimentos ágeis e precisos denunciavam a formação militar. Com efeito, Fabricius Agripa, pois era ele, servira o exército, mas, gravemente ferido durante uma campanha militar, dera baixa para se dedicar à administração de sua grande fortuna. Nesse momento, seu rosto simétrico, ao qual grandes olhos penetrantes e espessas sobrancelhas que se juntavam sobre o nariz imprimiam muita personalidade, exprimia a mais franca cordialidade e admiração, pois o carro de Caius Lucilius, que parecia voar sobre a estrada poeirenta, acabava de parar, como se estivesse fixado no solo, com um só movimento dos seus braços musculosos. Aclamações ressoaram e todas as mãos se estenderam aos dois homens que desceram da biga, cumprimentando a todos.

— Felicito-te! Tens, realmente, a força de Hércules — exclamou Agripa apertando a mão de Caius. — Ontem, ofereceram-me estes cavalos e não quis comprá-los, pois é impossível confiar neles, um verdadeiro perigo. Mas tu os conduzes como se fossem moscas presas por um fio.

Todos entraram na casa para se juntarem aos outros convidados. Agripa fez seus hóspedes atravessarem um charmoso átrio pintado com cores vivas e pavimentado de jaspe vermelho e de ágata. A seguir, passaram por um salão de recepção em colunatas, construído em semicírculo. Diante do mesmo, estendia-se um canteiro de flores em cujo centro uma fonte lançava ao ar seu feixe prateado para cair, em pequenas gotas multicores, numa bacia de mármore.

Lá estavam reunidas várias mulheres vestidas com requinte e uma dezena de homens. Todos aplaudiam Claudius, agradecendo-o pelo deleite musical que acabava de lhes proporcionar. À entrada dos recém-chegados, todas as cabeças voltaram-se para eles. Quando chegou a vez de Caius Lucilius cumprimentar Metella, esta o acolheu como a um filho da casa:

— Senta-te ao meu lado, vou mandar servir-te um refresco, pois estás terrivelmente acalorado — disse a jovem, passando seu lenço perfumado sobre a fronte coberta de suor de Caius.

— Mas nos esqueceste completamente! Faz um século que não te vejo, e meus filhos me enchem de perguntas sobre a ausência do seu grande amigo.

O rapaz instalou-se comodamente em uma poltrona de bronze cinzelado e, inclinando-se para Metella, disse-lhe com um sorriso malicioso:

— As boas cidadãs de Herculanum tornaram-se mudas e discretas? Penso que não, pois algo em teus olhos me diz que sabes muito sobre os motivos de minha negligência para com os amigos. O que me espanta é que até as mais belas mulheres, as mais superiores, tornam-se cruéis quando se trata de satisfazer sua curiosidade e querem meter seus dedinhos em todas as feridas, mesmo nas mais escondidas.

Nesse momento, um escravo aproximou-se trazendo refrescos, enquanto um rapazinho, que o seguia, aproximava uma pequena mesa e, tirando de um cesto uma coroa de rosas semelhante às que os outros homens já usavam, colocou-a sobre a cabeça de Caius.

— Ah! — disse ele com um olhar terno —, por que não ordenaste que me colocassem uma coroa de espinhos? Assim, ao menos, eu veria que participas das minhas tristezas.

Metella levou até o rosto do rapaz seu leque etrusco de penas de pavão e cabo de ouro que ela segurava, dizendo-lhe com um olhar significativo:

— Mandarei tecer para ti uma coroa de espinhos quando desposares aquela que toda cidade diz ser tua futura noiva.

— Ah! Como és pérfida, Metella! Tudo sabes e ainda me perguntas com uma inocência revoltante, a causa de minha ausência e de minha palidez! Por mais louco que eu estivesse, poderia ver-te tão disposta, tão enfeitada e ao mesmo tempo com um mistério escondido na consciência?

A jovem, com um gesto despeitado afastou seu manto bordado a ouro.

— Se devêssemos medir tua tristeza pela cor de tuas faces, meu caro Caius, deveríamos nos inquietar não com sua palidez, mas com o seu rubor inflamado. Quem sabe não colocaste maquiagem? A causa de tuas tristezas, como dizem, é uma fonte de maquiagem.

Aborrecido com tanta implicância, Caius levantou-se, amuado, e dirigiu-se a Virgília que, vestida com uma túnica azul bordada de rosas, pérolas nos cabelos, subia, alegre e sorridente, os degraus do terraço.

Nesse ínterim, Sempronius estava rodeado pelos homens já sérios, conversando sobre negócios e política. No entanto, seu amigo, o senador Verus, aproveitou-se de um momento favorável para perguntar-lhe, confidencialmente, quem era aquela tal de Daphné que, segundo comentavam, havia enfeitiçado o seu filho.

— Bobagens e nada além disso — respondeu Sempronius, também à meia-voz. — É verdade que o rapaz está enamorado, mas eu nego o meu consentimento. Vai ficar amuado, mas lhe comprarei cavalos para alegrá-lo. Além do mais, para pôr fim a esses falatórios, mandá-lo-ei passar alguns meses em Roma. Isso o distrairá, embora essa separação me seja muito penosa.

Nesse momento, alguém solicitou a atenção do senador, e Sempronius absorveu-se nos seus pensamentos. A seguir, avistando Claudius que, por um instante sozinho, apoiava-se na balaustrada, levantou-se como que iluminado por uma idéia repentina e, aproximando-se do jovem músico, passou seus braços sob os dele e conduziu-o ao jardim.

— Meu caro Claudius — disse ele —, notei que teu espírito e teu bom humor sempre influenciam favoravelmente Caius, cuja paixão louca por essa plebéia certamente conheces. Gostarias de usar essa influência para convencer o maluco que o amor é um pássaro migratório? Prova-lhe, com teu exemplo, que podemos amar todas as mulheres bonitas, mas não desposar todas, pois um belo e bravo rapaz como tu deve ter tido muitos amores, embora tua posição ainda não seja sólida a ponto de poderes constituir um lar.

Um sorriso despreocupado surgiu nos lábios de Claudius:

— Aceito a vida como ela é e como as mulheres bem sabem que não posso instalá-las na minha harpa, contentam-se com meu amor sem casamento. Mas se acreditas que eu possa influenciar Caius, estou à tua inteira disposição.

— Obrigado. Então, dá-me o prazer de vir morar em minha casa. Amanhã, mandarei buscar seus pertences. Caius ficará contente de conviver com um amigo da sua idade. Apenas, trata de distraí-lo, inventa todas as diversões que quiseres, contanto que ele não vá mais procurar aquela moça. E estejas certo de toda a minha gratidão.

— Mas cabe a mim provar-te a minha — respondeu Claudius. — Acredita que aprecio tua bondade e que farei o possível para ser útil a Caius.

Com um cordial aperto de mão, os dois homens se separaram. Sempronius foi juntar-se ao senador Verus que o chamava em altos brados para uma partida de dados e Claudius dirigiu-se para o jardim onde, à sombra espessa de frondosos bosques de loureiros e plátanos, erguia-se um pequeno templo elegante consagrado aos deuses lares.[1] O jovem músico apoiou-se em uma de suas colunas e absorveu-se em pensamentos. Quem quer que tivesse observado naquele momento a expressão calma e descontraída daquele belo rosto, fresco e corado como as rosas que ornavam sua cabeça; aqueles grandes olhos castanhos cheios de encanto, teria sido persuadido que os pensamentos de Claudius se concentravam em qualquer nova canção ou qualquer futilidade amorosa. No entanto, tal julgamento seria bem falho, pois, sob sua aparência modesta, alegre e amável, o músico escondia todos os gostos de um libertino sem medidas. Amava o luxo, as mulheres, o jogo e, para satisfazer esses gostos dispendiosos, faltavam-lhe os meios. Assim, ele vivia de expedientes. Recebido de braços abertos em toda a parte, graças ao seu espírito e seus talentos, estava endividado com todos os fornecedores. E não poderia ser de outra forma, pois, para ser recebido nas casas ricas dos patrícios, classe à qual pertencia de nascença, Claudius devia estar elegante, ter seu lugar no circo e no teatro, encontrando, assim, oportunidade de ser convidado.

O convite de Sempronius viera bem a calhar. Naquela riquíssima casa, ele viveria muito bem, não precisando nada gastar para suas necessidades materiais. Mas longe de sentir qualquer gratidão, ele maquinava ativamente a maneira de conseguir do-

---

1 Deuses lares: deidades romanas protetoras da casa e da família. Os lares de uma família eram as almas dos antepassados, que velavam por seus descendentes.

minar e explorar Caius Lucilius que, intrépido e despreocupado, confiante e generoso, era perfeitamente incapaz de competir em astúcia com ele e de frustrar suas intrigas refinadas.

Nesse personagem tão falso de caráter, hábil em criar para si uma existência luxuosa com meios medíocres, meus leitores reconhecerão a personalidade ricamente dotada, mas manchada pelos vícios que (na época da narrativa *O Episódio da Vida de Tibério*) tinha sido Marcus, o médico de Tibério e que se tornaria Willibald de Launay, o cavaleiro arruinado e intrigante que descrevi em *A Abadia dos Beneditinos*.

As tramóias de Claudius foram interrompidas por Caius Lucilius, que perguntou alegremente:

— Com que sonhas, assim transformado em estátua? Com a florista Balbila? Estou te procurando para propor uma coisa boa: Agripa acabou de permitir que eu tomasse um banho aqui, pois estou morrendo de calor. Queres acompanhar-me? Bastará um mergulho na piscina para nos refrescarmos e, dentro de meia hora, estaremos de volta sem que notem nossa ausência.

Quando, uma hora mais tarde, os dois rapazes voltaram ao salão, frescos e dispostos, os convivas se dispunham a passar ao triclínio, onde uma ceia refinada reteve-os até altas horas da noite.

Cerca de quinze dias depois da festa da qual acabamos de falar, numa bela tarde os dois rapazes se encontravam em um pequeno terraço na casa de Sempronius. Caius estava deitado em um canapé, apoiado em almofadas, sendo que, dessa vez, poderíamos, com razão, ficar espantados com sua palidez, com as olheiras que lhe circundavam os olhos e com o ar de esgotamento físico. Do outro lado de uma mesinha colocada entre eles, estava Claudius, recostado em uma poltrona, degustando lentamente uma taça de vinho envelhecido de Falerno, [2] beliscando guloseimas que tirava de um cesto de trama de ouro, bem como frutas secas.

— Escuta, Caius — disse ele, rompendo o silêncio —, teu pai está preocupado com o teu estado, falou-me disso ainda nesta manhã. Estás realmente doente ou finges para quebrar a teimosia de Sempronius? Se for assim, o momento é favorável, pois ele teme que o teu infeliz amor influencie a tua saúde.

Caius Lucilius levantou-se, os olhos chamejantes:

— Por quem me tomas, Claudius? Crês que eu esteja empalidecendo e emagrecendo por causa de uma mulher? Não, é verdade que quero Daphné, mas porque estou habituado a ter

2 Falerno: vinho mais famoso da Grécia clássica elaborado em Campânia.

tudo o que me agrada. Jamais eu fingiria estar sentindo qualquer coisa para enganar meu pai.

Desde seu nascimento, o filho mimado de Sempronius sempre tivera tudo o que desejava. Sua mãe o idolatrava; sua avó (a mãe de Sempronius, ausente no momento) o adorava como a um semideus; os serviçais sabiam que seus menores caprichos eram ordens.

— Nem posso dizer que esteja sofrendo alguma enfermidade — continuou o jovem, deixando-se cair nas almofadas —, mas sinto uma fraqueza, um cansaço indescritível. Tenho preguiça até de fazer um passeio ou uma corrida de biga com meus belos corcéis, e isso vem acontecendo desde o dia seguinte à festa na casa de Metella.

— Hum! — resmungou Claudius, servindo-se de nova taça de vinho. — Seria possível que Daphné ou sua mãe tenha te dado alguma droga enfeitiçada para apressar o casamento? Infelizmente tais fatos não são raros.

— Não, não, não me lembro de ter, algum dia, bebido ou comido por lá. Além do mais, a pobre moça deve estar desolada, pois já faz doze dias que não a vejo. Anteontem enviei-lhe uma cesta de flores, mas o que isso representa? Queres me fazer um favor?

— Com prazer.

— Então, vai à casa de Daphné e dize-lhe que estou doente e não posso sair. E entrega-lhe este estojo: contém uma corrente de ouro e um amuleto que ela suplicou-me que lhe comprasse. Entrega-lhe também essas tabuínhas que contêm algumas palavras que escrevi para ela. Ela não sabe ler, mas sua mãe lhas lerá.

Claudius esvaziou a taça e levantou-se.

— Vou já fazer o que me pedes. Solicito apenas que me permitas fazer aqui a toalete. Será melhor do que correr até meu quarto.

— Eu ia sugerir que fizesses isso, Claudius e, além do mais, dá-me o prazer de escolher, entre os objetos que compramos nesta manhã, algumas coisinhas bonitas para Balbila. Aposto que passarás na casa da pequena florista. A travessa possui olhos magníficos e o bom gosto de admirar teus cabelos loiros e tua música.

— Obrigado e até logo — disse Claudius, rindo —, dentro de duas horas estarei de volta e te trarei notícias.

Foi para o quarto contíguo ao terraço e, acordando um negrinho que dormia em uma esteira perto da porta, pediu-lhe perfumes e um espelho.

Herculanum

Durante a conversa dos dois rapazes, um cortejo composto de uma liteira, cinco mulas carregadas e vários homens de escolta entrou no grande pátio da casa. Aos primeiros rumores dessa chegada, o próprio Sempronius acorreu e ajudou uma imponente matrona a descer da liteira.

Depois de tê-lo abraçado cordialmente, a velha senhora perguntou, lançando um olhar inquieto à sua volta:

— Onde está Caius? Por que ele não veio ao meu encontro?

— Ele ignora a tua chegada, minha mãe, pois nada lhe falei do mensageiro que me enviaste. Ele está doente há doze dias, e sobre isso existem outras complicações que tornam teu retorno duplamente precioso. Mas retornaremos ao assunto quando estiveres um pouco refeita da viagem.

O rosto da matrona ensombreceu-se, pois ela adorava seu neto.

— Acompanha-me ao meu apartamento, meu filho e conta-me tudo: a inquietação não permitirá que eu descanse.

Silenciosamente, eles atravessaram um pequeno pátio interno, dirigindo-se aos apartamentos das mulheres, situado no lado oposto da casa. Quando chegaram a um pequeno salão ricamente decorado, Fábia recostou-se em um canapé. Apesar de sua idade avançada, via-se que ela fora de uma beleza admirável: seu corpo alto conservava-se ainda ereto e flexível, seus grandes olhos negros, límpidos e vivazes, e toda a sua pessoa transpirava essa calma serenidade e todo o encanto que apenas uma vida pura e realizada pode proporcionar.

— Obrigada, meu querido Sempronius — disse ela, aceitando das mãos de seu filho alguns refrescos. — Dispensa essa gente e, enquanto descanso, conta-me o que aconteceu a Caius, pois vejo pelo teu olhar triste que a coisa é grave.

Sempronius tomou de uma poltrona e expôs brevemente a história dos amores de Caius, seu projeto de casamento e, enfim, a incompreensível indisposição que fazia do vivo e agitado rapaz um ser preguiçoso, até indiferente aos seus passatempos favoritos.

— Ao te escrever sobre a louca paixão dele pela plebéia — terminou o patrício — não quis te alarmar contando que Daphné é filha de Túlia, aquela miserável criatura que todos nós suspeitamos ser a causadora da cegueira de Drusus. Há muitos anos, perdemo-la de vista, mas, há alguns meses, ela reapareceu em Herculanum. Mantém uma loja de perfumaria no prédio do Sr. Nonnius.

A velha senhora ergueu-se, totalmente pálida:

— E é a filha dessa mulher que ele ama? — perguntou

ela. — Não, isso não podemos permitir. Não temos provas do crime, mas quem, além de Túlia, poderia ter trocado a pomada?

— Não te deixes inquietar por essas lembranças, minha mãe. Antes de tudo, devemos pensar no rapaz. Para distraí-lo, convidei para aqui viver um amável e espirituoso jovem que deves conhecer por tê-lo visto na casa de Drusus durante tua permanência em Roma: é Claudius, o harpista.

— Oh! Eu mesma gostaria de falar-te dele. Ele fez várias visitas a teu irmão, que muito o estima, mas, o que é grave, ele soube conquistar o coração de Drusila, que com ele quer casar.

— Drusus que, como bem sabes, não é orgulhoso e que, nos seus momentos de tristeza deleita-se com a música de Claudius, parece ser favorável a esse plano. Ao passo que eu, eu me oponho, pois embora Claudius seja um homem honrado, ele não é partido para uma jovem rica e de nobre linhagem como tua sobrinha. Chamei-a à razão e ela prometeu-me respeitar nossos desejos, com a condição de não lhe impormos outro casamento e de deixá-la ao lado do pai, o qual, por causa de sua enfermidade, ela é indispensável.

— Drusila é uma boa filha e será preciso pensar nisso — respondeu Sempronius. — Não estás sendo demasiado severa, minha mãe? Claudius é patrício, sua família goza de excelente reputação. No que diz respeito a ele, como terceiro filho de uma casa arruinada, foi obrigado a se alimentar de alguma forma!

— Falaremos disso posteriormente — disse Fábia —, no momento é preciso pensar em Caius. Vai, meu filho, e deixa-me coordenar um pouco meus pensamentos. Mais tarde, irei ver o menino e, depois de ter conversado com ele de coração aberto, dar-te-ei minha opinião e meu conselho.

4. Um passado

Cerca de uma hora depois dessa conversa, Fábia atravessou rapidamente o apartamento do seu neto e deteve-se à soleira do terraço. Caius Lucilius encontrava-se deitado, a cabeça enterrada nas almofadas e parecia profundamente adormecido, mas uma nuvem de tristeza obscureceu o olhar da matrona ao perceber sua palidez e a expressão de sofrimento que tomava conta dos seus traços. Aproximando-se silenciosamente, inclinou-se sobre o jovem adormecido e contemplou-o com um amor infinito. Depois, passou a mão carinhosa em sua cabeça cacheada, murmurando:

— Preguiçoso!

Caius abriu os olhos e, reconhecendo sua avó, deu um pulo e com uma exclamação de alegria, jogou-se ao pescoço de Fábia, cobrindo-a de beijos.

— Tu aqui, vovó querida! Papai foi cruel em não me ter avisado: eu teria ido a cavalo ao teu encontro!

Fê-la sentar-se no canapé e, postando-se sobre uma almofada aos pés dela, beijou-lhe as mãos. A matrona atraiu a si a cabeça do rapaz e, beijando-lhe a testa, perguntou docemente:

— Por que estou encontrando meu Caius pálido e emagrecido? Sempronius falou-me de ti e, agora, meu menino querido, eu espero que me abras teu coração para que eu possa te consolar e te aconselhar no grave problema que prejudica a alegria da tua juventude.

Caius Lucilius não ergueu a cabeça e, diante do olhar afetuoso, embora escrutador de sua avó, abaixou os olhos. Sabia muito bem que a mulher que escolhera não podia convir à sua família, chegando até a duvidar que essa Daphné, rude, caprichosa e insensata soubesse se comportar adequadamente na casa dirigida pela ilustre matrona que ele venerava como um ideal de mulher. No entanto, por nada deste mundo, ele teria confessado que certas palavras de Túlia feriam seu coração orgulhoso como se fosse um insulto: "Eu sei" dissera-lhe a astuciosa criatura, "que és governado pelo teu pai e pela tua avó. Não tens vontade própria e só farás o que eles permitirem e, por causa disso, peço-te que venhas aqui com menos freqüência e, também, que não a deixes louca de amor". Embora Caius soubesse perfeitamente o quanto ele era amado pelos seus e que seus desejos eram realizados assim que formulados, o pensamento de que pudessem considerá-lo um nulo e sem vontade o inflamava e fazia-o insistir ainda mais na sua fantasia.

Diante do olhar límpido e bondoso da avó, ele sentiu vergonha e, apoiando a cabeça nos joelhos de Fábia, disse com uma voz hesitante:

— Sei que Daphné não é a moça que convém à nossa casa. Não a visito mais e já não peço ao meu pai para me conceder a autorização para desposá-la, mas ela me agrada acima de tudo e lhe prometi casar-me com ela. Agora, contra a fraqueza e a tristeza que tomaram conta de mim, nada posso fazer. Quero apenas que não acredites, minha avó (ergueu a cabeça e seus olhos faiscaram), que eu tenha simulado estar doente: nenhuma mulher vale tal embuste, indigno de um homem.

— Tranqüiliza-te, meu filho, nunca acreditarei em qualquer coisa desonesta vinda de ti e estou até mesmo disposta a reeducar essa moça para torná-la digna de se tornar tua mulher. Mas antes de decidir alguma coisa, deixa-me contar-te a história de Túlia, a mãe de Daphné, que, creio eu, representou um papel tenebroso na vida do teu infeliz tio. Tenho a intuição de que sua filha causará tua infelicidade. Mas, se depois de ouvires o que eu contar, persistires em querer desposar Daphné (que, apesar de tudo, pode ser boa), conseguirei convencer teu pai, pois tua vida e tua saúde nos são mil vezes mais preciosas do que todos os preconceitos.

Caius Lucilius ajeitou as almofadas para que Fábia pudesse se apoiar mais comodamente, colocou um escabelo sob seus pés e depois, retomando o seu lugar, bebeu suas palavras.

— Há aproximadamente vinte anos — começou a matrona —, Túlia era uma mulher muito bonita, esbelta, bem feita de corpo, com a tez alva e abundantes cabelos louros. Mas, para mim, seus olhos azuis, frios e falsos eram repulsivos. Ela vivia em Herculanum com seu pai, o rico mercador de tecidos, Tulius Enceladus. Teu pai já se casara novamente, e na época, tinhas dois anos, mas teu tio Drusus era solteiro e vivia conosco. Como fazia grandes compras de tecidos diversos, necessários a nós e a nossos escravos, ele via Túlia com freqüência e apaixonou-se por ela. Qual foi a natureza das relações entre eles, nunca soube exatamente, pois Drusus, sobre isso, calava-se. Somente, um belo dia, ele declarou que queria desposá-la. Sempronius, que sentia por essa moça uma aversão insuperável, ficou fora de si diante do fato e, como tinha enorme ascendência sobre seu irmão, procurou dissuadi-lo desse casamento. Quanto ao mais, o gênio brusco e decidido de teu pai levou-o a cortar o mal pela raiz: foi à casa de Túlia exigindo que ela desistisse dessa união despropositada que só poderia torná-la infeliz. Garantiu-lhe que ela nunca seria bem recebida nas orgulhosas casas patrícias e que ele próprio, Sempronius, não queria reconhecê-la por sua cunhada.

Apesar dessas duras palavras, Túlia mostrou uma tenacidade incrível e declarou que nunca e por nenhuma razão renunciaria a Drusus. Sempronius, tomado por uma terrível raiva e, conhecendo sua grande ascendência sobre o irmão, exigiu que ele o acompanhasse em uma viagem a Roma que ele pretendia realizar brevemente. Drusus recusou e ficou, mas sem falar novamente do casamento. Teu pai partiu sozinho, quase de relações cortadas com seu irmão. Foi uma época bem difícil para a tua mãe e para mim. A profunda tristeza de Drusus e a amargura irritada de teu pai nos afligiam profundamente.

Sempronius escreveu-me, de Roma, que seu amigo Flavius Sabinius, obrigado a partir em viagem de negócios e, tendo perdido a esposa, pedia-me para receber em minha casa, por alguns meses, sua única filha. Acedi com prazer a esse pedido e, pouco depois, teu pai retornou, trazendo com ele a jovem Sabina, que era, realmente, uma das mais belas e doces criaturas que conheci. Em casa, todos a estimavam e notei, com alegria, que até teu tio tinha prazer em conversar com ela, pois Sabina era tão instruída quanto bela. Essas conversas tornaram-se cada vez mais freqüentes e longas, ao passo que as visitas a Túlia, cada vez mais raras. Uma noite, surpreendi os jovens no terraço, ambos emocionados por uma declaração evidentemente decisiva, pois Sabina apoiava sua loira cabeça no peito de Drusus. Este corou fortemente logo que me viu; depois, segurando a mão da jovem, trouxe-a até mim dizendo:"Minha mãe, trago-te uma moça que, eu sei, aceitarás com alegria". Respondi apenas estreitando-os junto ao meu coração.

Felizes e cheios de alegria, apressamos os preparativos para o casamento, que deveria se realizar em Herculanum. Depois da cerimônia, os noivos deviam voltar a Roma para viver perto de Flavius Sabinius que, não tendo filho homem, gostaria de confiar a Drusus a administração de uma parte dos seus bens.

Que impressão que esses acontecimentos causaram em Túlia? Não sei dizê-lo, mas nós pensamos que estivesse resignada, pois ela permaneceu calada e não protestou. As bodas foram celebradas com pompas, mas no dia seguinte, uma terrível desgraça abateu-se sobre nossa casa.

Devo mencionar aqui que, pouco tempo antes, Drusus teve uma inflamação nos olhos que lhe causara a queda de uma parte dos cílios. O médico lhe prescrevera um ungüento com o qual deveria friccionar as pálpebras.

No dia seguinte ao seu casamento, ele estava no quarto de banho, quando ouvimo-lo gritar horrivelmente. Sabina e Sempronius foram os primeiros a acudi-lo: encontraram-no caído, desmaiado, no chão. Seu velho escravo, todo trêmulo, tentava fazê-lo voltar a si, mas nada soube dizer-nos sobre as causas do acidente. Quando, finalmente, voltou a si, Drusus contou-nos que, como de hábito, ele friccionara as pálpebras com o

ungüento e que, um instante depois, ele sentira uma dor atroz: parecia que um dardo inflamado lhe transpassara os olhos e o cérebro. Não se lembrava de mais nada, mas declarou não estar enxergando absolutamente nada.

O médico chamado constatou que o ungüento tinha sido trocado por uma substância aparentemente semelhante, mas que, na realidade, fora misturada com um veneno corrosivo que destruíra, para sempre, a vista do meu infeliz filho. Podes imaginar nosso desespero! Perdíamo-nos em conjecturas sobre o autor do crime, pois teu tio era estimado por todos e adorado por seus serviçais. Apenas Túlia tinha contra ele motivos de vingança. Todos desconfiaram dela, mas infelizmente, nos faltavam provas.

Um pouco refeito desse pavoroso golpe, Drusus partiu para Roma com sua jovem esposa, que lhe foi um anjo de devotamento e cercou-o de amor e de cuidados sem limites. Alguns meses depois de sua partida, Túlia casou-se com um mercador de perfumes e deixou Herculanum. Muito tempo depois, eu soube que ela também se estabelecera em Roma.

Apesar de sua cegueira, meu pobre Drusus ainda poderia ser feliz, se uma morte, igualmente estranha e misteriosa, não tivesse vindo arrebatar-lhe Sabina. A jovem mulher acabava de dar à luz Drusila quando, numa manhã, foi encontrada morta, mordida no pescoço por uma serpente. De onde viera aquela serpente? Quem poderia tê-la colocado no quarto da convalescente? Tudo isso permaneceu um mistério, mas uma mulher que havia sido recomendada a Sabina, durante a gravidez, como uma excelente cuidadora de doentes, desapareceu no mesmo dia, sem deixar vestígios e estou intimamente persuadida que Túlia estava envolvida nesse segundo crime para, assim, vingar-se do desditado Drusus que, cego e abandonado, quase perdeu, de desespero, a razão. Uma parenta afastada de Sabinius, a venerável Calpurnia, encarregou-se de criar a pequena órfã, pois eu não podia te deixar já que tua mãe acabara de falecer.

A matrona deu um grande suspiro e calou-se.

Caius Lucilius escutara sua avó com o mais vivo interesse.

— Mas — disse ele após um instante de silêncio — apesar de tudo, não há nenhuma prova convincente da culpabilidade de Túlia. No entanto, se realmente ela fez tudo o que supões, parece-me que deveríamos livrar Daphné da influência de uma tão malvada mãe. Ela tem apenas dezoito anos e não pode já estar pervertida. Ainda uma coisa, minha avó: não devemos temer que, caso eu não cumpra minha promessa, eu possa também ficar cego? A mão hábil que destruiu a vista do meu tio pode muito bem encontrar, também, o caminho de meus olhos.

A matrona estremeceu e, num gesto terno e ansioso, colocou a mão sobre os belos olhos brilhantes do seu neto.

— Que os deuses nos preservem de tamanha infelicidade! — murmurou com voz emocionada. — Conversarei com teu pai — acrescentou Fábia, levantando-se. Até logo, meu filho...

Ao sair da casa de Sempronius, Claudius dirigiu-se, com

um passo alerta e cantarolando uma cançoneta, a uma das ruelas contíguas ao mercado. Diante de um vasto recanto, protegido do sol por um toldo de lona, ele parou: no meio de arbustos raros, buquês e cestos cheios de flores, uma bela jovem estava sentada, ocupada em trançar uma guirlanda e completamente absorta em seu trabalho.

— Bom dia, Balbila, com que sonhas, assim totalmente cercada pelas rosas, tuas irmãs, que mal dá para te perceber? — disse o rapaz penetrando sob o toldo. Corada de emoção, a bela florista saltou do escabelo.

— Finalmente apareceste, malvado Claudius! Há dois dias estou gastando meus olhos de tanto olhar para a rua e sempre em vão: pensei que eu tivesse sido esquecida.

— Espero logo fazê-la corar por causa das tuas injustas suspeitas — respondeu Claudius rindo. — Mas não poderíamos conversar mais à vontade? Aqui não é nada cômodo.

— Segue-me — disse Balbila abrindo uma portinhola encravada no muro e fazendo o patrício atravessar dois pequenos cômodos estreitos e escuros. Dali, um corredor levava a um pátio interno cercado de muros: platibandas ornamentadas de flores ocupavam toda a sua extensão e, de uma pequena bacia, no centro, jorrava uma fonte. — Senta-te aqui, meu belo patrício — disse a jovem fazendo seu visitante passar sob um caramanchão apoiado à parede da casa —, é apenas o tempo de eu dizer a Afra para fazer seus arranjos na loja. Depois, trar-te-ei um refresco e conversaremos tanto quanto quiseres, pois meu pai foi ao nosso grande jardim, no subúrbio, e só voltará ao anoitecer.

Um instante depois, ela reapareceu trazendo uma bilha de vinho, uma taça de alabastro e uma cestinha cheia de bolos. Colocando tudo isso sobre a mesa, encheu a taça e disse alegremente:

— Bebe, é o melhor vinho de meu pai, bom demais para aqueles a quem ele oferece. Completarei o que está faltando por um de qualidade inferior e nem ele nem seus amigos notarão nada.

Claudius atraiu para si a moça e a beijou. Depois, erguendo a taça, disse, esvaziando-a de um trago:

— À tua saúde, Balbila, e ao nosso amor!

— Oh! — exclamou ela, suspirando e brincando com seus loiros cachos —, quando os deuses coroarão nosso amor e dar-te-ão os meios para estabelecer uma casa e me desposar? Se ao menos eu tivesse a coragem de confessar a meu pai que te amo, tudo talvez se arranjasse, pois sei que ele tem muito ouro e eu sou sua única filha. Mas pressinto que ele ficará furioso, pois detesta os patrícios, chamando-os de corja de orgulhosos e diz que quanto menos negócios tivermos com eles, menores serão os riscos de sermos tratados como cachorros. Além disso, ele quer me casar com Publius, o jovem jardineiro, nosso vizinho do subúrbio, de quem gosta muito.

Claudius parecia não estar muito à vontade.

— Por que te preocupas com pensamentos tão tristes? — disse ele insidiosamente. — Tem apenas paciência, por enquanto, cala-te sobre nosso amor e tudo se arranjará, prometo. Agora, veja o que te trouxe. Isso te distrairá.

Tirou de sob o manto um pequeno pacote envolto em um lenço de seda e colocou-o sobre os joelhos da jovem, que o abriu com curiosidade:

— Oh! Que coisas lindas! — exclamou tirando do pacote pequenas sandálias douradas, um espelho de metal, redondo, com moldura trabalhada, e um encantador frasco de prata cinzelada, incrustado de turquesas e preso a uma correntinha de ouro.

— Obrigada, obrigada, Claudius querido — disse Balbila batendo as mãos e, depois, lançando-se ao seu pescoço. — Mas por que falas de pobreza, se podes dar-me presentes tão preciosos?

Um sorriso contrafeito surgiu nos lábios do músico:

— Se te disse que sou pobre, deves compreender que isso é relativo e que, para um homem da minha posição, meus meios são restritos. Mas, como vês, ainda me resta o bastante para agradar minha pequena Balbila.

Claudius fez questão de esconder que aqueles preciosos enfeites tinham sido um presente de Claudius Lucilius. Ele possuía essa mesquinhez de caráter para sentir satisfação em ser visto por essa pobre e ingênua moça como um personagem que desprezava e não dava importância à sua posição atual.

Ao fim de meia hora de conversa, ele se levantou:

— Devo deixar-te, minha querida, pois tenho ainda um encargo a cumprir: Caius está doente e pediu-me que levasse a Daphné, a vendedora de perfumes, alguns mimos e um belo buquê, que peço que me forneças.

Passaram à loja, onde Balbila escolheu um grande buquê de rosas vermelhas, preso por uma fita púrpura e dourada.

— Eis as flores e a fita, ardentes como o amor do belo Caius Lucilius — disse rindo. — Penso que podes pagar-me em dobro, pois o filho do rico Sempronius deve ser generoso em um presente de amor.

— Sem dúvida — respondeu Claudius colocando uma moeda de ouro na escudela de madeira que servia de caixa e que já estava cheia de moedinhas de cobre. — Em seguida, saudando a jovem com um gesto, partiu.

Caminhando, ele murmurou com um sorriso cínico e zombeteiro desfigurando-lhe o belo rosto:

— Jovem ingênua que imagina seriamente que casarei com ela! Ela me agrada como amante, mas quanto a se tornar esposa do patrício Claudius, *não*, pois reservo esse papel à filha do rico Drusus (se as divindades infernais não vierem contrariar meus projetos) e não a essa simplória vendedora de flores.

Absorto nesses projetos futuros, Claudius quase passou da loja de perfumaria. Recuando, subiu os degraus e deu uma olhada no interior da mesma. Túlia estava sozinha, ocupada em contar as moedas empilhadas. Seu rosto tinha uma tal expressão de maldade, que ele ficou impressionado.

— Bom dia — disse, detendo-se à soleira.

Ela ergueu bruscamente a cabeça:

— Sejas bem-vindo. O que te traz aqui?

— Venho como mensageiro de Caius Lucilius. Onde está Daphné?

— Ah! — disse Túlia, desanuviando o rosto. — Mas o que é feito dele? Faz tempo que ele não vem!

— Ele está doente e não pode sair. Mas posso ver Daphné?

— Vem e tente fazer com que ela tenha um pouco de juízo — disse a mulher abrindo a porta do fundo da loja.

Daphné lá se encontrava, deitada em um canapé, com o rosto voltado para a parede. Todo o seu corpo era sacudido por soluços convulsivos. As mãos, enfiadas nos cabelos, arrancavam-nos aos tufos, esperneava de raiva, batendo na parede e escoiceando como um potro furioso.

— Daphné, louca, pare de maltratar teus cabelos e levante-te — gritou Túlia. — Claudius traz uma mensagem de Caius Lucilius que não te esqueceu, está apenas doente.

Ouvindo essas palavras, Daphné recompôs-se. Suas vestes caíam em desalinho, descobrindo-lhe o peito. Seus cabelos soltos e desgrenhados, eriçavam-se ao redor de sua cabeça como uma crina de leão. Seus olhos estavam intumescidos e algumas lágrimas de raiva corriam sobre suas faces congestionadas.

— Oh! Béstia! Que bem te faria agora algumas chibatadas! — pensou Claudius contemplando com desgosto aquela encarnação da paixão desenfreada.

Mas, bastante prudente para expressar uma opinião que poderia prejudicá-lo futuramente, caso, apesar de tudo, aquela mulher o desposasse Caius, ele exclamou, fingindo uma afetuosa compaixão:

— Pobre Daphné, enxuga tuas lágrimas e consola-te. Caius está doente, mas envia-te, por meu intermédio, mil saudações, estas tabuínhas escritas por ele e uma caixinha, cujo conteúdo te dará prazer. Daphné atirou-se sobre a caixinha, abriu-a com impaciência e dela retirou uma valiosa corrente de ouro, um amuleto e um frasco parecido com aquele que Balbila acabara de receber. Pegando um pequeno espelho que estava pendurado na parede, começou a se admirar depois de ter colocado a corrente; depois, alisou um pouco os cabelos e disse, voltando-se para a mãe:

— Vai e traze-me algo de refrescante para beber: estou com muito calor e minha garganta está seca.

Mal a porta se fechou atrás de Túlia, Daphné lançou-se, os olhos brilhantes, ao belo músico, que se sentara em um escabelo.

— Obrigada pelas boas notícias que me trouxeste. Pensava que estava tudo perdido, mas agora estou renascendo — disse ela e, passando seus braços ao redor do pescoço de Claudius, beijou-o nos lábios.

Embora tenha ficado momentaneamente surpreso, Claudius era demasiado libertino para repelir os avanços de uma linda mulher. Atraindo para si a jovem romana, retribuiu seu beijo.

— Espero, bela Daphné, que ao te tornares uma rica patrícia, continues a privilegiar-me com os teus favores, pois só o amor pode inspirar-te a me recompensar tão generosamente pela minha tarefa.

— Oh! Tu me agradas e far-te-ei rico a partir do momento que eu disponha do ouro de Caius Lucilius, esse tolo que se deixa governar por todos. Se ele tivesse um mínimo de energia, eu já seria sua mulher há muito tempo, em vez de ficar esperando aqui a sua boa vontade e ser alvo da chacota dos vizinhos. Mas ele me pagará — acrescentou Daphné, sacudindo os punhos fechados.

Ouvindo passos atrás da porta, ela se afastou precipitadamente de Claudius e voltou a examinar o frasco.

— Onde estão as tabuínhas de Caius? — perguntou Túlia entregando à filha um copo, que esta esvaziou com avidez.

O rapaz estendeu-lhas e ela leu em voz alta:

"Caius Lucilius envia uma terna saudação à sua querida Daphné e roga a Eros[1] para protegê-la e conservá-la em boa saúde, em honra ao seu amor".

— Mas, é muito gentil o que ele me escreveu — disse a moça.

— Pena que eu não saiba ler, mas guardarei estas tabuínhas.

— Não tem importância! Deves conservá-las como uma lembrança de Caius Lucilius — declarou Túlia guardando a mensagem na caixinha.

Claudius levantou-se.

— Que devo responder a ele? — perguntou com um sorriso significativo. — Talvez queiras enviar-lhe um ardente beijo?

Daphné corou violentamente e sua mãe disse meneando a cabeça:

— Não seria digno, mas pega uma rosa deste buquê, beija-a e envia-lha como sinal de teu...

Um ruído na loja interrompeu-a e ela saiu rapidamente.

Daphné arrancou uma flor do buquê, contraiu-a contra os lábios e, estendendo-a ao músico, disse com um olhar expressivo:

— Volta sempre, gentil mensageiro de Eros, tu serás bem-vindo.

Claudius apertou-lhe a mão e murmurou, inclinando-se sobre o ouvido dela:

— O buquê é presente meu; não o diga a ninguém!

---

1 Eros (Cupido): deus do amor, era filho de Vênus, e seu companheiro constante. Armado com seu arco, desfechava as setas do desejo no coração dos deuses e dos homens.

5. O noivo

Apenas quinze minutos após a saída de Claudius, um grito vindo da loja interrompeu Daphné que se ocupava em contemplar e experimentar os ricos presentes recebidos de Caius, espalhados sobre a mesa à sua frente.

— Mamãe está falando com alguém cuja voz me parece conhecida. Quem pode ser? — murmurou ela e, levantando-se curiosa, entreabriu a porta.

No mesmo instante, soltou um grito abafado: à porta da loja encontrava-se um rapaz alto e esbelto, de expressão dura e enérgica. Ele colocara sobre uma poltrona um pacote bem grande e falava animadamente com Túlia que, corada e inquieta, mal conseguia disfarçar seu desagrado.

— Rutuba, conseguiste nos encontrar! — exclamou Daphné indo rapidamente ao seu encontro.

— Tens razão, eu as encontrei. Mas acho estranho o fato de Túlia ter partido sem me avisar — respondeu o visitante apertando a mão de Daphné. — Vós bem poderíeis, penso, ter esperado meu regresso. Isso nos teria poupado uma separação de mais de um ano. Mas não importa! Meu tio morreu, legando-me uma linda casa com jardim e um vinhedo. Agora já posso viver folgadamente e estou vindo reclamar a noiva que teus pais me concederam há três anos. Espero, Daphné, que não esqueceste a tua promessa.

— Tudo isso é perfeitamente verdade, meu caro Rutuba — disse Túlia em tom melífluo —, a tua fidelidade te honra. Mas, depois de nossa separação, acontecimentos graves ocorreram e mudaram muitas coisas. Segue-me para que nos expliquemos melhor, e tu, Daphné, fica aqui para atender aos compradores.

Pálido, de cenho franzido, mas sem dizer uma palavra, o jovem acompanhou-a até o aposento contíguo. Seu primeiro olhar se dirigiu diretamente para a mesa coberta de jóias e objetos preciosos, provocando-lhe um sorriso amargo e mordaz. Túlia, que parecia estar muito pouco à vontade, retirou de um armário uma jarra de vinho, pão e carne de aves, colocando-as sobre a mesa, e jogou confusamente numa caixinha os objetos comprometedores.

— Bebe e come, deves estar cansado da viagem — continuou com uma amabilidade insinuante — e eu me sentarei ao teu lado e te contarei tudo como se faz a um amigo.

Rutuba bebeu um gole de vinho, mas sem tocar no resto, colocou os cotovelos na mesa, encarando Túlia com um olhar duro e penetrante.

— Estou escutando. Está bem claro que não mais me queres para teu genro. Só está faltando que me expliques as razões dessa mudança de planos.

Túlia deu-lhe uns tapinhas no ombro:

— Meu bom Rutuba, uma fortuna imprevista sorriu a Daphné: Caius Lucilius, o sobrinho do rico Drusus que tu conheces, apaixonou-se por ela e prometeu desposá-la. Ele próprio me disse que, para tanto, está apenas esperando o consentimento de seu pai.

— E ficará esperando por muito tempo — disse Rutuba ironicamente. — Ouvi falar do orgulhoso Sempronius e duvido muitíssimo que ele admita a plebe na sua família. Para isso, seria necessário que ele tivesse mudado bastante desde a época em que impediu seu irmão Drusus de se casar com outra filha do povo, igualmente ávida de grandeza.

Um lampejo sombrio e carregado de ódio rasgou o olhar de Túlia:

— Ainda não te contei que Caius é o homem mais belo de Herculanum e que Daphné o ama apaixonadamente.

Uma palidez esverdeada cobriu as faces morenas do jovem romano e seus olhos faiscaram:

— Daphné o ama? E eu que acreditava que tua louca ambição a forçava a esse casamento — disse levantando-se bruscamente. — Nesse caso, nada me resta a fazer aqui. Não posso impedir tua filha de preferir um patrício a mim.

— Mas por que voltar tão depressa? Acalma-te e...

— Não estou pensando em voltar a Roma. Não quero que riam de mim, vendo-me voltar sem esposa. Não: tratarei de arrumar um lugar em Herculanum para admirar, ao menos de longe, a patrícia Daphné.

Ao ouvir essas palavras, a moça que escutara toda a conversa atrás da porta, sentiu a mais viva inquietação: o noivo rejeitado não iria prejudicá-la perante Caius Lucilius? Ela conhecia o enérgico e obstinado Rutuba, cujo olhar severo e glacial, por mais de uma vez, estancara seus acessos de raiva. Rude e ávida, insaciável de luxo e de prazer, Daphné deixara-se corromper pelos presentes que ele lhe oferecia e apaixonara-se por ele como se apaixonaria por qualquer outro rapaz de boa aparência que ela via. No entanto, tendo descoberto que nele encontraria um marido inflexível, logo se desencantara. Além disso, tendo já experimentado os efeitos da generosidade do rico Caius, ela sentia um desprezo profundo por tudo o que outrora a fazia ficar transportada de alegria. Por sua vez, Rutuba havia analisado a fundo, bem mais do que ela supunha, o caráter de sua prometida. Conhecia o seu brutal egoísmo, seus princípios levianos, sua avidez. Sabia perfeitamente que aquela boca vermelha estava sempre pronta a morder a mão que a acariciava. Contudo, ele amava sua beleza, suas formas admiráveis, aquela cabeleira dourada e rutilante como ouro fundido e queria possuir essa mulher sedutora. Esperava vencer sua maldade e domar a tigresa a chicote, quando a influência moral já não bastasse.

Daphné não estava completamente errada ao temer a vingança desse homem ofendido no seu amor-próprio e no seu amor. Dessa forma, dando, a seguir, à sua fisionomia uma expressão de profunda tristeza, ela entrou no aposento e, contorcendo as mãos, exclamou com voz chorosa:

— Rutuba, meu amigo fiel, choro a tua perda e, nunca como neste momento, senti a força de nosso amor mútuo. Nunca amarei um homem como amo a ti, mas que posso fazer? Minha mãe exige esse casamento. Ao menos, quando eu for rica, não te esquecerei e cumular-te-ei de ouro e de presentes.

O moço lançou-lhe um olhar frio e firme, depois segurando-lhe os braços, sacudiu-a rudemente:

— Não mintas, Daphné, e não te esforces em tirar lágrimas dos teus olhos secos. Conheço-te, e o que *amei* em ti foi tua beleza e nunca tua alma hipócrita e ingrata, que só ama as pessoas pelos bens que elas possuem: acho que os presentes que aqui vi espalhados tornaram-me supérfluo.

Neste momento, tremes imaginando que eu vá procurar

Caius Lucilius para abrir-lhe os olhos sobre os encantos do teu caráter. Tranqüiliza-te, pois desmanchar esse casamento seria para mim uma vingança irrisória. Casa-te com o filho de Sempronius, mas toma cuidado de não revelar a ele o teu caráter íntimo, essas horas de raiva durante as quais rolas como uma insensata, arrancando tuas vestes e mordendo vossa velha escrava, o único ser que, até o presente, os deuses te permitiram atormentar!

Entra tal como és, rude, vulgar e má, para a família do duro e soberbo Sempronius e da altiva e elegante Fábia. Esses patrícios têm a honra mais suscetível e sei, por experiência própria, que tu gostas, casta Daphné, de beijar qualquer rapaz bonito, desde que a ocasião se apresente. Pois lá, eles não admitirão qualquer mancha em seu nome e, quando Caius Lucilius te descobrir qualquer vilania, ele te expulsará a chicotadas da sua casa. Quando isso acontecer, será minha vingança, e ela virá — acrescentou o jovem romano em tom solene e com um olhar flamejante — porque não conseguirás dominar tuas paixões e teus vícios te perderão!

Lívidas e mudas de estupefação, as duas mulheres ouviram-no, não encontrando palavras para responder-lhe. Rutuba mediu-as com um olhar de desprezo:

— Vós estais, como vejo, admiradas com o conhecimento que tenho das virtudes de Daphné. Espero que ela sempre tenha a ocasião de admirar minha perspicácia, até o momento merecido em que ela se arrepender de não ter escolhido para marido o plebeu que a conhecia e que a aceitava tal como ela é.

Deu uma rude gargalhada e saiu, fechando a porta com estrondo. Túlia meneou a cabeça e, voltando-se para sua filha ainda muda e consternada, disse gravemente:

— Este homem é um perigoso inimigo, tão astuto quanto firme. Então, toma cuidado, Daphné, espero que sejas prudente e fiel; que abandones tua mania de te deixar cortejar por todo homem que de ti se aproxima. Caius Lucilius é belo e generoso, mas percebi em seu olhar lampejos que me fazem temer que, uma vez ofendido, ele se torne selvagem e cruel como as feras com que se diverte em domar. Os homens violentos amam mulheres calmas e ele sempre se relacionou apenas com patrícias altivas e reservadas, como Fábia, Metella, Virgília etc, que consideram todos os escândalos abaixo de sua dignidade. Nunca reveles a ele senão a mulher boa e obediente.

Eu te repito: o casamento pode dar certo, mas compete a ti mostrar-te digna da posição adquirida e não dar razão a Rutuba, pois viver com Caius é muito difícil, estou te prevenindo. Se eu não quisesse me vingar do ultraje que Drusus e Sempronius me infligiram, eu desistiria de te fazer entrar para essa família orgulhosa.

— Ah! — exclamou Daphné com as faces inflamadas —, desejas me sacrificar em nome da tua vingança e, além disso, tu me amedrontas e procuras envenenar meus prazeres e minha tranquilidade futuros!...

Começou a soluçar e, jogando-se no canapé, gritou e esperneou, continuando a vomitar, contra sua mãe, uma torrente de injúrias e acusações.

6. O camafeu de Tibério

Em um pequeno pátio interno da casa de Marcus Fabius que, por uma de suas saídas, comunicava-se com o corredor perto da escada, ressoavam gritos e clamores. Um grupo de serviçais reunira-se ao redor do feitor dos escravos que puxava pela gola o pequeno germânico Gundicar, enquanto uma mulher, de túnica listrada, com as mãos nas ancas, gritava com uma voz aguda:

— Pérfido, ladrão precoce, é preciso prendê-lo, chicoteá-lo até a morte por sua ousadia. Ontem pela manhã, minha ama retirou o camafeu de um porta-jóias e deixou-o sobre o toucador. Tinha-o ainda na mão quando este infiel foi ao terraço com uma mensagem do amo e notei com que avidez ele olhou a jóia. Hoje, o camafeu desapareceu. Revirei tudo, olhei em cada vão para ver se o achava, mas não o encontrei em lugar nenhum.

— Confessa, béstia, onde está a jóia ou o estrangularei — berrou o feitor, sacudindo violentamente Gundicar.

Com as sobrancelhas franzidas, a boca crispada e pálido como um morto, o menino deixava-se castigar sem deixar escapar uma queixa.

— Infiel infame, ninguém além de ti poderia ter roubado o camafeu e ainda por cima, ficas calado! Mas vou soltar-te a língua — gritou o homem fora de si e, levantando seu açoite, deixou cair uma saraivada de golpes sobre o rapazinho que, com o rosto contraído, mas sempre mudo, agachara-se cruzando os braços sobre o peito. A cada golpe que sobre ele se abatia, um rastro sangrento coloria a camisa branca do culpado, mas o feitor não parava de açoitá-lo, repetindo: "Confessa, béstia, ou te mato!".

Nesse momento, Virgília surgiu à porta do corredor. Voltava de um passeio, acompanhada da ama que carregava a criança e fora atraída pelos clamores vindos do pátio. Ao deparar com seus serviçais e com Gundicar coberto de sangue, perguntou empalidecendo:

— Por que castigas este menino? O que ele fez?

— Oh, minha boa senhora! — exclamou a criada —, o camafeu com a efígie do imperador Tibério, desapareceu. Ontem, enquanto o seguravas, Gundicar foi ao terraço e, hoje, não consigo encontrá-lo. Ele roubou a jóia, embora esteja negando: cala-se, apesar de minhas exortações. Provavelmente o miserável escondeu-o em algum lugar!

Virgília afastou-se sem nada dizer e, com o cenho carregado, começou a subir a escada. Por qualquer outro escravo assim coberto de sangue ela teria sentido compaixão e pronunciado uma palavra de perdão, mas esse menino lhe era odioso, abominava sua voz, o olhar sinistro dos seus sombrios olhos azuis. Para com ele, não tinha piedade.

Quanto ao camafeu, que reproduzia os traços de Tibério, ela também o detestava, embora fosse uma jóia preciosa que a imperatriz Plautia Ugalanilla tinha dado à avó de Marcus Fabius. A admirável pedra que trazia esculpido o belo e altivo perfil de Tibério quando moço, cercada de rubis magníficos e presa a uma corrente de ouro, formava o medalhão, apenas um pouco escurecido e estragado de um lado, como se tivesse sido queimado pelo fogo. Contavam as histórias mais diversas sobre a origem dessa jóia: diziam que o cruel imperador trazia-a ao pescoço e que o camafeu fora encontrado com ele depois de sua morte. Algumas pessoas afirmavam, zombeteiramente, que era por excessiva adoração de si mesmo que ele carregava sua própria imagem; outras diziam que a jóia tinha pertencido a uma mulher que Tibério tinha amado.[1] Verdadeiros ou não, esses relatos tinham causado em Virgília uma profunda aversão pelo precioso medalhão, com o qual nunca tinha se enfeitado.

Um momento depois da saída da jovem, uma porta situada no lado oposto do pequeno pátio abrira-se, e Marcus Fabius estancara, surpreso. Ao avistar a execução, que continuava im-

---

1 Para conhecer a verdadeira história do camafeu de Tibério, recomendamos a leitura de *Episódio da Vida de Tibério*, J. W. Rochester, **EDITORA DO CONHECIMENTO**.

piedosamente, um rubor ardente cobriu seu rosto:
— O que está acontecendo aqui? O que o menino fez e quem te deu permissão para castigá-lo? Sabes muito bem, Próculus, que nenhum dos meus escravos pode ser punido sem minha ordem expressa.
Ao som irritado daquela voz firme, todos recuaram. Fabius aproximou-se rapidamente de Gundicar que continuava agachado e, colocando a mão sobre seus cabelos desgrenhados, perguntou-lhe bondosamente:
— Que fizeste? Responde-me francamente.
O jovem dirigiu-lhe um olhar perturbado, mas, incapaz de falar, caiu desmaiado sobre as lajes. Seus braços, que ele mantivera cruzados, abriram-se e todos então viram, sobre seu peito nu, a corrente de ouro na qual balançava o camafeu.
— Ei-lo! Ele realmente o roubou! — gritaram ao mesmo tempo a criada e o feitor, apontando para a jóia.
Fabius lançou um olhar de profunda compaixão ao desventurado coberto de sangue:
— Vós deveríeis ter me comunicado o roubo e esperar pela minha decisão. Próculus, tu vais passar o teu cargo a Gracus, pois não preciso de um feitor que toma a liberdade de dar ordens em meu lugar. E tu, Rufila, da próxima vez, deverás contar à tua senhora antes de ires falar com o feitor. Quanto a vós, levai o menino e dizei a Scopelianus que mandei preparar-lhe um banho bem como um leito limpo e confortável, do resto eu me encarrego. Rufila, tua senhora, já está de volta?

— Sim, ela aqui esteve, perguntou o que Gundicar havia feito e não impediu que fosse punido — exclamou Próculus cujo rosto adquirira um tom terroso ao ouvir pronunciar sua destituição.
Ouvindo essas palavras, palidez e rubor alternaram-se por um momento sobre o rosto expressivo do

patrício. A seguir, pegando o camafeu que um dos seus escravos lhe apresentava, afastou-se bruscamente e subiu até os aposentos de Vigília. Atravessando o quarto de dormir, jogou a malfadada jóia em uma mesa e chegou ao terraço onde se debruçou sobre a balaustrada, sem olhar para sua jovem esposa reclinada em um canapé.

Virgília levantou-se inquieta. Se seu marido passava sem olhar para ela, era porque estava muito aborrecido; disso tinha certeza.

— Fabius, vem para perto de mim — disse-lhe com uma voz meiga. No entanto, o rapaz não se mexeu e nada respondeu.

A jovem enrubesceu e olhou seu marido com raiva e surpresa. Após um breve instante de silêncio, Marcus Fabius disse calmamente, mas sem voltar a cabeça em direção à sua esposa:

— Ao passar pelo pátio, fui testemunha do terrível tratamento infringido ao pequeno Gundicar e tive que ouvir dos serviçais que lá estavam que sua senhora também por ali passara, tudo vira e não impedira tal execução.

Que julgamento eu devo fazer do teu coração? Tu, a moça jovem e sensível que deveria abominar qualquer crueldade, tu assistes ao suplício de um ser fraco e indefeso, tu vês um menino coberto de sangue pelo roubo de um miserável objeto proveniente de um tirano indigno e passas tranqüilamente ao lado desse ser maltratado sem nada dizer! Confesso que não esperava isso de ti, Virgília!

A moça sentou-se sobre o canapé e disse, com os olhos faiscantes e as faces em fogo:

— Detesto esse menino e ele mereceu a punição. Ele não deve roubar minhas jóias, seja qual for sua origem!

Marcus Fabius voltou-se e deu um passo em direção à sua mulher:

— Não tens vergonha, Virgília, de odiar a um ser tão infeliz, privado de família, de posição e de liberdade? Amado e mimado entre os seus, da mesma forma que nossos filhos o são entre nós, os azares da guerra jogaram Gundicar nas mãos de seus inimigos, que o tratam pior do que a um animal!

Sempre considerei indigno odiar e desprezar um ser dependente de mim. Só podemos sentir ódio e desprezo por aqueles que são iguais a nós. Com certeza o rapazinho mereceu uma punição. Poderíamos prendê-lo, mantê-lo a pão e água, obrigá-lo a trabalhar em dobro, mas nunca castigá-lo a ponto de transformar seu corpo em *uma chaga*. E agora, Virgília, chama uma de suas criadas, manda buscar bálsamo e alguma bebida refrescante e tu mesma irás cuidar das feridas do pobre infeliz!

A jovem mulher percebeu que ele queria fazê-la reparar sua desumanidade, e uma expressão de despeito e teimosia surgiu no seu rosto encantador.

— Rufila — chamou, sem sair do lugar.

A mulher logo apareceu à porta do quarto de dormir.

— Pega bandagens, o pote de bálsamo que está neste armário e esta ânfora. Depois, vai procurar o escravo Gundicar e dá-lhe o que beber e cuida das suas feridas.

Enquanto Rufila juntava os objetos indicados, Fabius permaneceu calado. Depois, aproximando-se da serva e lhe tomando das mãos as ataduras e o pote de alabastro, disse-lhe:

— Siga-me, eu vou cuidar do menino — e saiu rapidamente.

Por um momento, Virgília permaneceu estupefata, depois, saltando do canapé, foi encontrar Fabius na sala de banho.

— Que fazes? — disse, segurando seu braço agitada. — Rebaixa-me diante dos criados, encarregando-te de uma tarefa de mulher e de escravos!

O rapaz encarou-a com um olhar calmo e firme:

— Devo fazê-lo, já que te recusas e que não quero forçar-te. Mas deixa-me dizer-te, Virgília, que uma obra de caridade nunca é tarefa de escravo; por mais nobres que sejam, as mãos podem *pensar* as feridas. Mas *deixá-las serem abertas* pelo açoite em uma criança é uma verdadeira tarefa de escravo.

Com o cenho cerrado e os lábios comprimidos, Virgília arrancou das mãos de seu marido as bandagens e o pote de bálsamo e saiu, acompanhada de Rufila que também estava muito agitada.

Precedida pelo novo feitor, Gracus, a jovem dirigiu-se aos alojamentos dos escravos. Foi introduzida em um pequeno quarto, limpo e iluminado por uma janela que se abria para a horta. Junto do catre, sobre o qual Gundicar estava estendido imóvel, com os olhos fechados, estava sentada uma velha negra ocupada em mergulhar as roupas ensangüentadas em uma bacia cheia de água. Vendo Virgília, ela deixou tudo de lado e foi, humildemente, beijar a barra de sua túnica.

— Como vai o menino? — perguntou a patrícia aproximando-se com um passo indeciso.

— Ele não está se mexendo, minha boa senhora — disse a velha enquanto Rufila levantava o lençol que cobria Gundicar. Virgília soltou um grito abafado: todo o corpo do pequeno infeliz estava coberto por chagas ensangüentadas. Em partes, a pele estava solta e em outras, ele estava marmoreado de tumores violáceos.

— Oh, minha boa senhora! Ele foi bastante castigado — exclamou Rufila —, e espero que nunca mais pense em roubar. Mas estás muito nervosa, senhora, deixa que me encarrego disso. E tu, Hela, corre atrás de novas ataduras e água morna. Virgília afastou-se um pouco e, sentando-se perto de uma mesinha, apoiou a testa na mão. Seu peito estava sufocado e sentia vontade de chorar. Por causa daquele miserável menino, Fabius se aborrecera, dissera-lhe palavras bem duras e forçara-a a ir até lá. Prometeu a si mesma guardar-lhe rancor e não esquecer aquilo tão cedo.

Os gemidos surdos do rapazinho, que se contorcia ao menor toque, prenderam de novo sua atenção. No fundo, Virgília deplorava a sorte do infeliz e não conseguia explicar porque aquele menino lhe inspirava tal aversão irreprimível.

A jovem se levantou e, enchendo uma taça com a bebida que trouxera, aproximou-se do leito. Logo um débil sorriso iluminou o rosto exausto do rapaz e seus olhos se fixaram em Virgília com aquele misto de ódio e de admiração apaixonada que lhe era habitual.

— Bebe — disse-lhe a jovem curvando-se sobre ele e lhe apresentando a taça, que ele esvaziou avidamente. — E agora repousa. Enviar-te-ei vinho, frutas e um bolo da minha própria mesa.

A seguir, colocou na mão de Gundicar um ramo de rosas que estava preso à sua cintura e saiu fazendo-lhe um sinal benevolente com a mão.

À porta, Próculus que a espreitava, jogou-se a seus pés, suplicando-lhe obter perdão para si. Ela prometeu interceder junto a Fabius, mas recomendando que evitasse, por uns tempos, os olhares do amo irritado.

— Senhora, o nobre Caius Lucilius chegou e estão aguardando-te para a refeição — anunciou, então, um pequeno escravo esbaforido.

Virgília dirigiu-se, pois, para o átrio, onde os dois homens conversavam passeando. Trocados os cumprimentos, passaram ao triclínio, onde ela sentou-se à mesa, enquanto os dois homens reclinavam-se sobre canapés. Virgília calava-se obstinadamente e Marcus Fabius estava preocupado. Caius que não deixava de observá-los ao mesmo tempo em que comia, disse, finalmente, soltando um suspiro cômico:

— Meus amigos, estou vendo aqui o que me espera se eu tiver a felicidade de me casar: amuos e o céu conjugal ensombrecido por nuvens. Não poderia eu representar o gênio da paz para reconciliar-vos? Virgília, estou persuadido de que és inocente e que o bárbaro Fabius começa a representar o senhor cruel.

— Espero — disse Fabius — que quando tiveres uma mulher, Caius, essa doce intermediária entre ti e as rudes realidades da vida tenha o cuidado de te poupar de qualquer dissabor e que sejas o único culpado de qualquer cena desagradável que se passar na tua casa.

— Que mais desejas saber? — disse Virgília enrubescendo de despeito. — Fabius te dá a entender claramente quem é o culpado de nosso desentendimento e que eu só procuro causar-lhe dissabores.

Fabius lançou-lhe um olhar de profundo aborrecimento e, em poucas palavras, contou o que se passara durante a manhã. Caius, que o escutara chupando uma asa de ave, respondeu despreocupadamente:

— Acho que te incomodas em demasia por pouca coisa. Era mais do que justo que batessem em tal animal até que ele confessasse, pois com escravos não se pode agir de outra maneira. Meu pai é muito bom para os seus; dá-lhes farta alimentação, trabalho moderado, mas os castiga quando merecem. Não se passa um ano que não sucumbam cinco ou seis sob a chibata, mas meu pai nunca se aborreceu por causa disso. Ele compra outros e fica tudo resolvido. Quanto à minha avó, o caso é diferente: não pode ver nada de parecido e, se toma conhecimento de um chicoteamento, corre com bálsamos e emplastros para junto dos desafortunados, como ela os chama. Na minha opinião, penso que não vale a pena punir esses brutos para ter que cuidar deles logo depois.

— Não posso te dar razão — respondeu Marcus Fabius —, mas, em todo caso, a maneira de agir da venerável Fábia confirma minha opinião de que uma nobre mulher não pode assistir a um tal ato de crueldade sem procurar impedi-lo ou, pelo menos, amenizar as suas conseqüências.

— Hum! — respondeu Caius — compreendo.

Depois, para mudar o rumo da conversa, transmitiu ao jovem casal um convite de Fábia e Sempronius para irem, à noite, à casa deles. Tendo Fabius aceitado com prazer, ele continuou:

— Tenho ainda um pedido a te fazer: gostaria de proporcionar a Virgília um passeio de carro, para experimentar meus novos corcéis. Gostarias de me confiar minha amiga de infância? Prometo-te que serei prudente. Levá-la-ei direto à minha casa, onde a aguardarás, depois de uma pequena volta fora da cidade.

Marcus Fabius estendeu-lhe a mão e disse cordialmente:

— Agradeço-te a idéia de proporcionar prazer à minha esposa e, principalmente, se estás me prometendo que serás prudente. Confio-te com gosto minha pequena caprichosa para desanuviar seu rosto com o ar fresco. Depois da refeição, iremos ao terraço degustar um vinho que te agradará, enquanto aguardamos Virgília se aprontar. Aí, vós fareis o vosso passeio e eu irei até tua casa, de liteira.

Algumas horas mais tarde, o carro de Caius Lucilius entrava em Herculanum pela porta mais próxima da casa de Sempronius. A fogosa atrelagem, coberta de espuma, provava que tinha feito uma bela corrida. Virgília, rosada e sorridente, esquecera todos seus dissabores e conversava animadamente. Avançavam, trotando, e absortos na sua conversa. Caius e sua companheira não notaram Túlia e Daphné que, envolvidas em mantos escuros, voltavam à loja.

— Quem é esta mulher que está no carro com ele? — murmurou Daphné apertando violentamente o braço da mãe.

— Acalma-te, Daphné, esta jovem é Virgília, a esposa de Marcus Fabius e amiga de infância de Caius.

— Mas era eu quem ele devia levar para passear e não a esposa de um outro, que ele admira tanto a ponto de nem me notar. Vê como eles riem e se olham nos olhos — continuou Daphné com as mãos crispadas e o rosto contraído por um ciúme feroz.

— Vem, estão nos esperando em casa — disse Túlia puxando-a pelo braço.

— Vai tu, quero observá-los! — murmurou Daphné com voz rouca.

Mal sua mãe desaparecera, ela correu até uma rua transversal e, antecipando-se ao carro, escondeu-se numa reentrância da muralha. Seus olhos brilhavam tal como os de um gato selvagem e suas mãos trêmulas apertavam um lenço branco que tinha acabado de tirar do pescoço.

Naquele momento, as cabeças dos cavalos despontaram na ruela. Como um relâmpago, Daphné levantou-se e jogou o lenço sobre a cabeça de um dos animais. Antes que Caius pudesse dar-se conta do que estava acontecendo, ela saltou para trás e voltou ao ângulo escuro.

Os corcéis, assustados, empinavam-se violentamente. O lenço, preso ao adereço de ouro do arnês de sua cabeça, agitava-se na frente dos olhos do animal enlouquecido, que corcoveava de todos os lados. Virgília soltou um grito angustiado e, instintivamente, agarrou-se à cintura de Caius Lucilius que, rubro, as veias dilatadas, tentava dominar os cavalos descontrolados. Talvez tivesse conseguido graças à sua força hercúlea, ainda mais porque o lenço se desprendera, mas, naquele momento, uma das guias partiu-se e, livres de qualquer entrave, os fogosos animais lançaram-se para  frente, arrastando o veículo leve que se enroscava nos marcos, chocava-se contra os muros, ameaçando quebrar-se a qualquer instante.

Na soleira da casa de Sempronius, o velho patrício, Fábia e Marcus Fabius estavam reunidos, aguardando o retorno dos passeadores, quando gritos e clamores lhes despertaram a atenção. Podemos imaginar o espanto dos mesmos ao reconhecerem no carro meio despedaçado o veículo de Caio e ao verem o próprio Caius tentando, com uma das mãos, empunhar o que lhe restava das rédeas e, com a outra, sustentar Virgília que, encolhida, só resistia por milagre à violência dos solavancos.

A essa terrível visão, Fábia caiu de joelhos e, com os braços levantados, implorou misericórdia aos deuses. Sempronius e Fabius, tão pálidos como espectros, gritavam, dando as mais contraditórias ordens. Formou-se um tumulto: vários escravos lançaram-se à frente da equipagem desgovernada, tentando detê-la: um deles caiu e quase foi esmagado; os outros foram repelidos como plumas. Entretanto, esse momento de parada foi uma salvação, pois um homem que seguia o carro, correndo a perder o fôlego, saltou na frente dos cavalos. Seu punho abateu-se como uma maça sobre os olhos de um, que logo caiu. Com a outra mão, apertou, como pinças de ferro, as narinas do segundo corcel: o carro parou. Num piscar de olhos, Marcus Fabius ergueu Virgília desmaiada e levou-a para a casa. Caius Lucilius, carregado como se fosse uma criança pelos braços vigorosos dos escravos, foi colocado perto da porta e lançou-se aos braços do pai, que o estreitou convulsivamente contra o seu peito. Desprendendo-se do abraço do pai, ele levantou Fábia, ainda de joelhos, e cobriu-a de beijos. Mas, fosse porque a emoção tinha sido muito forte ou porque os esforços sobre-humanos o haviam esgotado, empalideceu subitamente e, caindo sobre uma poltrona, perdeu os sentidos.

7. O salvador

Enquanto levavam Caius Lucilius e corriam à procura de um médico, Sempronius aproximou-se do homem aclamado pelos transeuntes e vizinhos como o salvador e que, apoiado no carro, enxugava a fronte encharcada de suor.

— Jovem — disse o velho patrício com uma voz entrecortada pela emoção —, dize-me teu nome para que eu possa agradecer-te pelo imenso serviço que me prestaste e, depois, pede-me qualquer favor que desejas obter, pois quero provar-te minha gratidão.

— Nobre Sempronius — respondeu o homem inclinando-se —, chamo-me Rutuba e sou natural de Roma. Se tu desejas satisfazer todos os meus desejos, arranja-me algum serviço em tua casa e te servirei fielmente.

— Está concedido: a partir de agora, podes instalar-te em minha casa. Descansa até que eu tenha decidido sobre teus encargos, mas estou pensando em colocar-te junto de meu filho que acabas de salvar. Além disso, aceita uma prova do meu reconhecimento — acrescentou Sempronius, tirando de sua toga uma magnífica fivela e entregando-a a Rutuba.

Sempronius trocou, ainda, algumas palavras com os vizinhos que o cumprimentavam pelo feliz desfecho da aventura, deu algumas ordens concernentes aos cavalos e ao carro quebrado e dirigiu-se ao quarto para o qual seu filho havia sido levado. Fábia lhe lavara as mãos ensangüentadas e cheias de cortes causados pelas rédeas, enquanto um médico idoso esfregava-lhe as têmporas com essências.

No momento em que seu pai estava entrando, Caius abriu os olhos e levantou-se com um suspiro de alívio:

— O que está acontecendo? — perguntou surpreso.

Depois, tendo-lhe voltado de repente a memória, deu um salto e, soltando uma imprecação, exclamou:

— Desmaiado! Eu! Mas que coisa estúpida! Pelos vossos rostos alterados, devo deduzir que vos assustei.

Com um sorriso cândido, quase infantil, juntou as mãos de seu pai e de sua avó e beijou-as:

— Perdoai-me! Os malditos animais pareciam enraiveci-dos. Mas também, quem poderia ter-lhes jogado o lenço sobre a cabeça?

— Que estás dizendo? Assustaram os cavalos por maldade? — perguntou Sempronius com os olhos faiscantes. — Vou ime-diatamente examinar os arreios, pois talvez encontre algum far-rapo preso neles. Conversarei, também, com teu salvador, Rutu-ba, e se encontrar algum indício, o miserável que se cuide!

Ele saiu rapidamente, mas Caius, correndo, alcançou-o:

— Se meu salvador ainda estiver por aqui, faze-o ter co-migo, pai — disse ele. — Eu gostaria de te acompanhar, mas minha cabeça ainda está girando um pouco.

— Tudo bem. Quanto ao resto, Rutuba ficará conosco, pois lhe arranjei um lugar em minha casa.

Alguns minutos mais tarde, a porta abriu-se e Rutuba pa-rou na soleira e saudou-o. Seu olhar perspicaz parecia querer ler no belo rosto do jovem patrício. Quando o avistou, Caius esten-deu-lhe a mão e disse, com aquela franca doçura que, apesar de seus caprichos e violência, o fazia ganhar todos os corações:

— Obrigado, Rutuba, tu és um bravo. Arriscaste a vida para salvar um desconhecido. Dá-me um abraço, pois serviços como esses não são pagos com ouro.

Surpreso, mas satisfeito, o plebeu aproximou-se e beijou o ombro de Caius.

— Muito me honras, nobre Caius Lucilius — murmurou, enquanto este último continuava animadamente:

— Meu pai me disse que desejas ficar em nossa casa. Pois bem! Ficarás ao meu serviço particular.

Tirou de seu dedo um anel ornado de esmeraldas e deu-o a Rutuba, acrescentando:

— Guarda-o como lembrança deste momento.

O jovem romano agradeceu o generoso doador e retirou-se, murmurando entre dentes:

Herculanum

— É esse homem belo e bom que estará destinado àquela *béstia?* Mas será possível que ele continuará a amá-la por muito tempo ainda? Não, um dia, ele a desprezará; então ele a odiará e eu me vingarei!

Vendo os cavalos desgovernados desaparecerem com o carro, Daphné voltou correndo para a loja e, sem trocar palavra com sua mãe, enfiou-se no quarto contíguo. Seu primeiro impulso de raiva tinha passado e, deixando-se cair sobre um escabelo, mergulhou numa torrente de pensamentos tumultuados. Estava bem segura de não ter sido vista, mas, no entanto, seu crime tivera duas testemunhas: a primeira era Rutuba que, da porta de uma pequena taberna, vira surgir, a alguns passos dele, um vulto bem conhecido. Desconfiado da verdade, lançou-se, como um raio, no encalço do carro desenfreado e, a segunda, era Claudius que, surgindo de uma rua transversal, chegara no momento em que os cavalos começaram a pinotear. Seu olhar arguto distinguira a sombra feminina que mergulhara na ruela escura, mas, apoiado na parede, ele não fizera sequer um gesto para salvar o homem a quem chamava de seu amigo. A seguir, ele pegara com curiosidade o trapo branco que vira flutuar preso aos arreios: era um lenço de seda franjado de ouro, do qual um dos cantos, com um pedaço do bordado, tinha sido arrancado. Um sorriso de cruel satisfação surgiu nos lábios do músico e, dobrando cuidadosamente o achado, escondeu-o entre as vestes.

O barulho de uma altercação vindo da loja tirou Daphné de suas reflexões.

— Tu novamente! O que vens fazer aqui? — perguntava Túlia em tom irritado.

— Se eu vim, é porque tenho assuntos a tratar. Onde está Daphné? — respondeu uma voz que fez a jovem estremecer. Ao mesmo tempo, a porta abriu-se bruscamente e Rutuba apareceu, segurando uma lâmpada.

Colocando-a sobre a mesa, ele se aproximou de Daphné que se levantara e cujo rosto ainda refletia as más paixões que a haviam perturbado.

Parando diante dela, com os braços cruzados, Rutuba disse com sarcasmo:

— Caius Lucilius está vivo e fui eu quem o salvou. Esta fivela e este anel são presentes que recebi dele e de Sempronius como demonstração de gratidão. Vim perguntar-te o que me darás para que eu não denuncie aquela que assustou os cavalos?

Daphné soltou um grito rouco e, caindo de joelhos, ergueu as mãos juntas, em sinal de súplica, para seu antigo noivo:

— Não me prejudiques, não arruínes meu casamento e serei tua como prêmio por teu silêncio. Aceita a esposa de Caius Lucilius, não posso te dar mais.

Um lampejo de ódio surgiu nos olhos de Rutuba que, recusando, respondeu com um desprezo esmagador:

— Seria um prêmio miserável, pois tu me és odiosa, e a mulher que se oferece perde seu último encanto. Ademais, o generoso Caius, que me apertou a mão como a um igual, deveria pagar com sua honra o meu silêncio? Não, não contarei a ele nada sobre o crime a que te arrastou teus ciúmes bestiais, pois assim ele apenas te esqueceria e desejo que ele te odeie e te destrua. Toma cuidado, portanto, em nunca me insultares na casa de Sempronius, onde doravante viverei, ou em trair Caius Lucilius com um outro. Se ele se casar contigo, irei te vigiar e aguardarei o momento para minha vingança!

Rutuba deu-lhe as costas e saiu.

Mal o rapaz acabara de deixar a loja, Túlia precipitou-se em direção à sua filha:

— Béstia miserável e estúpida, o que fizeste? Que atentado é esse que te colocou nas mãos desse homem? — gritou ela aplicando em Daphné algumas vigorosas bofetadas. Esta pulou em fúria e um verdadeiro combate se travou entre mãe e filha.

Depois de uma chuva de injúrias e de sopapos recíprocos, a batalha terminou com a saída de Túlia, que voltou para a loja, murmurando com raiva:

— Infame! Ingrata! Oh, se eu não quisesse me vingar de Sempronius...

Tendo se acalmado um pouco, fechou a loja e começou a arrumar as coisas, mas uma batida leve à porta interrompeu seus afazeres.

— Quem está aí? — perguntou Túlia com desconfiança.

— Sou eu, Claudius — respondeu uma voz doce —, estou vindo rapidamente, para falar com Daphné — acrescentou o músico, jogando seu manto em uma poltrona.

Túlia mostrou-lhe, em silêncio, o quarto contíguo.

— Mais um que presenciou sua má ação e vem negociar o preço do silêncio — murmurou ela num tom venenoso. — Começo a prever, filha ingrata e má, que tu sairás muito mal desta aventura.

Quando Claudius entrou, Daphné estava estendida sobre o canapé, com o rosto voltado para a parede. Seus cabelos estavam desgrenhados e uma das mangas rasgadas descobria seu dorso branco e seu ombro nu. O jovem olhou-a com um sorriso cínico e, aproximando-se, colocou familiarmente a mão sobre o ombro descoberto. Daphné levantou-se, mas, encontrando seu olhar ardente e ousado, estremeceu e puxou rapidamente as vestes.

— Que desejas de mim, Claudius?

— Apenas mostrar-te este lenço que estava preso à cabeça de um cavalo desgovernado. Eu o peguei e o reconheci como sendo teu.

A moça deu um grito abafado e segurou a cabeça nas mãos.

— Não te apavores, bela Daphné. Não te trairei se me prometeres, no futuro, teu amor e metade do ouro que Caius te der. Tu garantirás minha fortuna e eu não serei um empecilho para a tua. Estamos combinados?

— Sim, farei tudo o que exiges — respondeu Daphné pálida e com o rosto contrafeito.

Ela se sentia tal uma mosca presa em uma teia de aranha. Ainda nada possuía e já estava de mãos atadas: de um lado, o feroz Rutuba esperando sua vingança; de outro, o melífluo Claudius exigindo insolentemente sua pessoa e seu ouro.

— Então, continuamos amigos e até breve! O lenço eu guardo, para o caso de tua memória falhar — acrescentou Claudius com um olhar ameaçador.

Envolveu-se em seu manto e saiu. Uma expressão de torpe e vil satisfação desfigurava seu rosto, essa máscara enganosa de franqueza e honestidade. Que golpe iria dar naquele Caius Lucilius a quem odiava do fundo de sua alma por todos os dons que a natureza e a sorte lhe haviam cumulado! A esse favorito dos deuses e das mulheres, ele corromperia a esposa e tudo se passaria quase debaixo dos seus olhos.

— Ah! Se a sorte também me desse Virgília! — murmurou com os dentes cerrados.

Ele odiava a mulher de Marcus Fabius pelo modo pueril com o qual ela o tratava. Fervia interiormente quando Virgília trançava uma coroa e se deleitava em ajeitá-la sobre seus cachos loiros ou, ainda, segurando um prato de doces, o fazia comer a colheradas, repetindo:

— É para adoçar tua voz!

E precisamente porque, como homem, ele não existia para a sorridente jovem, ele a desejava e sentia por ela uma paixão tenaz e estranha, misto de amor e ódio.

Na casa de Sempronius festejaram, com um banquete improvisado, a salvação de Caius Lucilius e de sua amiga de infância. Ao rever a moça que finalmente voltara a si, Caius, com seu arrebatamento habitual, beijara-lhe as faces cumprimentando-a

por sua bravura.
— És uma heroína, pequena Virgília. Cem mulheres no teu lugar aborreceriam-me com seus gritos e atrapalhariam-me com seu desmaio. Tu, no entanto, ficaste agarrada à minha cintura sem abrir a boca e deixou-me livres os braços.

Então, beberam à saúde de Virgília, e quando o jovem casal voltou para casa de liteira, Marcus Fabius perguntou à sua mulher, estreitando-a amorosamente contra seu coração:

— Estás ainda zangada comigo por eu ter te forçado a seres caridosa com um inimigo pequeno e vencido?

A jovem, corando, escondeu seu rosto no peito de seu marido.

— Fábia me disse que eu estava errada e que o dever de uma mulher é de ser caridosa e compassiva para com todos os infelizes. Quando chegarmos em casa, irei ver Gundicar. Perdoa-me pela teimosia! Não posso suportar a idéia de que eu poderia ter morrido em desacordo contigo.

— Amanhã — respondeu Fabius beijando a sedosa cabeleira de Virgília — iremos ao templo agradecer aos deuses por todas as dádivas que hoje recebemos.

Enquanto marido e mulher assim se reconciliavam, Sempronius dizia ao seu filho que se despedia para ir dormir:

— Meu caro Caius, certamente os imortais, fazendo-me hoje sentir o medo de te perder, quiseram amolecer meu coração. Concedo-te, pois, a permissão para desposares a mulher que escolhestes. Tomara que sejas feliz e que nunca lamentes que eu tenha concordado com teus desejos.

O rapaz, radiante, agradeceu: todos os seus desejos tinham se realizado.

— Amanhã — acrescentou o velho patrício — irei pessoalmente à casa de Túlia para convencê-la a se desfazer da loja, cujo valor lhe reembolsarei, e a deixar Herculanum.

8. A visita de Sempronius a Túlia

Na manhã que se seguiu àquele memorável dia, Túlia encontrava-se sozinha na loja, quando viu uma rica liteira parar diante da porta. Ao reconhecer Sempronius que dela descia, uma satisfação zombeteira iluminou seu rosto.

— Que honra para minha modesta loja! Que posso eu oferecer ao ilustre Sempronius que seja digno de sua escolha? — disse ela, inclinando-se diante do velho patrício com fingida humildade.

Ele fitou-a, altivo e impassível, como sempre, procurando encontrar naquela mulher enrugada e envelhecida, a jovem cheia de frescor e enfeitada com quem, mais de vinte anos antes, tivera uma conversa tempestuosa a respeito de seu irmão. Na época, ele não previra que chegaria o dia em que ele lhe pediria a mão da filha para o seu filho. Seu olhar perspicaz captara a expressão triunfante da fisionomia de Túlia, e suas espessas sobrancelhas franziram-se:

— Sem comédia, mulher — disse duramente. — Apesar dos anos decorridos, nós nos conhecemos, e tanto o teu despeito quanto o teu ódio estão ainda vivos.

Túlia ergueu-se e um brilho de maldade lampejou em seus olhos.

— Estás enganado, Sempronius: teu desprezo, teus esforços para me separar de Drusus e, também, a facilidade com que ele me esqueceu restituíram-me a razão. Deixei Herculanum e encontrei a felicidade na afeição de meu marido e de minha filha. A perda do meu marido e de minha fortuna me forçou a voltar para cá e a abrir esta loja que nos garante o pão de cada dia. Mas odeio os patrícios e Deus me guarde de ter negócios com eles, pessoas soberbas, que desprezam qualquer sentimento verdadeiro se ele ofuscar um preconceito de nascença! Mas devo estar louca em ficar relembrando essas velhas histórias já esquecidas. Creio que vieste fazer compras: dize-me em que posso servir-te.

O patrício, que a escutara com os olhos faiscantes, aproximou-se dela, medindo-a com um olhar duro e cheio de desprezo:

— Não mintas, vingativa e astuciosa criatura; jamais esqueceste o teu despeito e tua raiva por não teres conseguido desposar Drusus e só os deuses sabem quem privou o infeliz da vista e causou a morte de Sabina. A necessidade, dizes, forçou-te a regressar a Herculanum; mas eu percebi, ao passar pela tua porta e ao ver tua insolente satisfação, que vieste para tentar executar o mesmo plano que contigo não deu certo: induziste tua filha a virar a cabeça do meu filho e sabes perfeitamente que não vim aqui fazer compras, mas sim te dizer que autorizei o casamento de Caius.

Agora, se tu odiasses os patrícios e repelisses qualquer aliança com eles, como declaras hipocritamente, já me terias interrompido com uma recusa veemente. No entanto, tu te calas, teu olhar falso procura o chão, pois aspiras com todas as forças de tua alma ambiciosa, a uma aliança com a família ilustre que obstinadamente te repeliu. Com o casamento de tua filha, tu esperas criar relações e, talvez, rever meu infeliz irmão.

Estás enganada, Túlia: vim anunciar-te minhas decisões tão inabaláveis quanto o juramento do soberano dos deuses. Aceito tua filha como membro de minha família, mas a ti, jamais.

Nessa altura, a voz de Sempronius tornou-se mais vibrante e seu olhar tombou, pesado como chumbo, sobre o semblante lívido e desfigurado de Túlia.

— Tu, sobre quem pesa a suspeita de um duplo crime, jamais transporás a soleira da minha morada. Assim, venho perguntar quanto queres por esta loja e para mudar-te de Herculanum. Uma quantia equivalente te será paga integralmente, mas desde já deves renunciar ao teu negócio e deixar a cidade no dia em que eu mandar buscar Daphné para levá-la à casa de seu marido.

À medida que ele falava, uma palidez cadavérica foi tomando do conta do rosto de Túlia. Todo o seu corpo tremia, mas a raiva e a surpresa impediam-na de falar: separar-se da filha e ser renegada pela sua nova parentela; renunciar para sempre à esperança de rever Drusus — esperança que alimentara toda a sua intriga —; fazer de Daphné uma patrícia e desaparecer ela própria na obscuridade!... Oh! Ela gostaria de se lançar sobre Sempronius e estrangulá-lo, mas um olhar sobre o vigoroso senhor, do qual cada traço transpirava energia e tenacidade que chegavam às raias do despotismo, trouxe-a de volta à realidade.

Sempronius, que acompanhara as expressões da sua fisionomia, acrescentou calmamente:

— Devo prevenir-te que a paixão do meu filho em nada modificará minhas resoluções. Dou-te cinco minutos para que tomes uma decisão, e é inútil dizer que aqui não voltarei uma segunda vez.

Túlia quis responder, mas o ar lhe faltava e, passando a mão sobre o rosto descomposto, ela saiu. Atrás da porta, ela encontrou Daphné que afivelava apressadamente suas roupas de festa (uma túnica de lã branca bordada com gregas azuis). Sua agitação e seus olhos inflamados indicavam que ela ouvira toda a conversa.

— Devo ir até lá e agradecer a Sempronius — disse em voz baixa e alisando com as mãos os belos cabelos acinzentados. — Amo muito a Caius Lucilius para desanimar diante de quaisquer condições!

— Insensata — murmurou Túlia com voz sufocada pela raiva e segurando o braço de sua filha. — É de mim e não de ti que depende a decisão.

— Tu achas? — replicou Daphné com um risinho sarcástico, soltando-se, com firmeza, da mão de sua mãe. — Se bem entendi as palavras de Sempronius, ele deseja, justamente, aceitar-me, mas *sem ti* e, na verdade, ele tem razão. O que farias tu naquela casa aristocrática, quando passaste toda tua vida como comerciante em lojas modestas? Comigo a coisa é diferente: sou jovem e logo me adaptarei aos hábitos patrícios. No entanto, para te provar que não sou ingrata e que não esqueci o papel que desempenhaste na minha sorte, dar-te-ei notícias de Drusus.

Ela passou ao lado de Túlia, muda diante desse excesso de impudência, e entrou na loja.

A cabeça humildemente baixa, as mãos cruzadas sobre o peito, verdadeira imagem da timidez virginal, Daphné aproximou-se de Sempronius, mas, erguendo para ele um olhar de pomba assustada, viu os olhos cinzas do patrício fixos nela, frios e escrutadores. Deteve-se e um rubor não dissimulado subiu às suas faces.

— Aproxima-te — disse Sempronius com uma certa benevolência —; se és tão boa quanto bela, encontrarás em mim um amigo indulgente. Agora, dize-me: aceitas separar-te de tua mãe e cortar qualquer relação incompatível com tua nova posição social?

Com uma graciosa humildade, Daphné ajoelhou-se e, tomando a mão do patrício, comprimiu-a contra os lábios.

— Tendo o pai do meu bem-amado Caius Lucilius me aceitado como sua filha, para mim não poderá existir outra família senão a que é cara ao meu futuro marido.

Um ligeiro sorriso descontraiu o rosto austero de Sempronius. Ele achava muito natural que por Caius Lucilius, tudo o mais desse mundo fosse abandonado.

— Estou percebendo, minha filha, que teu amor é grande e sincero e isso me predispõe a teu favor. Que esse sentimento continue sendo o teu apoio nesta vida e serás feliz.

Nesse momento, Túlia retornou, zangada e de cenho franzido.

— Pois bem! Qual o preço que estipulas? — perguntou Sempronius.

— Nenhum. Ficarei aqui e manterei esta loja, pois ninguém pode forçar-me a vendê-la. Quanto a esta filha ingrata (ergueu a mão, não se contendo), expulso-a da minha casa que ela está renegando. Fica com ela e leva esta serpente que aquecerás no teu coração, até que ela te morda, como me mordeu!

Trêmula e consternada, Daphné estendeu as mãos para sua mãe, pensando que estava tudo perdido se ela continuasse com seu negócio em Herculanum. Mas esta a repeliu rudemente:

— Sai, miserável criatura. Na minha casa não tens mais lugar...

No mesmo instante, Sempronius interpôs-se entre as duas mulheres:

— Esqueces, Túlia, que há vinte anos tu mesma me propuseste romper com todos os teus se eu te aceitasse como cunhada; e agora, expulsas sem remorsos tua única filha porque ela ama incondicionalmente e porque não podes compartilhar da sua condição privilegiada. Expulsando-a, estás rompendo com os laços de sangue e de parentesco e, se pensas ficar aqui para me punir, estás enganada. Quando te tornares uma pessoa estranha a Daphné, poderás comprar e vender onde quiseres: para mim é indiferente. E tu, minha filha, vem: expulsa por tua mãe, tomo-te sob minha proteção.

Sem dignar lançar um olhar a Túlia, ele despiu seu manto, cobriu com ele os ombros da jovem e, conduzindo-a até a liteira, fê-la sentar-se ao seu lado. Daphné obedecia sem pronunciar uma palavra. Sentia medo daquele senhor soberbo de olhar penetrante e voz severa.

Diante da morada de Marcus Fabius a liteira parou. Sempronius desceu com sua companheira e foi recebido no átrio pelo jovem dono da casa, muito surpreso de vê-lo chegar com uma linda jovem.

Desculpou-se pela ausência de Virgília, que tinha ido visitar Metella e só regressaria algumas horas mais tarde.

— Lamento não poder falar com tua encantadora esposa para pedir sua proteção e sua amizade à noiva do meu filho que trago a vosso teto hospitaleiro — disse Sempronius, contando brevemente sua visita a Túlia e o que lá acontecera.

Com sua bondade habitual, Marcus Fabius garantiu a seu velho amigo que Daphné seria recebida em sua casa como se fora uma irmã e manifestou seu desejo que Caius viesse o mais rápido possível ver sua jovem noiva que, evidentemente, deveria estar perturbada e intimidada com aquela brusca mudança de posição. Sempronius agradeceu e, depois de ter conversado um pouco, despediu-se e saiu com Fabius, que quis acompanhá-lo até a liteira.

Logo que se encontrou sozinha e não mais sentindo pesar sobre ela o olhar escrutador de Sempronius, Daphné sentiu-se mais à vontade. Começou a examinar curiosamente o luxuoso mobiliário da sala, tocando em tudo e apalpando o tecido das tapeçarias que cobriam as portas. Passos que se aproximavam interromperam essa inspeção: era Marcus Fabius que voltava e que, com palavras corteses, convidava-a a ir até o terraço. Sentando-se perto dela, tentou distraí-la, convencendo-a de que o amor a ajudaria a suportar todos os atuais dissabores e que, uma vez casada com Caius Lucilius, tudo se arranjaria, pois sua união com aquele homem tão bom quanto belo a recompensaria por todos os afetos que ela perdera e que na venerável Fábia ela encontraria uma mãe indulgente.

Escutando distraidamente as palavras do jovem patrício, Daphné o olhava com a maior atenção, entregando-se a uma minuciosa comparação entre os encantos físicos do seu noivo e os do marido daquela loira Virgília, que ela detestava por ter sido a causa do brutal atentado a que fora arrastada pelo seu ciúme, atentado fatal que lhe dera dois senhores. Contra qualquer expectativa, essa comparação foi favorável a Marcus Fabius: suas formas mais delicadas, suas maneiras discretas e cheias de dignidade, o olhar profundo dos seus grandes olhos sonhadores, até o timbre calmo e melodioso de sua voz, tudo lhe pareceu mais bonito que o vigor exuberante, o olhar de fogo e a voz colorida e impetuosa de Caius Lucilius. Um novo ciúme insinuou-se na alma frívola e sensual de Daphné, e ela pensou com raiva:

— Que azar o meu! Aquela miserável ruiva ficou com o melhor dos dois!

Naquele instante, uma voz fresca e metálica fez-se ouvir dando algumas ordens na sala contígua, e Virgília apareceu à porta do terraço. Fabius logo foi ao seu encontro e disse apertando-lhe a mão:

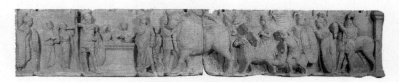

— Querida Virgília, esta jovem é Daphné, a noiva de Caius Lucilius. Por razões que mais tarde te explicarei, ela necessita de um asilo. O próprio Sempronius trouxe-a até nós, pedindo para ela tua proteção e amizade.

Uma ruga profunda vincou a testa lisa da moça, e o olhar que ela lançou a Daphné exprimia tudo, menos amizade. Todo o seu orgulho patrício se revoltava à idéia de admitir na sua intimidade e de tratar como uma igual aquela moça do povo, que a louca fantasia de Caius Lucilius arrancava da lama e que, no entanto, a nobre sociedade não podia rejeitar totalmente em consideração a Sempronius, uma vez que este autorizava aquela união.

Por deferência ao seu velho amigo, e vencida pelo olhar terno e persuasivo de seu marido, Virgília avançou e lhe estendeu, não os braços, mas a mão e disse:

— Sejas bem-vinda, Daphné. É com prazer que te peço que fiques em nossa casa até o dia em que tu a deixarás para tornar-te a esposa de Caius Lucilius.

— E eu espero que quanto mais vós vos conhecerdes, mais vossa estima aumente — acrescentou Fabius tentando minimizar o efeito daquela acolhida glacial. A seguir, ele se retirou com o intuito de deixá-las mais à vontade para se conhecerem.

À sua saída, um longo silêncio se estabeleceu. As duas jovens, face a face, examinavam-se com curiosidade. Daphné contemplava com despeito as vestimentas distintas da patrícia, sua cintura fina e graciosa, suas pequenas mãos de dedos finos, brancas e aveludadas como as pétalas do lírio. Virgília fixava seu olhar escrutador naquela moça de formas opulentas, de belo rosto, mas desprovido de nobreza, de olhos azuis brilhantes e ousados, que não eram abrandados por nenhum encanto, nenhuma expressão de candura e de bondade. Sempronius poderia ter sido iludido por sua humildade fingida, mas o instinto feminino de Virgília lhe revelou, apenas com uma olhada, que Daphné devia ser frívola, sensual e rude.

Como para confirmar essa opinião, naquele momento Daphné franziu as sobrancelhas dizendo com despeito e arrogância:

— Desagrada-te a minha vinda, Virgília? Por que me olhas assim? Realmente, não entendi porque Sempronius me trouxe à casa de estranhos em vez de me levar à casa dele.

— Estás enganada, Daphné, supondo que te trouxeram à casa de desconhecidos — respondeu Virgília enquanto um sorriso malicioso e de indefinível ironia errava em seus lábios.

— Apenas para ti todos os que aqui encontrarás a partir de hoje são desconhecidos. Foi para te poupar da humilhação de entrar na casa de teu marido como uma moça sem asilo e sem família, que Sempronius te trouxe aqui. Se Marcus Fabius disse, ao te receber, que nossa proteção está garantida até teu casamento, tu podes ficar tranqüila, nossa casa enobrece os que ela recebe sob seu teto como amigos.

— Eu apenas quis dizer — respondeu Daphné enquanto um rubor vivo invadia seu rosto — que Sempronius tem meios de me alimentar e que não é lisonjeiro para a futura esposa do rico Caius Lucilius mendigar um asilo na casa alheia.

Um rubor passageiro subiu às faces de Virgília e um lampejo de orgulho e de desprezo brilhou nos seus olhos azuis:

— Deixa-me dizer-te, Daphné, que tua observação prova tua completa ignorância das condições sociais no meio das quais, a partir de hoje, és chamada a viver. Para ti e tendo em vista a ínfima loja que acabas de deixar, Caius parece muito rico, e tuas arrogantes palavras poderiam, talvez, impressionar qualquer mercadora ou camponesa de tuas relações. No entanto, *para nós*, ele é apenas um igual e te recebemos pela amizade que devotamos a ele e ao seu pai e não porque ele possa por isso pagar. Devo acrescentar que, se queres viver entre as mulheres altivas e delicadas da aristocracia, deves prender tua língua e controlar tuas maneiras vulgares e insolentes. Caius Lucilius pode te dar o título de patrícia, mas jamais a educação de sua casta. Digo-te isto para teu bem, pois és a noiva de meu amigo de infância, mas não são todos que gostam de Caius como nós gostamos e não tolerarão as grosserias de sua esposa.

Daphné escutava furiosa e consternada, pois possuía bastante perspicácia para compreender que Virgília tinha razão, pois ela acabava de cometer um erro grosseiro, dando provas, assim, de seu espírito estreito e de sua satisfação plebéia de se tornar alguém importante. Um silêncio dos mais penosos instalou-se e foi um verdadeiro alívio para as duas quando um escravo anunciou que o carro de Caius Lucilius acabava de parar diante da porta.

— Eu não quero atrapalhar tua primeira conversa com teu noivo — disse Virgília levantando-se rapidamente e desaparecendo pela porta oposta.

Herculanum

9. Os noivos

Melancólica e com os lábios pendentes, Daphné permaneceu sentada, mas, vendo surgir Caius Lucilius radiante, trazendo um sorriso nos lábios e seguido de um escravo carregando uma cesta enorme, uma súbita reviravolta se produziu em seu coração volúvel. Num instante, ela sentiu por aquele belo jovem uma paixão avassaladora e, muda por aquele sentimento impetuoso, lançou-se ao pescoço do rapaz, premendo seus lábios contra os dele.

Caius foi o primeiro a se desvencilhar daquele abraço mudo, embora apaixonado, e seu olhar deslizou sobre o rosto inflamado e os olhos brilhantes de sua noiva:

— Acalma-te, querida Daphné — disse enlaçando sua cintura e conduzindo-a até uma poltrona —, todos os nossos desejos se realizaram e logo serás a companheira de minha vida. Meu coração transborda de reconhecimento para com meu bondoso pai que, para me fazer feliz, impôs um grande sacrifício ao seu orgulho! Ele me disse que tu lhe causaste uma impressão favorável e que tua mãe tratou-te com uma dureza revoltante. Mas não te entristeças, tratarei de compensar-te por tudo isso.

— E tua avó também me receberá de boa vontade?

— Minha avó — disse Caius com os olhos brilhantes — é a personificação da bondade e da justiça. Ninguém pode conhecê-la sem estimá-la, e ela te receberá de braços abertos. Mas a respeito disso, Daphné, deves me prometer uma coisa como prova do teu amor: em minha casa, velarei para que sejas honrada como dona e para que tuas ordens sejam respeitadas tanto quanto as minhas, mas, a respeito daquela venerável matrona, exijo de tua parte o mais profundo respeito e uma obediência absoluta. Até meu pai sempre concordou com ela, seguindo os seus conselhos e, quanto a mim, considero uma felicidade obedecer-lhe.

Ele falava calorosamente e com entusiasmo, mas um lampejo de descontentamento brilhou sob as pálpebras baixas de Daphné.

— Ainda és considerado na casa de teu pai como um menininho? — perguntou ela com um beicinho desdenhoso. — E Sempronius, sempre tão altivo e enérgico, não possui discernimento suficiente para guiar-se sem os conselhos de uma velha mulher, que pode ser muito bondosa, mas certamente não tem a experiência dele? Além disso, confesso que ficar sob as ordens dela e nada fazer sem a sua permissão parece-me terrível.

— Esqueces — retrucou Caius de sobrancelhas franzidas — que essa velha senhora é a mãe do meu pai, que ela me criou substituindo a mãe que perdi. Sua dominação é apenas a da afeição e ceder-lhe, obedecer-lhe nunca nos pareceu penoso. Perdôo-te o julgamento inconseqüente porque não conheces Fábia, mas espero nunca mais ouvir de tua boca palavras tão pouco respeitosas.

Vendo que Daphné abaixava a cabeça silenciosamente, ele beijou-lhe a fronte e disse alegremente:

— Vamos, ergue teus lindos olhos e examina os tecidos e as jóias que estão na cesta. Além disso, trouxe duas escravas para te servir durante tua permanência nesta casa. Quanto ao resto, Virgília te aconselhará. Já conversaste com ela, Fabius me contou. E então? Não a achaste admiravelmente bela?

— Nenhuma mulher que tu achas bela me agradará — respondeu Daphné desvencilhando-se da mão de Caius e dando livre curso à cólera que nela fervia. — Quando se ama, não se pergunta à noiva se ela notou a beleza de outras mulheres. Em todo o caso, achei que Marcus Fabius é o homem mais belo que já vi.

— Daphné! Daphné! — disse Caius Lucilius enrubescendo e rindo com um riso que, para um observador mais atento, pareceria pouco sincero. — Admito que Marcus Fabius é mais bonito do que eu, tanto que Virgília preferiu-o a mim (pelo que não lhe guardo rancor), mas aos teus olhos, espero continuar sendo o mais belo dos homens. Minhas palavras não devem te provocar ciúmes, pois em Herculanum há muitas mulheres belas e não é possível furar os olhos dos homens, mesmo dos casados, para impedi-los de achá-las encantadoras.

Puxou a cesta e, dela tirando um lindo colar ornado de

camafeus, colocou-o ao redor do pescoço de Daphné.

— Vamos, malvada, ergue teus olhos e verás que te admiro com exclusividade.

À vista da jóia, Daphné serenou-se, abraçou o noivo e pôs-se a desembrulhar com ardor o conteúdo da cesta.

— Creio que nossos anfitriões, não querendo atrapalhar nossa conversa, esqueceram-nos completamente — disse Caius levantando-se, mas, quase no mesmo instante, Marcus ergueu o reposteiro e disse sorrindo:

— Desculpai-me se vos incomodo, amigos, mas a refeição está servida e Virgília vos espera. Além do mais, Daphné parece esgotada após tudo o que aconteceu e deve estar com fome!

Passaram à sala de jantar onde Virgília fez a moça sentar-se ao seu lado, enquanto os homens estendiam-se nos canapés. Jamais Daphné (criada no pobre lar de Túlia, cuja sórdida avareza não permitia nem um modesto bem-estar) assistira a tão lauto festim. Gulosa e grosseira, extasiava-se diante de cada prato, comendo e bebendo com uma voracidade desconhecida dos demais convivas. Extremamente incomodado, Fabius tentava antecipar-se aos seus desejos, logo que percebia seu olhar ávido fixar-se sobre algum prato, mas ela nada percebia. Virgília quase não controlava sua vontade de rir, e um rubor intenso subia às faces de Caius Lucilius a cada nova gafe de Daphné, que mastigava ruidosamente, lambia os dedos e limpava suas mãos engorduradas ora na túnica, ora nos cabelos, com tamanha destreza, que os serviçais nem tinham tempo para lhe oferecer o guardanapo.

Quando, finalmente, terminou aquela desastrosa refeição, o olhar malicioso de Vigília notou que as faces e o queixo de Daphné estavam luzidios, sua túnica, suja; seu rosto, inflamado pelo vinho; e sua cabeleira, despenteada, o que lhe dava a impressão de ter assistido, não a uma refeição, mas a uma batalha.

— Não queres tomar um banho e mudar de roupa? — perguntou-lhe a moça.

— Sim, certamente — respondeu Daphné —, mas o que vestirei? Não tenho outra roupa. Dá-me de presente uma túnica como a tua, cujo tecido e bordado me agradam.

— Trouxe tecidos, e as mulheres que coloquei ao teu serviço te confeccionarão roupas — disse Caius Lucilius, o cenho franzido.

— Ah! É verdade! Eu tinha me esquecido. Vou ordenar a essas escravas que comecem a trabalhar agora mesmo; mas, na verdade, neste momento não tenho nada para vestir. Ah! Estou pensando em ir à casa de minha mãe para pegar duas lindas túnicas que lá deixei: uma verde e uma azul como as nuvens, salpicada de estrelas vermelhas que me deu (ia dizer Rutuba, mas contendo-se a tempo, concluiu) minha mãe.

— Queres voltar à casa de tua mãe? Mas ela te expulsou de lá — disse Virgília surpresa.

— Ela tem que me entregar as roupas e ela mas entregará: ela conhece meus punhos — gritou Daphné, os olhos flamejantes —; deixa-me ir, Virgília, sou maior do que tu e nenhuma verdadeira mulher poderá vestir tuas roupas, que só servem para crianças — acrescentou maldosamente.

De um salto, Caius Lucilius aproximou-se dela e segurou-lhe o braço:

— Antes de tudo, descerre os punhos, nossas mulheres nunca fazem uso deles. Portanto, que eu nunca mais os veja assim. Em segundo lugar, não irás à casa de tua mãe, eu te proíbo. Comprar-te-ei e mandarei fazer quantas vestes necessitares.

Daphné recuou, com as mãos nos quadris.

— Creio, Caius Lucilius, que queres me tratar como escrava. Decidi ir à casa de minha mãe e irei, pois quero reaver minhas roupas e outros pertences.

Caius estava pálido e seus olhos flamejavam.

— Não irás — disse com voz firme — pois, caso contrário poderás ficar por lá, porque não te considerarei mais como minha noiva.

Fabius e Virgília trocaram olhares surpresos. Quanto a Daphné, sufocada pela raiva, cobriu o rosto com as mãos e rompeu em soluços. Fosse porque Caius quisesse acabar com aquela cena desagradável, fosse porque lhe era penoso ver assim chorar a mulher amada, mais uma vez foi ele quem dela se aproximou e, pegando-lhe a mão, disse com doçura:

— Acalma-te, Daphné, e acompanha Virgília. Deves te deixar guiar pelos seus conselhos e dominar tuas maneiras violentas. O que era desculpável em uma moça do povo não pode ser tolerável em nosso meio, onde serias ridicularizada sem piedade, pois nem todos são tão indulgentes como Marcus Fabius e sua esposa. E agora, seca tuas lágrimas, abraça-me e vai trocar de roupa, pois encontrarás vestes adequadas.

Daphné jogou-se ao pescoço de seu noivo com violência, mas, diante do seu ar preocupado e frio, seus braços afrouxaram-se e, cabisbaixa, seguiu Virgília.

Quando as duas desapareceram, Caius Lucilius deixou-se cair numa poltrona, apoiou os cotovelos e colocou a cabeça entre as mãos. Marcus Fabius olhou-o por um instante com compaixão

Herculanum

99

e amizade, depois, tocando de leve em seu ombro, disse-lhe:

— Não fiques triste, amigo, e não te desesperes por algumas inconveniências que devias ter previsto. Estamos lidando com uma jovem selvagem, criada por uma mãe brutal e cuja educação precisa ser refeita, mas tudo isso tem remédio. Durante sua permanência em minha casa, trataremos de habituá-la às boas maneiras; evitaremos que ela seja vista por estranhos e, por ocasião do vosso casamento, ela já terá aprendido como se deve se portar em um banquete ou em sociedade.

Caius suspirou, parecendo mais aliviado.

— Pensas que não vá me envergonhar dela diante dos nossos iguais? — perguntou ele, erguendo para Fabius seus grandes olhos negros. — Eu a amo e, no entanto, quando vi seus punhos crispados, fiquei chocado. Não a supunha tão selvagem.

— Vê-se que sua mãe a maltratava obrigando-a a aprender a empregar os punhos para defender-se — respondeu o marido de Virgília —, mas agora ela será tratada com bondade e delicadeza e espero que logo perca essa rudeza que te choca.

Uma tarde, cerca de cinco semanas após a cena que acabamos de contar, Virgília, tendo ido visitar Metella, encontrava-se com esta última no seu refúgio favorito: um amplo aposento do qual um dos lados, inteiramente aberto e sustentado por colunas, dava para o jardim, ao qual se tinha acesso por dois degraus de pedras precedidos por um pequeno terraço coberto de plantas raras e ensombrecido por grandes árvores. Entre as colunas, sobre varas douradas, estavam suspensos por argolas, pesados cortinados bordados. Naquele momento, os mesmos estavam levantados, deixando penetrar no apartamento, rajadas de ar impregnadas do odor das flores do jardim.

Perto de uma mesa de bronze dourado, sentava-se Metella, realizando um trabalho feminino e vigiando atentamente dois menininhos de sete e oito anos que, sob a guarda de uma negra idosa, brincavam com um grande cão preso a uma carriola. Defronte de Metella, Virgília, semi-estendida sobre um canapé, mordiscava frutos e pastelarias que se encontravam sobre a mesa. A conversa era das mais animadas:

— Estou, realmente, muito grata a Sempronius por me ter poupado do honroso encargo de fazer de Daphné uma patrícia e penso que, da mesma forma, dispensarias de bom grado esse prazer — disse a jovem dona da casa rindo abertamente.

Virgília lançou violentamente em direção ao terraço a romã que estava segurando e respondeu, franzindo a testa:

— Se não fosse pela minha antiga amizade com Sempronius

e com meu amigo de infância, eu não ficaria com ela por uma hora que fosse. Se, ao menos, Caius a tivesse trazido da guerra, de algum país bárbaro, eu não me surpreenderia; mas em se tratando de uma romana, ainda que vinda da plebe, é inconcebível. Em toda a minha vida, nunca vi um ser tão descuidado e tão selvagem: ela é grosseira, ambiciosa e, ao mesmo tempo, extremamente caprichosa e tirânica. As duas infelizes escravas que Caius deu a ela são verdadeiras vítimas: não têm repouso noite e dia e pagam muito caro por qualquer descuido.

— Já notaste — disse Metella — que Caius, às vezes, mostra-se preocupado? Creio que já se cansou da noiva, e o que acontecerá então com a esposa? Mas ele não reconhece isso e acabará casando por teimosia, pois ele encontra-se numa posição difícil e não poderá, sem demonstrar covardia, abandonar essa moça que foi expulsa pela mãe e que recebeu o consentimento de Sempronius.

— Penso, ao contrário, que nunca é tarde demais para reconhecermos que cometemos um erro, mas talvez, apesar de tudo, ele a ame.

— Ela é bonita, mas de uma beleza muito vulgar, tão desprovida de encanto, que duvido que conseguirá dominar por muito tempo nosso bom Caius, cuja fidelidade não é a maior virtude. Qual é a opinião de Fábia sobre Daphné? — acrescentou Metella com curiosidade.

— Bem sabes que Fábia nunca condena alguém à primeira vista, mas há alguns dias ela me disse com tristeza: "Não quero julgar a pobre criança, pois ela foi criada por uma malvada mãe e eu apostaria no futuro se seu olhar fosse mais caloroso, mais sincero. No entanto, sua falsa humildade, suas lisonjas hipócritas me repugnam". E tu compreendes, Metella, que vindo da boca indulgente de Fábia, esse julgamento é muito severo. Quanto ao resto, tens razão, teremos ainda muitas histórias e ela causará muitos problemas ao volúvel Caius, pois é ciumenta como uma tigresa e odeia qualquer mulher a quem ele endereçar uma palavra ou um sorriso.

Tomada por um acesso de riso, Metella revirou-se na poltrona.

— Oh! Aquela tigresa, ela é ciumenta, mas não somente em honra do seu noivo: eu não te diria isto se Fabius não fosse quem ele é!

Virgília enrubesceu violentamente e seus olhos lançaram chamas:

— Ah! Tu também notaste que essa miserável criatura, mal

saída da lama, assedia meu marido logo que seu noivo vira as costas? Mas o que achas de tão engraçado nisso? — acrescentou com despeito, vendo que Metella continuava a rir.

— Não, não, tais investidas são ridículas — disse a jovem acalmando-se. — Mas o que é engraçado é o fato de teu maravilhoso Marcus Fabius nem desconfiar da admiração apaixonada que ele inspira. Ele a trata, constantemente, com uma bondade fraternal que não admite nem mesmo a possibilidade de um outro sentimento. De resto, podes ficar tranqüila, pois uma mulher como Daphné jamais agradará ao teu marido.

— Tens razão — concordou Virgília mais calma. — Quando nos encontramos a sós ele sempre fala com comiseração de sua selvageria. Nunca esperaria tal escolha da parte de Caius — acrescentou ela com uma careta —; depois de mim, amar uma moça como aquela! Irra!...

— Nunca pensei que uma criatura como Daphné pudesse inspirar a um homem como Fabius outra coisa que não fosse piedade — respondeu Metella. — Mas, enfim, felizmente o casamento será realizado dentro de dez dias e tu ficarás livre dela. A propósito, quando chegarão Drusus e sua filha?

— Dentro de quatro ou cinco dias. Mas eu já ia esquecendo uma novidade muito interessante que Daphné me contou. Essa tagarela precisa contar tudo o que ouve e, só tendo a mim como confidente, conta-me todas as novidades não oficiais que seu noivo lhe confia. Nero, irmão de Caius, está sendo esperado para o casamento. Apenas não se sabe se ele virá sozinho ou com Drusus.

— Nero, o filho de Sempronius, nascido do seu primeiro casamento, virá? — perguntou Metella arregalando os olhos. — Eis um milagre. E por que razão? Não posso imaginar que seja por vontade do pai. Logo que se casou com Lívia, ele exilou as três infelizes crianças em uma propriedade afastada e nunca mais as viu!

— Hum! — fez Virgília pensativa —, não se pode dizer que Sempronius tenha agido bem ao fazer isso, mas por que seu pai obrigou-o a renunciar à mulher amada para se casar com Júlia, que ele detestava? Materialmente, nunca faltou nada aos seus filhos e os meninos, hoje em dia, estão bem colocados. O mais velho, Antonius Balbus, fez um magnífico casamento e vive em suas terras na Úmbria;[1] e Nero já é tribuno militar em uma das legiões pretorianas e dizem que sua carreira já está garantida.

---

1 Úmbria: antigo país do leste da península itálica, mais tarde província romana; atualmente, faz parte da Itália.

No que diz respeito à sua vinda, eis o que Daphné me contou: parece que Drusus concebeu o projeto de casar Nero com a sua filha Drusila, que é muito rica, devido a uma herança recebida de sua mãe. Como, desta maneira, Nero terá um dote perfeito, Sempronius vendo-se livre de qualquer encargo ulterior quanto ao patrimônio do filho, sorriu a esse projeto e deixou-se persuadir por Fábia, que devia enviar aos dois exilados o convite para o casamento de Caius. Ontem chegou uma carta de Drusus comunicando o dia de sua chegada e acrescentando que, talvez, Nero o acompanharia.

Metella debruçou-se sobre a mesa e seus grandes olhos negros fitaram com amor os dois meninos que, alegres e despreocupados, pulavam e davam cambalhotas pelo jardim. Um longo silêncio tombou entre elas.

— Não entendo — disse ela finalmente, despertando do seu devaneio — como alguém possa banir de seu coração um filho para amar exclusivamente o outro. Pobre Sempronius! Não invejo sua posição perante Nero e temo que Fábia não tenha agido bem atraindo para cá esse filho exilado! Tendo sido privado de amor e dos cuidados paternos, ele poderia sentir ciúmes e tornar-se inimigo de Caius, o bem-amado.

— Ora! Estás sempre vendo o lado negro das coisas, Metella! Nero nem terá tempo de sentir ciúmes em meio a todas estas festas: primeiro, as núpcias de Caius; depois as dele com Drusila. Ficarei triste quando tudo acabar. É uma pena que eu não possa casar meu pequeno Fabius.

— Seria um pouco cedo, mas tenha paciência. Meu Agripa está com oito anos e é ele que nós haveremos de casar com tua filha, se tiveres uma.

— Se na época Agripa quiser e não estiver enrabichado por alguma plebéia — replicou Virgília rindo. — Mas será que isso não é hábito apenas da família de Sempronius? Estou imaginando que Drusus ficará muito surpreso ao saber que Daphné é filha de Túlia que, segundo dizem, ele muito amou. Talvez, revendo-a, ele se apaixone novamente por ela.

— Que loucura! Há mais de vinte anos que ele a abandonou e dizem que sua mulher, Sabina, era bela como Afrodite.

A conversa foi interrompida pelas vozes das crianças que gritavam:

— Papai está chegando!

As duas mulheres levantaram-se para ir ao encontro de Fabricius Agripa e de Marcus Fabius que se aproximavam do terraço.

10. Os dois irmãos

No dia marcado para a chegada dos hóspedes que vinham de Roma, a maior animação reinava na casa de Sempronius. Sob a vigilância da velha governanta, os escravos davam os últimos retoques nos quartos reservados para os viajantes; enfeitavam o triclínio com flores e arrumavam as mesas para o festim de boas-vindas.

Quase uma hora antes, Caius Lucilius, na companhia de Claudius se dirigira para o porto, levando uma liteira, um carro, jumentos e serviçais destinados a receber e transportar as bagagens.

Sozinho, o dono da casa parecia estranho a esses alegres preparativos. Após um agitado passeio pelo pequeno terraço contíguo ao seu quarto, Sempronius debruçara-se à balaustrada. Sua expressão preocupada, suas sobrancelhas franzidas e a contração dura e amarga de seus lábios provavam que seus pensamentos estavam longe de serem agradáveis. Ele ia, então, rever seu filho Nero, aquele filho exilado havia vinte e quatro anos do teto paterno, que crescera longe dele e se tornara um estranho e de cujos traços ele nem conseguia lembrar.

Já se arrependia de ter concordado com aquele encontro, cuja expectativa fizera renascer todas as lembranças de um passado longínquo e, à medida que as cenas e as emoções, havia muito tempo esquecidas, desenrolavam-se diante de sua retina espiritual, as rugas de sua testa se aprofundavam e sombrios reflexos entristeciam seu olhar.

Terríveis tinham sido as cenas entre Sempronius e seu pai (violento, duro e tirânico como ele mesmo), quando o obrigara a renunciar a uma mulher amada para casar-se com Júlia, filha de um companheiro de armas, que morrera para lhe salvar a vida e a quem jurara fazer dela sua nora.

Drusus, dez anos mais moço que seu irmão, era, então, um menino de catorze anos e não podia ser um pretendente. De resto, a vontade irredutível do velho soldado escolhera seu primogênito para saldar aquela dívida de honra. Foram em vão as súplicas do rapaz à própria Júlia para que desistisse do casamento e escolhesse outro marido em troca de um dote considerável. Fosse porque a jovem, durante sua permanência na casa dele, afeiçoara-se a Sempronius, fosse porque ela ambicionasse aquele brilhante partido, o fato é que sempre se recusou a se opor à vontade do velho Antonius Balbus. Finalmente, cansado e vencido pelas lágrimas e súplicas de Fábia, Sempronius cedeu, mas com o coração cheio de rancor.

Naquele instante, ele revia, com uma triste lucidez, o momento difícil em que, fervendo de ódio e de impotente raiva, se ligara àquela mulher detestada. Os três filhos que ela lhe deu foram-lhe odiosos desde seu nascimento. Sempre que possível evitou vê-los, e quando Júlia morreu, após nove anos de inferno conjugal, o primeiro pensamento de Sempronius foi para Lívia, a noiva que, apesar de abandonada, permanecera fiel a ele.

Daquela vez, ele já era senhor de sua vontade. Seu pai morrera e Lívia consentira, de bom grado, a reatar os laços rompidos pela violência. A única condição que lhe impôs foi a de afastar da casa, antes que para lá ela se mudasse, os filhos de sua rival (dois meninos de quatro e oito anos, respectivamente, e uma menina de seis).

Sempronius aquiesceu sem dificuldades a esse desejo de sua futura esposa e comunicou a Flávia a decisão de mandar as crianças viverem em uma propriedade afastada, para lá serem criadas. A nobre matrona meneou a cabeça em sinal de desaprovação e respondeu tristemente:

— Não posso impedir-te, meu filho, de afastar as crianças, mas, para poupá-las de uma dura existência entre um pai irritado e uma nova mãe que nutre por elas uma aversão preconcebida, eu as acompanharei à propriedade, perto de Cápua, [1] onde mora minha irmã desde que enviuvou e, com a ajuda dela,

---

1 Cápua: antiga colônia do Império Romano. Depois de destruída pelos árabes em 841 d.C., seus moradores se mudaram para a região de Casilinum e fundaram a moderna Cápua.

eu os criarei. Lembra-te, apenas, que esse ato cruel contra seres frágeis que não têm culpa por terem nascido de uma mulher mal-amada, causar-te-á, no futuro, remorsos e situações difíceis. Essas crianças crescerão e verão em ti não um pai, mas um inimigo. Exigir de ti o exílio dessas pobres crianças é cruel e egoísta e não trará felicidade a Lívia.

Fábia partiu, então, com os banidos, e Lívia, orgulhosa e feliz, instalou-se na casa do seu marido que não poupava esforços para demonstrar-lhe seu amor e o reconhecimento que ele sentia por sua longa fidelidade.

Desse amor tenaz e egoísta, nasceu Caius Lucilius. Sua vinda a este mundo foi aclamada como uma graça dos deuses. E na mesma proporção em que Sempronius era frio e indiferente por tudo o que dizia respeito aos filhos de seu primeiro casamento, ele se afeiçoava ao filho mais novo, cercando-o de uma ternura apaixonada da qual poderíamos julgar incapaz esse homem duro e violento.

Entretanto, aquela maternidade tardia fora fatal a Lívia. Nunca se recuperou do parto e, um ano após o nascimento de Caius, sua saúde tornou-se tão frágil, que Sempronius escreveu à mãe, rogando-lhe que voltasse para ajudá-lo a cuidar do filho e dirigir a casa, que exigia imperiosamente a presença de uma senhoria.

Fábia não pôde resistir a esse apelo e, deixando as três crianças aos cuidados de sua irmã, viajou a Herculanum. Quando, pela primeira vez, viu seu último neto, e a alegre criaturinha, longe de sentir medo dela, estendeu-lhe os braços sorrindo, seu coração foi cativado e, também, devotou a Caius uma afeição ilimitada. Lívia ainda definhou por quase catorze meses e faleceu após quatro anos de casamento, deixando seu marido desesperado. Foi necessária toda a influência da doce e paciente Fábia para acalmá-lo e, paulatinamente, a afeição pelo filho, herança da mulher amada, trouxe-o de volta à vida. Caius Lucilius cresceu belo como um deus, espirituoso e amoroso, mas violento e determinado como seu pai, que rivalizava com Fábia para mimá-lo e atender a todos os seus caprichos.

Os filhos do primeiro casamento foram, então, ainda mais negligenciados. Provendo fartamente suas necessidades materiais, Sempronius nunca desejou revê-los, e o ódio que eles lhe inspiravam outrora se transformou em completa indiferença. Assim, quando soube que sua filha, Sempronia, mal completara dezesseis anos, fugira com um liberto de seu pai levando consigo todo o ouro e todas as jóias que pôde carregar, apenas seu orgulho foi ferido. Fora de si, proibiu qualquer tentativa para reencontrar a leviana, bem como que seu nome fosse pronunciado diante dele. A irmã de Fábia, mulher boa, embora fraca, adoeceu de tristeza, e Drusus interessou-se pela sorte dos dois meninos. Nero devia-lhe o cargo que ocupava no exército e Antonius Balbus, homem de caráter triste e orgulhoso, seguira por si só seu caminho, afastando-se de todos os parentes.

Todas essas lembranças turbilhonavam na mente agitada de Sempronius, e um sentimento semelhante ao remorso invadia seu coração duro. Ele sentia, naquele momento, que a predição de sua mãe se realizara. Aquele filho exilado que vinte e quatro anos depois voltava ao teto paterno, não era mais uma criança, mas sim um homem de vinte e oito anos, que sabia perfeitamente ser estranho ao coração do pai, que talvez o odiasse, pois jamais manifestara o desejo de vê-lo, jamais lhe endereçara um pedido e, apenas naquele momento, Sempronius recordou-se de que, durante a permanência de Caius Lucilius em Roma, Nero afastara-se por vários meses, hospedando-se na casa do irmão Antonius. Teria sido essa ausência uma coincidência ou proposital? O velho patrício sentia-se cada vez mais incomodado. Que posição constrangedora lhe estaria destinada diante de seus dois filhos, com iguais direitos à sua afeição, mas que ele se sentia incapaz de *tratar* do mesmo modo? E se, em consideração a Nero, ele demonstrasse mais frieza em relação a Caius, o que este último pensaria?

Sempronius suspirou e passou a mão sobre a testa, como se desejasse afastar esses pensamentos desagradáveis. Naquele momento, um ligeiro toque o fez voltar a cabeça. Era Fábia, que se sentou ao seu lado no banco de mármore.

— Por que estás tão preocupado, meu filho? — perguntou a matrona fitando-o com seu olhar límpido e profundo. — É a escolha de Caius que está te inquietando?

— Não, não se trata disso, minha mãe, pois creio que poderemos sempre dominar Daphné. Um outro pensamento me obceca: o arrependimento pelo que fiz, talvez remorsos, no momento de ter que enfrentar...

Sempronius calou-se.

— Teu filho exilado? Nero, não é? — disse Fábia com tristeza. — É assim que uma má ação traz consigo sua própria punição. Agora é preciso, ao menos, tentar reparar o que ainda pode ser reparado e recebê-lo com a afeição que lhe é devida. Nero, em criança, era taciturno, tímido e muito vingativo. Enciumava-se por qualquer mostra de afeição por mim dada a Antonius ou a Sempronia, considerando meus carinhos como seu bem exclusivo. Nunca me perdoou por tê-los deixado e, apesar de dissimular sua inimizade, bem que a senti pela maneira com que me evitou quando da minha última visita a Roma. Para mim, foi uma agradável surpresa o fato de ele ter consentido em vir. Procura, então, não despertar seu ciúme, mostrando que existe uma grande diferença entre ele e Caius.

— Não posso me metamorfosear para agradá-lo — respondeu Sempronius com desgosto. — No fundo, o que lhe faltou? Minha presença e meus cuidados? Tê-los-ia apreciado?... Sempre lhe dei tudo o que precisava e, depois de seu ingresso no exército venho lhe concedendo uma pensão que lhe permite ter uma posição de destaque entre seus colegas. Mas esperemos que seu casamento como uma mulher jovem e bela o faça completamente feliz e que ele esqueça suas antigas mágoas.

A matrona meneou a cabeça.

— Sei que tal plano agrada a ti e a Drusus, mas temo que vosso grande desejo não dê em nada, pois Drusila ama Claudius e Nero não ama *ninguém*. Mas deixemos isso para o momento adequado, pois vim contar-te uma outra novidade: ontem à noite, recebi a resposta de Antonius ao convite que eu lhe enviara, e não é uma boa resposta para ti. Não somente ele se nega terminantemente a te rever, como também me escreveu que nunca tendo tido pai, ele considera como sua única família os parentes de sua esposa, renunciando, também, à sua parte na herança.

Lívido de cólera, Sempronius ergueu-se de um salto:

— Miserável! Atreveu-se a isso!

Fábia abanou a cabeça em sinal de desaprovação:

— Não te irrites, meu filho, e sê razoável: estás colhendo o que semeaste. Antonius sempre foi um menino irritadiço, extremamente rancoroso e orgulhoso. Agora, ele está com trinta anos, também é pai e dono de seus atos. É lamentável que seu coração esteja tão cheio de ódio, mas como ele nunca compartilhou de nossa intimidade, não sentiremos sua perda.

Sempronius a escutara de cenho franzido. Voltando a sentar-se, disse-lhe com amargura:

— Os três filhos de Júlia em nada se parecem com Caius: maus, intratáveis como sua mãe, nada os teria feito se afeiçoarem a mim. Aquela Sempronia que, mal saída da infância, fugiu com um antigo escravo, não é uma imagem viva da mulher sem dignidade nem delicadeza que, sabendo que eu amava outra, não quis me dar a liberdade de escolher?

— Não estou querendo desculpar Júlia — respondeu Fábia —, mas as crianças não tinham culpa, e Lívia é em grande parte responsável pelos dissabores que hoje te atormentam. A rival dela já falecera e os pequenos inocentes tinham o direito de permanecerem no teu lar e de gozar de tua afeição. Talvez Sempronia não acabasse tão mal, se o olhar paterno tivesse velado por ela. Minha pobre irmã era boa, porém fraca: a educação das crianças só provou que ela era incapaz de dirigir personalidades como essas. Mas, acho que nossos queridos viajantes devem chegar de um momento a outro e vou dar uma última olhada nos preparativos.

Enquanto Sempronius e sua mãe conversavam, Caius Lucilius e Claudius passeavam pelo cais do porto, no aguardo da galera que trazia os viajantes e que já se aproximava.

Absortos em suas reflexões, os rapazes falavam pouco. Todos os pensamentos de Caius concentravam-se em seu irmão desconhecido, do qual apenas sabia da existência. O nome de Nero era raramente pronunciado e, apenas poucos dias antes, seu pai lhe contara que ele viria assistir ao casamento.

Ainda criança, por vezes Caius estranhava, intimamente, que seu irmão não se encontrasse ali para brincar com ele, mas despreocupado, logo o tinha esquecido. Agora, ele o esperava com alegria e impaciência. Trouxera ao porto um dos seus mais belos cavalos, ricamente selado, para oferecer a Nero como presente de boas-vindas. Nem por um instante sequer, passou pela cabeça de Caius que seu irmão pudesse não amá-lo (pois estava habituado a só receber afeto) e, ainda mais depois de ter recebido um presente tão lindo.

Finalmente o navio acostou, lançaram uma pequena prancha e Drusus, apoiado no braço de sua filha e seguido de um jovem oficial, desceu ao cais. Tendo trocado com seu tio e sua prima cordiais saudações e lhes desejado boas-vindas da parte de seu pai e de sua avó, Caius voltou-se e, enquanto Drusila, ruborizada, trocava com Claudius um furtivo aperto de mão, ele se aproximou do irmão, que tinha parado a alguns passos dali, pálido, olhos baixos e com a mão apoiada no guarda-mão da curta espada com punho de marfim que lhe pendia da cintura.

Caius envolveu-o com um olhar sôfrego: Cneius Sempronius Nero, o filho tanto tempo exilado, era um rapaz de estatura mediana, esbelto e bem apessoado. Seu rosto fresco e regular era emoldurado por cabelos curtos e castanhos. Grandes olhos acinzentados e perspicazes animavam aquela fisionomia agradável, e o elegante uniforme militar realçava sua boa aparência, mas a expressão taciturna e o olhar furtivo que, por momentos, ensombrecia seu rosto, denotavam paixões violentas habilmente dissimuladas. Caius, aliás, só percebeu sua aparência exterior. Apertou-lhe a mão e disse com uma cordialidade amigável:

— Sejas bem-vindo, meu irmão! Ignoro a razão que te manteve por tanto tempo afastado de nós, mas já que finalmente nos encontramos, espero que me estimes como desejo estimar-te. Papai te cumprimenta e incumbiu-me de dizer-te o quanto está satisfeito com tua chegada.

— Com certeza! — respondeu Nero com um sorriso indefinível, e seus olhos brilhantes fitaram intensamente o rosto franco e leal do irmão.

Diante daquela resposta equívoca, Caius Lucilius ficou por momentos atônito, mas não teve tempo de formular qualquer pergunta, pois Drusus chamou-o para apresentar-lhe uma pessoa que também chegara com ele, mas que se mantivera modestamente a distância.

— Meu caro Caius — disse o cego —, trouxe a Herculanum este jovem que recomendo à tua benevolência, bem como à de Sempronius. Apolonius é um artista talentoso, ao qual já devo várias obras notáveis. Ele tem aqui um parente que gostaria de visitar e, além disso, gostaria que ele esculpisse o busto de minha mãe, o teu e o de tua mulher, para levá-los a Roma.

Caius respondeu cortesmente e, a seguir, ajudando Drusus e sua filha a se acomodarem na liteira, voltou para perto de Nero.

— Apolonius irá de carro com Claudius, mas pensei que tu gostarias de ir a cavalo como eu.

Mostrou os dois magníficos corcéis que os escravos estavam trazendo e disse:

— Este cavalo preto chama-se Águia e foi adestrado por mim: peço-te que o aceites como um pequeno presente de boas-vindas. Esta égua branca é a que eu monto. Dei-lhe o nome de minha noiva, Daphné — não poderia ter-lhe prestado maior homenagem.

Nero agradeceu friamente e montou. Seu irmão imitou-o e a comitiva se pôs a caminho. Despreocupado e com muito bom humor, Caius Lucilius fazia seu cavalo caracolar, trocando ora um cumprimento com os transeuntes, ora uma palavra com Claudius ou com o jovem escultor. Nero cavalgava silenciosamente, observando-o de soslaio. Pouco a pouco uma ruga profunda sulcou sua testa: era este, então, o irmão que fizera com que *eles* fossem exilados, o único com direito ao amor de Sempronius e de Fábia, a quem todos elogiavam, enaltecendo a beleza, o espírito, a destreza em todos os jogos e de quem ele, Nero, teve ciúmes desde que ouvira pronunciar o nome. Quanto mais olhava aquele homem tão belo na sua força atlética, com aquela cabeça digna de um estatuário, com aqueles grandes olhos sorridentes e fascinantes, mais o olhar de Nero se tornava melancólico e uma amargura rancorosa invadia seu coração.

Caius Lucilius notara a ruga profunda e a sombria preocupação de seu irmão. Sempre bondoso e carinhoso desde que não o importunassem ou que o enfurecessem, aproximou-se rapidamente do cavalo montado por Nero e disse num tom amistoso e sincero:

— Nero, meu querido irmão, apaga as nuvens de tua fronte, pois vens ao nosso lar, onde estão nosso pai e nossa avó; onde te esperam festas e prazeres. Noto que estás preocupado: por quê? Estás amando alguma mulher que não podes ter?

Amado e mimado por todos, Caius só havia experimentado uma tristeza: a resistência de seu pai ao projeto de casamento com Daphné e, na sua inexperiência da vida, ele nem conseguia imaginar o tipo de pensamento que abalava tão penosamente seu irmão.

Nero olhou-o surpreso e respondeu meneando a cabeça:

— Que idéia! Não amo nenhuma mulher e, em geral, não sei o que é o amor, pois jamais ninguém me amou.

— Ninguém te amou! — repetiu Caius, e seu rosto expressivo refletiu uma surpresa incrédula. — E nosso pai? E nossa avó?

— Nosso pai — respondeu Nero com um leve sorriso, mas cuja vibração acerba atingiu desagradavelmente o ouvido de Caius —, acreditas mesmo ou estás me dizendo isso por delicadeza? Não, estou vendo em teus olhos que és sincero, mas não te

Herculanum

preocupes, com o tempo tu conhecerás a verdade. Agora, dize-me: qual a data do teu casamento, se tua noiva é bonita, quais as vossas relações e se tendes aqui bons gladiadores.

— Oh! Encontrarás de tudo: nosso circo está admiravelmente montado e eu mesmo tenho um tigre, um leopardo e um leão que papai recentemente comprou para mim. Gosto de lutar com eles e adoro a sensação de minha superioridade que os faz recuar sob meu olhar. No entanto, nestes últimos tempos, as feras se tornaram preguiçosas, pois comem demais. Hoje tu verás Daphné: é uma linda criatura, loira e fresca como Hebe.[2] Mas, realmente, tu és um enigma para mim, Nero. Como se pode deixar de amar as mulheres? Tenho loucura por elas, como também por cavalos.

— Eu não disse que não amo *as mulheres*, mas sim que não tenho preferência por nenhuma — respondeu Nero com um meio-sorriso. — Certamente tu tens muitos cavalos, já que gosta tanto deles!

— Acho que sim. Vou te mostrar todas minhas riquezas e espero que façamos ótimos passeios juntos. Tenho, entre outros, dois animais soberbos que estão se restabelecendo: um malfeitor assustou-os, eles dispararam e quase eu e Virgília, minha amiga de infância, que conhecerás, fomos mortos. No momento encontra-se indisposta e não pode sair, mas nas bodas, tu a verás. Oh! É uma mulher deslumbrante: clara, de olhos azuis e cabelos acobreados, e, apesar de tudo, tão frágil, tão delicada! Uma verdadeira borboleta dourada! Antes de amar Daphné eu era apaixonado por ela, mas não quis saber de mim e preferiu casar-se com Marcus Fabius — acrescentou Caius com uma careta amável.

Agora, Nero, é a tua vez de me contar como vives em Roma e se é agradável estar a serviço do Imperador.

O jovem oficial deu de ombros:

— Serviço é sempre serviço. Quer sejamos escravos por dever ou por destino, aqui e acolá arriscamos a vida sob a ordem de outrem, e é muito mais agradável viver em nossa casa, sem outro senhor senão nosso capricho. No entanto, tais encargos são bons para os que não sabem onde se abrigar e para os quais não há lugar no lar paterno.

Tocado pela amargura mal disfarçada daquela resposta, Caius Lucilius calou-se, pensativo. Teria tudo dado para saber o

---

2 Hebe: na mitologia grega, deusa da juventude, filha legítima de Zeus e Hera. Por ter o previlégio da eterna juventude, representava a donzela consagrada aos trabalhos domésticos.

que poderia ter acumulado tanta amargura e tanto fel no coração de seu irmão. Sabia que nunca lhe faltara nada, nem ouro nem prazeres, mas quanto ao sentimento de isolamento, ao seu duro ciúme de filho excluído, Caius não podia compreender. Continuou o caminho em silêncio e, completamente absorto, nem percebeu que passavam pela rua onde Túlia morava. Esta última (que sempre sabia o que se passava na casa de Sempronius) não ignorava o que devia acontecer naquele dia e, postada de modo a não ser vista, esperava ansiosamente a chegada da comitiva. Quando finalmente ela passou, um tremor nervoso agitou todo o seu corpo. Com as mãos ao peito, os olhos queimando, ela só viu o rosto pálido e cansado, os grandes olhos sem brilho do homem sentado, que tinha ao seu lado a imagem viva da loira moça de olhos negros pela qual fora abandonada.

Como se o cego tivesse sentido aquele olhar persistente da mulher outrora amada, ele agitou-se nas almofadas, passou a mão sobre a testa como se quisesse expulsar as dolorosas lembranças e perguntou se ainda estavam longe da casa. Um instante mais tarde a liteira e os cavaleiros desapareceram na esquina e Túlia trancou a porta da loja (ninguém deveria transpô-la naquele dia). A seguir, jogando-se de joelhos sobre um escabelo, enterrou a cabeça nas mãos, tentando abafar os soluços convulsivos que a sacudiam. Todo o passado despertara em sua mente, mostrando-lhe aquele mesmo Drusus jovem e bonito, cujos olhos, doravante apagados, brilhavam outrora cheios de amor e de paixão; viu, depois, aquela bela jovem à qual, habilmente disfarçada, ela, Túlia, levara a serpente que matara sua rival. Cega por seu louco ciúme, ela acreditara, um momento antes, ter visto aquela rival sentada ao lado de Drusus na liteira, esquecendo-se de que Sabina não mais existia e que ela acabara de ver sua filha. Daphné, as bodas, tudo o mais fora esquecido naquele instante em que uma paixão avassaladora absorvia inteiramente essa mulher dura e dissimulada que sabia, tão habilmente, mascarar seus sentimentos sob uma aparência impassível e um olhar doce e sereno.

— Tudo é mentira — murmuravam naquele momento seus lábios lívidos —, o coração não envelhece, o esquecimento não existe e as feridas da alma não cicatrizam jamais!

Quando a comitiva parou diante da casa de Sempronius, este já se encontrava de pé, à porta, esperando seus hóspedes. Ele ajudou seu irmão descer da liteira e estreitou-o contra o peito. A seguir, esquecendo-se de Drusila, voltou-se para um outro que vira chegar e a quem estendeu a mão, hesitando em

Herculanum

abraçá-lo. Nero estava pálido e seus lábios tremiam imperceptivelmente. De olhos baixos, colocou sua mão sobre a do pai que, inclinando-se, atraiu-o para si e beijou-lhe a testa. Não trocaram uma palavra.

Caius Lucilius observara aquela cena muda, com uma ansiosa curiosidade. Ele sentia que as coisas não tinham corrido como deveriam, mas por que faltavam palavras a ambos? Ele ignorava o que, naquele momento, passava pela mente de ambos, ou seja: na do pai, o frio beijo que dera, anos antes, na testa do menininho que ele estava expulsando tanto do seu coração como de seu lar; na do filho, o instante em que aquele homem, cujo olhar duro e colérico lhe causava medo, o carregara e o  colocara na liteira sobre os joelhos de Fábia. Na época, ele não sabia que estava indo para o exílio e que seus pezinhos não cruzariam, por um tempo demasiado longo, a soleira da casa paterna, daquela casa onde não havia mais lugar para ele e onde a nova senhoria teria preferido encontrar um réptil venenoso a um dos filhos de sua rival.

Nesse ínterim, Fábia apareceu no vestíbulo, com um sorriso encantador iluminando seu rosto venerável, quase lhe devolvendo o brilho de sua juventude. Com aquela delicadeza de coração que lhe era peculiar, ela avançou com os braços abertos em direção a Nero, em cuja fisionomia leu as mais díspares emoções.

— Querido filho — disse ela —, sejas mil vezes bem-vindo e que os deuses abençoem a hora deste nosso reencontro.

A seguir, percebendo pela respiração opressa e o tremor dos lábios a tormenta que bramia no coração do rapaz, estreitou-o contra o seu peito e murmurou, beijando-lhe a face e a fronte úmida:

— Acalma-te, querido filho, e crê que todos nós temos o desejo de reparar o passado. Tu és tão caro ao meu coração quanto Caius, e teu pai te amará, eu o sinto, à medida em que for te conhecendo melhor.

Aquela voz carinhosa, aquele olhar cheio de afeição maternal reagiram de um modo benéfico no coração ferido do rapaz. Recobrando o domínio de si mesmo, Nero acompanhou seu pai e sua avó ao interior da casa.

11. As núpcias

Cerca de uma semana após a chegada de Drusus, a casa de Marcus Fabius estava magnificamente iluminada e ornamentada de guirlandas de flores. Apesar de ainda faltar uma hora e meia para a chegada do cortejo que deveria ir buscar a noiva e conduzi-la à residência de seu esposo, a rua já estava repleta de curiosos que riam, conversavam ruidosamente e faziam perguntas aos escravos, que corriam atarefados, colocando flores em todos os lugares e acendendo as últimas lamparinas.

No quarto de vestir de Virgília, muito iluminado, Daphné estava sentada, as faces afogueadas e mal podendo manter-se no lugar. Uma dezena de escravas premia-se ao seu redor, vestindo-a sob a direção de Virgília, que ajudava pessoalmente a enfeitar a noiva de Caius.

Enfim a jovem mulher colocou sobre a cabeça de Daphné uma guirlanda de flores e o véu cor de fogo das noivas, e afastando-se, examinou minuciosamente o resultado final:

— Agora, estás pronta — disse ela. Apesar de tua impaciência para te arrumar, ainda deves esperar pelos rapazes que devem vir te buscar. Vai ao terraço e procura acalmar-te com o ar fresco, pois estás muito corada. Eu também vou me vestir.

Daphné levantou-se e, olhando-se ansiosamente uma última vez no espelho, ergueu a cabeça com um orgulho consciente de sua beleza e saiu.

O terraço estava deserto e Daphné apoiou-se na balaustrada, aspirando, deliciada, os aromas dos jardins; mas logo se absorveu em seus pensamentos, aparecendo em seu rosto uma expressão de raiva e despeito. Estaria pensando no noivo? Infelizmente, não. Aquele coração volúvel e insaciável ardia, naquele momento, por um homem cuja calma e serena beleza como também a fria indiferença haviam excitado todas as suas paixões. Parecia que Marcus Fabius nem mesmo notara que ela era bonita e, no entanto, o que não tentara para chamar sua atenção? Em vão esgotara todos os recursos da galanteria e da astúcia; representara, junto de Caius, o papel de noiva terna para despertar-lhe os ciúmes, mas de nada adiantara. O patrício mantivera-se invariavelmente polido, amável e... indiferente.

Passos no terraço arrancaram-na de seu devaneio. Voltando-se, avistou Marcus Fabius que, já vestido para a festa, detivera-se um pouco surpreso.

— A bela noiva já está pronta e enfeitada — disse ele com um sorriso benevolente. — Creio que não terás que esperar muito tempo, pois certamente o impaciente Caius deve estar apressando seus amigos para virem buscar a sua amada.

Daphné abaixou a cabeça.

— Não estou com pressa. Chegada a hora de deixar esta casa, estou quase preferindo ficar aqui.

Um fugitivo lampejo passou pelos olhos de Marcus Fabius que, dando um passo para trás, apoiou-se na porta do terraço.

— Agradeço-te por tão alta consideração à nossa hospitalidade; no entanto, duvido muito dessa preferência. Em que lugar, uma mulher que ama, poderia se sentir melhor que sob o teto do esposo que ela escolheu?

Daphné calou-se e depois, aproximando-se bruscamente, disse pousando sobre ele seus olhos atrevidos e flamejantes, com uma expressão que não deixava margem para dúvidas:

— Um outro homem me agrada. Caius é tão violento, tão exigente! Pensei que o amava, mas enganei-me em relação aos meus sentimentos.

Diante desse ataque tão direto, um misto de descontentamento e desprezo estampou-se no rosto expressivo do patrício que, empertigando-se, respondeu com severidade:

— És tu mesma, Daphné, que me forças a dizer que o homem que te agrada não é cego, mas ele não é livre e ama sua esposa com um amor tão profundo, que não lhe resta sequer um olhar para outra. Assim, tu o assedias em vão, pois ele é muito honesto para trair um amigo, e bastante conhecedor do coração humano para acreditar nos sentimentos de uma mulher que se valoriza tão pouco a ponto de dizer, uma hora antes do seu casamento, que está enganada sobre seus próprios sentimentos.

Não desprezes a grande felicidade que os deuses te concederam e devota todo o teu amor ao teu marido, pois, de outra forma, eles te punirão cruelmente. Caius merece teu coração e teu reconhecimento, tendo em vista que, tão generoso quanto bonito, ele desprezou os preconceitos de casta e de nascença e, da ínfima ralé te elevou até ele. Estou ouvindo a voz de Virgília e devo deixar-te. Mas aceita um conselho de amigo: não brinques com Caius Lucilius, pois isso pode te custar a vida.

E, dando-lhe as costas bruscamente, saiu.

Daphné ficou estupefata. Ele tudo percebera e sua glacial indiferença provinha do desprezo que ela lhe inspirava! Sufocava de raiva e gostaria de arrancar suas roupas e rolar naquelas lajes, mas um último lampejo de bom senso fez com que entendesse que, se o motivo daquele furor fosse descoberto, o casamento poderia não acontecer. Dominando-se pela primeira vez, contentou-se em crispar os punhos, correndo pelo terraço como um tigre enjaulado.

De fora, um rumor de vozes e cantos acompanhados de flautas, interromperam seus pensamentos: o cortejo que viera buscá-la chegara. Passando as mãos sobre o rosto inflamado, compôs a aparência e, alguns minutos mais tarde, ela apareceu tímida, os olhos modestamente abaixados, diante dos amigos do seu futuro marido, dentre os quais se encontravam Nero, Claudius e Apolonius. Os dois últimos não conseguiam esconder sua admiração diante da bela noiva. Quanto a Nero, seu olhar fascinado não se desprendia de Virgília, que estava vendo pela primeira vez e que o acolhera com uma deferência especial. Não teve tempo para admirá-la longamente, pois seu lugar era ao lado da noiva, que já estava saindo. Acompanhado de cantos, de músicas e de gritos alegres da multidão, o cortejo retomou seu caminho, precedido de crianças que jogavam flores sob seus passos.

Na casa de Sempronius a animação festiva atingira o seu apogeu. Todos os lugares estavam decorados com guirlandas de flores, tochas e lamparinas. Cantos e música ressoavam ao longe e, na porta principal, no pátio e nas áreas de serviço, escravos distribuíam vinho, alimentos, bolos e esmolas a todos os que se aproximavam.

Na sala do festim, mesas suntuosamente arrumadas resplandeciam com baixelas preciosas. Escravos diligentes não paravam de verter os melhores vinhos nas taças de ouro dos convivas, e tudo o que a cozinha refinada da época oferecia de mais requintado sucedia-se no banquete, para o qual Sempro-

Herculanum 117

nius nada economizara. Ele deixara de lado seus hábitos econômicos, fazendo demonstração de sua riqueza.

Nero encontrara um lugar perto de Virgília e não cansava de observar a jovem que, radiante de espiritualidade e de alegria, conversava com os vizinhos. Antes mesmo de tê-la visto, ele sentira grande interesse e curiosidade em relação à mulher que, amada pelo irresistível Caius, preterira-o, escolhendo um outro esposo. A primeira impressão fora profunda e, com uma admiração crescente, ele seguia todos os movimentos de Virgília que, de resto, excedia em beleza naquele dia. Vestia uma túnica branca, inteiramente bordada de prata, cingida à cintura por um cinto de esmeraldas. Seus braços e seu pescoço, de uma alvura nacarada, estavam ornados com um colar e braceletes também de esmeraldas e sua opulenta cabeleira, presa por um diadema, estava penteada à moda grega e brilhava à luz como espirais de ouro fundido.

Caius Lucilius a apelidara de borboleta dourada e ela, pela esbelteza de suas formas, pela graça e leveza dos movimentos, merecia essa comparação.

— Como pôde ele esquecer tão arrebatadora criatura para amar esta mulher de formas tão opulentas e de beleza vulgar? — pensava Nero, inebriando-se cada vez mais com aquela contemplação. Quanto a Daphné, essa lhe era extremamente antipática.

Virgília nem desconfiava da impressão profunda e perigosa que produzira no rapaz melancólico e isolado, pelo qual, no fundo de sua alma, sentia a mais sincera compaixão. Sabia, por Fábia, que a infância do filho exilado de Sempronius transcorrera solitária e carente de afeição e que ele regressara à casa paterna quase como um estranho, sendo compreensível que não se sentisse à vontade. Na véspera, Metella lhe contara que Nero, que lhes fora apresentado por Caius, por várias vezes, já passara o dia em sua casa. Ela e seu marido haviam notado que a amargura e o ciúme, nascidos de uma preferência injusta, transbordavam de seu coração. Assim, ela aconselhara Virgília a dispensar a Nero uma amizade afável, pois notara que ele era muito sensível à amizade e às palavras afetuosas.

Um olhar de Metella, sentada do outro lado da mesa, lembrou-lhe de sua promessa. Logo voltou para o jovem oficial seus grandes olhos azuis e disse com um sorriso sedutor:

— Sempre triste e pensativo, Nero. Vejo que Metella tem razão e que é preciso arreliar-te vivamente para tornar-te menos sério e é o que tenciono fazer, pois adoro rir e gracejar bem mais do que Metella. Ela é tão séria, que conversa sobre ciência e política com os homens, ajuda seu marido nos negócios e sempre assiste às aulas que o velho filósofo Faminius dá aos filhos.

Eu detesto os assuntos sérios, gosto de me divertir e prefiro um passeio de biga, com cavalos bem fogosos, a todos os filósofos do mundo. Gostas de circo, Nero? Dizem que em Roma estão os melhores gladiadores. Tens sorte de viver na capital! Gostaria de um dia poder ir até lá.

— A vida militar não deixa muito tempo para o lazer. Entretanto, posso te dar, sobre o circo e outros divertimentos que existem em Roma, todas as informações que quiseres — respondeu Nero, que escutara, com os olhos brilhantes, a tagarelice da jovem.

— Obrigada. Então vai visitar-nos o mais rápido possível. O filho do nosso querido Sempronius é considerado um hóspede duplamente precioso.

O olhar brilhante de Nero logo se anuviou:
— Se me permites encontrar uma acolhida amigável em tua casa, é porque concedes tua benevolência a um estrangeiro, pobre pássaro de passagem que sabe apenas que este teto abrigou seu berço. Expulso do ninho e abandonado à sua sorte durante muito tempo, o filho exilado não tem nenhum direito à amizade dos amigos de seu pai, para os quais ele continua sendo um

Herculanum 119

desconhecido.

Pronunciando essas últimas palavras, sua voz assumiu uma entonação dura e rancorosa. Surpresa e penalizada, Virgília inclinou-se para ele:

— Que dizes, Nero? E por que entristeces a festa com essas palavras injustas e cruéis? Para todos os amigos de Sempronius, tu és seu filho, tanto quanto Caius. Estes poderão deplorar o fato de não te haverem conhecido mais cedo, mas, a partir do momento em que aqui te encontras, eles te estendem a mão e te abrem o coração. Fica certo que encontrarás em nós amigos devotados e não te deixes levar por esse estado de espírito que só te faz ver o lado negro das coisas. Não posso imaginar que teu pai não seja bom para ti.

— Oh! Eu não disse isso — respondeu Nero com um sorriso contrafeito —, ele é muito amável e me trata com todas as atenções devidas a um hóspede. Não é uma falta de polidez da parte dele que faz com que eu me sinta melhor na casa de Metella, na tua, na de Verus ou em qualquer outro lugar do que sob o teto paterno. O que me afugenta é o sentimento de minha superfluidade, a convicção que me transmite cada olhar, cada gesto de meu pai, de que ele tem apenas um filho, e que, se seu ouro pertence aos dois, seu coração só bate por Caius Lucilius!

Seu olhar deslizou, frio e escrutador, para Sempronius que, naquele momento, muito animado, erguia sua taça, propondo um brinde em honra dos noivos. Caius Lucilius respondeu ao olhar afetuoso do pai, com um lampejo radiante nos seus grandes olhos negros. Ele também ergueu sua taça e brindou, com ardor, à saúde do melhor dos pais presentes, passados e futuros.

A conversa de Nero com Virgília, travada à meia-voz, não fora notada por ninguém. Seguindo o olhar de Nero, a jovem contemplou, por um momento, o belo rosto expressivo do noivo e, depois, como uma admiração não disfarçada e, como para desculpar a afeição exclusiva do pai, disse:

— Caius é tão bonito! Todos os corações ficam encantados com ele.

Nero inclinou-se para frente. O rubor do despeito colorira suas faces e devolvera o brilho aos seus olhos.

— Agradeço-te Virgília — disse com uma ironia cáustica — por me ter feito compreender, tão rápida e claramente, quem é o feio ao lado daquele gênio da beleza e que não pode ter pretensões de ser amado com a mesma intensidade... mesmo por um pai. Afortunado Caius, a própria mulher que o desprezou justifica a dureza com que é tratado um filho menos amado, porque este foi menos favorecido com os dons da natureza.

Uma nuvem púrpura inundou o pescoço e o semblante da moça.

— Estás sendo cruel, Nero — respondeu ela passando sua mão sobre a face inflamada —, e não posso, agora, responder-te como mereces. Mas vai à nossa casa depois de amanhã, pela manhã. Também convidarei Metella que é muito justa e sensata e, então, conversaremos e julgaremos, entre amigos, tua queixa contra Sempronius. Talvez ele não seja tão culpado como crês; talvez tu ignores os pormenores que possam justificá-lo e que te convencerão que te afastas dele injustamente. Quanto a Caius, ele é bom e afetuoso, quando não o irritam, e merece tua afeição.

Uma pergunta endereçada a Nero interrompeu esse diálogo que os jovens não mais tiveram a ocasião de reatar, e a conversa se generalizou. Logo todos se levantaram e os convivas se dispersaram em grupos pelas salas de recepção, pelo terraço e pelo jardim.

Aproveitando-se de um momento em que a noiva se encontrava isolada o suficiente para que conversassem sem serem ouvidos, Claudius aproximou-se e disse com um amável sorriso:

— Como estás bela hoje, Daphné! Há muito que aguardo uma ocasião favorável para me aproximar de ti. Desejo não apenas exprimir minha admiração como também te fazer um pequeno pedido: tenho dívidas que gostaria de saldar. Como Caius Lucilius mandou colocar nos teus aposentos um cofre cheio de ouro para tuas necessidades, espero que ponhas uma parte desse ouro em um certo lenço branco que te farei chegar às mãos. Se, a esse presente, juntares um beijo, ficarei completamente satisfeito.

Daphné empalideceu de raiva.

— Está bem, podes ir pegar o dinheiro quando Caius não estiver por lá. A ti compete encontrar o momento oportuno, já que ele é o teu melhor amigo — respondeu ela bruscamente.

Claudius inclinou-se galantemente, aparentando estar recitando alguma poesia de circunstância, mas por baixo de suas pálpebras jorrava um olhar duro e cruel que provou a Daphné que ela possuía um senhor com o qual seria arriscado brincar.

— Estás enganada, bela patrícia, compete à mulher saber o momento em que o marido não poderá atrapalhar. Às vezes, é arriscado o desejo de esmagar as pessoas e, a respeito disso, devo informar-te que um pedaço da franja dourada ficou enroscado no arnês. Sempronius o guarda cuidadosamente e é o mesmo pedaço que está faltando naquele lenço que bem conheces.

Herculanum

Se meus credores me aborrecerem muito, ver-me-ei obrigado a entregar o fatal lenço a um certo Rutuba que, por motivos misteriosos, está, ardentemente, à procura do mesmo.

As mãos de Daphné crisparam-se de raiva:

— Mandarei dizer-te a hora em que poderás vir buscar o ouro.

— E o beijo. És bela demais para que eu renuncie a ele.

Daphné virou-lhe as costas com um olhar rancoroso. Sentindo necessidade de se acalmar, encaminhou-se para um dos aposentos não invadidos pelos convidados, mas qual não foi a sua surpresa quando lá encontrou Caius, que dava algumas ordens a Rutuba!

— Desejas alguma coisa, minha bem-amada? — perguntou o rapaz solícito.

— Eu estava te procurando — respondeu Daphné com um sorriso encantador —, e já que te encontrei com teu salvador, permite que eu lhe ofereça uma lembrança do dia em que me tornei tua esposa.

Ela tirou um dos braceletes que lhe ornavam o braço.

— É para ti, Rutuba, e quando tiveres uma noiva, oferece-lhe este bracelete como lembrança do momento em que salvaste a vida do meu marido.

O jovem romano recebeu a jóia com uma profunda reverência.

— Nobre senhora — disse respeitosamente —, só poderei provar minha profunda gratidão por meio da minha fidelidade, servindo-vos. Velarei como um cão vigilante, não só pelo meu amo, mas também pela sua jovem esposa, o tesouro mais precioso do seu lar.

O olhar que acompanhou essas palavras fez com que um leve rubor subisse às faces de Daphné. No entanto, Caius nada percebeu e, feliz com o que considerava como uma prova de amor, enlaçou a cintura da jovem e conduziu-a à sala.

12. A queda

Cerca de quinze dias depois das núpcias, Caius Lucilius estava no pátio das cavalariças, rodeado de seus jovens amigos aos quais mostrava seus cavalos com um legítimo orgulho. No grupo encontravam-se Claudius, Apolonius e Nero. Melancólico e caprichoso, Nero mantinha-se um pouco afastado, não se imiscuindo na conversa senão por algumas observações que provavam que também entendia do assunto.

Tinham desfilado, conduzidos por escravos, vários soberbos corcéis, quando Caius Lucilius exclamou com os olhos brilhantes:

— Meus caros amigos, ireis ver agora meu mais belo cavalo, mas também o mais bravio: dei-lhe o nome de Tufão, pois ele é intratável e não tolera ser montado por ninguém, nem mesmo por mim. Dessa forma, eu o montei apenas uma vez e tive que empregar toda a minha força para não ser derrubado.

Naquele momento, quatro escravos trouxeram, mal conseguindo segurá-lo, um magnífico animal que provocou gritos de admiração. Era um garanhão, cujos pêlos, negros como as asas de um corvo, emitiam reflexos azulados; suas pernas finas e nervosas pareciam talhadas pela mão de um escultor, mas seus olhos dissimulados e injetados de sangue, sua respiração ofegante, provavam que ele era excessivamente indócil e impetuoso. O magnífico animal agitava a cabeça ornada de uma crina ondulada, relinchando de impaciência e revolvendo a terra com sua cauda farta.

Nero também se aproximou do cavalo, que o olhou por baixo e, acariciando seu pescoço, disse com um sorriso provocante:

— Como, Caius, afirmas que este bom corcel não permite ser montado por ninguém?

— Sim — respondeu Caius —, como também já disse que o montei apenas uma vez e, mesmo assim, correndo um grande risco. Ele lançou todos os demais ao chão, chegando até a esmagar com os cascos o peito de um escravo, muito bom cavaleiro.

— Devia ser inábil — disse Nero com indiferença. — E vê-se que tu não és um guerreiro, senão um cavalo violento não te atemorizaria. Talvez não saibas dirigi-lo. Deixa-me mostrar-te como se faz. Não tenho medo, nem mesmo deste Tufão.

Caius Lucilius enrubesceu fortemente.

— Creio já ter provado, em muitas ocasiões, que não sou um poltrão e nenhum dos aqui presentes poderá me criticar por pusilanimidade. Mas não quis correr o risco de um acidente sem necessidade montando um cavalo totalmente selvagem e extraordinariamente vigoroso.

— Ah! Tu só montas aqueles que o pai considera inofensivos — disse Nero com um sorriso trocista. — O que me admira, nesse caso, é que tenhas adquirido a reputação de ser quase um centauro. Mas eu repito, por mais perigoso que seja este animal, deixa-me dominá-lo. Tenho bastante força para tanto.

— Tu!? — exclamou Caius Lucilius medindo com um olhar surpreso o porte flexível e esbelto do irmão. — Tu crês ter mais força do que eu?

— O volume dos ossos não é uma prova de destreza — replicou Nero com uma irritação surda.

— Então, não discutamos mais — disse Caius com os lábios trêmulos —, mas experimentemos os ossos de quem tiver maior habilidade para dominar o animal. Serei o primeiro a montar e irei até a casa de Marcus Fabius. Como prova de ter conseguido, trarei um buquê do terraço de Virgília para minha avó. A seguir, tu farás a mesma coisa, Nero, mas trata de ganhar a partida, pois de outro modo te tomarão por um fanfarrão. Quanto a vós, abri os portões do pátio!

Aproximando-se de Tufão, agarrou sua crina e, de um salto ágil, o montou. O animal vergou sob o peso do jovem atleta que parecia estar colado nele, deu alguns saltos desordenados e depois, dominado pela pressão dos joelhos de Caius, que apertava seus flancos a ponto de quebrá-los, obedeceu à mão de ferro que o conduzia e saiu do pátio a galope.

Nero inclinou a cabeça, cenho franzido e, apoiando-se na parede, guardou o silêncio, não querendo se imiscuir na conversa dos outros jovens que discutiam ruidosamente as qualidades do cavalo e a rara destreza do cavaleiro. Mal decorridos dez minutos, um galope cada vez mais próximo anunciou o retorno de Caius Lucilius e, logo, ele apareceu, as faces coradas, mas dominando totalmente o animal que, espumando, corcoveava graciosamente e estacou a uma simples pressão da mão do rapaz. Dois escravos acorreram para segurar o cavalo, enquanto Caius saltava agilmente ao chão. Apenas sua fronte úmida poderia indicar o esforço que ele fizera para dominar Tufão.

— Pronto! — exclamou ele erguendo alegremente um buquê de rosas e um véu branco. — O buquê é para a vovó; e o lenço, Nero, é para que restituas a Virgília, que te espera juntamente com Fabius.

Nero saltou habilmente sobre a sela, mas o cavalo, sentindo a presença de um novo cavaleiro, começou a escoicear e a pinotear, relinchando. O rosto do jovem oficial enrubesceu e as veias de suas mãos finas e cuidadas intumesceram. No entanto, após um momento de luta, o animal obedeceu. Os amigos juntaram-se ao redor de Caius, rindo e conversando, mas um quarto de hora, meia hora escoou sem que Nero voltasse.

— Com certeza, ele ficou para almoçar na casa da bela Virgília, para nos provar que um passeio no Tufão é uma brincadeira de crianças, observou um dos patrícios.

— Pois eu antes acredito que aconteceu algum acidente com ele — exclamou o jovem escultor Apolonius. — É preciso tua força, que te peço a permissão para reproduzir em mármore, para dominar essa besta admirável. Há muito tempo sonho em esculpir um grupo representando o centauro Quíron[1] ensinando a Aquiles[2] a arte da equitação, mas os modelos me têm faltado. Se quiseres posar para mim, montado em Tufão, penso que terei feito minha fortuna e meu reconhecimento por ti será sem limites.

— Oh! Não seja por isso! Se te posso ser útil servindo de modelo, o farei com prazer e, além do mais, representar Aquiles

---

1 Quíron: os centauros eram uma raça de seres com o torso e cabeça de humano e o corpo de cavalo; apesar de selvagens e indomáveis, Quíron era exceção. Destacou-se por sua inteligência e seu conhecimento de medicina foi legendário. Além da medicina, era sábio nas artes da guerra, da música e da astrologia. Por sua extrema sabedoria, ganhou o dom da imortalidade e ficou conhecido como deus da cura. Ele ensinou heróis com Aquiles, Jasão, Hércules, entre muitos outros.

2 Aquiles: segundo a mitologia grega, filho de Peleu, rei dos mirmidões na Tessália. Foi o maior guerreiro em Tróia, bem como o ponto central da Ilíada de Homero.

me será uma honra. Sempre fui um admirador desse herói de Homero[3] que morreu na flor da idade, coberto de glória.

— Olha, não é Graco, o servo de Marcus Fabius, que está chegando todo esbaforido? — interrompeu um dos patrícios mostrando um homem coberto de suor que corria em direção a eles.

— O que aconteceu, Graco? — perguntou Caius indo ao seu encontro.

— Uma desgraça, senhor — respondeu o homem sem fôlego. — Teu irmão Nero chegou ao pátio lá de casa, mas, quando quis parar o cavalo para conversar com nossa senhora e seu marido, a maldita besta que bufava e parecia muito irritada, saltou de lado e o desequilibrou. Sua cabeça bateu num degrau de pedra e nós o carregamos, desacordado e ensangüentado. Vim advertir-te, e outros escravos devem trazer o cavalo.

— Rápido! Preparai minha liteira — disse Caius, empalidecendo ligeiramente.

E voltando-se para os amigos, acrescentou:

— Vou contar à minha avó e ao meu pai, se ele estiver em casa, essa lamentável aventura, embora Nero tenha colhido o que mereceu. Provocou-me sem motivo e colocou em risco tanto a minha vida quanto a dele. Tentei a sorte, mas não é a primeira vez que noto que ele me detesta e procura me provocar.

— O resultado era fácil de se prever. Ele só possui uma força medíocre — disse Apolonius enquanto Caius entrava em casa —, mas esse Nero é mesmo teimoso e presunçoso.

Sob as colunas do vestíbulo, Caius encontrou-se com Claudius e, em poucas palavras, contou-lhe o que tinha acabado de acontecer.

— Será muito desagradável se ele morrer desta queda, retornando à casa pela primeira vez em vinte e quatro anos — murmurou o músico meneando a cabeça.

— Explica-te mais claramente, pois não estou entendendo tuas palavras — disse Caius com o cenho carregado. — Ninguém forçou Nero a montar o Tufão. O que lhe aconteceu é culpa dele mesmo. Papai está em casa?

— Não.

— Então, peço-te que lhe contes assim que ele chegar. Mais tarde, voltaremos a conversar sobre tua singular observação...

Afastou-se irritado e dirigiu-se ao apartamento de sua mulher.

---

3 Homero: primeiro grande poeta grego que teria vivido no século VIII a.C. Consagrou o gênero épico com as suas grandiosas obras *Ilíada* e *Odisséia*.

Daphné estava no toucador. Túnicas, flores e jóias espalhavam-se ao seu redor, enquanto servas pálidas e inquietas ocupavam-se em vesti-la. Duas delas penteavam-na e prendiam seus belos cabelos acinzentados, enquanto uma terceira maquiavalhe as faces e os lábios já naturalmente purpúreos.

Caius deteve-se à soleira, desagradavelmente surpreso.

— Querida Daphné — disse ele —, uma desgraça abateuse sobre Nero: caiu do cavalo e foi levado, ferido, para a casa de Marcus Fabius. Vim prevenir-te que partirei imediatamente e talvez só volte à noite. Mas, dize-me, por que cobres as cores naturais com que foste dotada pela natureza com esta horrível maquiagem? Bem sei que isso é usual entre as patrícias, mas uma jovem e bela mulher bem que podia deixar esse reboco a alguma beleza envelhecida.

— Nero morreu? — perguntou tranqüilamente Daphné, afastando a mão da serva e apontando para um outro frasco.

A moça pegou um pincelzinho e começou a pintar de preto as sobrancelhas loiríssimas de sua ama. O jovem não conseguiu conter um gesto de impaciência.

— Se ele estivesse morto, podes crer que eu não ficaria aqui a conversar contigo. E devo dizer-te que as sobrancelhas negras que tu fabricas são abomináveis — acrescentou com contrariedade.

Erguendo os olhos para ele, Daphné falou com o mais amável sorriso:

— Mas foi o escultor Apolonius quem me disse, modelando-me o busto, que as sobrancelhas negras ficariam muito bem em mim e ele é um artista entendido.

— Fico lisonjeado que seja a mim e não ao escultor Apolonius que queres agradar — disse Caius rindo —; estas sobrancelhas negras me desagradam e, assim, eu espero não mais vê-las quando voltar. Agora, até logo.

Inclinando-se, ele beijou seu ombro branco e saiu.

Daphné fez uma careta e espreguiçou-se indolentemente.

— Estou cansada e não quero continuar. Já não tenho pressa, pois o senhor partiu. Provavelmente Fábia o acompanhará e Sempronius está no fórum. Levai-me vinho e algumas guloseimas ao terraço e depois, retirai-vos. Etra ficará para me abanar.

Num piscar de olhos suas ordens foram executadas e ela ficou a sós com a mulher designada. Era uma jovem núbia de fisionomia insolente e cujos olhos redondos expressavam astúcia e duplicidade.

Herculanum

— Etra — disse Daphné, oferecendo-lhe um cordão de corais que tirou de um porta-jóias —, estou satisfeita com tua vigilância e dedicação. Continua a servir-me fielmente e te recompensarei. Agora, corre e vai dizer a Claudius que eu o esperarei no terraço, depois que Caius Lucilius tiver partido. A seguir, ficarás de guarda, a fim de que ninguém venha perturbar nossa conversa. Compreendeste?

A negra jogou-se a seus pés, beijou-lhe as mãos com exclamações de alegria e depois de ter reiterado seu devotamento até a morte, saiu e correu ao terraço onde Claudius passeava, lendo um rolo de pergaminho.

Fingindo procurar algum objeto esquecido, a astuta criatura passou ao lado dele e murmurou:

— Minha senhora estará te esperando no terraço depois que a liteira do amo tiver saído da casa.

Claudius aquiesceu com a cabeça sem interromper seu passeio, mas, dez minutos mais tarde, desceu ao jardim, embrenhando-se por uma aléia densa. Deslizando por entre canteiros de rosas próximos de uma janela aberta, galgou-a agilmente e logo se encontrou em uma pequena sala contígua ao terraço.

Daphné estava reclinada preguiçosamente sobre um canapé e estendeu-lhe a mão, sorrindo.

— Senta-te perto de mim, meu belo músico, temos algumas horas de liberdade.

Claudius sentou-se em um tamborete, enlaçou a cintura de Daphné e beijou apaixonadamente seus lábios vermelhos. A moça retribuiu-lhe as carícias e, passando os dedos pelos cachos loiros do rapaz, murmurou:

— Eu te amo.

Nenhum dos dois podia suspeitar que um homem espiara Claudius, o seguira através dos canteiros e que, naquele exato momento, seu olhar curioso mergulhava no aposento através dos ramos.

— Pobre Caius — murmurou Rutuba com ódio e desprezo —, casado há apenas três semanas e já traído! Então, eu não estava enganado: este miserável vem aqui na tua ausência. Espera, béstia, tu ainda não cansaste a paciência de teu marido, mas pressinto que a hora da vingança esteja próxima.

Nesse ínterim, Nero, completamente desmaiado, tinha sido transportado para o interior da casa e a própria Virgília lavara e pensara a ferida profunda que sangrava abundantemente.

— Deuses poderosos! Ele está morto, creio eu — disse a jovem interrompendo sua tarefa e fitando com temor o rosto lívido e imóvel do rapaz.

— Não, não, apenas desmaiado — replicou Marcus Fabius que segurava a cabeça de Nero. — O coração está batendo e ele voltará a si. Precisamos, apenas, umedecer-lhe as têmporas e os lábios com vinho. Mas se estás muito emocionada, deixa-me fazê-lo. Rufila, traze-me uma taça de vinho.

— Assustei-me pensando que estivesse morto — respondeu Virgília —, mas se me garantes o contrário, eu posso ajudar-te.

Graças aos cuidados dos dois, finalmente Nero abriu os olhos.

— Onde estou? — murmurou, lançando em torno de si um olhar vazio e fatigado.

— Em casa de amigos — respondeu Fabius erguendo-o um pouco, enquanto Virgília aproximava o vinho de seus lábios e acrescentava, sorrindo:

— Bebe e repousa, que tudo dará certo.

— Agradeço-te, Virgília — disse o enfermo, e uma expressão de contentamento iluminou-lhe o semblante pálido. — Sinto-me bem aqui, e como gostaria de ficar por mais tempo! — acrescentou, suspirando.

Marcus Fabius, que tomara conhecimento por intermédio de sua esposa do teor da conversa que tivera lugar na noite das núpcias e que imaginava perfeitamente a amargura que transbordava do coração de Nero, logo disse apertando-lhe a mão:

— Isso é ótimo, pois não esperamos deixar-te partir antes que estejas completamente restabelecido. E agora, querida Virgília, deixa-nos porque já é hora de deitarmos mais comodamente nosso doente. Creio que o médico acabou de chegar.

Uma hora mais tarde, Nero, despido e pensado, descansava numa sonolência pesada e febril, quando um ruído à sua cabeceira lhe fez entreabrir os olhos. Viu o venerável rosto de sua avó, com lágrimas nos olhos, debruçado sobre ele, e, ao lado dela, Caius Lucilius, pálido e ansioso.

Violenta agitação logo tomou conta do enfermo: rosto afogueado, respiração opressa, murmurou com voz entrecortada:

— Não chores, vovó, foi tudo culpa da minha falta de jeito. Se a natureza privou-me de beleza, de destreza, de força e até mesmo de afeição, sou eu que devo pagar. Se eu morrer, meu pai não viverá menos tempo por isso. Meu destino não lhe custará uma lágrima, já que aquele a quem ele idolatra estará são e salvo.

O doce e profundo olhar da matrona pareceu querer sondar, por um momento, o rosto transtornado de seu neto.

Herculanum

— Deixa-nos a sós — disse a Caius, que escutava espantado o singular discurso do irmão.

Quando ele saiu, Fábia sentou-se em uma poltrona colocada perto da cabeceira da cama e, atraindo Nero a si, murmurou com uma voz carinhosa:

— As lágrimas te sufocam, estou vendo. Então, chora, meu filho querido, deixa tuas palavras exalarem toda a amargura, todo o fel que está acumulado no teu coração. Isso te aliviará como um bálsamo refrescante aplicado sobre uma ferida aberta. O silêncio, às vezes, está acima de nossas forças. Não te envergonhes dessas lágrimas sinceras que só têm a mim por testemunha. Eu compreendo todos os sentimentos, e apesar de teus ferimentos exigirem repouso absoluto, eu prefiro que fales e me digas tudo o que te fez ser como és. Depois, espero, tu me escutarás com mais calma.

A agitação interior que, havia um mês, superexcitava os nervos do jovem, o terrível choque e a conseqüente perda de sangue, tudo isso reunido minava-lhe, no momento, o domínio de si. O que estava acumulado em seu coração havia anos, então transbordou. Por muito tempo a mão carinhosa de Fábia enxugou as torrentes de lágrimas que inundavam suas faces e, finalmente, seus soluços convulsivos se acalmaram e ele murmurou com uma voz entrecortada:

— Nem imaginas, vovó, tudo o que sofri durante esses anos de isolamento. Na minha infância, nem um carinho, nem um gesto de afeição. A tia não era tão boa quanto imaginas: sempre ocupada com preces e sacrifícios, ela nos negligenciava, favorecendo, por capricho, ora um, ora outro. Repetia-nos cem vezes: "Pobres crianças, dais-vos por felizes que vosso pai vos alimente e vista. Vós sois filhos de uma mulher por ele detestada e vossa presença lhe é odiosa". Até os escravos sabiam disso e nos maltratavam impunemente. E, entre meus colegas, como te contar das picadas que me feriam quando todos falavam da família, fazendo-me perguntas sobre a casa paterna, surpreendendo-se com meu isolamento quando eu estava doente ou me perguntando se eu parecia com meu pai ou com minha mãe! E eu, que quase havia esquecido a aparência dos meus pais! Se concordei em vir foi porque, apesar de tudo, eu tinha a vaga esperança de conquistar a afeição do meu pai, mas eu devia estar louco. No coração dele só há lugar para um. Ele nem tenta dissimular a distinção que faz entre seus dois filhos. Tu mesma, vovó, tu és dominada pelo fascínio estranho que esse favorito dos deuses exerce sobre todos os que dele se aproximam. Certamente sou feio, desajeitado e fraco ao lado do belo Caius a quem tudo sorri na vida. Compreendo que estejais orgulhosos dele e que o preferis. Tu, com tua bondade, tentas dissimular tudo isso, tratando-me com ternura, mas será que podemos enganar o coração? Percebo como os olhos do nosso pai brilham quando ele entra, a muda adoração com que escutas quando ele fala, ao passo que eu, eu sofri, é tudo.

Nero calou-se e tombou, esgotado, nas almofadas.

Fábia abaixou a cabeça, prostrada: era este, então o fruto da fatal resolução, outrora tomada por Sempronius, de exilar os filhos. A injustiça de que foram vítimas envenenara completamente o coração de Nero, como também fizera com que o filho predileto tivesse implacáveis inimigos. Fábia compreendeu que um abismo se cavara entre os dois irmãos e que Nero odiava Caius. Seu coração estreitou-se dolorosamente. Apertou a mão febril do enfermo e quis falar, mas não teve tempo, pois naquele momento a porta se abriu bruscamente e Sempronius entrou. Seu olho de águia fixou-se no leito, mas nenhuma emoção e nenhuma palidez demonstravam que ele sentira qualquer apreensão.

Aproximou-se rapidamente e disse, inclinando-se em direção a Nero:

— Se não estivesses ferido, eu começaria por te repreender, Nero. Como pode alguém, por mera fatuidade, expor sua vida e a do irmão? És o mais velho, e pensei que fosses mais sensato.

Um lampejo de ódio, que seu pai não notou, refulgiu nos olhos de Nero.

— Terias razão em me repreender se, por minha culpa, Caius Lucilius tivesse se machucado. Mas minha queda, assim o espero, não deve afligir-te em demasia. Não é a primeira vez que adoeço e devemos estar sempre preparados para a morte de um soldado.

13. O músico ardiloso

Decorridos alguns dias dos acontecimentos contados no capítulo precedente, encontramos reunidos no terraço Drusus, sua filha e Claudius. O cego cochilava, deitado em um canapé ao pé do qual uma escrava o abanava e espantava as moscas. Drusila, bela jovem, embora um pouco pálida, estava sentada na borda da balaustrada, sustendo nos joelhos uma escudela cheia de grãos que ela jogava a um bando de pombas, entre as quais, as mais atrevidas, vinham bicar o alimento em sua mão. Em um tamborete, a seus pés, estava sentado Claudius. Elegante, perfumado como sempre, o rapaz cantava à meia-voz uma melodia doce e melancólica, acompanhado por pequena harpa dourada. Terminada a ária, colocou o instrumento ao seu lado e, inclinando-se para a moça, disse-lhe com um olhar terno (no fundo do qual um observador teria lido uma atenção especial):

— Drusila, há muito tempo que não ouço de teus lábios uma palavra de carinho. Já me esqueceste ou baniste de teu coração aquela noite da minha partida de Roma, bem como a carta que me enviaste pelo mensageiro de Flávia? Tomarás como uma ousadia o fato de eu te lembrar uma época tão feliz para mim?

Drusila enrubesceu.

— Que dizes, Claudius? Poderia eu esquecer um dos momentos mais belos da minha vida? Eu te amo como sempre, mas meu pai e minha avó se opõem verdadeiramente à nossa união. Tanto eles quanto meu tio Sempronius exigem que eu despose Nero, e te confesso que não tenho ânimo para resistir aos meus parentes. Talvez eu tivesse tentado lutar, pois não amo Nero, se eu não tivesse surpreendido uma conversa entre ele e meu pai.

"Meu tio" dizia Nero, "aceito de bom grado o vosso projeto de união e ficarei feliz em satisfazer ao desejo de meu pai e ao vosso, garantindo essa imensa fortuna a um filho de sangue dos Sempronius. Mas tenho o dever de ser franco: não amo Drusila, apesar de sua imensa beleza. Gostaria de amá-la, pois admiro e honro o amor filial com que ela cuida do senhor e estou persuadido de que ela se tornará uma excelente esposa, mas, evidentemente, meu coração é incapaz de sentir aquele amor cantado pelos poetas. Se Drusila, apesar de tudo, quiser se contentar com a estima que sempre terei pela minha esposa, procurarei ser para ela um marido indulgente e um amigo fiel."

— Pois bem! — continuou ela, hesitando e abaixando os olhos —, essas palavras e o respeito digno e amistoso que ele sempre demonstra levaram-me a me decidir: se devo renunciar àquele que amo, prefiro um marido que não exigirá de mim o amor que não posso lhe devotar.

Claudius afastou-se silenciosamente e apoiou a cabeça na borda da harpa. Seu coração batia violentamente de raiva e de decepção. Seria possível que Drusila estivesse apaixonada por Nero e procurasse disfarçar seus sentimentos com uma falsa obediência? Uma mulher a quem arrebatam o homem que ela ama não fala com tanta calma dessa separação. Dominando-se por um esforço de vontade, respondeu com uma voz sufocada:

— Só posso aprovar tua decisão, Drusila, de honrar a vontade de teus parentes e de escolher Nero, na esperança de que não exijais entre vós senão estima. Contudo, penso que, verdadeiramente, te enganas quando acreditas que teu primo seja incapaz de um amor violento. Duvido também, que agora ele ainda deseje desposar-te, ou, se o fizer (ele sorriu com uma estranha amargura), estareis em pé de igualdade: tu o escolherás porque estás sendo forçada a renunciar àquele que te agrada e ele te desposará para esquecer a louca paixão que invadiu seu coração.

Drusila ergueu os olhos surpresa, mas nenhuma emoção vibrava na sua voz calma e melodiosa quando perguntou:

— Quem, então, supões que Nero ama? Justo ele, tão frio, tão reservado! É quase impossível! Em todo caso, peço que sejas mais explícito, porque o assunto é sério.

Claudius estremeceu: se aquela novidade deixava a jovem

fria e indiferente, era porque ela não amava seu primo.

— Tenho certeza do que estou dizendo — respondeu ele.

— Como sabes, ontem à noite, Caius e eu fomos visitar Nero, que está um pouco melhor. Encontramo-lo deitado no terraço, e seus amáveis anfitriões estavam com ele. Quando estávamos prestes a partir, Marcus Fabius quis nos mostrar um curioso camafeu comprado pela manhã. Passamos, então, à sala contígua e Virgília permaneceu junto do enfermo. Por acaso, eu vi que, a seu pedido, ela mesma deu-lhe de beber, segurando-lhe a cabeça machucada com o mais encantador dos sorrisos. No entanto, naquele momento, chamada pela ama, creio eu, ela saiu rapidamente, deixando seu véu branco sobre o tamborete. Encontrando-se sozinho, Nero pegou o véu e comprimiu-o apaixonadamente contra seu rosto congestionado e a seguir, pensando estar escutando passos que se aproximavam, jogou-o rapidamente sobre a poltrona e ajeitou-se nas almofadas com um longo suspiro. De resto, observa tu mesma com que expressão ele segue com os olhos Marcus Fabius e te convencerás da veracidade de minhas palavras.

— Pobre Nero — murmurou Drusila com uma compaixão tão sincera, tão isenta de ciúmes, que Claudius não mais teve dúvidas.

Ele pensou: "A ele, ela não ama; e a mim, ela não ama mais. Isso está bem claro! Ao chegar, ela garantiu que me amava e li nos seus olhos que não mentia. Quem, pois, por Plutão[1] e por todas as divindades infernais, pôde me suplantar em algumas semanas?"

Seu pensamento passou rapidamente em revista todos os rapazes que podiam ser seus rivais e, depois de um instante, ele acrescentou displicentemente:

— Sim, Virgília tem muito encanto, e seus cachos ruivos já atearam mais de um incêndio. Além disso, ela faz todas essas conquistas parecendo não notá-las e com o mais ingênuo sorriso nos seus lábios encarnados. Tu sabes, provavelmente, que Caius Lucilius era loucamente apaixonado por ela. Penso que, até hoje, ele a ama mais do que a tal da Daphné, que não deverá prendê-lo por muito tempo. No entanto, Virgília recusou-o para ficar com Marcus Fabius.

— Caius Lucilius amou Virgília! — repetiu Drusila com uma entonação estranha, e o olhar percuciente de Claudius captou sua profunda palidez e o tremor nervoso dos pequenos de-

---

1 Plutão: nome latino de Hades, deus soberano dos infernos nas mitologias romanas e gregas, e também deus das riquezas.

dos que seguravam a escudela.

"Ah!", pensou ele com raiva,"então é ele! Encontrei rapidamente a pista certa! Mas aguarda, moça volúvel, tu te tornarás minha esposa, apesar de tudo e me pagarás por essa traição. E, para que Nero não te despose, eu darei um jeito!"

Após alguns minutos de silêncio, ele se levantou fingindo uma grande emoção:

— Desculpa-me por deixar-te, mas preciso ficar sozinho.

Drusila, sinceramente persuadida de que aquela conversa tocara o coração do rapaz, apertou-lhe fortemente a mão.

— Pobre Claudius — murmurou com os lábios trêmulos e seguindo-o com um olhar lacrimejante —, se tu não me amasses, eu seria mais franca contigo.

Numa tarde, alguns dias depois dessa conversa, Claudius, que se tornara visitante assíduo da casa de Marcus Fabius, encontrava-se sozinho com Nero no terraço, local predileto do convalescente. Os esposos e Caius tinham ido passar algumas horas com Metella, e o músico se oferecera para fazer companhia ao enfermo.

— Pois bem, amigo! Como te sentes? — perguntou apertando a mão de Nero.

Nero estava deitado, pálido e cansado, os olhos cercados de olheiras e com um vinco amargo e duro a contrair-lhe os lábios.

— Tão bem quanto o meu estado permite. Mas o que se passa lá em casa? Como estão meu tio e minha boa Drusila?

— Sabendo-te fora de perigo, todos estão alegres e em boa forma. Apenas Drusila anda triste, pálida e silenciosa.

Ouvindo essas palavras, um sorriso fugitivo iluminou o rosto do enfermo.

"Pretensioso, pensou Claudius "acreditas que tu és a causa da palidez e da tristeza de Drusila?"

Nero, que nem desconfiava dos pensamentos pouco lisonjeiros do obsequioso músico, passou a mão pela testa e disse com um longo suspiro:

— Ainda não sabes, amigo Claudius, que meu pai e meu tio

Herculanum 135

desejam ardentemente casar-me com a bela prima e acho que, verdadeiramente, é o que eu poderia fazer de melhor. Já é tempo de eu constituir meu próprio lar. A vida é dura e não concede ao homem *tudo* o que ele almeja, mas a doce e amável Drusila será uma esposa fiel. Creio que não está apaixonada por ninguém, ao menos nunca notei que tivesse preferências, e acredito que se afeiçoará a mim. Também pretendo abandonar o serviço militar e adquirir aquela bela propriedade contígua à de Fabricius Agripa, pois quero viver perto das minhas novas relações. Este projeto terá a aprovação incondicional do meu tio, pois sei que ele deseja ficar junto de sua mãe, para quem as viagens a Roma se tornaram muito cansativas por causa de sua idade avançada.

Claudius, que tudo escutara com interesse e curiosidade, disse, então, apertando-lhe a mão:

— Tuas palavras, Nero, deixam-me em uma situação muito embaraçosa. Vejo que nada sabes e que cometerás uma grave imprudência fixando-te por aqui, se desejas casar com tua prima. Entretanto, o dever de um amigo honesto é de falar abertamente contigo para te poupar de arrependimentos tardios.

— Fala! O que tens a me dizer? — perguntou Nero com a testa franzida.

— Penso que farias melhor vivendo em Roma com tua mulher, pois a palidez e a tristeza de Drusila são causadas por um louco amor que lhe inspira Caius Lucilius, esse deus Eros a quem nenhuma mulher resiste.

Um rubor ardente invadiu o rosto pálido do enfermo.

— Estás dizendo que Drusila o ama com uma louca paixão? — perguntou com os lábios crispados. — Mas como soubeste disso?

— Oh! Não sabes que os poetas e os músicos sempre se tornam confidentes das mulheres porque possuem o dom de cantar e de expressar, em versos harmoniosos, seus sentimentos secretos? Agora vou te contar em que ocasião eu soube de tudo: uma manhã, há umas duas semanas, encontrava-me eu com Drusus que estava indisposto. Conheces a paixão dele por música? Pois bem, eu estava tocando para ele uma de suas árias favoritas enquanto Drusila divertia-se alimentando as pombas. Vendo que Drusus adormecera, parei de cantar e comecei a conversar com ela, insistindo para que me contasse o motivo de sua tristeza. Inicialmente, ela se defendeu, mas depois me confiou que, em virtude do desejo dos parentes, ela devia casar-se contigo, ao que ela consentia, preferindo-te a qualquer outro, convencida de que és um homem frio e indiferente, incapaz de lhe exigir amor — como também ela não te exigiria — pois considerava essa união como mera conveniência.

Desse longo imbróglio, do qual, em poucas palavras, acabo de te contar o principal, concluí que Drusila está apaixonada, mas por quem? Eu não podia imaginar, quando, ela mesma, desvendou o mistério, ao perguntar, com uma voz hesitante e os olhos baixos, se Caius Lucilius amava havia muito tempo Daphné, aquela mulher rude e vulgar que lhe era antipática. Respondi-lhe que na minha opinião aquele amor não era mais que um capricho da parte de um rapaz volúvel e mimado excessivamente, pois a oposição de Sempronius a um de seus desejos era para ele uma coisa tão inusitada que ficou doente e só se acalmou quando cederam à sua vontade. Além disso, o amor, chegando até a fraqueza, que ele inspira ao seu pai e à sua avó não é segredo para ninguém em Herculanum — continuou Claudius, observando com uma maldosa satisfação, o efeito que suas palavras produziam no coração ofendido e dolorido do filho exilado. — Se tivesses visto, Nero, o que aconteceu quando os cavalos dispararam! Caius e Virgília se encontravam entre a vida e a morte dentro do carro semiquebrado. Sempronius, diante dessa visão, parecia ter-se transformado em estátua. A seguir, com a voz sufocada pela angústia, com um desespero do qual não o julgava capaz, prometeu uma fortuna a quem conseguisse deter os animais enlouquecidos. Quanto à Fábia, esta caiu de joelhos e, com os braços levantados para o céu, o rosto inundado de lágrimas, suplicou aos imortais que salvassem seu neto adorado. No entanto, Caius só tinha olhos para Virgília que, para não atrapalhá-lo, se agachara agarrando-se à sua cintura; mas quando as rédeas se romperam, ele sustentou a jovem, estreitando-a contra seu coração com uma expressão que dizia mais do que palavras: "Morrer juntos será uma ventura". Por sua vez, Virgília, cujos cabelos envolviam o amigo como um véu, estava radiante na sua angústia: seus grandes olhos amedrontados olhavam para o amigo como se ele fosse uma âncora da salvação. Assim, naquele momento, convenci-me de uma vez por todas que a paixão de Caius pela borboleta dourada nunca se extinguira e que a pequena ama seu amigo de infância talvez mais do que ela imagina, o que não é bom para a tranqüilidade do honesto e confiante Marcus Fabius.

Para convencer-te da veracidade do que estou falando, vou confiar-te um segredo que apenas eu conheço, mas deves me jurar um silêncio absoluto.

Herculanum

Durante essa narrativa bem calculada, uma palidez lívida cobrira o rosto emagrecido de Nero. Sua respiração opressa e o brilho febril de seus olhos mostravam que uma tempestade bramia em seu íntimo.

— Juro que me calarei sobre tudo o que me confiares — murmurou.

— Pois bem — continuou Claudius, como se nada tivesse percebido —, Daphné avistou Caius e Virgília voltando do passeio. Eles conversavam e ela leu tão claramente em seus olhos o amor recíproco que, levada por seu ciúme brutal, jogou sobre a cabeça dos cavalos um lenço branco que os assustou. Neste ponto, devo voltar a Drusila. Quando, respondendo à sua pergunta sobre o amor de Caius por Daphné, disse-lhe que na minha opinião ele amava Virgília (sem mencionar, obviamente, o que acabo de te confiar), a impressão que minhas palavras nela causaram, o gesto que fez, levando a mão ao coração, foram muito reveladores. Ter-me-ia calado sobre tudo isso se tu não tivesses começado a falar sobre teu projeto de casamento, mas para prevenir muitas decepções e uma possível infelicidade, achei que era meu dever te contar tudo o que sei.

Um longo silêncio estabeleceu-se e, finalmente, Nero disse em voz baixa e rouca:

— Agradeço-te, Claudius, pela prova de verdadeira amizade que acabas de me dar. Quanto a Drusila, ela está muito enganada: jamais me casarei com ela, pois não preciso de uma mulher loucamente apaixonada por outro e que exige que eu nunca a importune com meus sentimentos. Agora, amigo, peço-te que me deixes, pois sinto que uma conversa tão longa ainda está acima de minhas forças, estou esgotado e tentarei dormir.

Claudius logo se levantou e despediu-se amavelmente, mas mal se viu na rua, murmurou com uma satisfação sardônica:

— Eis um assunto bem resolvido. Esse bom Nero não virá mais engolir, debaixo do meu nariz, o dote de Drusila. Esta, por sinal, também não há de querer desposá-lo. Quem sabe não virão pedir-me para me casar com aquela puritana? Agora, só me resta procurar Daphné e fazer com que sinta ciúmes de Drusila, o que será uma bagatela. E meu amigo Caius terá muito com que se divertir.

Os frutos de uma tão boa semente não deviam tardar. Uma certa manhã, Caius Lucilius voltou de um passeio de biga com sua prima, que gostava muito dessa diversão. Despedindo-se de Drusila, ele desejava ir ter com sua mulher, quando uma das escravas disse-lhe atemorizada e com os olhos vermelhos de tanto chorar, que sua senhora despachara todo mundo, pois queria repousar.

Surpreso e temendo uma indisposição de sua jovem esposa, ele apenas perguntou:

— Onde está ela?

— No quarto de vestir — respondeu a escrava.

Caius caminhou rapidamente e levantou o pesado reposteiro, mas, ao primeiro olhar lançado ao interior, ele estacou mudo de estupefação: o chão estava literalmente juncado de objetos de toucador, jóias e cacos de frascos e de outros utensílios preciosos. No canapé, estendida, encontrava-se Daphné totalmente descomposta, a cabeça enterrada nas almofadas. As vestes em farrapos mal a cobriam e seus longos cabelos desgrenhados espalhavam-se por todos os lados.

Ignorando que ela acabava de sofrer uma daquelas crises de raiva que ele nunca presenciara, o rapaz inclinou-se inquieto para o canapé:

— Daphné, minha querida, o que tens? Estás doente?

Mas, quase imediatamente, deu um passo para trás: Daphné acabava de se levantar, qual uma fúria, os punhos crispados, seminua, os olhos brilhantes de raiva entre as mechas de cabelos que lhe caíam sobre o rosto. Estava, positivamente, assustadora.

— Traidor infame, marido infiel — gritou com uma voz rouca e irreconhecível —, enquanto fico aqui encarcerada como uma escrava, tu te exibes com tuas amantes, levando-as a passear numa biga que consideras boa demais para mim. Pensas que sou cega só porque sofri em silêncio? Oh! Túlia, minha querida mãe, predisseste que eu seria desprezada e espezinhada: estava louca não acreditando em ti! Mas, agora, minha paciência se esgotou: sai! Homem miserável e odioso, eu não quero mais te ver.

No mesmo instante, um grande pote de maquiagem e um pesado frasco de prata cinzelada voaram na direção de Caius Lucilius que escutava, pálido e assustado, aquela torrente de injúrias e de acusações e teve apenas tempo de se inclinar para evitar os projéteis. A esse ataque brutal, uma onda de sangue subiu ao rosto do rapaz que, de um salto, encontrou-se ao lado dela e apertou seu braço com punho de aço.

— Insensata! De quem estás falando? De qual traição?

Seus olhos flamejavam e ele sacudia Daphné como querendo quebrar-lhe o corpo.

— Monstro! — berrou ela — queres me massacrar depois

de haveres mentido descaradamente? De quem estou falando? De Drusila, tua amante, que levas para passear em tua biga enquanto fico em casa. Tu te exibes com essa desavergonhada por toda a cidade e seus arredores para que todos saibam que já fui desprezada. Solta-me — acrescentou ela debatendo-se —, estás me quebrando os ossos!

Não conseguindo se desvencilhar da mão que a apertava, Daphné abaixou-se e mordeu o braço de Caius.

O rapaz soltou um grito abafado e olhou, como petrificado, por um instante a profunda mordida de onde o sangue corria abundantemente.

— Ah, béstia! — gritou, os lábios pálidos e perdendo todo o domínio sobre si mesmo. Depois, lívido, a boca espumando, agarrou a cabeleira solta de Daphné, enrolou-a em seu punho fechado e, com um único movimento, derrubou-a. Com a outra mão, tirou do cinturão o chicote e desferiu uma saraivada de golpes sobre o corpo quase desnudo da jovem. Esta rolava com gritos selvagens, mas não conseguia se libertar da pressão hercúlea que a pregava ao chão.

Apesar daquela gritaria terrível, nenhum dos escravos ousava entrar no apartamento. Apenas a astuta Etra que, por uma abertura do reposteiro, assistira a toda a cena, correu ao apartamento de Fábia para adverti-la do que se passava. Um instante depois, a matrona, pálida e transtornada, apareceu à porta do quarto de vestir. À vista de Caius bêbado de raiva, de seus olhos injetados de sangue e do chicote que continuava a fustigar Daphné ensangüentada, ela soltou um grito e interpôsse entre eles.

— Caius, acalma-te — ela gritou arrebatando-lhe o chicote.

Ao som daquela voz, o rapaz parou. Estava pálido como um morto e cambaleava. Sem dizer uma palavra, deixou-se conduzir ao quarto da avó e tombou em uma poltrona. Todo o seu corpo tremia e um suor frio cobria sua testa.

Drusila, que conversava com a matrona quando a negra acorrera, retirara-se a um canto e olhava para Caius com espanto.

— Rápido, minha filha — murmurou Fábia —, vá buscar correndo vinho, água e bandagens, e ordena que ninguém entre aqui.

Rápida como um relâmpago, a jovem voltou com o que lhe fora solicitado. As duas mulheres lavaram e, em silêncio, aplicaram curativos na ferida do rapaz que, imóvel, de olhos parados, parecia nada ver nem ouvir. Quando terminaram, a matrona limpou seu rosto com um pano úmido e, com as mãos trêmulas, aproximou-lhe dos lábios descorados uma taça de vinho.

— Bebe, meu filho querido, isto te reconfortará.

Caius estremeceu e, com um profundo suspiro, apoiou a cabeça no peito de sua avó. Fazendo um sinal para que Drusila saísse, a venerável mulher cruzou as mãos sobre a cabeça encaracolada de seu neto e permaneceu em silêncio. Ela sabia, por experiência, que após uma semelhante tempestade, uma reação era inevitável e salutar, abstendo-se, portanto, de perturbar com palavras os suspiros convulsivos que sacudiam o peito de Caius Lucilius e as lágrimas que a seguir transbordaram dos seus olhos.

Pouco a pouco o rapaz se acalmou e levou a matrona até sua poltrona habitual, tomando o seu lugar favorito no tamborete aos pés dela.

— Perdoa-me por essa hora de angústia — murmurou beijando a mão alva e delgada de Fábia. A seguir, enterrou a cabeça nos joelhos de sua avó.

A nobre senhora compreendeu aquele olhar, que continha não somente um pedido de desculpas, mas o reconhecimento mudo de que ela tivera razão ao desconfiar daquela moça vulgar, criada por uma mãe relapsa, criminosa e que, não por seu nascimento plebeu, mas sim pelo meio brutal em que crescera, se tornava indigna dele.

— Meu pobre filho, levanta a cabeça e não fiques assim desanimado — disse Fábia rompendo, finalmente, o silêncio.

— Dessa vez, não tiveste razão; deixar-te levar pela cólera a ponto de bater em tua mulher é indigno de um homem da tua posição. Que dirá teu pai?

— Não lhe digas nada — suplicou Caius, olhando-a com seus grandes olhos úmidos. — Eu ficaria envergonhado, pois ele estava certo ao proibir-me esse casamento, tendo compreendido melhor minha felicidade do que eu mesmo. Ah, vovó! Passados dois meses do meu casamento, percebi que não sou feliz. Daphné é má, não me ama, diverte-se em me causar ciúmes e em me atormentar de todas as maneiras. Ela só queria o rico patrício. No entanto, eu a amo sinceramente e faço tudo para lhe ser agradável, mas ela está sempre descontente e, o pior de tudo é que ela vos odeia, a ti e ao papai.

— Eu já sabia disso, mas já que te casaste com ela, deves tentar corrigir essa mulher imperfeita com paciência e bondade. Não tens o direito de repudiá-la, pois ela se mostra tal como ela é e como sempre foi, embora não tenhas tido a oportunidade de observar. Não quiseste compreender que, ao tirar do populacho essa moça descuidada, cuja mãe tinha em mente uma coisa bem diferente do que educar, tu terias que enfrentar uma brutalidade com a qual o convívio com as mulheres de nosso mundo não te habituou. E eu temia isso quando te falava da diferença de classe social que vos separa.

Para qualquer comerciante ou soldado, Daphné seria uma esposa passável: ele a espancaria sem pestanejar e eles viveriam bem. Mas tu, meu pobre filho, tu sofres com tais brigas, e te repito, não te desesperes, ela é jovem e pode mudar. Sem dúvida ela te ama, tendo em vista que seus ciúmes levam-na a cometer tais excessos, mas quando ela compreender que não tem nenhuma razão para ser ciumenta, deverá se acalmar e sentirá vergonha de si mesma.

Agora, meu filho, descansa e tenta dormir. Tens que comparecer à nossa refeição, pois não há necessidade de os serviçais te suporem lacrimoso e com o coração despedaçado por haveres castigado tua mulher, que se mostra tão brutal. Cuidarei para que não sejas importunado com perguntas desagradáveis. Não posso esconder de Sempronius o que aconteceu, mas pedirei que ele não toque no assunto contigo.

Cedendo à insistência da avó, o rapaz deitou-se em um canapé, bebeu algumas gotas calmantes que ela tirou de um pequeno frasco de ônix e misturou à água e logo suas pálpebras pesadas se fecharam. Dormiu um sono pesado e inquieto. A matrona, beijando docemente sua testa febril, saiu.

No átrio, encontrou-se com Sempronius que, agitadíssimo, estava à sua procura.

— O que está acontecendo, minha mãe? Claudius e Apolonius contaram-me, com mil reticências, que houve uma cena entre Caius e Daphné. Que significam tais mistérios?

— Calma, meu filho — respondeu Flávia, conduzindo-o ao terraço e, sentando-se, fez-lhe um relato pormenorizado dos acontecimentos da manhã. Sempronius apoiou-se na balaustrada, ouvindo-a com interesse e interrompendo-a de tempos em tempos com exclamações de raiva e indignação.

— Daphné tem muita culpa — terminou a matrona —, mas Caius excedeu-se e vergastou sua mulher até sangrar. Agora, ele está envergonhado e perturbado e me suplicou para nada te contar. Assim, peço-te que poupes o pobre rapaz, não falando com ele sobre esse triste caso, ao menos hoje.

Com as mãos cruzadas nas costas, Sempronius começou a percorrer o terraço a passos largos.

— Aquela mísera criatura, digna filha da megera Túlia, como ela ousa irritar meu filho a tal ponto? Previ que essa perversa mulher não traria felicidade a Caius e me opus a essa união. Apesar de tudo, mamãe, nós dois é que somos culpados — acrescentou, parando agitado, diante de Fábia —; um filho sempre tem caprichos e um rapaz de vinte e dois anos, que poderá ele compreender das garantias indispensáveis a um casamento feliz? Cabe, então, aos pais barrarem energicamente semelhantes loucuras. Ninguém morre por causa de um amor infeliz, e prevejo que nossa desastrosa fraqueza será a causa de grandes desgraças.

Terminada a refeição, que foi triste e silenciosa, Sempronius estendeu a Caius uma taça de vinho e disse com um olhar encorajador:

— Bebe, meu rapaz, o vinho faz bem para o ânimo e estou notando que hoje tu estás sem apetite. Mandarei atrelar duas bigas e iremos a Pompéia onde haverá uma representação interessante e isto te distrairá. Claudius e Apolonius poderão nos acompanhar.

Quando os dois rapazes saíram para dar as ordens necessárias e trocar de roupa e na sala só ficou Drusila que não levantava os olhos da romã que estava comendo, Caius aproximou-se vivamente do pai e, com um olhar de profundo reconhecimento, comprimiu contra os lábios a mão dura e ossuda de Sempronius.

— Tudo bem, meu filho, nós nos entendemos — respondeu este, dando-lhe tapinhas no ombro —; abandona, apenas, este ar preocupado, pois tudo se arranjará.

Em uma linda noite, na qual o calor sufocante do dia cedera lugar a um frescor perfumado, vamos encontrar Caius Lucilius no pequeno terraço em que o vimos, antes de seu casamento, conversar com Claudius e enviar uma mensagem e presentes a Daphné. Desta vez, o jovem estava sozinho. Vinho e frutas, colocados sobre uma pequena mesa ao seu lado, não tinham sido tocados e uma ruga profunda surgira entre as suas sobrancelhas. Estava indolentemente deitado sobre as almofadas do canapé e seu rosto móbil refletia os tristes pensamentos que o absorviam.

Fazia doze dias que não via Daphné que, depois do castigo exemplar que ele lhe infligira, pretextara estar doente e restara invisível. Apenas Fábia visitara-a uma vez, a fim de dar-lhe conselhos razoáveis, mas voltara indignada e completamente muda sobre o resultado da conversa. A matrona não queria contar que encontrara Daphné completamente furiosa e que lhe respondera com tamanha torrente de injúrias contra Caius Lucilius com um vocabulário digno de um carregador do porto.

Aquele silêncio significativo de sua avó tivera um efeito penoso no jovem patrício, que compreendia cada vez mais que se equivocara enormemente casando-se com aquela mulher má e ingrata que, no curto tempo decorrido de seu casamento, já tornara sua vida muito difícil.

Ele sabia — e Daphné não lhe ocultara — que ela odiava Fábia, cuja dignidade e a severa virtude lhe impunham respeito. O olhar límpido e profundo da venerável matrona lia até no fundo de sua alma fraca e inconstante e a incomodava como um entrave quando, na ausência de Caius, ela procurava trocar olhares expressivos com o belo escultor grego Apolonius que lhe modelava o busto. Provavelmente ela não admitia as razões secretas de seu ódio contra Fábia, cuja vigilância lhe era pesada, mas seu caráter era muito violento para dissimular seus sentimentos.

Sempronius, igualmente, lhe era antipático. Homem rude e altivo, quase sempre descontente com sua nora, não se incomodava em fazê-la sentir que fora o acaso que a colocara em uma situação privilegiada e, sempre que ela se permitia fazer algo que lembrasse muito o meio do qual saíra, ordenava-lhe duramente de não esquecer que ela estava em uma casa patrícia e não em uma taverna qualquer.

Caius Lucilius sofria horrivelmente ao ver a mulher amada detestar dois seres que lhe eram tão caros. Aquele pai, duro, violento e tirânico com todos, sempre fora bom e terno com ele, chegando mesmo a ser fraco, e ele, Caius, retribuía ao pai aquela afeição com toda a sua alma. Quanto à avó, aquela doce e indulgente mulher, por todos venerada e nos braços da qual ele crescera, ele idolatrava como sendo o ideal de todas as virtudes. Com o coração apertado, o jovem se perguntava se, odiando tudo o que lhe era caro, Daphné o amava. É verdade que o chamava pelos nomes mais ternos, demonstrando-lhe, por vezes, uma paixão desenfreada e, entretanto, interpunha-se entre eles algo estranho, um sentimento instintivo que segredava a Caius Lucilius que, no momento em que se extinguisse aquele amor delirante que fazia tudo esquecer e que devorava, nada restaria que os ligasse.

Com um arrepio nervoso, ele se recordou, naquele momento, das horas infernais que aquela mulher já o fizera passar durante os dois meses de união, suportando cenas de todos os gêneros em que ela exigia dele um amor sem limites, sempre novo e variado, torturando-o com o seu ciúme, devassando-lhe o coração e o passado, querendo tornar-se sua senhora absoluta e ameaçando-o de se envenenar se ele não riscasse de seu coração até mesmo Fábia e Sempronius. E, além disso, sentia-se ultrajada por qualquer fútil delicadeza, por um sorriso amável endereçado por Caius a qualquer outra mulher. Com a inconstância de seu caráter, ela passava do mais ardente amor à mais ultrajante frieza, perseguia-o com suspeitas e acusações, rejeitava-o e exaltava nele o ciúme, exigindo-lhe que deixasse o lar paterno (que criticava por ser muito mesquinho) para se estabelecer em Roma e cercá-la de um luxo digno de reis.

Aquela luta incessante, as alternâncias de ardor e frieza ultrapassavam realmente as forças do jovem atleta, que empalidecia e emagrecia a olhos vistos e cujo olhar límpido e sorridente tornara-se seco e febril.

Toda aquela sobreexcitação nervosa contida por muitas semanas, transbordara, finalmente, na memorável manhã em que, louco de raiva e de desespero, descera o açoite sobre a víbora que lhe enterrava os dentes no braço como já tinha ferido seu coração com mil palavras maldosas.

Essas lembranças agitavam o coração apertado de Caius Lucilius e seu peito exalou um profundo suspiro: apesar de tudo, sua alma generosa e violenta estava ligada a Daphné. Ele amava aquela perversa mulher e sofria com essa prolongada zanga. No entanto, não queria ser o primeiro a ir procurá-la para não demonstrar que aquela separação lhe era penosa.

Naquele momento, a tapeçaria de lã que fechava a entrada do terraço ergueu-se docemente e Daphné apareceu, parando indecisa no umbral. Com uma simplicidade calculada, estava vestida com uma túnica de lã branca, trazendo à cintura, um cinto de ouro. Nos seus belos cabelos loiros soltos, tinha prendido uma flor de romãzeira. Por um instante ela contemplou, com um olhar meio rancoroso, meio apaixonado, o belo rapaz perdido em seus pensamentos. A seguir, deslizando como uma sombra até junto dele, ajoelhou-se e segurou-lhe a mão.

— Caius, meu bem-amado, perdoa-me — murmurou com voz entrecortada de lágrimas.

Ele estremeceu e levantou a cabeça, mas, encontrando o olhar úmido e suplicante da bela moça ajoelhada aos seus pés, sentiu desvanecer-se toda a sua raiva e, estreitando silenciosamente Daphné contra seu peito, beijou-lhe os lábios.

— Oh! Como estou feliz! Pensei que fosse morrer não te vendo por tanto tempo — repetia Daphné, envolvendo com seus braços brancos o pescoço do marido e comprimindo-o contra si com paixão. No entanto, ao mesmo tempo em que seus lábios murmuravam palavras de amor, seu coração perverso dizia: "Aguarda, pois ainda me pagarás pelas chicotadas que me destes e pela humilhação que estou passando. Mas apenas quando eu tiver afastado Fábia e Sempronius eu te dominarei completamente".

— Daphné, minha esposa querida! Que esta hora de reconciliação nos faça esquecer todos os tristes momentos do passado. Tem mais confiança em mim, não te deixa levar por um ciúme cego e seremos felizes.

Caius Lucilius a perdoava do fundo do coração. Em sua alma amorosa e leal, não mais havia lugar para restrições mentais. Estava convencido pelas palavras de Fábia que lhe diziam que com bondade e paciência ele poderia corrigir e educar essa mulher imperfeita.

Pobre Caius, ele não sabia que o arrependimento humilde de sua mulher era obra de Túlia. Na sua teimosia estúpida e esperando revidar, Daphné, por si só, teria ainda continuado por muito tempo na sua reclusão pirracenta; mas na noite anterior, enquanto sufocava de tédio e de raiva impotente, uma súbita idéia lhe veio à cabeça: fez um pacote contendo diversos objetos que considerava de pouco valor e, depois, envolvendo-se num véu e num manto escuro, deslizou para fora de casa, recomendando a Etra que não deixasse ninguém perceber sua ausência.

Sem mais tardar, dirigira-se à loja de sua mãe e batera à porta já fechada. Ao reconhecê-la, Túlia recuou surpresa, mas não expulsou Daphné e ouviu silenciosamente seu relato entrecortado de soluços e de acessos de raiva.

Não ousamos indagar se foi o amor materno ou a simpatia por Drusus que agiu no coração de Túlia: o que importa é que fez as pazes com a filha, aceitou seus presentes e depois de se informar minuciosamente sobre todos os habitantes da casa de Sempronius, ordenou Daphné a desculpar-se com o marido, sugerindo-lhe o que deveria vestir para enternecer e encantar o coração de Caius que estava dela afastado por obra de Fábia e de seu pai. Não lhe foi difícil convencer Daphné de que, conquistando o amor do seu marido, ela privaria de seus dois inimigos a satisfação de tê-la vencido. Assim, a jovem voltou para casa consolada e determinantemente decidida a se reconciliar totalmente com Caius.

14. A despedida de Nero

Enquanto todos esses acontecimentos tumultuavam a casa de Sempronius, pouco a pouco Nero recuperava a saúde, assistido e tratado com carinho por Marcus Fabius e sua jovem esposa, como se fosse um parente chegado. Mas se a cura física progredira a ponto de forçar o jovem oficial a pensar no retorno à casa do pai, da qual era hóspede, o estado moral piorara ainda mais. Além de tê-lo impressionado, as palavras insidiosas de Claudius haviam criado em sua alma novos motivos para uma ira ciumenta e para a amargura. Ele imaginava com inveja a angústia e o desespero do seu pai e de Fábia diante apenas da possibilidade da morte de Caius, ao passo que sua queda, seguida de um grave ferimento, não preocupara nem abalara ninguém, sendo considerado completamente natural que ele fosse tratado por estranhos.

E um sentimento cada vez mais duro e cruel crescia em seu coração contra o irmão mais novo que era adorado por todos, inclusive por Drusila a quem ele, Nero, pretendera desposar, acreditando ser amado por ela. Essa convicção de ser amado agira como um bálsamo refrescante sobre sua alma magoada e ulcerada: existiam, então, seres que o preferiam e que o amariam exclusivamente! Mas as revelações pérfidas de Claudius bem depressa destruíram essa benéfica ilusão, ferindo mortalmente seu amor-próprio e sua vaidade. Drusila só desejava com ele se casar para esconder o violento amor que Caius lhe inspirava. E só de pensar em semelhante ultraje, tudo fervia dentro dele. Sabia que era menos belo, menos bem-dotado que o irmão, mas seria isso um motivo para que o favorito dos deuses viesse, em tudo, tomar seu lugar, inclusive na afeição a que tinha direito? No entanto, o que mais envenenou seus sentimentos contra Caius Lucilius foi a afeição recíproca que o unia a Virgília.

Nunca uma pessoa agradara tanto a Nero como essa frágil moça de traços infantis e cabeleira dourada, cujo riso argênteo descontraía sua fronte preocupada. O inesgotável bom humor de Virgília e sua maneira de tratá-lo como amigo lhe reconfortavam o coração. Mais de uma vez surpreendera-se a pensar: "Por que ela é casada?". Estranhamente, contudo, ele não tinha ciúmes de Marcus Fabius. A amizade constante desse homem tão belo e tão bom o desarmava, e até lhe parecia impossível que um temperamento calmo e ponderado como o dele pudesse satisfazer completamente a viva e apaixonada Virgília.

Ao contrário, Caius Lucilius, que ria com ela, que enlaçava a borboleta dourada e ousadamente mergulhava seu olhar ardente naqueles olhos azuis, parecia a Nero bem perigoso. Quando Caius e Virgília estavam juntos, excediam-se em ditos espirituosos, em todos os tipos de invenções, levando Marcus Fabius a chorar de tanto rir.

— Oh, aqui passo os melhores momentos de minha vida! — dissera sem refletir Caius Lucilius alguns dias antes e, apesar da presença do marido, Virgília se inclinara para o jovem, afastara com sua mão alva os cachos negros que lhe ensombreciam a testa e perguntara com interesse:

— Caius, tu estás pálido e quase sempre triste. Podes me dizer por quê?

O amigo nada respondera, mas tomando as mãos de Virgília, levara-as impetuosamente aos lábios.

— Ele tem motivos para estar triste, minha borboleta querida — dissera Marcus Fabius com sua voz clara e melodiosa e, sem parecer abalado com aquela ternura recíproca, acrescentou: — Por isso, ele precisa duplamente de nossa amizade para distraí-lo.

Embora aos olhos de Nero, o fato de Caius e Virgília terem sido amigos de infância justificasse uma maior familiaridade, Marcus Fabius parecia ser o mais obtuso dos maridos, já que continuava cego diante da evidência do amor culposo dos dois jovens. E ele próprio, Nero, que se envolvia cada vez mais em sua paixão por Virgília, julgava, por outro lado, que era seu dever abrir os olhos do marido traído, mas não sabia como fazê-lo e como encontrar provas para sustentar sua revelação.

Nero, que certa manhã procurava avidamente qualquer ocasião para ver a jovem, mesmo a distância, passeava pelo jardim, quando avistou Virgília que, voltando de seu passeio com a ama e o filho, sentou-se sob um caramanchão e, pegando o menino nos braços, deixou-o saltitar sobre os joelhos. Por sua vez, Nero sentou-se em um banco oculto pelos arbustos e deslizando através da folhagem seu olhar ardente, fixou-se na moça que não suspeitava de sua presença. Realmente, formava um quadro encantador aquela jovem mãe de aspecto infantil, sorridente e radiante, brincando com a adorável criaturinha que ria e batia com os pés, tentando agarrar os cachos dourados da mãe.

O aparecimento de Caius Lucilius interrompeu a cena. Aproximou-se rapidamente, pegou e beijou a criança, levantou-o, brincando, acima de sua cabeça e entregou-o à ama.

— Onde está Fabius? — perguntou, sentando-se ao lado de Virgília.

— Foi resolver alguns negócios no fórum, mas deve voltar logo — ela respondeu, fazendo um sinal para a ama levar o menino.

Logo que ficaram a sós, Virgília segurou a mão de Caius Lucilius e disse afetuosamente:

— Estás triste e pálido e não ris como fazias outrora: dize-me o que te atormenta. Não sou tua amiga de infância? Amamos-te sinceramente e entristece-nos ver um amigo sofrer! Posso até imaginar o que te faz infeliz — acrescentou hesitando —, mas não ouso dizer-te, temendo magoar-te.

Caius sorriu tristemente e, inclinando-se para a jovem, começou a falar-lhe em voz baixa ao ouvido. De pescoço avidamente esticado e lábios crispados, Nero tentou captar as palavras que seu irmão murmurava, mas não lhe foi possível. Viu, apenas, com uma raiva ciumenta, que a conversa tratava de assuntos sérios. Palidez e rubor alternavam-se nas faces de Caius, seus olhos chamejavam e uma respiração entrecortada agitava-lhe o peito. O rosto expressivo de Virgília refletia as mais diversas emoções; seus olhos lacrimejantes demonstravam um vivo interesse e, por várias vezes, ela passou a mão sobre a testa de Caius e depois, num gesto ingênuo e carinhoso, apoiou a cabeça sobre o ombro do rapaz.

Nero sufocava de raiva e de ciúmes. Finalmente tinha em mãos as armas contra Virgília. Sem qualquer sentimento de culpa poderia dizer a Marcus Fabius que na sua ausência, a moça recebia seu amante, chorava com ele, trocava segredos e descansava a cabeça no seu ombro. Apesar de sua calma, o jovem

Herculanum   149

patrício não suportaria tudo aquilo e fecharia sua casa ao insolente Caius que vinha roubar-lhe a felicidade.

Naquele momento, Virgília, que nem poderia suspeitar dos sombrios projetos esboçados contra sua felicidade e sua paz, ouviu a biga de seu marido parar diante da porta. Levantou-se prontamente, enxugou as lágrimas que perolavam em suas faces rosadas e, endereçando a Caius um último gesto de amizade, correu para o interior da casa para encontrar-se com Marcus Fabius.

Também Nero saiu do bosque e dirigiu-se para a casa, tentando dominar a emoção febril que dele se apoderava. Na curva de uma aléia, encontrou-se, subitamente, diante do irmão que deixara o terraço e dava uma volta pelo jardim.

— Bom dia, Nero — disse Caius Lucilius um pouco surpreso.

— Como estás bem disposto hoje! Vê-se que estás completamente restabelecido, que os deuses sejam louvados! Por que, então não voltas para casa? Papai perguntou várias vezes por ti.

— Verdade? Fico muito surpreso com o favor inesperado que ele me faz, lembrando-se de minha existência — respondeu Nero em tom de amargo sarcasmo que não procurou dissimular —, mas se ele tem tanta vontade de me ver, por que me visitou apenas duas vezes no início da minha doença e nem uma vez nessas três últimas semanas?

— Porque está sobrecarregado de negócios. Tu sabes perfeitamente que ele acaba de comprar, perto de Salerno, [1] muitas terras e vinhedos. Ausentou-se duas vezes e, nestes últimos dias, recebeu não apenas os novos intendentes, mas também o da propriedade, perto de Cápua, onde foste criado, e na qual um incêndio causou grandes prejuízos. Mas tudo isso é secundário. Eu quero, já que estamos sozinhos, perguntar-te uma coisa séria — acrescentou, colocando a mão sobre o braço de Nero e, fitando-o com um olhar escrutador: — Explica-me, por favor, a razão deste ódio secreto que nutres contra nosso pai e contra mim. Não posso dar outro nome para o sentimento que te inspira tão duras palavras e a fria rudeza com que me tratas. Creio nada ter feito para merecer tal tratamento, pois te recebi como irmão, de coração e braços abertos. E o modo com que falas de nosso pai, a quem eu amo tanto, me faz realmente sofrer. Dize-me francamente se ele te ofendeu.

Nero encostou-se num plátano e cruzou os braços. Todos os maus sentimentos acumulados na sua alma vieram à tona

---

1 Salerno: antiga colônia romana, fundada em 197 a.C.; situa-se no sul da Itália, no golfo de Salerno.

naquele momento como uma lava transbordante, concentrando-se no desejo ávido de ferir o coração do irmão privilegiado, que ainda ousava perguntar-lhe por que era odiado. Quis, então, humilhar todos os que Caius amava, mostrar-lhe esse pai, que o mimava, como um tirano brutal, pai e marido desnaturado; aquela mãe que ele não conhecera e que o adorava, como uma megera vingativa e ciumenta e, enfim, Fábia, como uma mulher egoísta e ambiciosa, que abandonara três pobres seres indefesos, para conquistar a posição cômoda e vantajosa de senhora absoluta da casa de Sempronius.

— Tua pergunta prova que nada sabes — respondeu com voz surda e com um olhar vingativo. — Infelizmente esse pai indulgente que amas tanto só teve indulgência contigo: casou-se com uma bela e boa mulher, a quem ele odiava, e teve com ela três filhos a quem detestou igualmente, porque uma amiga muito fiel insistia, noite e dia, para que assim o fizesse. Finalmente, minha mãe morreu ainda jovem e cheia de vida. Como? Quem sabe? Talvez do mal do qual morrem aqueles que se tornam indesejáveis. O certo é que, três meses após seu falecimento, nosso pai casou-se com aquela que fora a paixão de sua juventude e que esperara pacientemente a morte de sua rival. Fomos expulsos sem misericórdia, pois aquela mulher doce e encantadora preferiria andar sobre uma cobra a se encontrar com os filhos do primeiro casamento.

Esse pai exemplar exilou-nos, então, para um local onde nunca colocou os pés. Antonius tinha, na época, oito anos; Sempronia, seis; e eu, quatro. No início Fábia acompanhou-nos, mas a enfermidade da tua mãe requeria alguém que cuidasse da casa e ela apressou-se a assumir esse papel. Ficamos abandonados aos cuidados de uma velha parenta que, estúpida e perversa, cuidava de tudo, menos de nós. Era incapaz de nos proteger contra as pancadas e insolências dos serviçais que se permitiam tudo, pois tinham certeza que o senhor distante não viria castigá-los.

Lívia morreu, legando-te ao amor de todos. Sua ordem foi fielmente cumprida, já que tu só deves gratidão pelo amor e indulgência com que foste criado. Fábia permaneceu aqui, preferindo, como previsto, governar a casa de Sempronius a estagnar em uma propriedade isolada.

Crescemos negligenciados e abandonados por todos, tão infelizes, que nossa pobre irmã preferiu fugir com um antigo escravo de bom coração; o pai exemplar, só sentiu por ela raiva e, além do mais, amaldiçoou-a. Ela foi excluída da família, e nós dois, transferidos a Roma e confiados a Drusus, a quem, na época, Sempronius escreveu: "tudo o que o ouro puder fazer para proporcionar-lhes independência e uma boa posição na vida, darei de bom grado. Assim, não os prives de nada".

Nem sequer lhe passou pela cabeça — acrescentou Nero com uma amargura indefinível — que crianças precisam de algo mais do que um punhado de ouro jogado com indiferença. Quanto ao resto, tu conheces, sabes em que circunstâncias eu voltei, depois de vinte e quatro anos, à minha cidade natal.

Uma lividez tomara conta do belo rosto de Caius Lucilius. Com a fronte banhada de gélido suor, ele escutara, imóvel e calado, as acusações infamantes que caíam sobre todos seus entes queridos.

Quando, finalmente, Nero calou-se, ele cruzou os braços e lançou sobre o irmão um olhar ao mesmo tempo sombrio e faiscante.

— Foi bom ter ouvido de tua boca todos os ultrajes que te fizeram sofrer — disse com voz vibrante —, mas deixa-me dizer-te que, se sentiste tão profundamente a dor do exílio e do abandono, teu pé não deveria, jamais, transpor a porta do lar paterno e tua boca, jamais pronunciar o nome do nosso pai. Mas, a partir do momento em que vieste para cá, que repousaste nos braços da vovó, beijaste a mão de nosso pai, estás sendo o último dos covardes quando procuras degradar e aviltar aos meus olhos os que me são caros. Acusas nosso pai de assassinato, mas por que, caluniador hipócrita, não dizes isso diretamente a ele, olhando-o nos olhos? Tu sabes que ele responderia, de acordo com a verdade, que tua mãe morreu de morte natural e que ninguém espera nove anos para se livrar de uma mulher indesejável. Mas se essa mulher, supostamente vítima, era uma víbora como tu, ela não poderia ser amada. Quando a mim, continuo fiel à memória de *minha mãe*, amo meu pai e Fábia como antes e defenderei a honra deles contra tudo e contra todos. E te digo mais, Nero, se há algum culpado, esse culpado sou eu, tão amado por eles. *A mim*, tu podes odiar, mas eu repito que se algum dia ousares difamar com acusações vis papai, vovó e a falecida que não pode se defender, o sangue correrá entre nós dois!

Estupefato, deu as costas a Nero e saiu por uma porta que dava diretamente ao pequeno pátio onde o aguardava a liteira.

Na noite daquele mesmo dia, Nero comunicou a Marcus Fabius sua resolução de voltar, no dia seguinte, à casa paterna.

— Já estou abusando por muito tempo de vossa hospitalidade — acrescentou. — Como pretendo deixar Herculanum dentro de quinze dias, as conveniências exigem que eu volte para casa.

— Tua presença foi um prazer para nós, bem que eu teria preferido que aqui tivesses te hospedado por outro motivo que não fosse teu ferimento — respondeu Marcus Fabius sorrindo. — Mas por que esta pressa de deixar-nos? Ainda tens seis semanas de licença, se não me engano!

— Sinto deixar-vos, meus amigos, mas espero rever-vos em Roma, se realizardes vosso projeto de lá passar algum tempo. Na casa de Sempronius, sou um ser supérfluo cuja ausência não será notada por ninguém. Sinto ter vindo, cedendo à insistência do meu tio, ainda mais porque o projeto de casamento com Drusila não deu certo. Quero continuar livre, mas tu compreendes que essa recusa criou-me uma posição constrangedora na família. Para poupar, tanto a eles quanto a mim, de muitos aborrecimentos, resolvi aproveitar uma excelente ocasião que se apresenta para voltar a Roma.

— Compreendo tuas razões, apesar de tudo isso ser lamentável. Mas de que ocasião falas, Nero?

— Soube que o questor Haterius Rufus, que se encontra em Pompéia visitando a filha (que conheces), tenciona voltar a Roma em sua galera. Conheço-o bem, pois seu segundo filho é meu colega e comanda uma coorte[2] na mesma legião a que pertenço. Como prefiro o trajeto marítimo, escrevi-lhe, solicitando um lugar no seu navio.

Acabo de receber a resposta, que é muito gentil: não somente ele aquiesce ao meu pedido, mas também deseja convidar, além de toda a minha família, Agripa e tu, para passar o dia na casa de sua filha e acompanhá-lo até a galera. Além disso, ele se reserva o direito de vir pessoalmente, dentro de alguns dias, fazer os convites e deixar-vos a par do programa da festa.

No dia seguinte, Nero voltou para a casa do pai, mas mais infeliz, mais taciturno que nunca, isolando-se tanto quanto possível. Caius Lucilius também o evitava, fechando-se numa fria reserva.

Alguns dias assim transcorreram. Uma manhã, os dois rapazes encontraram-se sozinhos durante o almoço, no triclínio de verão. Sempronius ausentara-se, Claudius e Apolonius, desde a véspera, estavam em Stabile, em casa de um amigo e as mulheres, ainda, em seus aposentos. Os dois comeram em silêncio e apenas quando os escravos retiraram-se, Nero virou-se para o irmão e disse-lhe com um sorriso maldoso:

— Alegra-te, caro Caius, parto em doze dias e ficarás livre da minha presença.

2 Coorte: cada uma das dez unidades de uma legião do exército romano.

Caius Lucilius, que levava aos lábios uma taça de vinho, colocou-a sobre a mesa e respondeu, fitando-o com um olhar faiscante:

— Não podes fazer nada de mais razoável do que fugir de uma parentela odiosa e criminosa como a nossa. Como não é possível uma reconciliação com um pai que acusas abertamente de assassinato, a separação é a melhor coisa a ser feita.

Nero deu-lhe as costas encolhendo os ombros, mas, tendo dado alguns passos, mudou de idéia e voltou à mesa.

— Esqueci de dizer-te que partirei livre, sem desposar Drusila. Não quero levar comigo nenhum dos sacerdotes ou sacerdotisas que se devotam ao deus doméstico da casa de Sempronius.

Caius levantou-se rapidamente e, segurando o braço de Nero, murmurou, mergulhando seu olhar de fogo nos olhos do irmão:

— E eu vou te dizer qual a verdadeira razão de não desejares te casar: é porque tu mesmo erigiste um altar no qual diriges os mais ardentes votos à tua divindade. Mas acautela-te, sacerdote da deusa Virgília, porque teus sacrifícios e libações são vãos: a esposa de Marcus Fabius jamais amará outro homem que não seja o seu marido.

Nero recuou como se tivesse sido ferido em pleno peito. Seu rosto cobriu-se, primeiramente, de um vermelho acobreado e depois, de uma palidez mortal. Não esperava aquele choque. Caius mediu-o com um olhar sarcástico:

— Vês, meu irmão, que não me iludo completamente com tua generosidade. Não é o desejo de me reservar os afetos de todos que te impede de casar com a boa Drusila, mas tua louca paixão por Virgília. Queimaste-te nas asas de fogo da borboleta dourada, mas acreditaste-me cego em demasia, esperando esconder teus sentimentos.

Passou ao lado de Nero, que continuava mudo, e entrou na casa.

Cerca de oito dias após essa cena tempestuosa, Metella e Virgília encontravam-se no terraço contíguo ao quarto desta última. Conversavam sobre a partida de Nero.

— Rejubilo-me por ti, com essa partida — disse Metella.

— Devo confessar-te que, apesar da simpatia que inicialmente senti por esse filho exilado de Sempronius, ele começa a aborrecer-me extremamente. Evita todo mundo, isola-se com Claudius, que também não me inspira confiança, um sarcasmo mordente se traduz nas suas palavras quando fala do pai, enfim, um ódio interior parece destilar de toda sua pessoa. Mas o mais perigoso é o olhar estranho com o qual ele te segue e observa todos os teus movimentos. Sê prudente: creio que esse homem é capaz de uma loucura.

— Oh! O que dizes é verdade, Metella. Também notei a expressão indefinível de seus olhos quando ele me olha, assim como sua palidez súbita quando beijo Fabius. Sua partida da nossa casa foi um verdadeiro alívio para nós. Mas, já que ele parte, podemos dar toda essa história como encerrada, esqueçamo-lo e falemos antes do agradável dia que passaremos na casa de Haterius Rufus: gostaria de ter com mais freqüência oportunidades como esta: em primeiro lugar, passeio matinal em biga a Pompéia, a seguir, representação no anfiteatro, depois jantar de despedida e festa noturna na galera e, por fim, como coroamento, a despedida definitiva de Nero.

A moça riu e alegremente bateu palmas.

— Metella, nem mesmo este maravilhoso programa te faz sorrir? É realmente o medo de Nero que te deixa tão preocupada?

— Não é só isso — respondeu Metella, cujo belo rosto expressava, verdadeiramente, uma real inquietação. — Tive, alguns dias atrás, um sonho horrível: vi o Vesúvio vomitar chamas que se elevavam até o céu, depois a cidade inteira desaparecer num abismo de fogo. Eu mesma errava por não sei onde, espectadora impotente do cataclismo. Nos escombros, era engolida uma multidão, no meio da qual lembro-me, confusamente, de ter visto Drusus, Daphné e vários outros conhecidos. A impressão foi tão viva, que despertei com um grito agudo e toda trêmula, como se estivesse febril. Agripa, que acordara sobressaltado, teve que me dar um cordial para que eu me acalmasse um pouco e, a seguir, minhas serviçais contaram-me que uma velha sibila, que mora em nosso bairro, também predisse grandes catástrofes. Muitas famílias prudentes já estão até mesmo deixando a cidade por causa desses rumores, e já supliquei a Agripa que concordasse em partir, mas ele é um espírito forte, riu-se na minha cara e declarou ser uma vergonha fugir de Herculanum por causa das tagarelices de uma velha louca ou de um sonho que os deuses enviaram para colocar minha coragem à prova.

O rosto sorridente de Virgília ensombreceu-se.

— Tens razão — disse ela —, é preciso sair de Herculanum e convencer os homens a ceder em nome de nossa tranqüilidade. Mas, será difícil mudarmos antes da festa. Esperemos, pois, que Nero parta e, depois, agiremos energicamente.

O dia da viagem de Nero finalmente chegou. Desde a auro-

Herculanum

ra, todos estavam de pé na casa de Sempronius e se aprontavam para o dia cheio de divertimentos que deviam passar na casa de Haterius Rufus quando saíssem do anfiteatro.

Caius Lucilius estava de ótimo humor, apesar de Daphné, que desde a véspera, queixava-se de um mal-estar e preferira ficar em casa. Não confiava cegamente na esposa, mas a presença de Fábia, que iria fazer companhia a Drusus, o deixava totalmente tranqüilo.

No seu quarto, Nero, triste e pensativo, dava os últimos retoques em sua toalete. Na véspera, toda a sua bagagem fora transportada à galera do questor para ser expedida a Pompéia. No entanto, antes de deixar para sempre, talvez, a casa que o vira nascer, resolvera fazer uma última visita a Marcus Fabius que deveria estar sozinho àquela hora matinal.

Com o coração apertado e agitado por inúmeros sentimentos de ciúmes e cheio de amargura, ele saiu, cobriu sua cabeça morena com o capacete e reclinou-se na liteira. Marcus Fabius, que já estava vestido e passeava sob as arcadas do pátio, recebeu-o com a franca cordialidade que lhe era própria.

— Caro Marcus Fabius — disse Nero apertando-lhe a mão —, gostaria de conversar contigo sem testemunhas, para fazer uma confidência que, de bom grado, delegaria a outra pessoa e que, para tanto, hesitei muito antes de me decidir. Mas minha profunda gratidão por ti força-me a fazer-te abrir os olhos, pois talvez, vendo claramente as coisas, poderás evitar a desgraça que te ameaça.

Chegando a um aposento isolado, Marcus Fabius sentou-se, ofereceu-lhe uma poltrona e disse um pouco surpreso:

— O que significa esse discurso misterioso? Por favor, Nero, não me atormentes com alusões veladas e dize-me francamente do que se trata.

— Também te pediria que ficasses calmo e que não te deixasses levar por tua legítima cólera. Dir-te-ei, rapidamente, que tua felicidade conjugal está em jogo se não puseres fim às entrevistas de tua mulher com Caius Lucilius, pois sentem, um pelo outro, uma paixão secreta da qual nunca suspeitaste.

O rosto belo e nobre de Marcus Fabius demonstrou a mais completa incredulidade.

— Estás enganado por falsas aparências, Nero. Virgília me ama. Se ela me preferiu a Caius, quando poderia tê-lo esposado, por que agora me trairia com ele?

— Isso parece inverossímil e, no entanto, tenho provas do que estou dizendo. A paixão de Caius por Virgília nunca se apagou, e o fascínio que ele exerce sobre as mulheres é bastante conhecido. Na véspera de minha partida de vossa casa, durante tua ausência, vi com meus próprios olhos que, sentados sob o caramanchão tiveram uma conversa bem suspeita: ela o questionava e ele respondia com uma veemência muito estranha em se tratando de um amigo.

Marcus Fabius sorriu aliviado:

— Estou sabendo dessa conversa que aconteceu com minha autorização. Caius estava tão triste, tão abatido, que pedi a Virgília que conversasse com ele, para consolá-lo.

— Também pediste a ela que chorasse com ele, que se lhe reclinasse ao ombro, que se deixasse abraçar e que só se arrancasse dos seus braços quando ouvisse tua biga parar à porta? — disse mentirosamente Nero, despeitado e levado pelo desejo de convencer Marcus Fabius a qualquer preço. Tal era sua segurança e sua convicção que este último empalideceu. — Além disso — continuou Nero —, para acabar com teus últimos escrúpulos, vou te confiar um segredo que prometi guardar. Uma pessoa, cujo nome não posso revelar, soube que a própria Daphné, no dia em que Caius quase foi morto pelos cavalos desgovernados, viu seu carro quando ele voltava do passeio. Tão ocupado estava com Virgília, que não a notou. Daphné, dominada pelos ciúmes, seguiu-os e, ao ver que, quando passavam por uma rua deserta, trocaram um beijo, ela perdeu a cabeça e jogou seu lenço sobre a cabeça do cavalo.

Marcus Fabius, pálido e com o rosto contraído, ergueu-se.

— Agradeço-te, Nero, por me ter prevenido — disse em voz baixa e alterada.

— Pobre amigo, compreendo teus sentimentos, mas o que farás com o traidor? — perguntou Nero com o coração palpitante de alegria.

— Ainda não sei. Observarei e pensarei antes de tomar uma decisão — respondeu evasivamente o patrício —, mas desejo ficar sozinho para coordenar meus pensamentos. Perdoa-me por deixar-te, nós nos reveremos no anfiteatro.

Nero logo se despediu e retornou à liteira. Pérfido e ciumento, alegrava-se interiormente de ter semeado suspeitas e discórdias que deveriam separar completamente Caius de Virgília e, ao mesmo tempo, esfriar as relações entre o casal. Seu amor-próprio e seu ódio estavam satisfeitos.

15. As últimas horas de Herculanum

Na casa de Sempronius, os carros estavam atrelados e toda a família se reunira para um almoço de despedida. Somente Caius estava atrasado, pois se encontrava com Daphné que, por causa de seu mal-estar, permanecia deitada e despedia-se ternamente do seu marido.

— Meu bem-amado, sol da minha vida — repetia ela, enlaçando o pescoço dele e tentando retê-lo cada vez mais. — Não esquece de tua Daphné quando todas as mulheres olharem para ti. Oh, Caius! Às vezes eu gostaria que tu fosses menos belo!

— Não compartilho desse desejo — respondeu o jovem rindo e livrando-se dos braços da jovem. — Mas não te inquietes, repousa bastante para que eu te reencontre fresca e bem de saúde quando eu voltar amanhã cedo.

Depois do almoço, Nero, que parecia triste, despediu-se carinhosamente da avó e de Drusus e todos partiram. Sempronius seguia com Drusila; Claudius acompanhava Nero e, Rutuba, que devia vigiar as bagagens durante a representação, estava com Nero.

Já estavam a uma boa distância da cidade, e a biga de Caius Lucilius, puxada por animais fogosos como ele assim gostava, precedia consideravelmente às outras, quando, Rutuba inclinou-se para ele e disse, tocando-lhe ligeiramente o ombro:

— Senhor, devo revelar-te uma abominável traição que se consumará durante tua ausência. Não foi sem motivo que o escultor Apolonius pretextou um trabalho urgente e tua mulher, um mal-estar, para ficarem em casa. Eles têm um encontro e eu soube disso, pois conheço Daphné mais do que podes imaginar. Se voltares agora para casa, poderás surpreendê-los.

Caius estremeceu, e um rubor ardente cobriu-lhe o rosto. Com um movimento brusco, parou os cavalos e deu a volta no carro.

— Que fazes? — perguntou Sempronius à vista dessa manobra inesperada.

— Vou voltar para pegar um objeto que esqueci. Mas continuai, eu vos encontrarei no anfiteatro. Sabeis que ando rápido.

O velho patrício fez um sinal de assentimento. Caius chicoteou os cavalos e, voltando-se para Rutuba, disse-lhe com voz surda:

— Fala, onde conheceste Daphné e como lhe surpreendeste a traição?

— Perdoa-me, senhor, por ter guardado silêncio até hoje. O medo de tua ira manteve-me a boca fechada, mas como te sou reconhecido pelos benefícios que me proporcionaste, sem alarde, zelei pela tua honra. Conheci Túlia ainda em Roma, onde tinha uma taverna em sociedade com um velho amigo do seu marido. Daphné me agradou e tornou-se minha noiva, mas faltavam-nos recursos para nos estabelecermos. Cerca de dois anos depois do nosso noivado, faleceu um tio que me legou uma casa, com um campo e uma vinha. Parti para tomar posse da herança, mas quando voltei para me casar, mãe e filha tinham desaparecido sem deixar rastos. Procurei-as, em vão, por muito tempo, até que um dia, um amigo soldado, que também tinha freqüentado a taverna de Túlia, contou-me que, estando em Herculanum, qual não fora a sua surpresa ao ver Daphné e a mãe estabelecidas numa loja de perfumaria.

Então, vim para cá e soube que Daphné era quase tua noiva, amando-te à loucura. Retirei-me, pois poderia eu, pobre plebeu obscuro, rivalizar com um rico e poderoso senhor como tu? Quando te vi, até acreditei que ela estivesse apaixonada; mas, instigado pelo ódio, resolvi aqui ficar e vigiá-la. Eu estava procurando, em vão, uma ocupação. Um dia, sentado a uma taverna, bebendo uma taça de vinho, vi uma mulher, escondida sob um manto, correr e ocultar-se em um canto de uma ruela. Pela aparência, achei que era Daphné. Observei-a sem me mostrar e vi quando se endireitou e lançou um lenço sobre a cabeça dos teus cavalos. A nobre Virgília me era desconhecida, mas eu já te vira e, compreendendo o ciúme covarde de Daphné, lancei-me atrás do carro desgovernado. O resto, já conheces. Poderia, então, ter te aberto os olhos, mas amavas aquela mulher e eu te conhecia tão pouco! Mais tarde, tendo conhecido melhor sua natureza brutal e sensual, comecei a vigiá-la, pois não desejava que ela pudesse te trair, a ti, meu benfeitor.

Caius Lucilius estava tão branco quanto sua toga, suas mãos crispadas incapazes de segurar as rédeas.

— Béstia, tua última hora vai soar — murmurou com voz rouca. — Rutuba, pega as rédeas, pois hoje o calor está sufocante e estou com tonturas.

— Senhor, não seria melhor que deixasses o carro à porta da cidade e que entrasses em silêncio pelo jardim, a fim de que ninguém desconfie de teu regresso? — perguntou o jovem romano cujos olhos brilhavam de ódio satisfeito.

Caius Lucilius fez um sinal de assentimento e, chegando à porta da cidade, eles desceram diante de um albergue, a cujo dono confiaram o carro. Dissimulando seu rosto nas dobras da toga, o jovem patrício seguido de Rutuba, tomou o caminho mais afastado em direção à casa paterna. Todas as torturas do inferno estavam em sua alma, uma montanha parecia pesar sobre seu peito e parecia-lhe que nunca iria chegar.

Pararam, finalmente, diante da pequena porta que dava para a ruela isolada que ladeava o muro do jardim. Rutuba abriu-a com uma chave que tirou do bolso e eles entraram. Atravessaram, qual duas sombras, o jardim deserto, mas avistando o terraço de Daphné, Caius deteve-se, tirou do cinto um pequeno punhal sírio de lâmina recurva, que não o deixava jamais, e examinou cuidadosamente sua ponta, afiada como uma navalha.

— Está ótima — murmurou — não há de falhar.

Contudo, chegando perto da janela emoldurada por trepadeiras que dava para o quarto vizinho ao terraço em que Daphné tinha o hábito de ficar, comprimiu o peito ofegante com as mãos e apoiou-se pesadamente no muro. Nesse ínterim, Rutuba afastava cautelosamente os ramos de um canteiro de rosas e lançava um olhar ao interior. Um sorriso satisfeito surgiu em seus lábios.

— Senhor — murmurou ao ouvido de Caius Lucilius —, para convencer-te da veracidade das minhas palavras, basta que dês uma olhada neste quarto.

O rapaz, lívido e de cenho cerrado, debruçou-se, por sua vez, e com um olhar de fogo contemplou o apartamento tão bem conhecido. O que viu foi suficiente para romper qualquer laço que ainda o ligava àquela mulher indigna. Por um momento, ele ficou imóvel, depois, um som rouco e sibilante saiu de sua garganta. Com a agilidade de um gato selvagem, transpôs a borda da janela e, antes que os traidores percebessem sua presença, saltou para dentro do quarto e seu punhal afundou-se, até o cabo, nas costas do jovem escultor. Apolonius soltou um grito surdo, estendeu os braços e rolou sobre o assoalho, inundando-o de sangue. Rutuba, que se precipitara atrás de Caius, parou e fitou ironicamente Daphné que, muda de pavor, lançava ao marido um olhar desvairado e embrutecido.

O rosto de Caius Lucilius, lívido, contraído, estava irreconhecível. Seus olhos lançavam chamas que pareciam querer reduzir a cinzas a esposa infiel; seus lábios abertos descobriam seus dentes brancos, dando à sua fisionomia uma expressão de implacável ferocidade.

— Piedade! Piedade! Caius, perdoa-me! — Daphné gritou, jogando-se a seus pés e abraçando-lhe os joelhos.

O jovem afastou-a tão violentamente, que ela caiu de bruços, e depois, agarrando-lhe as longas tranças, arrastou-a em direção à janela:

— Às feras, traidora infame — murmurou.

Rutuba ajudou-o a levantar a jovem, ao mesmo tempo em que lhe cobria a boca para impedi-la de gritar. Num piscar de olhos estavam fora de casa e, ora carregando, ora arrastando Daphné, eles atravessaram o jardim deserto e só pararam diante do pequeno pátio que servia de circo, do interior do qual elevavam-se, espaçados, rugidos surdos. Rutuba abriu a porta, a moça tentou resistir e um lúgubre grito de angústia saiu de seus lábios, aquele grito terrível emitido por todos os seres ao se verem entregues à morte. Como tantas outras criaturas humanas, ela não tinha medo de pecar, de mentir, de trair, mas temia a morte, pressentindo nela o fim da impunidade.

O rosto inflamado, o olhar fixo, Caius desprendeu-lhe as mãos que se agarravam à sua túnica e, derrubando-a, puxou-a pelos longos cabelos soltos até perto das jaulas.

Louca de terror e de desespero, a jovem rolou a seus pés, implorando misericórdia e piedade, agarrando-se às suas vestes. Os rugidos das feras selvagens que sacudiam as jaulas, passando as patas por entre as grades, como que fizeram Caius voltar a si:

— Misericórdia — repetiu com um selvagem ataque de riso e afastando Daphné com o pé —, misericórdia por ti, miserável criatura que tirei da lama para transformar em minha legítima esposa; serpente que me torturaste, tu, que exploraste meu amor e tentaste assassinar-me assustando meus cavalos! Teu amor, teus carinhos não passavam de falsidade. Mas agora já não podes mentir, vi com meus próprios olhos a mácula de

Herculanum

minha honra e apenas tua morte poderá lavar tal ultraje. Morre, pois, ser pérfido, para que ninguém mais sofra tuas traições. Para ti, não tenho misericórdia nem piedade!

Parou e encostou-se num muro, a cabeça rodava e uma fraqueza súbita fazia com que seus membros tremessem. Daphné rolava sobre as lajes, suplicando a Rutuba que a salvasse. Naquele momento, um estrondo semelhante ao trovão ressoou sob seus pés, a terra tremeu e um crepúsculo repentino eclipsou a claridade do Sol. Caius endireitou-se, tremendo.

— Senhor, saiamos, é um tremor de terra — gritou Rutuba —, esta béstia traidora pode ficar aqui em companhia dos tigres, ela não merece outro destino.

Ao mesmo tempo em que falava, ele abriu as jaulas, atirando Daphné, que se agarrava a ele, ao outro lado do pátio. Puxando Caius, ele trancou a porta.

Correndo, os dois homens tomaram o caminho da casa. De todos os lados já se ouviam clamores e gritos de angústia. Ouvia-se o povo correr nas ruas e vozes roucas gritavam:

— O Vesúvio! O Vesúvio! A montanha está vomitando fogo!

No terraço, de onde se avistava o Vesúvio, Caius parou, olhando magnetizado a terrível e fascinante cena. Do cume da montanha, elevava-se uma gigantesca coluna de fumaça, ora esbranquiçada, ora negra e sulcada de relâmpagos. Essa coluna parecia atingir o céu e, alargando-se em uma imensa abóbada, dava a impressão de cobrir a terra com sua sombra. A terra continuava a bramir, fazendo tremer a montanha e sacudindo as frágeis construções humanas que oscilavam em suas bases.

Um grito atrás dele arrancou-o de sua contemplação muda.

— Caius, tu aqui? Por que não estás em Pompéia? — exclamou Fábia que, pálida e apavorada, acabava de surgir no terraço. — Foge, foge, meu filho querido, desta cidade condenada, pois os deuses irritados vão engoli-la. O sonho de Metella tornou-se realidade.

Naquele momento, Rutuba reapareceu pálido, mas decidido:

— Rápido, senhor, vem. Mandei selar Daphné, Tufão e dois outros dos teus melhores cavalos. Esses animais correm como o vento, e se fugirmos imediatamente, pegando o caminho de Roma, talvez escapemos da destruição.

— Vem, vovó, apressemo-nos! — disse Caius conduzindo a matrona ao interior da casa.

Mas Fábia desprendeu-se das mãos dele:

— Deixa-me, meu filho, eu te atrapalharei e não conseguirei me manter sobre teus cavalos desabalados. Minha velha vida não tem mais preço, salva antes teu tio Drusus, o infeliz cego. Se for a vontade dos deuses, eles hão de me poupar. Parte e recebe minha bênção!

— Não sem ti. Julgas-me tão covarde a ponto de fugir, abandonando a uma morte pavorosa aquela em cujos braços eu cresci? Mas espera um momento, vou correndo procurar meu tio.

Rápido como um cervo, ele percorreu os apartamentos sem, contudo, encontrar Drusus. As múltiplas emoções daquele terrível dia fizeram-no esquecer que era justamente a hora em que o cego costumava tomar banho. Novos abalos sacudiram a casa, fazendo saltar os móveis e derrubando as estátuas.

— Depressa, senhor, morreremos sem tê-lo salvo! — gritou Rutuba quando o jovem reapareceu no átrio.

Caius correu em direção à avó e, erguendo-a nos braços hercúleos, conduziu-a ao pátio, apesar do desejo dela de ser abandonada para não dificultar a salvação do neto. Sem perder um segundo, montou em Tufão que, de orelhas levantadas e a cauda ao vento, tremia e corcoveava. Acomodou Fábia à sua frente e, seguido de Rutuba, que montava Daphné, e de dois outros escravos, deixou a casa. Mas se depararam com outra dificuldade: as ruas estreitas estavam abarrotadas de pedestres, de carros e de cavaleiros que se esbarravam e se comprimiam, procurando chegar ao porto a fim de fugir por mar. Quase passo a passo, Caius Lucilius e seu pequeno cortejo abriram passagem através daquela multidão enlouquecida, cujos gritos enchiam o ar. No entanto, dominando a fraca voz humana, o vulcão rugia. De seu cume abraseado, lançavam-se ao céu imensos feixes de chamas; as detonações sucediam-se ininterruptamente, o ar pesado e carregado de vapores sulfurosos oprimia a respiração e uma cinza fina e abrasadora começava a cair, cegando homens e animais.

Finalmente, eles chegaram às portas da cidade. Fábia jazia inanimada nos braços do neto, mas era impossível parar para prestar-lhe socorro. Pela última vez, Caius Lucilius voltou-se e lançou um olhar marejado de lágrimas para a cidade envolvida em uma espécie de véu acinzentado. A seguir, soltou as rédeas e os fogosos corcéis dispararam devorando o espaço.

Enquanto Caius Lucilius e sua pequena comitiva afastavam-se cada vez mais da cidade condenada, o tumulto e a desordem continuavam. Nas ruas, os infelizes habitantes fugiam: muitos sem lançar um olhar para trás, pensando apenas em colocar em segurança as esposas e os filhos; outros tentavam salvar uma parte dos seus tesouros e tropeçavam na multidão, pesadamente carregados de sacolas, moedas, jóias ou de louça preciosa. No meio dessa turba aturdida, uma mulher, coberta com um manto escuro, abria caminho o mais rapidamente possível em direção à casa de Sempronius. Às vezes, ela parava, abrigando-se da melhor forma possível das pedras candentes que começavam a cair e, com o coração palpitando, procurava ouvir os bramidos subterrâneos e os estrondos do vulcão que, qual uma caldeira em ebulição, lançava ao céu a matéria em brasa.

Essa mulher era Túlia. Desde sua reconciliação com Daphné, era, quase diariamente, colocada a par do que se passava na casa de Sempronius e também não ignorava que Caius, o pai e outros membros da família deviam ir a Pompéia, com exceção de sua filha, de Drusus e de Fábia. No momento do primeiro tremor, Túlia se encontrava num bairro afastado, na casa de uma mulher que vendia diversos ingredientes necessários ao seu comércio. Levada por um sentimento que oscilava entre o amor materno e sua antiga paixão por Drusus, ela corria para tentar salvar Daphné e conhecer o destino do cego.

Na residência de Sempronius reinava, igualmente, o maior tumulto, ainda aumentado pela ausência do dono. Com grande dificuldade, o velho administrador organizou uma espécie de salvamento: algumas mulas foram carregadas com objetos preciosos reunidos às pressas e desordenadamente e os escravos, sob suas vistas tentaram ganhar o porto. Os outros serviçais, como se o cataclismo os desobrigasse de qualquer disciplina, dispersaram-se, pensando apenas na sua própria salvação e furtando corajosamente tudo o que estava ao alcance de suas mãos.

Drusus deixara a sala de banhos e errava, semivestido, pelos apartamentos devastados e desertos. As pessoas, ocupadas com o salvamento, primeiramente não prestaram atenção nele, e depois, esqueceram-no. O infeliz cego que escutava o barulho estrondoso dos elementos desencadeados e os clamores do povo enlouquecido tentava, em vão, orientar-se e achar uma saída onde um dos serviçais o encaminhasse para fora de casa. Mas em vão elevava sua fraca voz, ninguém respondia ao seu chamado.

Túlia, que acabara de entrar e atravessara correndo o átrio, dirigindo-se para o apartamento de Daphné, quase esbarrou em Drusus que, de braços estendidos, avançava em direção ao barulho de passos que seu apurado ouvido captara. Avistando o cego, ela deteve-se e contemplou ansiosamente seu belo rosto, pálido e contraído de angústia. Seu coração batia violentamente, a filha foi esquecida, e apenas o pensamento de salvar o homem amado invadiu seu cérebro.

164   J. W. Rochester

— Drusus! — gritou segurando-lhe o braço. — Vem comigo, irei te conduzir para fora da cidade.

Mas Drusus parou e, passando a mão sobre a testa, perguntou com ansiedade:

— Quem és, mulher? De onde vens? Parece que conheço tua voz.

— Mais tarde saberás quem sou. Agora, apressa-te em me seguir ou não mais teremos tempo de fugir desta cidade condenada à destruição pelos deuses. O Vesúvio vomita fogo.

Assim falando, ela puxou o cego para a saída, mas, ao primeiro passo na rua, recuou apavorada: uma espécie de massa espessa e escaldante que acabava de chicotear-lhe o rosto, fê-la entrar bruscamente sob o peristilo. Uma noite quase fechada reinava agora, e torrentes de água misturada às cinzas inundavam as ruas. O ar acre e sobrecarregado de enxofre era quase irrespirável.

— É impossível sair! — murmurou Túlia, conduzindo Drusus para os apartamentos, onde ele despencou sobre uma poltrona, exclamando:

— Estou sufocando!

Trêmula, fora de si, Túlia colocou-se de joelhos diante dele e escondeu o rosto inflamado nas dobras de suas vestes.

— Drusus, Drusus — disse ela —, foi a mão dos imortais que me trouxe a teus pés. Sou culpada, mas sofri tanto! Desdenhada e esquecida, nunca deixei de te amar.

— Mas quem és tu? Conheço tua voz, mas teu nome me escapa — murmurou Drusus apalpando ansiosamente a cabeça da mulher ali ajoelhada.

— Sou Túlia, a criminosa Túlia que, para se vingar do teu abandono, cegou-te e matou a mulher que amavas. Oh, Drusus! Será que podes, nesta hora terrível, perdoar-me pelos meus crimes? Dize só uma palavra e morrerei feliz a teus pés.

— És Túlia? — exclamou o cego, repelindo-a com horror. Mas, logo voltando atrás, atraiu-a para si: — És criminosa, Túlia, mas te perdôo, pois também não agi corretamente. Por que despertei em ti esperanças, cuja destruição te levou ao crime? Puniste-me cruelmente pela minha traição, mas não compete a mim julgar-te neste momento em que ambos vamos descer à tumba. Morremos juntos e morremos em paz.

Sacudida por soluços convulsivos, Túlia estreitou-o em seus braços e premeu a cabeça contra seu peito.

— Ah! Estou com falta de ar, estou morrendo! — exclamou o cego, caindo para trás.

Herculanum

Naquele momento, a torrente de lama irrompeu na sala, enchendo-a de vapores espessos e sufocantes. Túlia, semi-sufocada, cobriu a cabeça com seu manto e aconchegou-se mais ainda ao corpo de seu companheiro imóvel.

A mulher violenta e criminosa que o **acaso** ia unir, na morte, ao homem que ela tão apaixonadamente amara, não desconfiava que a filha a quem viera salvar sofria, a alguns passos dali, uma agonia mais terrível ainda.

Sozinha no pequeno pátio em companhia dos dois tigres que Rutuba soltara, Daphné teve, inicialmente, um acesso de raiva e de terror beirando a loucura. Esquecendo tudo, rolou na areia com gritos selvagens entremeados de invocações aos deuses infernais e de súplicas a Caius Lucilius, jurando-lhe fidelidade eterna se ele a salvasse das feras que, de resto, não davam mostras de querer tocá-la. Compreendendo o terrível perigo que as ameaçava, não davam a mínima atenção à presa humana que se lhe ofereciam.

Por fim, esgotada, sem voz, Daphné acocorou-se no meio do pátio. Com os cabelos desgrenhados e as mãos crispadas sobre o peito, fitou, com olhar esgazeado seus dois terríveis guardiões que, de pêlo eriçado, a cauda batendo-lhe nos flancos, saltavam no recinto de pedra, procurando uma saída. Mas os muros unidos não ofereciam nenhuma fresta para que fixassem as garras e a porta estava solidamente trancada. Em vão eles se ergueram sobre as patas traseiras e rugiam surdamente a cada tremor de terra. Continuaram prisioneiros e acabaram por se estenderem no solo, fixando em Daphné suas pupilas esverdeadas.

O cérebro superexcitado da jovem tinha dificuldade para raciocinar e, no seu terror, veio-lhe o pensamento de que suas más ações tinham esgotado a paciência dos imortais, sendo que o próprio Plutão, batendo seu tridente no solo, fazia tremer a terra e desencadeava sobre ela todos os horrores do império infernal. Tentou balbuciar uma prece, mas seus lábios lívidos recusaram-se a obedecer. A escuridão aumentava a cada momento; o céu negro estava sulcado de raios e as detonações do vulcão pareciam abalar o mundo em seus alicerces.

Naquele momento, os tigres começaram a rastejar na sua direção. Daphné fechou os olhos, acreditando sentir, a cada momento, seus dentes afundarem na sua carne. Mas as terríveis feras não desejavam devorá-la. Trêmulas e com o pêlo arrepiado, encostaram-se nela, instintivamente procurando socorro junto de um ser humano. No momento solene em que as forças da natureza, desencadeadas com todo o seu horror grandioso, ameaçavam a todos destruir, caíra a barreira entre o homem e a fera: não eram mais adversários, mas sim semelhantes. Embora em diversos graus de purificação, o mesmo princípio inteligente e eterno que os animava, estava os unindo, diante do perigo, com um mesmo sentimento de medo e de impotência.

Daphné permaneceu imóvel entre os dois animais, dos quais ouvia a respiração ofegante. Um dos tigres apoiou a grande cabeça sobre seus joelhos, e a cinza escaldante que caía envolveu pouco a pouco o estranho grupo formado pela jovem e os dois tigres que a guardavam. Paulatinamente tudo desapareceu sob a mortalha acinzentada que, por vinte séculos, encerrou a desventurada cidade num sarcófago de pedra...

À entrada do anfiteatro, Sempronius e seus acompanhantes encontraram Metella e o marido, como também Marcus Fabius e Virgília.

— Como, Agripa, trouxeste teus filhos? Não achas que é ainda um pouco cedo para habituá-los aos prazeres do circo? — perguntou Sempronius, saudando o jovem patrício.

· — A presença de Agripa e de Valerius aqui não faz parte do meu plano de educação, mas é uma concessão conjugal — respondeu-lhe, fazendo uma rápida careta em direção à sua mulher.

— Esqueceste, então, que Metella viu em sonho a destruição de Herculanum? Temendo o terrível acontecimento, fica ansiosa, dia e noite, e nem por um instante quer se separar dos filhos. Assim, concordei em trazer os meninos e prometi, na próxima semana, ir passar alguns meses em nossa vila, perto de Nápoles, cujo contrato de arrendamento acabou de expirar e onde pretendo fazer algumas reformas antes de alugá-la novamente.

Sempronius começou a rir:

— Estou vendo que és um bom marido e que compreendes como é útil fazer concessões, mas tu, Metella, pensei que fosses mais corajosa. Tu, que és habitualmente tão ponderada e firme, como podes tremer diante de um sonho?

— Que queres? Não posso dominar o terrível pressentimento que me persegue, mas se ele não passar de uma ilusão, agüentarei de bom humor as zombarias de Agripa.

Dizendo isso, começou a subir a escada que conduzia aos camarotes das mulheres. Os homens continuaram a conversar, indo, depois, ocupar seus lugares, contíguos ao do seu anfitrião Haterius Rufus.

A representação estava no auge da animação, e os olhos de todos os espectadores fixos na arena, quando Metella, que continuava apreensiva e preocupada, tocou no braço de sua vizinha, a filha de Haterius.

— Pomponia — disse ela —, olha o que está acontecendo no cume do Vesúvio. Nunca observei uma coluna de fumaça tão estranha.

A jovem assim interpelada levantou os olhos e contemplou com espanto a nuvem esbranquiçada, sulcada de raios, que se elevava do cimo do vulcão e que, sempre subindo, assumia a forma de uma árvore gigantesca. Houve um momento que uma crepitação semelhante à ebulição de uma imensa caldeira chegou a abafar os gritos e os rumores do anfiteatro.

— É estranho e sinistro — murmurou Pomponia empalidecendo. — Não seria melhor irmos imediatamente para a galera de meu pai? Mandarei buscar as crianças em casa, pois parece que no mar, sempre estaremos menos ameaçados.

— Era o que eu ia propor — respondeu Metella levantando-se. — Virgília! Drusila! Rápido, desçamos! A prudência é a mãe da segurança!

Inquietas e emocionadas, as mulheres desceram e mandaram um dos empregados do circo chamar os patrícios que, absortos nas emocionantes peripécias da arena, não viam nem escutavam mais nada. Logo Agripa, Fabius, Sempronius, Haterius e os outros apareceram, risonhos embora um pouco aborrecidos.

— Pelas barbas de Júpiter! Nobres matronas e jovens, que idéia maluca fez com que nos perturbásseis no melhor momento? — perguntou Haterius Rufus. — Estás louca, Pomponia? Ir ao navio sem jantar? No lugar de uma festa bem organizada, levar meus amigos em jejum para qualquer lugar? E toda essa agitação por um pouco de fumaça? Juro pela minha cabeça que todos estes temores são...

Ele parou boquiaberto: um violento tremor acabava de sacudir a terra, fazendo oscilar os muros do anfiteatro, e um rugido subterrâneo seguido de violentas detonações dominou todos os outros ruídos.

Um instante de sinistro silêncio pairou sobre eles, depois soaram gritos, estrépitos de pés abalaram as escadas e a multidão apavorada, esbarrando-se e comprimindo-se, começou a surgir de todas as saídas.

— Eles irão nos esmagar ou nos separar — disse Marcus Fabius. — Coloquemos as mulheres no centro e procuremos chegar à tribuna imperial que está vazia. Lá poderemos esperar que a massa se disperse um pouco.

Concordando com a sensatez desse conselho, os homens formaram uma corrente e, não sem dificuldade, atingiram a tribuna vazia onde algumas pessoas não menos avisadas tinham ido procurar refúgio contra a multidão e a confusão que se instalara.

Enquanto todos examinavam ansiosamente a montanha coroada de chamas e o céu cada vez mais invadido por um véu negro, Marcus Fabius que, durante toda a manhã estivera triste e pensativo, voltou-se para a esposa:

— Querida Virgília, quando sairmos, te confiarei a Nero e a Sempronius que te acompanharão à galera. Quanto a mim, irei a Herculanum salvar nosso filho e espero voltar a tempo de me reunir a vós. Caso não consiga, irei direto a Nápoles onde nos reencontraremos.

A moça soltou um grito surdo e empalideceu terrivelmente.

— Fabius, não faz isto — disse ela. — Se o pequeno puder ser salvo, a ama e Fábia se encarregarão disso. Mas se estás decidido a partir, leva-me e morreremos juntos ao lado do berço de nosso filho, mas não me abandones. Enquanto eu estiver viva, não te deixarei partir sozinho.

Agarrando-se convulsivamente às vestes do marido, ela ergueu para ele seu rosto inundado de lágrimas. Nos olhos azuis de Virgília transpareciam uma angústia tão verdadeira, um amor tão apaixonado e tão puro, que um suspiro de imenso alívio escapou do peito de Marcus Fabius. Esquecendo tudo, ele apertou sua esposa contra o peito.

— Virgília, minha esposa querida, não sabes o quanto tuas palavras me fazem feliz. Oh! Perdoa-me a covarde e indigna suspeita que desde a manhã obscurece minha alma. Estou lendo nos teus olhos que amas apenas a mim.

— Mas quem, além de ti eu poderia amar? — balbuciou Virgília com uma surpresa tão ingênua e tão sincera que fez desaparecer a última nuvem no coração de Fabius.

Naquele momento, um novo tremor, mais violento do que o primeiro, interrompeu as explicações dos jovens esposos.

— Partamos! Senão seremos esmagados pelos escombros —, gritou Sempronius apavorado.

Todos saíram, mas lhes foi impossível encontrar os carros e as liteiras, já submersos e levados — sabe Deus para onde — pelas vagas humanas e, tão rapidamente quanto permitiam as forças das mulheres e das crianças, o pequeno grupo dirigiu-se a pé para o porto. Grande parte da multidão já havia se dispersado, mas se, em razão de sua parada, os fugitivos tinham enveredado por um caminho um pouco mais livre e evitado o perigo de serem esmagados pela multidão apavorada, eles tinham, entretanto, perdido um tempo precioso, pois uma cinza espessa e escaldante começara a cair, cegando-os e dificultando sua respiração. Pedras incandescentes, de diferentes tamanhos, voavam abundantemente, ferindo os homens e provocando um recrudescimento do terror.

Haterius e a família caminhavam na frente, a seguir, vinham Agripa e a esposa, trazendo, agarrados a eles, os filhos mudos de pavor; atrás deles, Claudius sustentava Drusila semidesmaiada e, depois, Virgília agarrada ao braço do marido. Ao lado, iam silenciosamente Nero e Sempronius, mas este último atrasava-se constantemente, correndo o risco de se perder na multidão, no meio da qual tentava encontrar Caius Lucilius, esquecendo-se, por isso, de qualquer outra preocupação.

Os fugitivos já tinham percorrido, dessa maneira, mais da

metade do caminho quando um novo abalo subterrâneo, ainda mais violento que os precedentes, fez a terra tremer sob seus pés. Muitos caíram, principalmente as mulheres, ocasionando na multidão desesperada uma desordem ainda maior. Parecendo que essa vibração subterrânea havia avivado mais ainda a atividade do vulcão, uma imensa nuvem negra emergiu de seu cume e uma chuva de cinzas e de pedras se abateu sobre todo o campo.

Virgília também caíra: seu marido e Nero levantaram-na e conduziram-na mais rapidamente, mas uma pedra atingiu com tal força Marcus Fabius na cabeça, que ele caiu sem mesmo um gemido.

A jovem lançou-se sobre ele como uma desvairada e procurou levantá-lo, mas vendo que ele permanecia imóvel, com os olhos arregalados e que gotas de sangue escorriam de seus lábios e narinas, soltou um grito e desmaiou. Nero inclinou-se para o infeliz casal, murmurando com os lábios trêmulos:

— Para ele, tudo acabou.

Carregando a moça, retomou o caminho mais rapidamente ainda. Seu coração batia violentamente: finalmente ele trazia em seus braços a borboleta dourada, como tantas vezes sonhara. A cabeça de Virgília repousava em seu ombro, sua cabeleira perfumada acariciava seu rosto e... ela estava livre. Apesar do perigo mortal que de todos os lugares os ameaçava, ele estreitou mais fortemente contra si seu leve fardo e a esperança de um futuro radioso fez-lhe brilhar os olhos.

Finalmente, chegaram ao mar já coberto de barcos atolados de fugitivos. Não longe da praia, oscilava sobre as ondas a galera do questor já ornamentada, para a festa da noite, de guirlandas de flores e de bandeirolas multicoloridas. Duas barcas cruzavam ao longo da costa, sem atracar, para não serem invadidas de assalto e os tripulantes expulsavam, a golpes de remos os que, aterrorizados, se jogavam ao mar e os seguiam a nado.

No homem que, de pé na proa de uma das barcas, examinava com atenção os fugitivos, o questor reconheceu seu velho servidor de confiança que, desde a manhã, encontrava-se no navio.

— Crestus! — gritou o questor agitando os braços —, por aqui, depressa! Estamos aqui!

Num instante, as barcas acostaram e Crestus precipitou-se para seu senhor e, com as mãos trêmulas, tocou-lhe a toga, beijando-a.

— Abençoados sejam os deuses que permitiram que eu te revisse, meu nobre senhor! — balbuciou vertendo lágrimas. —

Não foi em vão que cruzamos neste local: mas apressa-te, pois o universo está perecendo.

— Esperemos que eu viva o suficiente para te provar a gratidão que merecem tua providência e tuas lágrimas nesta hora de perigo — respondeu Haterius emocionado. — E agora, meu amigo fiel, ajuda a instalar mais rapidamente as mulheres e as crianças.

Logo todos estavam acomodados, à exceção de Sempronius, que declarou querer ficar para procurar Caius no meio da multidão. Então, Agripa e Haterius seguraram-no pelos braços e, quase à força, conduziram-no à barca.

Alguns minutos mais tarde abordaram o navio e as mulheres desceram imediatamente às cabines, onde Metella, abatida, mas silenciosa, apressou-se em prestar os primeiros socorros a Virgília ainda desacordada. Com o rosto coberto pelas mãos, Drusila parecia atordoada de pavor, mas Pomponia enchia o ar de gritos e gemidos, pois somente seu filho mais velho, de treze anos, estava ao seu lado, sendo que os dois mais jovens tinham ficado em Pompéia e seu terrível destino partia o coração da pobre mãe.

Os homens permaneciam na ponte e contemplavam com melancólico horror a terrível cena da costa e da cidade submersas em uma bruma avermelhada, acima da qual o Vesúvio erguia-se em direção ao céu como uma gigantesca tocha.

Quando Haterius ordenou que largassem, Sempronius pegou-lhe o braço e suplicou-lhe que esperasse que Caius encontrasse a galera, pois, talvez, ele estivesse em uma das barcas que sulcavam o mar em todas as direções.

— Meu pobre amigo — respondeu o questor —, se eu aceder ao teu pedido, todos nós morreremos sem salvar teu filho. Disseste-me que ele voltou a Herculanum e a catástrofe, certamente, o alcançou a caminho. Esperemos que ele tenha fugido pelo outro lado. Atravessar o furacão de pedras e de fogo que envolve Pompéia teria sido uma loucura. Além disso, vê como o mar está agitado! Precisamos nos apressar, se quisermos salvar os inocentes refugiados no navio.

Prostrado, Sempronius abaixou a cabeça e desceu com os outros para o fundo da galera. Entrando na grande cabine, Agripa apertou a mão de sua mulher:

— Tudo está perdido — murmurou —, de Herculanum e de Pompéia não restará pedra sobre pedra.

Metella ergueu ao marido um olhar brilhante através de suas lágrimas.

— Nunca fui tão rica e feliz como neste momento, em que vejo salvos, aqui, tu e nossos filhos. Choro por Virgília, pobre mulher! Nem sei se devo desejar que volte a si.

— Tens razão: tanto ela quanto Sempronius são dignos de pena. Da minha parte, qualquer murmúrio seria uma blasfêmia — respondeu Agripa, estreitando-a nos braços.

Abatido e desesperado, Sempronius deixara-se cair numa poltrona. Surdo a tudo o que o rodeava, não ouvira os gritos de Pomponia, que Haterius e o genro acabaram por levar a outro quarto. Não ouviu nenhuma das palavras reconfortantes de Agripa; um só pensamento absorvia todo o seu ser: Caius, seu filho querido, a alegria de seus velhos dias, estava perdido, com certeza morto como Marcus Fabius, o belo e nobre rapaz, amado e estimado por todos. Fábia também devia ter perecido, tragada pelo cataclismo inaudito. Não lhe restava mais nada do que lhe era caro.

Com um gemido surdo, comprimiu o peito com as mãos. Naquele momento, seu olhar ansioso caiu sobre Nero que, melancólico e agitado, apoiava-se na parede. Sempronius estremeceu: fora aquele filho exilado e nunca amado que o destino impiedoso salvara e lhe deixava como o único sustentáculo de sua velhice.

— Oh, Nêmesis![1] Terrível é o teu gládio! — murmurou deixando a cabeça cair entre as mãos.

Pobre Sempronius! Ele não compreendera que o céu, arrebatando-lhe o filho preferido, proporcionava-lhe a oportunidade de abrir seu coração ulcerado ao filho por longo tempo rejeitado. Não soube aproveitar aquela ocasião suprema de se aproximar da alma rebelde e transbordante de amargura de Nero. E aquele momento, que poderia, talvez, ter arrancado mais de um dardo rancoroso, como também evitado mais de uma desgraça futura, perdeu-se na eternidade, apenas cavando um abismo mais profundo ainda entre pai e filho.

Recuperando a consciência e a lembrança de sua desdita, Virgília começou a chorar e, silenciosamente, Metella abraçou-a, pois as palavras eram impotentes para aliviar alguns infortúnios. Tendo, de algum modo, esgotado suas lágrimas, a jovem lançou ao seu redor um olhar triste e cansado. Foi apenas, então, que percebeu Sempronius sentado com a cabeça nas mãos e notou as lágrimas que perolavam entre seus dedos. À visão daquela pungente dor do velho amigo que ela venerava desde

---

1 Nêmesis: deusa grega da vingança e da justiça. Termo particularmente apreciado por Rochester para se referir à vingança.

a infância, que sempre lhe parecera duro e altivo, julgando-o insensível a qualquer perda e inacessível ao desespero, Virgília sentiu a mais sincera compaixão. Esquecendo por um momento sua própria tristeza, ajoelhou-se ao lado dele e, acariciando-lhe com as pequenas mãos febris as faces enrugadas, murmurou com voz entrecortada de soluços:

— Pobre Sempronius, podes também chorar? Então misturemos nossas lágrimas, pois nós dois perdemos tudo o que amávamos.

O velho patrício levantou-se. Quem tinha vindo chorar com ele? Percebendo os cachos dourados de Virgília, reviu, em pensamento, a criança que ele fazia dar pulinhos em seus joelhos, a pequena companheira de brincadeiras de Caius, seu brinquedo dileto, pela qual o impetuoso menino dobrava seu gênio e brincava de boneca. Lembrando-se de que, como ele, a infeliz menina acabara de perder tudo, estreitou-a silenciosamente entre os braços e uma torrente de lágrimas aliviou seu coração oprimido.

De olhos secos e lábios trêmulos, Nero observava a cena tocante e um indescritível sentimento de desespero, ódio e inveja à vista daquelas lágrimas derramadas em memória de Caius, arqueou seu peito. Decididamente, ele era inútil. Aquela moça estranha podia consolar seu pai que a abraçava como se fosse sua filha e ele, o único filho que lhe restava, nem sequer fora chamado. Nero até sentia, instintivamente, que sua proximidade seria penosa para Sempronius e, abaixando a cabeça com um triste desânimo, saiu bruscamente, dirigindo-se à ponte.

Uma noite escura, sem estrelas, cobria a terra. Apenas o Vesúvio iluminava o mar com uma claridade avermelhada como a de um incêndio. Nero apoiou-se na amurada e, de cenho cerrado, fitou as trevas que o cercavam e que lhe pareciam menos sombrias que o futuro. O que lhe reservaria aquela vida milagrosamente salva hoje? Para que destino o conduzia aquele navio que, com todas as velas enfunadas, voava sobre as ondas como uma Alcíone?[2]

Fim da primeira parte

---

2 Alcíone: segundo a mitologia greco-romana, filha de Éolo, o rei dos ventos. Alcíone vivia feliz com seu esposo Ceix, quando ele parte numa viagem e morre durante uma tempestade em alto mar. Os deuses se compadecem por seu sofrimento e a transforma num pássaro para que ela pudesse sobrevoar o mar em busca do corpo de seu esposo.

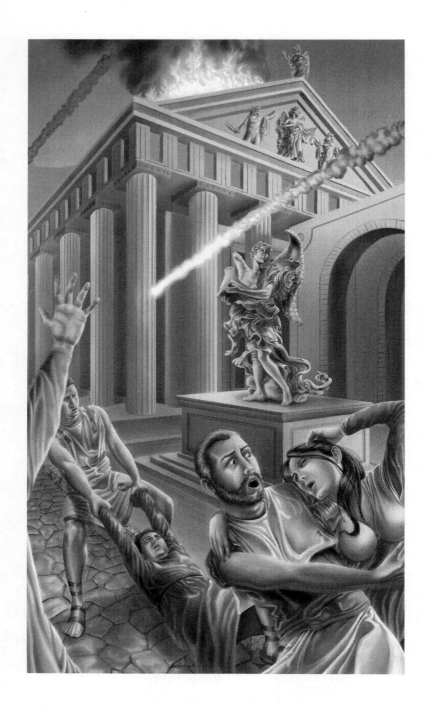

HERCULANUM

ROMAN
de
L'ÉPOQUE
ROMAINE

DICTÉ
par
L'ESPRIT DE
J.-W. ROCHESTER

TOME SECOND

PARIS

AUGUSTE GHIO
Éditeur
PALAIS-ROYAL
1, 3, 5, 7, Galerie d'Orléans

LIBRAIRIE
des
SCIENCES PSYCHOLOGIQUES
1, Rue Chabanais

Tous droits réservés.

HERULANUM

ROMAN DE L'ÉPOQUE ROMAINE

DICTÉ PAR L'ESPRIT DE

J.-W. ROCHESTER

MÉDIUM W.-K.

TOME SECOND

PARIS

AUGUSTE GHIO	LIBRAIRIE
Éditeur	des
PALAIS-ROYAL	SCIENCES PSYCHOLOGIQUES
1, 3, 5, 7, Galerie d'Orléans	1, Rue Chabanais

Tous droits réservés.

1. O ermitão

Com uma rapidez vertiginosa, Caius Lucilius e seus acompanhantes afastaram-se do local da terrível catástrofe, mas a escuridão que aumentava cada vez mais, a cinza e as pedras que por muito tempo os perseguiram, fizeram-nos perder a estrada direta e, tendo cortado caminho pelos campos, eles não sabiam ao certo onde se encontravam. Já por duas vezes tinham tentado se orientar, mas fora em vão. Finalmente, pararam, impossibilitados de ir além.

Caius Lucilius sentia-se muito indisposto, dores agudas transpassavam-lhe a cabeça como se fossem dardos, um suor frio cobria-lhe o corpo e tinha a vista embaçada por uma espécie de nuvem avermelhada.

— Sinto-me incapaz de prosseguir, meu cansaço é extremo e estou com tonturas — disse ele, parando o cavalo que, sobrecarregado por uma dupla carga, tinha as pernas trêmulas e, branco de espuma, soprava sangue pelas narinas. — Descerei aqui para descansar. Rutuba, toma a minha avó e continua teu caminho com os demais. É imprescindível encontrar um abrigo para Fábia e, também, prestar-lhe socorros. Vossos cavalos estão menos extenuados do que o meu e conseguirão levar-vos a alguma cidade ou aldeia. Quando tiveres instalado minha avó em algum lugar, tu voltarás para me buscar ou, então, nos encontraremos em Roma, pois irei para lá quando estiver um pouco melhor.

— Fica, ao menos, com um dos escravos, senhor. Pareces

doente e queres ficar sozinho? — observou Rutuba inquieto.

— Não, não, uma mulher necessita de escolta, mas o que temes por mim? Tenho um punhal e uma bolsa. Vai, vai e não percas um tempo precioso. Não estou doente, mas apenas esgotado de cansaço.

Embora a contragosto, Rutuba teve que obedecer e, logo, o trote dos cavalos se perdeu ao longe. Uma vez sozinho, Caius Lucilius deitou-se na relva e examinou o local onde se encontrava: era uma região abrupta e montanhosa. A estrada pela qual seguira Rutuba, pouco freqüentada, descia e ia se perder numa mata fechada, mas, à esquerda, uma vereda pedregosa subia em direção às rochas cobertas por uma escura floresta. Depois de ter descansado por mais de uma hora, num estado de semitorpor, Caius levantou-se e resolveu seguir o atalho que, talvez, conduzisse a uma fonte ou a uma cabana de pastor que lhe desse uma tigela de leite de cabra. Arrastando-se com dificuldade, começou a escalar o caminho que, não muito íngreme, embrenhava-se sinuosamente pela montanha.

Quanto tempo ele caminhou assim? Nem ele próprio saberia dizer, mas, de repente, ouviu o murmúrio de uma cascata e, à suave claridade de um raio de lua deslizando entre as nuvens carregadas, percebeu uma fonte que jorrava de um rochedo, formando um lago natural. Caius ajoelhou-se e quis, com a mão, saciar-se com o líquido cristalino, mas, naquele momento, sua cabeça rodou, tudo escureceu diante dos seus olhos e ele tombou, desmaiado, sobre o musgo que circundava o pequeno lago.

Longas horas se passaram e a aurora já clareava o horizonte, quando passos soaram e um velho alto trajando uma longa túnica marrom, apareceu na vereda descendo a montanha. Era um homem de idade muito avançada, mas ainda vigoroso e robusto. Suas costas eram um pouco curvadas, seu rosto sulcado de rugas profundas, mas nos seus grandes olhos castanhos e límpidos, desenhava-se uma bondade infinita mesclada de uma doce melancolia. Uma barba prateada, que lhe descia até a cintura, dava à sua pessoa um ar venerável e majestoso.

Percebendo Caius Lucilius ali deitado, inerte, o velho parou um momento, surpreso, depois, aproximando-se rapidamente, inclinou-se e examinou-o.

— Um patrício! Que acaso o trouxe a este lugar isolado? — murmurou, já pegando um pouco de água da fonte.

Molhou a fronte e as têmporas de Caius e friccionou vigorosamente as suas mãos geladas. Decorrido um quarto de hora de tentativas, o rapaz abriu os olhos e, lançando ao seu redor um olhar assustado, murmurou:

— Onde estou?

O velho ajudou-o a levantar-se e perguntou com interesse:

— Quem és, jovem estrangeiro e por que obra do destino te encontras em tão triste estado neste lugar deserto?

Caius passou a mão sobre a testa para coordenar as idéias.

— Abandonei às pressas minha cidade natal, Herculanum, ameaçada de destruição por um tremor de terra e pela erupção do Vesúvio. Foi o acaso que me trouxe aqui, mas estou totalmente esgotado, minha cabeça roda, meus membros estão pesados como o chumbo. Se, pois, bom velho, puderes me oferecer qualquer abrigo onde eu possa descansar e me reconfortar um pouco, ser-te-ei bastante grato.

— Vens de Herculanum? Então, podes te gabar de teres feito uma caminhada incrível. Mas apóia-te em mim, meu filho, vou te conduzir à minha modesta morada, perto daqui, pois necessitas imperiosamente de repouso.

Ele ajudou Caius a levantar-se e susteve o rapaz cambaleante que, com muito esforço, realizou a centena de passos que o separava do refúgio do ermitão. Diante de uma abertura meio escondida por uma cortina de hera selvagem, o velho deteve-se e conduziu seu jovem companheiro para dentro de uma gruta espaçosa, mobiliada com uma mesa de madeira e alguns troncos de árvores que serviam de cadeiras. Via-se, a um canto, um leito de folhas secas, coberto de pele de carneiro. Tendo ajudado Caius a nele se deitar, o eremita correu a um vão formado por uma rocha ao fundo da gruta, pegando uma coberta de lã, um copo de barro e uma bilha de vinho.

— Reservo, para meus doentes, um pequeno luxo que não concedo a mim mesmo — disse o bom velho sorrindo com satisfação. — Vivo apenas para a oração e não tenho necessidade de nada, mas quando tenho a felicidade de dar abrigo a um hóspede, gosto de reconfortá-lo com um gole de vinho envelhecido.

Enquanto falava, ele cobrira Caius com a coberta, e ofereceu-lhe o copo e um pedaço de pão. O rapaz bebeu avidamente alguns goles, mas, sem tocar no pão, caiu novamente sobre o leito e logo adormeceu em pesado e febril sono. Um tremor glacial agitando-lhe o corpo, tirou-o daquele torpor. Seu olhar estava turvo e, sua cabeça, pesada como chumbo, doía-lhe insuportavelmente. No entanto, logo essa sensação de frio cedeu lugar a um calor ardente: acreditava estar vendo o Vesúvio e estar sendo atingido e queimado pelas chamas que jorravam de sua cratera. Rolou com surdos gemidos sobre o leito de folhas, chamando

Herculanum

por seu pai e por Fábia.

O solitário, que rezava sentado em uma pedra à entrada da gruta, entrou rapidamente ao ouvir a voz de seu hóspede. Inclinou-se, com interesse, para o enfermo que, com as faces em brasa e os olhos cintilantes, cumulava de desprezo e críticas um ser invisível. O delírio de Caius mudara de alvo: revia Daphné, as cenas que precederam a erupção e procurava, ao seu redor, o punhal que queria mergulhar no coração do traidor Apolonius.

— Pobre rapaz! Será que tua vida já conheceu a traição ou o delírio, e a febre foi provocada pelo cansaço e o medo? — murmurou o ermitão, colocando as mãos sobre a testa de Caius. Alguns instantes depois, o rapaz pareceu se acalmar e fechou novamente os olhos.

Alguns dias assim transcorreram, sem que houvesse qualquer melhora sensível no estado de saúde do enfermo. O velho o velava com dedicação, rezando à sua cabeceira e colocando suas mãos sobre ele quando o delírio se tornava muito violento. Uma noite, finalmente, o mal se agravou subitamente: ardendo como brasa, os olhos encovados e com fundas olheiras, Caius continuava deitado imóvel e, apenas a respiração rouca e sibilante a movimentar-lhe o peito mostrava que a vida lutava ainda naquele jovem corpo exausto. Inquieto e nervoso, o ermitão abandonou a cabeceira do leito de folhas e dirigiu-se ao fundo da gruta. No vão já mencionado, uma abertura estreita, fechada por uma cortina de couro e inteiramente velada pela sombra projetada pela parede irregular da rocha, conduzia a uma outra gruta, menor que a primeira. Ao centro dessa pequena sala iluminada por lâmpadas suspensas na abóbada havia um grande e profundo lago. Ao fundo, sobre dois degraus, erguia-se um altar de pedra, no qual se via uma cruz e, presa a ela, a imagem em tamanho natural de um homem crucificado.

Essa imagem, que do ponto de vista artístico deixava muito a desejar, era, por outro lado, obra de um místico: a cabeça, cingida por uma coroa de espinhos, era admirável; a expressão de sofrimento mesclada de indulgência divina teria feito a honra de um grande escultor.

O velho dirigiu-se para esse estranho altar e, ajoelhando-se sobre os degraus, estendeu as mãos em súplica para a imagem do crucificado:

— Oh, Senhor divino e misericordioso, tu que me ensinaste a conhecer o único e verdadeiro Deus, pai de todas as criaturas — murmurou com os olhos úmidos —, escuta minha prece, inspira-me o que fazer para aliviar o enfermo que me enviaste. Para ti, que convertias gentios e curavas os leprosos, não existem pagãos impuros, todos são igualmente caros ao teu coração e, onde quer que haja um ser que sofre, tu lá estarás para aliviá-lo.

Calou-se, absorvido em uma contemplação extática. Quando, enfim, ele se levantou, seu rosto estampava calma mesclada de fé ardente. Aproximando-se de uma pequena pia com pé de bronze colocada à direita do altar, encheu-a com a água que retirou do lago com um pequeno vaso de prata. A seguir, ajoelhou-se, fez mentalmente uma prece e, estendendo as mãos acima da água, disse com voz grave e solene:

— Senhor Jesus, filho do Deus vivo, invoco sobre esta água a presença divina, lembrando-me do teu batismo no Jordão. Conceda a esta água a graça renovadora, da qual tu és a fonte, para curar a alma e o corpo, pois tu és puro e tudo o que tocas é purificado.

Depois de se ter prosternado e beijado o pé da pia, encheu com aquela água uma bilha e voltou para junto do enfermo. Umedeceu-lhe os lábios ressecados e, molhando um pano, aplicou-lhe sobre a testa do rapaz. Tendo feito isso, voltou para o seu lugar sobre o tronco de árvore e orou silenciosamente. De repente, Caius levantou-se, abrindo completamente os olhos.

— Vê! — murmurou ele, apontando para o fundo da gruta.

— O sol nasce, inundando-nos com sua luz dourada. Ah! O próprio Júpiter desce da abóbada celeste, suspenso por nuvens de diamante. Sua claridade me cega, mas o olhar do deus é doce e misericordioso.

Calou-se e caiu esgotado. O velho prosternou-se com a face no solo.

Quando, a seguir, debruçou-se sobre o enfermo, viu, com surpresa, que este se encontrava profundamente adormecido.

— Grande é tua graça, Senhor, e infinita, a tua misericórdia — murmurou trocando o pano molhado. — Tu, pobre rapaz, dorme e extrai novas forças para teu corpo exausto.

O dia já ia alto quando Caius despertou. A febre desaparecera completamente, uma palidez lívida substituíra o rubor febril de suas faces, mas ele sentia uma fraqueza extrema.

— Gostaria de me levantar, mas não consigo — murmurou percebendo o bom velho sentado à sua cabeceira.

— Não precisas te apressar, meu filho — respondeu sorrindo este último. — Descansa bastante, pois acabas de vencer uma grande doença e ainda levará mais de uma semana para que recobres totalmente tuas forças. Agora, bebe isto e não te canses falando.

Herculanum

Ofereceu-lhe uma beberagem refrescante, cobriu-o novamente com a coberta e logo um sono reconfortante fechou as pálpebras do enfermo.

Apesar dos cuidados do ermitão, as forças de Caius voltavam com uma lentidão desesperadora. Desejando distraí-lo pela conversa, João (era este o nome do velho) perguntou-lhe, um dia, quem ele era. Caius deu seu nome e contou as particularidades de sua fuga.

— Ah! — respondeu o eremita —, pertences a uma rica e ilustre família. Conheci teu avô quando ele comandava uma legião na Gália.[1] Era um nobre e valoroso soldado, embora severo e impiedoso em tudo o que dizia respeito à disciplina. Se não estiveres muito cansado, poderás falar-me dele, o que ele faz atualmente e de sua família. Vamos, não abaixes a cabeça com tanta prostração. Compreendo que teu coração esteja torturado pelo temor que teu pai tenha morrido, mas devendo ele participar de um banquete num navio, sem dúvida conseguiu escapar do desastre.

Caius acedeu ao desejo do velho e, às vezes, eles conversaram sobre esse assunto, mas a maior parte do tempo, ele permanecia deitado, triste e silencioso, absorto em pensamentos dolorosos que lhe perturbavam o repouso. Além da natural inquietação pelo destino do pai e de todos os amigos que o acompanharam a Pompéia, a lembrança de Daphné o perseguia com uma persistência que se tornava uma verdadeira tortura. Pensava estar vendo diante de si a mulher que ele amara, retalhada pelos tigres que disputavam entre si seus restos sangrentos. Sua selvagem vingança não dava mais nenhuma satisfação à sua alma sombria. Ninguém sabia como ele agira, mas uma opressão terrível oprimia seu peito. Gostaria de poder colocar a cabeça sobre o peito da avó e chorar, mas nenhuma lágrima vinha para aliviá-lo. No silêncio da noite, o grito de angústia de Daphné e suas súplicas desesperadas ressoavam em seus ouvidos e não sabia como evitá-los. Nessa angústia íntima, tentou orar a Júpiter, mas a súplica resultava inútil, pois Caius Lucilius não sabia rezar, nunca se aproximara da divindade pela oração. Feliz desde o nascimento, mimado e amado por todos, ele apenas cumprira o dever sagrado de agradecer os imortais pelos dons que recebera. Pela primeira vez na sua vida, ele se sentia só, abandonado, infeliz e torturado por sua consciência; sua invocação era antes um murmúrio, uma surda rebelião, que envenenava sua alma no lugar de acalmá-la.

1 Gália: nome romano para as terras dos celtas na Europa ocidental.

A voz calma, o rosto doce e sereno do eremita, por vezes lhe traziam algum conforto e ele o observava preparando-lhe uma leve refeição ou a beberagem de ervas que lhe dava de manhã e à noite. Foi assim que notou que, todas as semanas, um jovem aldeão vinha visitar o velho, trazendo-lhe um cesto cheio de provisões. Notou também que os dois desapareciam pela escura reentrância da gruta que, também, recebia diariamente demoradas visitas do ermitão.

Por muito tempo Caius perdeu-se em conjecturas sobre o misterioso retiro e por fim desconfiou que lá poderia haver uma segunda gruta. Veio-lhe à mente uma suspeita que resolveu confirmar.

À noite, no momento em que, sentados diante da gruta, o ermitão e ele conversavam, admirando o pôr-do-sol, ele perguntou:

— Bom pai, não consideres minha pergunta como uma indiscreta curiosidade, mas parece-me que não comungas a nossa fé: não pertencerias, por acaso, à seita dos cristãos, da qual muito ouvi falar?

O velho inclinou a cabeça.

— Sim, meu filho, eu sou cristão, e um dos primeiros, pois assisti aos últimos momentos do Divino Mestre, do qual sou indigno discípulo. Conformando-me ao seu ensinamento, vivo aqui longe das tentações do mundo, rezando, tratando dos doentes e dando alívio aos que sofrem, na medida das minhas forças. Nada perturba as lembranças que me são sagradas e sou verdadeiramente feliz.

— E eu estou contente de finalmente poder saber a verdade sobre vossa seita — disse Caius com vivacidade. — Dizem que o fundador de vossa doutrina era um grande mágico, que durante vossos cultos, vós vos entregais a práticas e a orgias odiosas, mas tudo isso sempre me pareceu incompatível com a paciência, a indulgência e a fé inquebrantáveis com as quais os cristãos preferiram suportar todos os suplícios a renunciar à sua crença. Responde-me, pois, tu és tão bom e tão paternal, que acreditarei em ti sem restrições.

— Os que nos acusam de crimes não conhecem nem nossa crença nem nosso Divino Redentor que era tão puro, tão grande, que mesmo aqueles que o conheceram não conseguiram entendê-lo. Não estou dizendo isso para te converter, meu filho, embora seja uma imensa graça acreditar em Jesus, dirigindo a ele uma súplica.

— Oh, meu pai! Conta-me o que sabes sobre esse homem estranho que soube inspirar aos seus discípulos uma fé que de-

Herculanum

safia as torturas e a morte. Com freqüência venho sonhando com ele. Quão grandes devem ter sido seu encanto e sua bondade para manter eternamente fiéis os que nele crêem! Mas é verdade que ele pregou o perdão das ofensas, a humildade e que prescreveu fazermos o bem pelo mal, aos inimigos? Eu te peço, pai João, conta-me como o conheceste, o que conversaram e juro guardar um silêncio absoluto sobre tudo o que me dirás.

— Bem, meu filho, vejo em teus olhos que és honesto e generoso. Assim, consinto em te confiar meu passado e te contarei como conheci Jesus e me tornei cristão, mas não hoje. Minha narrativa é comovente e encerra sérios ensinamentos. Para ouvi-la e dela tirar proveito, deves estar restabelecido, pelo menos fisicamente. Recupera, pois, tuas forças e te direi tudo o que desejas saber.

Caius teve que se conformar a essa decisão. O velho ajudou-o a se levantar e a voltar ao leito. Novamente os dias se escoaram sem trazer alterações notáveis. Caius readquiria forças físicas, graças à alimentação fortificante que lhe preparava o eremita, mas o seu estado de alma estava mais melancólico que nunca. A lembrança das últimas horas que passara em Herculanum o perseguia mais persistentemente ainda; e à noite, ele rolava sobre o leito, vítima de uma penosa insônia, e durante o dia, permanecia deitado, num estado de profunda apatia, recusando-se, até, a tomar ar.

O bom ermitão que, durante todas essas semanas, afeiçoara-se sinceramente ao seu jovem enfermo, tão belo, tão agradecido pela menor atenção, acompanhava com ansiedade as peripécias dessa luta íntima e, uma noite, após ter forçado Caius a tomar uma tigela de excelente caldo de peixe, disse-lhe, acariciando-lhe com a mão a cabeça cacheada:

— Caro filho, vejo, com tristeza, que a saúde do teu corpo não pode voltar porque tua alma está doente. Mas que peso pode oprimir teu jovem coração a ponto de te tirar o sono e impedir teu repouso?

Sem responder, Caius apoiou a cabeça no peito do velho, que o abraçou fortemente.

— Teu silêncio, pobre criança, revela muito mais do que as palavras, que algum erro pesa em tua consciência. Mas, se te repugna mostrar as feridas de tua alma ao teu velho amigo, acompanha-me ao *local* em que costumo encontrar alívio quando minha alma está perturbada. Vem, meu filho, rezarei contigo para que o espírito do mal, que te conduziu ao caminho do pecado e se rejubila com teus sofrimentos, te deixe. Aquele que vou te mostrar disse: "Vinde a mim, os oprimidos e os infelizes, eu vos aliviarei!"

Como que subjugado por uma necessidade íntima de preces e de arrependimento, Caius seguiu o eremita ao misterioso santuário. No entanto, admirado e com o coração palpitante, deteve-se à entrada: o crepúsculo que reinava na gruta, a luz vacilante das lamparinas que iluminavam ao fundo a grande cruz com o seu mártir, tudo isso reagiu irresistivelmente na alma impressionável e apaixonada de Caius Lucilius. Era ali, então, que residia o Deus dos pobres e dos infelizes! Ele não sentava num trono, empunhando um raio, como Júpiter!

Seus servos não diziam: "Aquele que oferece os mais ricos sacrifícios é o mais caro à divindade". Muito pelo contrário, ele procurava os pobres e os deserdados. O velho ajoelhou-se diante do altar:

— Oremos — disse ele —, para que reencontres o repouso.

Possuído pelo temor e pela veneração, Caius Lucilius seguiu seu exemplo e seu olhar foi irresistivelmente atraído pela admirável e divina imagem que parecia inclinar-se para ele com infinita brandura a dizer-lhe:

— Vem a mim, eu compreendo todos os teus sofrimentos e te aliviarei.

— Meu filho — disse o ermitão aproximando-se de Caius —, este que aí vês representado conheceu até os mais secretos recônditos do coração humano. Dirige-te a ele e ele te compreenderá. Sua clemência era infinita, e cercado de inimigos que o crucificaram, ele os perdoou, pois sabia que a morte nos liberta das correntes terrestres e que o sofrimento é a pedra de toque da paciência, da fé e do amor que adquirimos. É mais fácil condenar e punir do que perdoar e fazer o bem.

Profundamente perturbado, Caius juntou as mãos, sem poder explicar o amor estranho que o atraía para esse Deus desconhecido, ao qual acabava de implorar. O homem cego pelo corpo não sabia que a alma acabava de reconhecer o guia divino da pátria eterna e palpitava de alegria por havê-lo encontrado. Assim, uma muda, mas fervorosa invocação jorrou do seu coração, pedindo a paz interior. Suas faces pálidas readquiriram cor, seus olhos brilharam de exaltação e parecia-lhe que a luz das lamparinas concentrava-se sobre o rosto do Deus crucificado, cercando-o de uma auréola dourada ao mesmo tempo em que, da cruz, exalava uma torrente de calor benfazejo que o penetrava e o aliviava. Novamente, a esperança de rever o pai e todos os que ele amava penetrou em seu coração, enquanto que a imagem de Daphné e de seu fim sangrento quase que se desfez diante de seu olho espiritual. Mas, em compensação, começou a julgar-se a si mesmo, viu seus defeitos, seu orgulho excessivo, seu comportamento cego e sua sede de vingança. Humilhou-se interiormente e, calmo, como havia muito tempo não se sentia, voltou-se para o velho companheiro que, de braços estendidos para a cruz, parecia mergulhado em beatitude extática.

— Meu pai, grande é a força do teu Deus — murmurou Caius Lucilius —; sinto-me aliviado, meu coração libertou-se de um peso enorme; deixa-me dizer-te, aqui mesmo, tudo o que ignoras da minha vida e, diante deste Deus misericordioso que me escutou, diga-me o que devo fazer para expulsar a sombra vingativa de uma vítima.

— Fala, meu filho — disse o eremita estendendo-lhe as mãos —; não existe pecado que uma sincera expiação não possa fazer perdoar.

Caius sentou-se a seus pés e, com palavras rápidas e coloridas, descreveu-lhe Fábia, Sempronius e sua existência sem nuvens até o momento do seu encontro com Daphné. Contou-lhe como, por amor a ele, sua boa avó e seu pai, tão orgulhoso e altivo, tinham consentido seu casamento e recebido de braços abertos aquela plebéia sem fortuna nem educação. Com uma agitação cada vez maior, narrou todas as torturas morais que lhe infligira aquela ingrata criatura que ele arrancara do povo e que, quando se tornara sua mulher, começara a odiar a todos os que lhe eram caros, provocara-o, maltratara-o e finalmente, traíra-o.

De olhos brilhantes, ruborizado, ele desenrolou, diante do velho atento, o quadro das últimas cenas que haviam precedido sua fuga de Herculanum e, enfim, como alertado por um serviçal de confiança, ele voltara e vira com seus próprios olhos a indigna traição: uma nuvem sangrenta encobrira seus olhos e, como num sonho, ele matara Apolonius e arrastara Daphné até o pátio das feras onde a jogara para servir de pasto aos terríveis animais.

— E agora, meu pai, sua sombra me persegue sem descanso. A cada instante imagino estar vendo Daphné na minha frente, rolando na poeira e, seus gritos de angústia e suas súplicas vibram nos meus ouvidos. Dize-me o que posso fazer para afastar e acalmar seus manes[2] — concluiu Caius, deixando cair a cabeça febril sobre os joelhos do ermitão.

Este ergueu o rosto do rapaz e mergulhando seu doce olhar nos grandes olhos tristes de Caius, respondeu ternamente:

— Não sou teu juiz, meu filho, e grande foi a tentação, para teu jovem coração ultrajado e traído, de se vingar dessa mulher perversa que, de acordo com todas as leis humanas, havia merecido sua punição. Mas o Divino Mestre que morreu na cruz para resgatar nossos pecados disse, em nome do Pai celeste, estas palavras sagradas: *A vingança a mim pertence.* E a justiça daquele que governa o Universo é bem mais terrível que tua mesquinha vingança que só atingiu um corpo perecível, pois ele é o senhor da alma, ou seja, do pensamento indestrutível que sobrevive ao teu corpo e que é o autor de todos os teus males.

Lembra-te bem, meu filho, que a vingança une os inimigos entre si, tanto quanto o bem que eles recebem os afasta. Enquanto pensares com ódio e raiva na traidora que também te odeia pelo fim terrível que teve, vossos maus sentimentos recíprocos vos ligarão mais fortemente do que o faria a amizade. Mas quando o rancor de tua vítima esbarrar no teu perdão e na prece que fizeres em sua intenção, ela se sentirá aliviada, sentirá vergonha de si mesma e te deixará. Reza, pois, meu filho, e o dispensador da graça te concederá o repouso e o afastará dos inimigos invisíveis, que são bem mais terríveis que os vivos. Durante sua vida corporal, um dia, pregando ao povo, nosso Divino Mestre ensinou que aquele que *sabe* rezar maneja a mais forte alavanca já concedida ao homem, pois sua fé e sua vontade

2 Manes: para os antigos romanos, as almas deificadas de ancestrais já falecidos.

podem remover uma montanha.

— Meu pai, tudo o que estás me contando sobre os ensinamentos do teu Deus prova sua profunda sabedoria. Acabo de experimentar seu poder e aspiro, mais do que nunca, conhecê-lo. Não gostarias, hoje, de me confiar o que sabes de sua vida? — pediu Caius Lucilius, cujos olhos brilhavam de um entusiasmo próximo à exaltação.

— Com prazer, meu rapaz. Vendo que teu coração está emocionado e aliviado pela prece, creio ser um momento favorável para confiar-te como me tornei cristão. Mas antes, fortifiquemo-nos, pois todas essas emoções te deixaram esgotado.

Voltaram à primeira gruta e o velho trouxe pão e leite que dividiu com Caius Lucilius. A seguir, saindo de um longo recolhimento, começou assim sua narrativa:

— Trata-se de um passado longínquo o que eu vou te retraçar, meu filho, mas para maior clareza do que vou contar, devo dizer-te algumas palavras sobre mim. Meu pai era um guerreiro e ausentava-se com freqüência. Minha mãe vivia então, com seus filhos, na casa do meu avô, homem rico e sábio filósofo. Assim, tive uma juventude feliz e isenta de preocupações. Como eu era esperto, meu avô me dava muita atenção e eu aprendia com tanta facilidade que ele teria, de bom grado, feito de mim um sábio, mas meu pai queria que eu seguisse a carreira das armas fazendo-me entrar, muito jovem, para o exército. Primeiramente servi em Massília, [3] na Gália, sob as ordens do teu avô e, depois, fui enviado a Judéia e tive que morar em Jerusalém. Na época, era Pôncio Pilatos quem governava aquela província do império, e devo dizer-te que o exercício desse cargo não era fácil, sobretudo para um homem violento e orgulhoso como ele, pois o povo judeu é turbulento, faccioso e de um fanatismo religioso excessivo: à menor ameaça aos seus privilégios, eles se queixavam ao próprio imperador, o que não os impedia de conspirar na surdina e de sonhar com o restabelecimento de um reino independente. Deves compreender que em tal país era preciso manter os olhos abertos, e essa necessidade foi a ocasião escolhida pela Providência para me fazer conhecer o Divino Salvador e realizar minha conversão.

Já te disse que eu era mais instruído que meus colegas; aprendia principalmente as línguas com uma rapidez impressionante e essa facilidade já me tinha sido muito útil no serviço

---

3 Massília: atual Marselha (cidade francesa), fundada em 800 a.C. pelos gregos como sendo um porto de comércio; foi invadida pelos celtas e depois conquista pelos romanos.

e nas minhas relações com as pessoas da região onde me encontrava.

Em Jerusalém, ocupava um cômodo na casa de um galileu, homem honesto, porém pobre, que cuidava de uma família numerosa. Uma de suas filhas era encantadora e me agradou muitíssimo. Deves levar em conta que eu era jovem e cheio de idéias mundanas — acrescentou o velho como se estivesse incomodado com aquelas lembranças.

A verdade é que, para conversar mais facilmente com Abigail, aprendi rapidamente o seu dialeto, que não era o puro hebraico, mas a língua geralmente falada pelo povo. Foi também na casa daquela boa gente que ouvi, pela primeira vez, falar de Jesus. Eles o haviam visto por ocasião de sua passagem por Jerusalém, e tinham sido testemunhas oculares da cura milagrosa de vários doentes, e referiam-se à sua admirável pregação e de sua caridade inesgotável com uma veneração entusiástica.

Desde logo, interessei-me vivamente por aquela personalidade extraordinária e, um dia, fui chamado pelo meu chefe, que me disse:

— Desejo, Quirilius Cornelius, confiar-te uma missão secreta que será facilitada pelo teu conhecimento da língua popular. Parece que há mais de dois anos, um homem de Nazaré, chamado Jesus, atravessa toda a Galiléia e as províncias adjacentes, pregando uma nova crença, fazendo milagres e curando os doentes. Não me interessaria por isso se não tivesse recebido do Sumo Pontífice um aviso secreto, declarando que esse homem possui propósitos políticos, pretende ser descendente dos antigos reis e aspira tornar-se rei de Israel. Dessa forma, é indispensável averiguar todos esses rumores. Vai, pois, bem disfarçado, a uma dessas assembléias. Não terás dificuldade em encontrar o profeta que, segundo dizem, a multidão acompanha por toda a parte. Quando tiveres certeza do objetivo dessa pregação, voltarás para fazer-me um relatório.

Contente com uma ordem que me proporcionava, finalmente, a ocasião de satisfazer minha curiosidade, voltei para casa. Após ter feito algumas perguntas hábeis, soube que o profeta de Nazaré não se encontrava longe da cidade. A meu pedido, um dos filhos do meu anfitrião ofereceu-se para me conduzir para perto dele. Era o que eu queria e, disfarçado, partimos à noite, para aproveitarmos de seu frescor.

Seguindo as indicações dos passantes, chegamos, por fim, a uma colina em cuja encosta agrupava-se pitorescamente uma multidão considerável: uns estavam sentados, outros deitados

Herculanum

na relva e alguns outros ajoelhados, num visível estado de exaltação. Ao centro daquele semicírculo, apoiado no tronco de uma árvore frondosa, encontrava-se um homem de estatura mediana, vestindo uma longa túnica branca e envolto por um manto escuro.

Abri caminho e me postei o mais próximo possível para ver e ouvir, mas ao primeiro olhar lançado sobre os traços finos e regulares do pregador, uma súbita emoção fez meu coração disparar, pois de toda a sua pessoa irradiavam um encanto e um fascínio incríveis. Uma sedosa cabeleira castanha e anelada caía-lhe sobre os ombros, emoldurando um rosto pálido e ligeiramente bronzeado pelo sol. Sua boca era enérgica, mas temperada por uma bondade indefinível. No entanto, o mais admirável eram seus olhos de um azul-escuro como a safira, dotados de tamanha agilidade de expressão que pareciam, a cada instante, mudar de cor, mostrando-se ora negros e brilhantes, ora azuis e doces como a abóbada celeste.

Ele falava da imortalidade da alma, da futilidade dos gozos terrenos e das alegrias que esperam os deserdados e os sofredores no reino do seu pai celeste. Sou incapaz de reproduzir suas palavras, pois quem poderia traduzir aquela eloqüência divina que comovia e consolava, o encanto mágico daquela voz doce e potente que atingia as camadas mais baixas do povo e cujas modulações faziam vibrar todas as fibras da alma?

Entusiasmado, subjugado, eu escutava avidamente, admirado, em meu foro íntimo, que um homem que falava como ele pudesse ser considerado perigoso, uma vez que o desprendimento das alegrias terrestres que ele pregava devia tornar os homens indiferentes à ambição. Naquele momento, a vida me pareceria vazia e inútil se ela não se voltasse para um objetivo celeste tal como ele a descrevera. Quando o discurso acabou, a massa se comprimiu ao redor de Jesus, vários doentes aproximaram-se e vi com meus próprios olhos que uma criança paralítica das pernas, carregada pela mãe, foi curada apenas com um toque seu. A seguir, as pessoas começaram a se dispersar e Jesus, seguido de vários homens (que me disseram ser seus discípulos), desceu a colina. Ao passar perto de mim, deteve-se bruscamente e, mergulhando no meu o seu olhar brilhante, de expressão estranha, disse-me à meia-voz:

— Centurião, renuncia à tua missão, pois minha palavra comoveu teu coração. Serás justo comigo e estejas certo de que os que disseram a teu chefe que seria urgente me vigiar, querem uma coisa bem diferente.

Continuou seu caminho, com um ligeiro sorriso, deixando-me petrificado de surpresa. Seria ele um mágico ou um Deus que adivinhava meus pensamentos e descobria minha tarefa, apesar das vestes de homem do povo que me cobriam?

Intimamente perturbado, voltei a Jerusalém e, no meu relatório, afirmei estar convicto de que a pregação daquele homem não atentava, absolutamente, contra a tranqüilidade do Estado e que, pelo contrário, tendia a livrar seus discípulos da ambição deste mundo. Meu chefe sorriu:

— Então eu não me enganara — disse ele. — Foi apenas a suscetibilidade pessoal de nossos sacerdotes e dos fariseus que queria fazer desse censor de seus abusos um inimigo do nosso grande imperador.

Desde então, comecei a sentir um vivo interesse por Jesus e sua pregação e não mais o perdi de vista. Por várias vezes ainda, quando as circunstâncias e o serviço o permitiram, ouvi-o falar e me convenci de que se tratava de um grande reformador que proclamava a igualdade, condenava a injustiça, a opressão do fraco pelo forte e apelava para a consciência do homem para alçá-lo a uma moralidade superior.

Assim se passaram vários meses. A Páscoa dos judeus se aproximava e não pude mais pensar em Jesus: o serviço absorvia todo o meu tempo, pois, além da enorme afluência de peregrinos que chegavam para celebrar a data, o procônsul Pôncio Pilatos também fora a Jerusalém e não me faltavam trabalhos extraordinários.

Uma noite, voltando cansado para casa, vi com surpresa que Abigail me esperava, nervosa, e com os olhos vermelhos. Contou-me que seu irmão mais velho — que trabalhava na guarda do templo — chegara apressado e lhe dissera que um grande perigo ameaçava o bom profeta de Nazaré. Alguns dias antes, ao entrar em Jerusalém, este fora recebido com folhas de palmas e aclamado por gritos de entusiasmo pelo povo. Os sacerdotes e fariseus, furiosos com semelhantes ovações a um homem que, na opinião deles, desprezava seus mandamentos e violava o sabá, tramavam-lhe a perda e, para tanto, haviam, evidentemente, conluiado com um dos discípulos de Jesus, pois Davi (esse era o nome do irmão de Abigail) vira por duas vezes um deles achegar-se ao Sumo Sacerdote e presumia que naquela mesma noite pretendiam prender o profeta. Onde? Ele não o sabia. Amando a Jesus e sabendo que eu também o admirava, Davi correra à casa da irmã, na esperança de que, com a minha ajuda, pudéssemos preveni-lo, dando-lhe tempo de fugir.

Herculanum

Diante dessas tristes notícias, meu coração ficou apertado. Eu ouvira falar da entrada solene de Jesus em Jerusalém, mas não pensara que tal evento pudesse ter alguma conseqüência mais grave. Eu teria dado qualquer coisa para salvar aquele homem de bem, cuja vida era um encadeamento de obras de caridade, mas não fazia a menor idéia do local em que ele poderia ser encontrado naquela noite.

Não pude dormir: diante dos meus olhos aparecia o rosto impressionante do jovem profeta, e eu me torturava para encontrar um meio de salvá-lo. Mal a aurora despontara, eu já havia deixado a casa para ir ao palácio do procônsul. Esperando encontrar Davi, que talvez estivesse me esperando, dei a volta ao templo e, não longe da porta que levava ao aposento do pontífice, encontrei efetivamente o rapaz, que me contou que Jesus fora preso, considerado culpado e que pretendiam conduzi-lo ao pretório para que fosse julgado por Pôncio Pilatos.

O velho calou-se e enxugou silenciosamente algumas lágrimas que lhe corriam pelas faces enrugadas.

— E, apesar de sua inocência, ele foi condenado? — perguntou Caius Lucilius, cujo rosto expressivo refletia as emoções mais diversas. — Como Pôncio Pilatos permitiu tal iniqüidade?

— Era essa a vontade de Deus, meu filho, escrita nos astros desde os primórdios do mundo. O procônsul quis salvá-lo, mas o povo, cego e fanatizado pelos sacerdotes, não o permitiu. O divino mensageiro do Pai celeste, nosso misericordioso salvador, foi julgado culpado, humilhado, flagelado e, finalmente, condenado a morrer na cruz. Em outra oportunidade te contarei os pormenores daquele terrível martírio, pois hoje me sinto incapaz e me limitarei a evocar minhas lembranças pessoais. Eu já amava e admirava Jesus, mas à vista de sua paciência, de sua doçura, da majestade sobre-humana com a qual ele suportava todos os sofrimentos, liguei-me irrevogavelmente a ele e, para salvar *sua vida*, daria mil vezes a minha própria vida.

Quando a sentença foi pronunciada, Jesus foi confiado à minha guarda até o momento em que, juntamente com dois outros condenados, ele seria conduzido ao local do suplício. Para passar as horas que lhe restavam de vida, mandei que o encerrassem em um cômodo baixo que dava para o pátio onde se encontravam os soldados. Fingindo vigiar cuidadosamente o prisioneiro, não abandonei por um instante aquela porta e, finalmente, entrei. Vi Jesus ajoelhado junto do banco de pedra e absorto em uma fervorosa prece. Seu rosto, empalidecido e cansado, trazia os traços dos sofrimentos atrozes que lhe haviam infligido.

— Senhor! — disse, aproximando-me rapidamente —, não posso suportar a idéia de que, sendo tão bom, tão puro, tu pereças de morte infamante. Deixa-me salvar-te: pega minha armadura e meu manto. Tenho a chave desta portinhola que conduz a uma ruela afastada. Vai à minha casa, onde encontrarás pessoas leais que te ajudarão a sair da cidade. Deixa-me morrer por ti: o que vale a vida de um obscuro soldado diante de ti, que és a salvação dos enfermos e infelizes?

Às minhas primeiras palavras, Jesus se levantara e uma calma celestial pairava sobre seus traços. Seu olhar doce e velado fixou-se em mim, com bondade.

— Agradeço-te, centurião, e aprecio o teu devotamento, embora não possa aceitá-lo. Acreditas, realmente, que meu sacrifício será menor se eu permanecer nesta terra em que é tão difícil semear o bem? Não me queixo, os profetas que vieram antes de mim tiveram a mesma sorte, pois os homens os mataram. Mas não penses, centurião, que desprezo o sacrifício da tua vida (ele parou e seus olhos dilatados fixaram o vazio com uma estranha expressão), pois morrerás por mim e estou vendo as chamas que cercam tua fogueira, mas isso não acontecerá tão cedo.[4]

Como se quisesse apagar uma visão longínqua, cobriu os olhos com a mão e recolheu-se.

— O que estás dizendo, pai João? Estarias destinado a tão horrível morte? — interrompeu Caius, nervosamente.

— Houve uma época, meu filho, em que também acreditei estar destinado à glória do martírio, quando milhares de irmãos pereceram pela fé. Mas então, um sonho profético explicou-me que essa glória me estava reservada para uma vida futura. Mas deixa-me continuar meu relato: após alguns momentos de concentração, o mestre me disse:

— Vejo que me pertences, que minhas palavras mudaram e purificaram teu coração. Por isso vou, por meio de um sinal visível, juntar-te à comunidade dos que crêem em mim.

Pegou a bilha que estava sobre o banco, enquanto eu tirava meu capacete e ajoelhava-me:

— Em nome do nosso Pai celeste, criador e senhor de todas as forças do corpo e da alma, eu te admito à fonte da verdade. Vai e proclama-a aos deserdados — disse Jesus, derramando a água sobre minha cabeça.

Senti um calor benfazejo, um supremo bem-estar a inva-

---

4 O centurião Cornélius retornaria séculos depois como Jan Huss, reformador religioso da Boêmia, tendo sido condenado à morte pela fogueira em Constança em 1415.

Herculanum

dir-me o corpo. Levantei-me e beijei as vestes do mestre, mas naquele instante percebi que ele empalidecia e cambaleava.

— A alma é forte, mas o corpo é fraco — disse ele, sentando-se no banco com um triste sorriso —, no entanto, quero dizer ao último dos meus discípulos algumas palavras para sua instrução. Minha missão era a de lembrar à humanidade que o bem-estar do corpo deve estar subordinado ao da alma. A vida é apenas uma etapa no caminho da perfeição; portanto, não a estimes senão em função do bem que farás; perdoa aos teus inimigos, pois o ódio te unirá a eles, e reza com fervor, pois a prece te unirá à divindade e te fará esquecer as misérias que te cercam, tua alma se encherá de luz e terás a força para pagar o mal com o bem.

Os que me condenaram e contra os quais teu coração se revolta, estão me condenando porque eles não me compreendem; os sacerdotes me odeiam porque enodôo seus abusos, negando-se a ver que, justamente, minhas palavras poderiam tornar-lhes o coração humilde e encheriam os templos.

E continuará a ser assim por séculos e séculos — continuou, com o olhar velado parecendo perder-se numa visão longínqua —; o que semeei gerará lutas nas quais uns progredirão e outros fracassarão. Milhões de homens tornar-se-ão meus filhos, mas também quanta crueldade e quantos massacres não serão realizados em *meu nome*! Quanto sangue será derramado em nome daquele que proclama a igualdade diante do Pai Eterno, cujo amor infinito se estende a todas as criaturas! Esses mesmos, que ora me perseguem, sofrerão ao me proclamarem e virá um tempo em que minhas palavras, por muitos séculos, serão deturpadas, apagadas e esquecidas pelo coração dos povos, em que a fé vacilará. Então, enviarei o espírito da Verdade e a cortina que esconde a pátria da alma cairá e os mortos ressuscitarão e falarão aos homens por diversos meios. Gostaria de dizer-te bem mais coisas, mas teu espírito não-preparado não me compreenderia.

— Mas a morte infamante que te aguarda, mestre, não te amedronta? Meu coração congela só de imaginá-la — disse eu, emocionado.

Ele sorriu.

— Tu me verás morrer, portanto não chores mais, meu filho, pois meu Pai me chama e entro, com alegria, na minha pátria celestial. Mas peço-te que, por nada deste mundo, traias tua compaixão por mim, que continues fiel ao teu dever de centurião.

— Mas por que, mestre, deves morrer, tu que só fizeste o

bem e que proclamou apenas a verdade? — perguntei, engolindo minhas lágrimas.

— Porque sou o pastor de todos os rebanhos que, desde a criação desta terra expiatória, lutam para chegar ao bem. Devo apoiá-los, esclarecê-los e selar com meu sangue as verdades do meu ensinamento. Esta é a vontade do meu Pai.

Um barulho de vozes no pátio interrompeu nossa conversa. Apressei-me em sair e vi, com surpresa, uma mulher ajoelhada diante dos soldados, parecendo suplicar-lhes alguma coisa. Já não era jovem, mas seu rosto, pálido e contraído de angústia, devia ter sido de uma beleza admirável.

— Quem é esta mulher e o que ela deseja? — perguntei, aproximando-me.

Um dos soldados respondeu-me:

— É a mãe do nazareno condenado à morte, centurião. Está pedindo que a deixemos entrar para despedir-se dele.

Os olhos da mulher fitaram-me com tal expressão de dor e de súplica muda, que meu coração estremeceu.

— A justiça puniu o culpado que, dentro de algumas horas, terá deixado de viver — respondi-lhe gravemente —; mas a lei não proíbe a mãe de despedir-se do filho. Apenas, para impedir que transmita ao condenado alguma mensagem suspeita, eu mesmo vigiarei esta entrevista. Levanta-se, mulher, e segue-me.

Levantou-se, cambaleante, e acompanhei-a à prisão onde Jesus, sempre sentado no banco, parecia absorto em uma fervorosa prece. Ao vê-lo, a mulher soltou um grito surdo e uma torrente de lágrimas inundou-lhe o rosto.

O mestre estremeceu e, reconhecendo a mãe, levantou-se, estendendo-lhe os braços:

— Minha mãe, minha pobre mãe!

Ela se precipitou para ele e, em soluços convulsivos, apoiou a cabeça em seu peito. Por um momento, Jesus contemplou-a com uma indescritível expressão de amor e tristeza, depois, erguendo a cabeça, mergulhou nos olhos da mãe um olhar brilhante e indefinível:

— Mãe, então soubeste? ... Eu te instruí, contigo reparti meu saber para tornar esta hora menos dolorosa para ti. Compreendeste, acreditaste e, no entanto, choras e sofres no momento decisivo. A morte te apavora quando bem sabes que nos separaremos por um breve período de tempo. Por acaso a fé te abandonou?

Animada por uma nova força, a mulher endireitou-se e, pegando a mão do mestre, levou-a aos lábios.

Herculanum

— Não, meu filho, serei forte, não quero parecer indigna de ser tua mãe. Acompanhar-te-ei até o fim.

Enxugou os olhos e, voltando-se para mim, disse com uma doce serenidade:

— Deixa-me, centurião, acompanhá-lo até o local do suplício, o povo tem este direito. Não permitas que os soldados me tirem de perto da cruz, pois eu gostaria de rezar por ele neste cruel momento.

— De acordo — respondi emocionado — e lamento, pobre mãe, não poder fazer mais por ti.

Chegou a hora e, com o coração apertado, tive que cumprir o meu dever que nunca tinha sido tão doloroso para mim. Durante a marcha do triste cortejo, notei que a mãe do mestre nos seguia, acompanhada de um dos discípulos, que amparava seus passos vacilantes. Chegados ao local do suplício, dei as ordens necessárias, mas quando pregaram Jesus na cruz, dei as costas, com o coração partido. De repente, levantei involuntariamente a cabeça e vi que acabavam de erguer a cruz. Ao cruzar com o meu, o olhar profundo do mestre parecia me dizer:

— Vê como devemos morrer!

As horas seguintes foram muito penosas; o calor estava sufocante e a multidão que se comprimia ao redor dos supliciados, presa de estranha agitação; as pessoas gritavam, altercavam-se e, por vezes, os soldados tiveram que manter a ordem com rudes pancadas.

Perto das dezoito horas, o céu cobriu-se de negras nuvens e um trovão, ainda longínquo, fez tremer a terra debaixo de nossos pés. Levantei a cabeça para Jesus e pensei estar ficando louco: a abóbada escura do céu parecia tremer e a vi entreabrir-se, dando passagem a milhares de seres flutuantes que espalhavam uma luz dourada; suas massas nebulosas comprimiam-se ao redor da cruz que, também iluminada por raios multicoloridos, parecia um sol resplandecente. Naquele oceano de luz, cercado de seres etéreos que o contemplavam, radiantes e cheio de amor, vi Jesus, não mais como o mártir pregado na cruz, mas calmo, também radiante, com o olhar voltado para o céu, em beatitude infinita.

Trêmulo, estupefato, dei uma olhada ao meu redor e percebi a mãe do mestre ajoelhada, de braços estendidos para a cruz. Provavelmente, ela também tivera a mesma visão, pois uma alegria extática transfigurava seu rosto.

Quando, novamente, voltei-me para a cruz, a visão divina havia desaparecido, o céu negro estava sulcado de raios, os estrondos do trovão sucediam-se ininterruptamente, parecendo abalar a terra e o céu. A multidão, apavorada com as trevas e com a violência da tempestade, fugiu aos gritos e eu mesmo só consegui me recuperar da minha terrível emoção quando uma chuva torrencial, mas benfazeja, pôs fim à tempestade. Abalado, voltei para casa e, em conseqüência desse nervosismo, fiquei gravemente enfermo. Quando, algumas semanas mais tarde, eu recuperei a saúde, instruí-me com os ensinamentos do mestre e pedi para voltar aqui. Por cinco anos ainda levei uma vida mundana, mas, tendo obtido minha licença, retirei-me para esta gruta, que descobrira um dia, enquanto caçava, e me devotei à contemplação e às obras de caridade. Tu és a primeira pessoa a quem confio todos esses pormenores, mas uma voz interior me incitou a fazê-lo.

— Não o lamentes, meu pai, pois também compartilho a tua veneração por esse homem admirável — exclamou Caius que escutara, com as faces ardentes e fervilhando de interesse, a narrativa do eremita. — Mas, dize-me, por favor, onde Jesus, que parece ter sido de origem humilde, adquiriu o grande saber de que dispunha e estudou essa sublime eloqüência que fê-lo tornar-se senhor dos corações?

— Desde o nascimento, sua origem divina manifestou-se por um saber e uma sabedoria acima de sua idade e de sua condição, mas vou te contar o que eu soube a esse respeito. Após minha conversão, travei relações, por intermédio de um dos discípulos do mestre, com um rico hebreu, fervoroso partidário da nova doutrina, a propósito de uma questão análoga a que me fizeste. Esse homem me contou que Jesus, ainda menino, veio a Jerusalém por ocasião da Páscoa e que, tendo por acaso se perdido no meio da assembléia dos doutores, surpreendeu a todos por suas respostas e dissertações inteiramente incompatíveis com sua idade. Entre esses doutores, encontrava-se um velho, rico e sábio rabino de Alexandria, que se interessou por aquele menino precoce e, mais tarde, convidou-o, a ir a Alexandria e encarregou-se da sua instrução. A morte impediu o velho de proporcionar a Jesus uma posição independente, todavia, este viajou, visitou a Índia e só voltou à Galiléia dois ou três anos antes de começar sua vida de pregação. Como ele era muito reservado, nenhum dos seus discípulos conhecia os pormenores da sua vida durante aqueles anos passados longe da pátria. Apenas sua mãe, talvez, soubesse um pouco mais, mas também se calou. Meu filho, encerremos por ora esta conversa, pois estás cansado e precisas repousar.

Caius Lucilius levantou-se docilmente e, depois de haver

abraçado e agradecido ao ermitão, deitou-se, moído de fadiga e de emoção. No entanto, já fazia muito tempo que sua alma não se sentia tão tranqüila como naquele momento, e um sono reparador logo fechou suas pálpebras.

Os dias que se seguiram, transcorreram em conversas intermináveis. Caius Lucilius não esgotava suas perguntas sobre o assunto que, naquele momento, absorvia inteiramente sua alma apaixonada e essa animação reagia favoravelmente sobre sua saúde, que melhorava a olhos vistos.

Um dia, após o jantar, encontravam-se os dois na gruta, quando uma voz sonora perguntou, à entrada:

— Estás em casa, bom velho? Podes dizer-me se, há um mês, um rapaz não...

— Rutuba! — exclamou Caius Lucilius precipitando-se para a porta. — Conseguiste me encontrar, meu fiel amigo!

— Finalmente, senhor! Já perdera as esperanças de te rever em vida — Rutuba respondeu alegremente, enquanto Caius, na sua alegria, o estreitava nos braços. — Mas, empalidecendo de repente, deixou-se cair sobre a grande pedra que servia de banco e perguntou com voz alterada:

— Que é feito de minha avó, Rutuba? E meu pai? Tens notícias dele? Está vivo?

— A nobre matrona está bem de saúde e teu pai, teu irmão e a nobre Drusila foram salvos. Acalma-te, pois, senhor, e com tua permissão, te contarei tudo pormenorizadamente.

O aparecimento do ermitão interrompeu, por instantes, esse diálogo. Depois de ter manifestado ao seu jovem amigo sua alegria pelas boas notícias que ele acabara de receber, o velho disse-lhe que deveria ir visitar um sacerdote enfermo e deixou Caius sozinho com seu fiel servidor.

— Fala, Rutuba, estou morrendo de impaciência e tenho mil perguntas a te fazer — disse Caius Lucilius. — Onde se encontram meu pai e minha avó?

— Quando aqui te deixei, senhor — começou o jovem romano —, descemos à planície e, finalmente, encontramos uma aldeia onde pude orientar-me e prestar os primeiros cuidados à nobre matrona. Voltando a si, estava tão fraca, que não pôde falar nem me dar ordens. Tive, pois, que decidir por mim mesmo e achei que o mais conveniente seria transportá-la à propriedade do teu pai, situada além de Cápua, local do qual estávamos mais próximos. Como os cavalos estavam quase mortos de cansaço, consegui uma liteira e, tendo instalado a nobre dama na vossa casa, na qual não faltavam serviçais nem cuidados, voltei para

200   J. W. Rochester

cá a toda pressa. Mas, infelizmente, só encontrei o cadáver de Tufão, e de ti, nem sombra. Lembrando-me das tuas últimas palavras, pensei que tivesses partido para Roma e para lá fui à rédea solta. No entanto, na casa de Drusus, não sabiam nada de ti nem de ninguém.

Não sabendo o que fazer nem onde te procurar, eu me lembrei, na minha aflição, que no dia do terrível acontecimento, teu pai deveria passar a noite no navio de Haterius Rufus que iria para Roma. Talvez, se estivesse vivo, Haterius pudesse me informar sobre a sorte do teu pai e, quem melhor do que eu poderia coordenar as buscas?

Consegui que me indicassem onde ficava a casa do questor. Este teve a bondade de me receber, apesar da aflição que atingia sua própria família, pois devo dizer-te que dois filhos de Pomponia, sua cunhada e seu sogro e talvez mais alguém, tinham ficado em Pompéia, onde certamente pereceram. Haterius Rufus contou-me que teu pai, teu irmão, Drusila, o nobre Agripa e a esposa, bem como a patrícia Virgília, felizmente tinham conseguido alcançar a galera. Atendendo ao desejo de todos, ele os conduziu à vila que o patrício Agripa possui perto de Nápoles, local em que agora se encontram. O desespero de teu pai, que pensa que estás morto, é um desafio a qualquer descrição e só se iguala ao da nobre Virgília, que perdeu o marido e o filho.

— Ah! Meu pobre pai, infeliz Virgília! Como eu gostaria de estar junto de vós! — exclamou Caius, e as lágrimas correram dos seus olhos. — Mas, continua, Rutuba.

— Pouco tenho a acrescentar, senhor. Munido dessas preciosas informações, voltei para junto da matrona. A notícia de que seu filho estava vivo deu-lhe um pouco de força. Enviou uma carta à nobre Metella, contando-lhe tudo o que sabia, mas pedindo que nada dissesse a Sempronius para não iludi-lo com vãs esperanças. Metella logo lhe respondeu, solicitando-lhe que fosse logo encontrar com eles. Fábia, então, partiu, encarregando-me de fazer as mais minuciosas buscas sobre o teu destino. Imediatamente voltei para cá, mas como nada descobri, já estava começando a me desesperar, quando um jovem aldeão contou-me que um velho, que vivia solitariamente na montanha, recolhera um belo rapaz enfermo, do qual estava cuidando com dedicação.

— Nunca esquecerei teus préstimos, Rutuba. Agora, é preciso, antes de tudo, pensar em partir. Não gostaria de prolongar, por um minuto sequer, as angústias dos meus pobres parentes. Não poderias me conseguir uma liteira? Ainda estou muito fraco para viajar a cavalo. Será que tens ouro suficiente?

— Ah! A matrona, generosamente, deu-me tudo o que precisava. Partirei imediatamente, senhor, e amanhã, à aurora, estarei aqui com uma liteira.

Quando o eremita entrou, Caius Lucilius contou-lhe tudo o que acabara de saber.

— Devo partir, pai João, e apesar do meu desejo intenso de receber o batismo das tuas mãos, não quero tomar uma decisão tão séria sem a autorização do meu pai e da minha avó. Bem sabes com quanta ternura os amo e preciso ter certeza da aprovação deles no momento solene que me unirá ao Divino Mestre que me fizeste conhecer.

— Vai, meu filho. O primeiro dever do cristão é obedecer e honrar os pais. Prepara-te para este grande ato praticando, na vida, os preceitos do Mestre. Domina tuas paixões e faz o bem.

— Tuas palavras aliviam meu coração do seu último peso — disse Caius, apertando a mão do velho. — E agora, por favor, vem comigo e façamos uma prece *ali*, onde aprendi a verdade e encontrei a saúde tanto do corpo como da alma.

— Com prazer, meu filho — respondeu o anacoreta, entrando com o rapaz no santuário. Lá, os dois se ajoelharam e rezaram com fervor.

A seguir, o ermitão colocou as mãos sobre a cabeça cacheada de Caius e, com os olhos voltados para o crucifixo, disse com unção:

— Eu te abençôo, meu filho. Não foi em vão que a Providência aqui te trouxe e permitiu que eu convertesse teu coração apaixonado, mas leal. Ama a verdade tão fielmente como amas teu pai e tua avó, e a bênção do céu te acompanhará. Na areia do deserto, ela fará crescer a relva para servir-te de leito e, da pedra, fará jorrar a água para saciar a tua sede. Virás aqui com teu pai, mas não tão cedo quanto pensas, e os dois receberão o batismo das minhas mãos. Estou vendo tudo isso, mas não posso falar mais nada.

Profundamente emocionado, Caius Lucilius levantou-se e beijou o pé da cruz.

— Mestre divino e misericordioso, meu coração pertence a ti — murmurou. Depois, desceu os degraus e estreitou o velho contra seu peito.

— Eu te agradeço, pai João, por tudo o que fizeste por mim. Parto feliz e com o coração leve, pois me disseste que eu voltarei. Farei o possível para que seja logo, assim que uma oportunidade se me apresente, colocarei o meu pai a par de tudo.

2. Corações de luto

À beira-mar, entre Nápoles e Pozzuoli, [1] elevava-se a ampla e magnífica vila de Fabricius Agripa, na qual ele se refugiara com a família e amigos, após a terrível catástrofe que destruíra Herculanum.

Num quarto luxuosamente decorado e cujas janelas abertas permitiam que se desfrutasse de uma admirável vista sobre o golfo sulcado de embarcações, vamos reencontrar Metella ocupada em dar diversas ordens ao intendente dos escravos, para serem cumpridas durante o dia. Depois que ele se foi, a jovem colocou os cotovelos sobre a mesa de bronze e com um olhar vago e pensativo, fitou o soberbo espetáculo. Empalidecera e emagrecera e notava-se que o mês decorrido fora bem cruel com ela. Não estava triste por si mesma, pois ela agradecia aos deuses de lhe ter conservado seus mais preciosos bens — o marido e os filhos —; mas o fato de ter presenciado o pungente desespero de seus amigos e a atenção que dispensara a Virgília na grave doença que a acometera no dia de sua chegada à vila, tinham-na esgotado tanto física quanto moralmente.

Dotada de uma personalidade calma e enérgica, Metella julgava a vida racionalmente. Compreendia que devemos nos curvar diante do inevitável e que, quando nos abandonamos a uma dor que arruína nossa saúde e obscurece a razão, agravamos mais nossa situação. Assim, mesmo compadecendo-se de

---

1 Pozzuoli: fundada no século VI a.C. por gregos exilados da ilha de Samos, tornou-se posteriormente porto romano.

todo coração da infelicidade de seus amigos, ela procurava por todos os meios dar-lhes um pouco de coragem e de esperança.

Dando um leve suspiro, levantou-se para ir ver seus tristes amigos: para um deles, ela reservava uma surpresa agradável e, com o outro, resolvera conversar seriamente.

Leve e graciosa, Metella dirigiu-se, primeiramente, para a galeria em colunatas, que dava para o jardim, onde seu velho amigo Sempronius caminhava com um passo indeciso, as mãos cruzadas nas costas. Ele estava muito mudado: seu corpo alto se curvara, seus cabelos haviam embranquecido totalmente e as contrações nervosas de sua boca comprovavam a inquietação profunda que o devorava.

Detendo-se à entrada, a moça contemplou-o tristemente e, depois, aproximando-se, colocou a mão sobre seu braço.

— Meu bom Sempronius, não queres mesmo sentar-te ao meu lado? Não gosto de ver-te assim, consumindo-te em tristes pensamentos. Mas soube de algo que te dará um pouco de esperança.

— De que se trata, Metella? Sei que teu bom coração inventa mil pretextos para me animar, mas que posso esperar ainda, tendo tudo perdido?

— Ouve antes de dizer que eu invento bobagens — respondeu ela sorrindo e atraindo o velho patrício para um banco de mármore. — Um de nossos criados, que fugiu de Herculanum, mas que só agora soube que estávamos aqui, chegou hoje de manhã. Diz que pareceu ter visto, na estrada de Roma, Daphné, a égua de Caius, morta de cansaço e, não longe dali, um pedaço do véu que acredita ter pertencido a Fábia. Como não temos nenhuma prova concreta da morte de Caius, é possível que ele tenha fugido e ido para Roma. Pode ser também que tenha adoecido e ficado em alguma cidade ou aldeia pelo caminho, impossibilitado de te mandar notícias, uma vez que também ignora onde tu te encontras.

O rosto pálido de Sempronius iluminou-se com um raio de esperança.

— Tens razão, Metella, tudo isso é possível. Oh, meu pobre Caius! Se eu te reencontrasse, eu renasceria. Mas, onde está esse homem? Gostaria de falar com ele.

— Ele não teria mais nada a te dizer e, além disso, no momento, ele está ausente. Mas, logo que ele voltar, tu o verás. Agora, ouve o meu conselho: escolhe com Agripa um homem confiável, para ir à casa de Drusus, em Roma. Se ele não encontrar Caius, deverá procurá-lo minuciosamente pelo caminho. Não tenho certeza, mas um pressentimento me diz que os deuses te reservam uma grande alegria e bem sabes que meus pressentimentos não devem ser desconsiderados — acrescentou a amável mulher, com um sorriso.

— Ah! Tomara que eles possam ser verdadeiros tanto para a alegria como para a desgraça! Seguirei teu conselho, pois és tão sensata quanto boa e corajosa — disse Sempronius, apertando, emocionado, a mão da sua jovem anfitriã. — Mas, dize-me, Metella, como Virgília, nossa pobre florzinha despedaçada pela tempestade, passou a noite? A infeliz criança está irreconhecível.

— Ela está bem melhor e hoje eu gostaria que ela participasse de nossa refeição. Mas seu estado de espírito e sua triste apatia estão me inquietando terrivelmente. É verdade — acrescentou ela, suspirando —, que perder de um só golpe um filho e um marido como Marcus Fabius, é algo que quase ultrapassa as forças humanas.

— Esqueces que ela perdeu toda a fortuna, que foi tragada pelos escombros. Não lhe resta quase nada e, no entanto, no momento em que vivemos, é preciso que tenhamos meios para subsistir.

— Essa perda seria a menos importante: Agripa e eu amamos Virgília como se fosse uma irmã. Nós a educamos desde que tinha oito anos, e isso nos dá o direito de mantê-la conosco e de garantir o seu futuro.

— Mas vossa própria fortuna também sofreu um grande rombo e vós tendes dois filhos — disse Sempronius. — Não discuto o teu direito de mantê-la e de dela cuidar em tua casa, mas espero que nem tu nem ela me leveis a mal se eu lhe garantir a

independência.

Essa pobre criança, para mim, se tornou querida como uma filha. Caius amou-a e ela foi a primeira pessoa que, comigo, chorou sua perda.

— Não duvido que de um amigo paternal como tu, Sempronius, ela aceite tudo com gratidão. Mas, em todo caso, ficarei com ela, pois ninguém a compreende e sabe agir sobre o seu estado de espírito tão bem como eu. No que diz respeito à nossa fortuna, é verdade que perdemos muito, mas ainda nos resta bastante para levar uma vida luxuosa e, com uma rígida economia, podemos reparar muitas brechas. É com esse raciocínio que tento persuadir Agripa quando, depois de inúmeros cálculos, ele se torna taciturno como um céu tempestuoso — acrescentou Metella, rindo e levantando-se. — Mas já é hora de eu deixar-te para ver como está minha enferma.

— E quanto a mim, vou pensar nos meios de colocar o mais depressa possível teu conselho em execução. Penso que enviarei, ao mesmo tempo, três ou quatro mensageiros, pois será mais eficaz.

— Que maravilha! Começo a te reconhecer, Sempronius, impaciente e vivo como há vinte anos. Então, até breve! Encontrar-nos-emos no jantar.

Muito satisfeita com o resultado da sua conversa com o patrício, a jovem dirigiu-se rapidamente para o lado oposto da casa, onde se encontrava o apartamento de Drusila, pois era com a órfã que Metella queria conversar seriamente. A pequena sala e o quarto de dormir estavam vazios. A patrícia ergueu, sem fazer barulho, uma espessa tapeçaria e parou à porta do pequeno gabinete ornado de flores e que também dava para o golfo.

Perto da janela aberta, Drusila estava sentada em uma grande poltrona de vime trançado. Sobre a mesa, encontrava-se um pequeno cesto cheio de novelos de seda e de fios de ouro e de prata e, nos seus joelhos, repousava um grande véu que ela bordava para doar ao templo de Vesta.[2] No entanto, a agulha permanecia inativa em sua mão negligentemente caída; a cabeça apoiava-se no encosto da poltrona e lágrimas silenciosas corriam pelas faces pálidas da jovem que, absorvida em sua dor, nada via nem ouvia.

Metella contemplou-a por alguns momentos e depois, aproximando-se, inclinou-se sobre o trabalho, fingindo apreciar o bordado.

---

2 Vesta: deusa romana do lar, identificada com a grega Héstia. Seu culto era o mais antigo da religião romana e o que mais resistiu à influência cristã.

— Não será tão cedo que colocarás este véu aos pés da deusa, minha querida Drusila e essas pequenas manchas não o deixarão mais bonito (ela mostrou os vestígios de lágrimas que desbotavam os fios de ouro). É preciso, pois, que sejamos sensatas, querida filha. Vamos, abraça-me e conversemos. Não podemos e não devemos ficar chorando para sempre. Às vezes é conveniente lançar um olhar escrutador ao fundo do nosso coração.

Drusila estremeceu e levantou-se:

— Querida Metella, podes me censurar por estar chorando a perda do melhor dos pais, morto tão tragicamente?

— O céu me guarde de desaprovar uma dor tão legítima — respondeu a jovem, puxando uma poltrona para perto da mesa —, mas nunca pensaste como a saúde do teu pai estava abalada. Ele mesmo me disse que a cegueira e o seu estado doentio tornavam-lhe a vida insuportável. Assim, a morte foi, para ele, uma libertação. Ele já não era jovem e a terrível catástrofe destruiu tantas vidas que ainda tinham um caminho a percorrer, atingindo mais rudemente, também, outras famílias! Pensa em Virgília, que perdeu o marido, o filho e a fortuna.

Curva-te, pois, à vontade dos deuses; procura, por meio do trabalho e da prece, reencontrar o equilíbrio da tua alma e honra a memória do teu pai realizando boas obras.

— Não posso — murmurou Drusila, e uma torrente de lágrimas inundou suas faces. — Por enquanto, só posso pensar nele.

Uma fina ruga sulcou a testa de Metella e um raio brilhou nos seus olhos negros.

— Sei que pensas muito em alguém, cujo nome eu preferia não dizer agora. Mas creio ser meu dever dizer-te francamente a verdade: não é por Drusus que tu choras, apesar de lamentares sinceramente a sua perda; estas lágrimas inesgotáveis correm por Caius Lucilius e julgo errado e indigno de ti esconder este sentimento sob o nome do teu pai.

Há muito tempo que te compreendo, minha querida Drusila, mas calei-me em consideração à tua tristeza: agora, devo apelar ao teu orgulho e à tua dignidade de mulher. Como podes chorar por um homem que nunca olhou para ti? Além disso, Caius está casado e, se ele ainda viver, é bem possível que tenha salvado Daphné ou que ela tenha escapado da morte de outra maneira. Ouve-me: risca de tuas lembranças os olhos negros de Caius Lucilius, esteja ele morto ou vivo, e procura num casamento honrado, a paz de tua alma. Os deveres de uma esposa, um lar e filhos logo afugentarão estas fantasias doentias. Se não desejares casar com Nero ou com Claudius, tu poderás escolher outro.

Trêmula e totalmente ruborizada, Drusila ouvira aquelas palavras cuja veracidade ela não podia negar. De repente, cobriu o rosto com as mãos e rompeu em soluços. Metella atraiu-a para si e beijou-lhe ternamente a testa.

— Querida filha, perdoa minhas francas e severas palavras. Só as disse para te chamar de volta à realidade e, quando estiveres mais calma, sei que me darás razão. Se teu amor por Caius fosse verdadeiro, não acobertarias esse sentimento com o desespero causado pela morte do teu pai. Pensa nisso, querida Drusila, e encontra forças no teu orgulho. Agora vou deixar-te, pois preciso ir ver Virgília. Se ela estiver mais recuperada, gostaria que participasse de nosso jantar.

— Agradeço-te e tentarei seguir os teus conselhos — murmurou Drusila, apertando a mão da outra jovem.

No amplo e magnífico jardim que rodeava a vila, encontrava-se o bosque predileto da proprietária da casa, protegido do calor do sol pelas rochas artificiais e cercado de arbustos perfumados. Lá só se ouvia o doce murmúrio de uma fonte que jorrava do rochedo. Nesse refúgio encantador, que se diria criado para o repouso e o sonho, havia sido colocado, naquele dia, um canapé coberto de almofadas, no qual Virgília, de olhos fechados estava deitada. Uma moça negra, segurando um leque de plumas, espantava cuidadosamente os insetos que se aproximavam da enferma.

A jovem estava terrivelmente mudada. Seu rostinho rosado afilara-se mais ainda e adquirira a palidez transparente da cera; uma expressão de sofrimento profundo contraíra-lhe a boca, outrora tão risonha e tão travessa, e tudo nela indicava que a catástrofe que lhe havia levado o marido e o filho reagira de modo fulminante naquela frágil e delicada natureza que, qual uma flor transplantada em pleno inverno, não parecia poder renascer para a vida.

Detendo-se à entrada do bosque, Metella contemplou, com uma ternura comovida e os olhos rasos de lágrimas, o rosto pálido da jovem caída sobre as almofadas de púrpura; em seguida aproximou-se docemente e beijou-lhe, de leve, os lábios descorados. Virgília abriu seus grandes olhos brilhantes e, reconhecendo a amiga, endireitou-se e apoiou a cabeça em seus ombros.

— Sonhei com Fabius — murmurou, e algumas lágrimas perlaram em seu rosto.

Metella enxugou-as e cingiu-a ternamente contra o peito.

— Não chores, minha querida. Se Marcus Fabius estiver vendo como minas tua saúde e tua vida, deverá estar sofrendo muito. Por que afligir sua sombra com tão terrível desespero e entristecer teus amigos que te amam tão sinceramente? Um homem tão nobre e tão bom deve ser feliz nos campos do repouso eterno, que os imortais reservam às almas virtuosas. Habitua-te, então, a pensar nele com amor, mas sem amargura, e vive por nós. Tu te lembras do dia do teu casamento, quando eu colocava em ti o véu de púrpura, eu te disse: "Minha borboleta dourada está voando!", e tu me beijaste e me respondeste: "Amar-te-ei sempre, tanto quanto a Fabius"? Pois então, chegou a hora de me provares que tuas palavras não eram vãs. Ou será que não mais me amas?

— Como podes fazer semelhante pergunta, Metella? Depois de Fabius, és a pessoa que mais amo neste mundo. No entanto, perder tudo de uma só vez é muito duro!

As lágrimas impediram-na de continuar e Metella enxugou-as docemente.

— Pois bem! Por amor a mim, fica mais calma. Pensa nos dois anos de teu casamento como se fossem um belo e terno sonho desfeito pelo despertar. Vive por nós, ajuda-me nos afazeres domésticos, na educação das crianças, como o faria uma irmã. E agora, chega de lágrimas por hoje. Gostaria que estivesses presente no jantar. Nosso bom Sempronius vai ter uma surpresa agradável.

— Realmente? Tens alguma notícia de Caius? — perguntou Virgília, animando-se um pouco.

— A notícia é ainda um segredo. Recebi, há alguns dias, uma carta de Fábia, contando-me que foi Caius Lucilius quem a salvou, mas, extenuado de cansaço, parou no caminho e, depois, ninguém conseguiu encontrá-lo. A matrona pede que omitamos essas circunstâncias a Sempronius, a fim de não aumentar seu desespero. Ela está vindo para cá, e foi para encontrá-la que Agripa partiu ontem à noite. Se, como espero, Caius Lucilius estiver vivo, tu estarás reencontrando dois bons amigos.

— Finalmente, recebo boas notícias, querida Metella, e realmente me regozijo por nosso velho amigo. Participarei do jantar, mas antes preciso arrumar-me um pouco.

Mais tarde, todos os hóspedes da vila estavam reunidos para o jantar. Sempronius, bem mais animado do que estivera depois da catástrofe, chegou com Nero, que conseguira uma prorrogação da licença. Contudo, continuava frio e reservado com seu pai, a quem não podia perdoar as lágrimas derramadas por Caius Lucilius. Outro ímã retinha o jovem oficial na cidade: era Virgília a quem dava provas, a todo instante, de afetuosa atenção.

Herculanum

Sua paixão pela jovem viúva estava ainda mais intensa e, vendo seu pai bem disposto, acabara de perguntar-lhe se ele se opunha ao seu desejo de desposar Virgília, caso viesse, com o tempo, a conquistar-lhe o coração. Agradavelmente surpreso, Sempronius respondera, mais calorosamente que de costume, que esse projeto ia ao encontro de seus desejos, pois nenhuma outra moça seria mais agradável ao seu coração do que Virgília.

A refeição transcorreu em silêncio. Apenas Sempronius perguntou se Agripa ainda não voltara.

— Provavelmente os negócios o detiveram, mas ele não deve tardar — respondeu Metella com o mais inocente dos sorrisos.

Finda a refeição, todos os convivas passaram ao terraço, onde vinhos e frutas foram servidos. Nero ajudou Virgília a alcançar um canapé, arrumou as almofadas para acomodá-la melhor e, sentando-se ao lado da moça, descascou uma laranja que, amavelmente, forçou-a a chupar. A jovem aceitou essas pequenas atenções com um triste sorriso, apertando-lhe a mão com amizade. Claudius não se mostrava menos solícito com Drusila, a quem lia um longo poema que ele acabara de compor, sobre o terrível fim de Herculanum. Segurando com uma das mãos o comprido rolo de pergaminho, ele declamava à meia-voz, acompanhando as passagens patéticas, nas quais habilmente introduzira a morte de Drusus, de olhares expressivos lançados à jovem.

De repente, Metella, que parecia espreitar cada ruído, levantou-se e saiu, dizendo que queria ver se seu marido ainda não chegara. Alguns instantes mais tarde, ouviu-se o alarido alegre das crianças e, a voz clara e simpática de Agripa gritou da galeria:

— Boa noite, meus amigos! Salve! Sempronius, olha quem eu te trouxe!

O velho patrício voltou-se e, como deslumbrado, cobriu os olhos com a mão: via avançar, amparada por Metella e seu marido, a venerável Fábia, trêmula de emoção.

— Meu filho! Meu filho! — ela repetia, estendendo-lhe os braços.

— Minha mãe! Então não é um sonho, estou te vendo viva! — exclamou Sempronius, abraçando-a fortemente.

— Tens razão, meu filho, é uma graça insigne dos deuses reservarem a dois velhos como nós tão milagroso encontro, quando tantas jovens existências pereceram.

Uma expressão de dor anuviou o rosto de Sempronius que, dominando-se, conduziu a matrona a uma poltrona. Todos os presentes dela se aproximaram, exprimindo à nobre senhora sua alegria de revê-la.

Ao abraçar Nero, Fábia percebeu o pequeno rosto transparente de Virgília que, um pouco afastada de todos, apoiava-se na balaustrada.

— Pobre criança, agora me és duplamente querida, chegate ao meu coração! — exclamou e, beijando os cabelos dourados da jovem que se jogara em seus braços, acrescentou:

— Sei que perdeste tudo naquele dia desgraçado. Quanto a mim, só devo a vida à coragem do meu neto.

— O que estás dizendo, mãe? Foi Caius quem te salvou? — perguntou Sempronius, estremecendo. — Oh! Conta-me, então, o que sabes dos seus últimos momentos. Por que, deuses cruéis, nós continuamos vivos, se a alegria de nossa velhice não existe mais — acrescentou com um profundo desespero.

— Por que falas dos meus últimos momentos, pai querido? Espero viver muito tempo ainda para amar-vos — disse naquele instante uma voz sonora e melodiosa.

Todos se voltaram, como se estivessem eletrizados, e mudos de espanto, viram a alta silhueta de Caius Lucilius que, pálido, magro, mas com os olhos brilhantes de lágrimas de alegria, estava de pé à entrada da galeria. Atrás dele aparecia o rosto feliz de Rutuba.

Sempronius levantou-se, cambaleando de emoção.

— Caius! Caius! Então, o túmulo devolve suas vítimas!...

O rapaz precipitou-se para o pai e, num mudo abraço, ambos saborearam um desses instantes de felicidade pura, que o destino concede tão raramente aos mortais. Depois, Caius beijou Fábia, que chorava de alegria e, unindo a mão de Sempronius à da matrona, comprimiu-as contra os lábios.

— Minha boa avó, meu pai bem-amado, tranqüilizai-vos. Estou são e salvo e extremamente contente de vos encontrar aqui reunidos.

A atenção de todos se concentrara nessa comovente cena e apenas Claudius notou que, ao avistar o primo, Drusila desmaiara. Ele a amparara com a mais terna atenção, fizera-a cheirar um frasco de essências e, quando ela reabriu os olhos, foi seu olhar apaixonado e preocupado que a jovem encontrou. Naquele mesmo instante, Caius abraçava com um olhar afetuoso os amigos reunidos ao seu redor:

— Que sorte a minha! De repente reencontro todos os que me são caros — exclamou com seu antigo bom humor.

Abraçou cordialmente Nero, Claudius, Drusila e Agripa.

Herculanum

Quando chegou a vez de Metella, que lhe estendia as duas mãos, ele atraiu-a para si e deu-lhe um beijo sonoro em suas faces de coral.

— Hoje, ninguém tem o direito de me recusar um beijo e se tiveres a audácia de sentires ciúmes, Agripa, não és mais meu amigo — acrescentou, rindo.

— Certo, certo! — respondeu o patrício —, desta vez, eu concordo, pois espero que não nos reunamos uma segunda vez depois de ter escapado a semelhante desastre.

— Menino ingrato — disse Metella, enrubescendo. — Se eu tivesse previsto que voltarias com a cabeça cheia de besteiras, eu teria economizado as lágrimas abundantes que derramei em tua memória. Estou prevendo que vais te orgulhar por ter sido pranteado por tantos olhos bonitos!

— Mas onde, pois, está Virgília? — perguntou Caius subitamente inquieto. — Rutuba me disse que ela fora salva!

— Lá está ela — respondeu Metella, indicando a moça que, fugindo do alegre tumulto, se retirara para terraço e, com os olhos marejados de lágrimas, encostara-se na balaustrada.

— Virgília, tu foges de mim, quando volto salvo e feliz — exclamou Caius, correndo até a jovem e segurando-lhe as mãos.

Porém, à vista da terrível mudança que nela se operara desde que a deixara bela e fresca como uma rosa, ele parou, mudo e muito impressionado.

— Compreendo tua dor, mas será que não significo nada para ti, não me consideras nem mesmo teu amigo? A tristeza fez com que esqueceste os anos de nossa infância?

— Como podes falar assim, Caius? — murmurou Virgília.

— Bem sabes que gosto muito de ti e nada esqueci, mas a idéia de que nenhum dos seres que perdi poderá voltar, de que estou completamente sozinha, oprime meu coração.

— Nunca estarás sozinha enquanto vivermos, e teu lugar é junto de nós, irmãzinha querida, preciosa herança de nosso nobre e saudoso Marcus Fabius — disse Caius, atraindo-a para seus braços.

Ela não resistiu e apoiou a cabeça no peito do rapaz, mas vencida por tantas emoções, caiu desmaiada.

— Superestimei suas forças, precisamos deitá-la rapidamente, Caius. Ajuda-me a levá-la para o quarto — exclamou Metella, agitando-se aflita perto da enferma.

Caius Lucilius carregou cuidadosamente a jovem, que continuava fora de si, e chegando no quarto, estendeu-a sobre um canapé, ajudando sua amiga a prestar-lhe os primeiros socorros.

— Pobre menina, esteve gravemente enferma e seu estado exige os maiores cuidados — disse Metella, umedecendo a testa e as têmporas de Virgília. — Tanto o teu retorno quanto o de Fábia emocionaram-na demais. Mas, a propósito, não sabes nada sobre Daphné? Talvez ela também tenha sido salva, e qualquer dia destes apareça por aqui.

O rapaz que, debruçado sobre o leito, contemplava com uma estranha emoção o pequeno rosto transparente de sua borboleta dourada, empalideceu e se levantou:

— Metella, se tens afeição por mim, jamais pronuncia esse nome, não me lembres nunca mais que essa mulher existiu!

Percebendo a profunda surpresa da patrícia, acrescentou mais calmamente:

— Ela morreu e não aparecerá em nenhum lugar.

Metella compreendeu, pelo olhar de Caius, que alguma coisa terrível acontecera e, apertando-lhe a mão, respondeu simplesmente:

— Vamos esquecê-la, então, e oremos para que os deuses lhe perdoem as faltas.

— Oh, sim! Oremos por ela! — disse Caius emocionado.

Naquele momento, Virgília sentou-se. Com os olhos desmesuradamente abertos, a mão estendida em direção a um objeto invisível, ela murmurou com voz entrecortada:

— Ali, ali! Ela está sentada entre dois tigres encostados nela. Seus olhos, terríveis, estão me olhando... e és tu, Caius, oh!...

Virgília novamente caiu sobre as almofadas.

Lívido e como que fulminado por um raio, Caius recuou e, a seguir, voltando-se bruscamente, saiu correndo.

— Querida criança, que tens? De que tigres tu estás falando? — perguntou Metella, inclinando-se, assustada, para Virgília que estava reabrindo os olhos.

A moça passou a mão sobre a testa, olhando-a surpresa.

— De quais tigres estás falando, Metella? Não sei de nada. Será que sonhei? Mas quando, então, eu adormeci?

Os dias que se sucederam foram uma época de alegria e de descanso para todos aqueles a quem o destino milagrosamente salvara. Sempronius renascia a olhos vistos e, logo, o temperamento enérgico e ativo do velho patrício recuperou todo o seu vigor.

— Meus caros amigos — disse uma noite em que todos se encontravam reunidos em um amplo terraço à beira-mar —, por mais agradável que seja descansar sob o teto hospitaleiro de Agripa, devo, finalmente, reconstruir o meu próprio lar. Estive pensando nisso todos esses dias e o meu plano é o seguinte: possuo, perto de Micenas, [3] uma grande propriedade, na qual meu falecido pai construiu uma casa sobre um rochedo à beira-mar, como tua vila, meu caro Agripa. Faz bem uns vinte anos que lá não coloco os pés, e a casa deve estar muito estragada, apesar de, por muito tempo, ter servido de abrigo a uma velha parenta e à sua filha cega. Mas isso não tem importância! Estou disposto, pois, a ir até a propriedade, um destes dias, para fazer todos os reparos necessários e organizá-la para que a habitemos. Caius, que ainda está debilitado pela doença, ficará aqui para repousar.

— Tiveste, realmente, uma boa idéia, meu filho — disse Fábia. — Lembro-me de ter visitado essa casa por ocasião da morte da boa Calpurnia: a vista para o golfo é admirável e os jardins são muito bonitos, apesar de um pouco negligenciados. Lá nós ficaremos muito bem acomodados.

— Já que aprovas meu projeto, mãe, apressar-me-ei em executá-lo. Espero que dentro de um mês, tudo esteja pronto e, então, virei buscar a senhora, Caius, Drusila e Virgília. Naturalmente, Claudius nos dará o prazer de não nos abandonar.

O rapaz inclinou-se agradecido e Metella disse, rindo:

— Nota-se que Sempronius voltou a ser ele mesmo, pois a terra está ardendo sob seus pés. Por mais que eu sinta ver partir meus hóspedes tão caros, não posso me opor ao seu desejo de reconstituir um lar. Mas, meu velho amigo, a um único ponto de teu projeto eu oponho um veto categórico: não deixarei que Virgília parta contigo. Criei-a, casei-a e, em razão da perda de todos os seus parentes, Agripa e eu retomamos o nosso direito. Ninguém a conhece melhor que nós; ela não está acostumada com ninguém como está conosco, e é na casa que lhe substituiu o teto paterno que deve recomeçar sua vida. Concordas, minha querida?

A moça fez um sinal de assentimento com a cabeça:

— Permanecerei convosco e com as crianças, mas serei eternamente grata a Sempronius pela afeição que acaba de me dar provas. Quando estiver mais recuperada, irei visitar-vos.

— Então, está decidida a partilha — concluiu Agripa, erguendo uma taça de vinho —, a borboleta dourada fica conos-

---

3 Micenas: sítio arqueológico grego, localizado a cerca de 90 km a sudeste de Atenas. No segundo milênio a.C., Micenas foi um dos maiores centros da civilização grega de grande potêncial militar. Durante o período romano, as ruínas de Micenas eram uma atração turística, assim como são hoje.

co e Drusila irá ajudar nossa venerável Fábia em seus afazeres domésticos.

Nero escutara essa discussão mudo e taciturno. A ressurreição inesperada do seu irmão fora para ele uma amarga decepção, como também a amigável ternura da primeira conversa de Caius com Virgília havia despertado os seus ciúmes e estimulado as más paixões que se encontravam apenas adormecidas em seu coração.

A resposta de Metella tranqüilizou-o um pouco. Esperava que, uma vez seu irmão longe, suas próprias chances aumentariam, pois, uma vez consolada, Virgília que era tão jovem e tão bela, deveria procurar um outro alguém.

Nero sabia que seu rival mais perigoso era Caius Lucilius, mas este tinha amado Daphné tão ostensivamente, que uma mulher altiva como Virgília seria capaz de recusar-se a substituir a rude plebéia e escolher, de preferência, um outro filho de Sempronius.

Precavendo-se para todas essas possibilidades, Nero aproveitou um momento oportuno antes da partida do pai, para expor-lhe seu desejo de adquirir uma grande propriedade, situada não longe da de Agripa, e colocada à venda porque seu proprietário morrera em Pompéia. Sempronius concordou sem dificuldades com o desejo do filho e colocou à sua disposição as somas necessárias para que o negócio fosse concluído antes do final da licença de Nero.

Quando Sempronius partiu para Micenas, a vida transcorria calmamente. Nero voltou a fazer a corte a Virgília, Claudius continuou a ser o adorador e o confidente de Drusila. Apenas Caius Lucilius mudara radicalmente: o alegre e turbulento rapaz tornara-se sério e pensativo, buscava os passeios solitários, pensando no seu amigo eremita e na maneira de converter o pai para a nova crença. No entanto, suas melhores horas eram aquelas passadas junto de sua amiga de infância, Virgília, quando procurava distrair e alegrar a jovem que continuava sofrendo, desolada.

Pouco depois de sua chegada, Caius Lucilius mandara Rutuba entregar ao ermitão uma boa quantia de dinheiro, várias ânforas do melhor vinho e uma carta, na qual pedia ao velho para aceitar aqueles presentes a fim de distribuí-los (em nome daquele, que por seu intermédio, ele conhecera) aos doentes e aos necessitados.

Uma manhã, cerca de duas semanas após seu retorno dessa pequena viagem, Rutuba, hesitante, disse ao apresentar a Caius

Herculanum
215

algumas contas das despesas:

— Senhor, a mãe de Apolonius está aqui. Tendo tomado conhecimento, não sei como, que tu e teu pai vos encontráveis aqui, na vila do nobre Agripa, reuniu seus últimos recursos e veio para tentar saber alguma coisa sobre o destino do filho, pois ainda espera que ele tenha escapado do desastre. Disse a ela que, sem dúvida, ele perecera em Herculanum, uma vez que não nos acompanhara ao anfiteatro. Depois, dei-lhe algumas moedas para que voltasse a Roma, pois ela nada tem.

Caius Lucilius estremeceu e abaixou a cabeça:

— Onde está a mãe do escultor? — perguntou.

— Perto daqui, em um albergue, na estrada de Nápoles.

— Tu vais me levar até lá. Pega meu manto e espera-me na saída.

Sem notar o grande espanto de Rutuba, Caius foi imediatamente ao apartamento de Drusila e perguntou se poderia ver a prima. Surpresa e ruborizada, a jovem recebeu-o em sua saleta.

— Vim pedir-te um favor — disse o rapaz, afagando-lhe a mão.

— Se depender de mim, ele já está concedido antecipadamente.

— Ouvi-te dizer que a velha Dóris, a guardiã dos teus pomares, em Roma, acaba de morrer. É o seu lugar que venho pleitear para a mãe de Apolonius, que está na miséria.

— Não somente consinto com prazer, como mandarei trocar os móveis da pequena casa e enviarei à pobre mulher tudo o que lhe for necessário.

Muito satisfeito, Caius agradeceu à prima e foi se encontrar com Rutuba. Sempre caminhando, este começou a dizer:

— O infame! Precisava trair seu anfitrião? Se tivesse sido honesto, ainda estaria vivo.

Não obtendo nenhuma resposta, calou-se. Em silêncio, chegaram ao pequeno albergue, à porta do qual uma mulher, suja e desgrenhada, esbofeteava um pobre menininho que acabava de quebrar uma tigela de sopa, cujos cacos espalhavam-se pelo chão.

Ao avistar o patrício, largou a criança, que fugiu e, cheia de mesuras, conduziu o ilustre visitante a uma pequena galeria, em cuja soleira encontrava-se agachada uma velha mulher, com o rosto nas mãos. Suas vestes eram pobres e gastas e, debaixo de um lenço de lã preta, pendiam longas mechas de cabelos grisalhos.

— Tu és a mãe do escultor Apolonius? — perguntou Caius Lucilius, colocando-lhe a mão sobre o ombro.

Ela estremeceu e, erguendo para ele seus olhos inchados e vermelhos, exclamou, chorando:

— Sim, senhor, sou eu. E fiquei abandonada, muito infeliz, assim como meus dois filhos que deixei em Roma, com uma mulher piedosa. Apolonius era o nosso arrimo, nossa providência. Os deuses impiedosos, tirando-lhe a vida, destruíram toda uma família.

— Não chores mais, pobre mulher — disse Caius bondosamente —; nem tu nem teus filhos morrereis de miséria e de fome. Eu substituirei, junto de vós, aqueles que perdestes. Olha este homem! (ele apontou Rutuba). Ele é meu intendente e te dará vestes convenientes, uma quantia de dinheiro e te trará uma negra, que estou te cedendo para ajudar-te em casa, pois tu és velha. Além disso, já estás nomeada guardiã dos pomares do meu falecido tio Drusus, em Roma. Nesse local, existe uma casinha, na qual viverás tranqüilamente com os teus e, até a época em que teus filhos estiverem em condições de ganhar por si mesmos o seu sustento, tu receberás, todos os anos, uma pensão de mil sestércios.

A pobre mulher, que o escutara trêmula de alegria e de surpresa, jogou-se aos seus pés, beijou-lhe a toga, chamando-lhe de benfeitor, mas Caius, esquivando-se dos seus agradecimentos, retomou apressadamente o caminho da vila. Seu coração estava transbordante da mais pura alegria e de calma; seu velho amigo da floresta teria ficado contente se o tivesse visto agir de acordo com os preceitos do Divino Mestre, segundo os quais o amor e a caridade estavam acima da classe social e da riqueza. O rapaz acabava de fazer o bem àqueles que o tinham ofendido e de salvar da miséria a mãe do traidor que sua mão vingativa havia destruído.

Cheio de gratidão entusiástica, Caius levantou os belos olhos para o céu azul, aonde (segundo a narrativa do velho) Jesus havia ascendido, e seus lábios murmuraram uma fervorosa prece:

— Agradeço-te, Divino Mestre, por me teres proporcionado a oportunidade de ajudar aquela pobre mãe, cujo sustentáculo eu matei e, também por me haveres conservado a riqueza que permitiu que eu secasse as lágrimas que cairiam sobre meu coração como uma pesada acusação.

Rutuba seguia-o perplexo, perguntando-se se os terríveis acontecimentos e a doença não tinham agido sobre o espírito do seu jovem senhor, pois lhe parecia inédito o fato de Caius ter cumulado de benefícios as pessoas da família do traidor que, diante dos seus próprios olhos, havia manchado sua honra.

Herculanum

Depois daquele dia, uma intimidade mais afetuosa estabeleceu-se entre Caius e Drusila. A boa ação que praticaram em conjunto os havia aproximado. Passaram horas a planejar os melhores meios de educar e estabelecer os filhos daquela pobre mulher.

Uma só criatura, na casa de Metella, não via com bons olhos a amizade dos primos: Claudius. O elegante parasita, tão cordato e amável para com todos, perseguia com uma surda tenacidade o plano de se casar com Drusila, não porque amasse a jovem, mas sim porque cobiçava sua imensa fortuna.

Claudius era um digno exemplar da juventude ociosa e depravada da Roma imperial. Aproveitar sem trabalhar, gastar sem contar, cortejar as mulheres e jogar alto, tal era a vida à qual ele aspirava. Sentia-se bem na casa de Sempronius, do qual conquistara totalmente a confiança e, nada tendo perdido com a destruição de Herculanum, havia se aproveitado da prostração moral do velho patrício para encarregar-se de diversos negócios financeiros, nos quais, sempre cuidando de aumentar a fortuna de Sempronius, não esquecia de si. Entretanto, todos esses expedientes não o satisfaziam. Ele ambicionava apoderar-se da fortuna de Drusus e entregar-se sem reservas às suas paixões desenfreadas. Para tanto, era preciso afastar qualquer outro pretendente, principalmente Nero e Caius, estimulando-lhes habilmente os ciúmes e, para atingir seu objetivo, Virgília lhe pareceu a melhor arma.

Claudius admirava e, até mesmo, amava a borboleta dourada de olhos azuis e, se Virgília fosse rica, ele certamente iria preferi-la, mas sendo a jovem viúva pobre, ele não mais aspirava entrar para a fila dos seus pretendentes e só pensava em utilizá-la para ocupar os dois irmãos.

As assíduas visitas de Nero a Virgília eram evidentes, mas a jovem pranteava tão sinceramente o marido, que poderia recusá-lo e, então, o oficial, como primeiro pretendente, poderia retomar o antigo projeto de família. Mas um perigo mais próximo e mais real era a reaproximação inopinada de Caius e Drusila, pois, quem poderia garantir que aquele homem fantástico e desgostoso com a selvagem Daphné, cujo nome ele jamais pronunciava, não se apaixonaria pela doce jovem que procurava ler nos olhos do rapaz os seus mínimos desejos?

Para acabar, de uma vez por todas, com essas incertezas, Claudius resolveu sondar os sentimentos de Caius Lucilius e, uma manhã em que se encontravam sozinhos, disse-lhe com uma fingida indiferença:

— Quem seria capaz de imaginar, há alguns meses, que Nero pudesse ser o sucessor de Marcus Fabius? E, no entanto, o fato é mais que evidente, suas constantes visitas à jovem não deixam nenhuma dúvida sobre suas intenções. Virgília não poderá recusá-lo, pois ela nada tem, e é duro viver à custa até dos melhores amigos. Duvido, apenas, que a pobre menina será feliz com aquele homem melancólico, rude e apaixonado, justamente ela, que só conheceu o amor calmo e doce de Fabius.

A essas palavras, Caius endireitou-se, vermelho até a raiz dos cabelos:

— Duvido que, algum dia, Virgília aceite Nero por marido — respondeu, emocionado —, e nunca o vil critério de conseguir uma posição influenciará seu destino nem a levará a se casar com um homem que ela não ama. Ela sabe que meu pai e eu a amamos como uma pessoa da família e que, em quaisquer circunstâncias, garantiremos sua independência financeira. Além disso, para ser franco contigo, Claudius, dir-te-ei que espero, quando Virgília estiver mais calma e restabelecida, fazer dela minha esposa. Somos amigos de infância, e como fomos ambos testados pela vida, não nos desentenderemos por causa de infantilidades que foram outrora a causa de nossa desunião. Ela sabe que sinto por ela uma profunda e sincera afeição e creio que me preferirá a qualquer outro.

Intimamente radiante, Claudius apertou a mão do jovem patrício. Por este lado, ao menos, ele estava bem tranqüilo, pois nenhum perigo ameaçava seus projetos. Quanto a Nero, ele podia continuar, pois isso o tornava inofensivo.

Alguns dias depois dessa conversa, Sempronius voltou muito satisfeito. As obras na vila estavam quase terminadas e, depois de ter-se despedido amigavelmente de Agripa e sua esposa, o velho patrício conduziu a família (acrescida de Drusila e de Claudius) à sua nova morada.

3. Quinze dias mais tarde

Não longe do cabo de Micenas, sobre um promontório elevado, erguia-se uma vila elegante, mas de tamanho médio, da qual as colunatas brancas eram perceptíveis através das árvores frondosas do jardim que a cercava. Uma alameda sinuosa e orlada de estátuas ligava a casa a um vasto terraço que, construído artificialmente sobre enormes substruções, avançava diretamente para o mar, proporcionando, de todos os lados, uma vista admirável do golfo e de suas praias aprazíveis, do porto de Micenas e da sombria silhueta do Vesúvio, cujo cimo fumegante dominava a paisagem como um sinistro *memento mori*.[1]

Numa bela tarde primaveril, uma moça de pele fresca e rosto infantil encontrava-se semi-estendida sobre um dos bancos de mármore do terraço que acabamos de descrever. Uma túnica branca ressaltava sua cintura esbelta e os raios do sol poente brincavam em fazer brilhar os bordados de ouro de seu manto violeta e seus cabelos de um louro avermelhado. Virgília, pois era ela, recuperara, evidentemente, a saúde. Suas faces estavam coradas, e seu lábios, frescos como outrora, mas uma expressão de profunda melancolia e uma ruga triste e amarga nos cantos da boca demonstravam que uma grande mudança se operara em sua alma.

Naquele momento, a jovem parecia vivamente agitada. Suas mãozinhas puxavam nervosamente as franjas de ouro do

---

1 *Memento mori*: frase latina que significa "lembra-te que és mortal" ou ainda "lembra-te que vais morrer"; utilizada geralmente para se referir ao momento da morte eminente.

lenço que lhe cingia a cintura e seu rosto irrequieto refletia as emoções mais diversas: uma séria conversa que acabava de ter com Fábia e a não menos grave decisão decorrente da mesma, absorviam todos os seus pensamentos.

A nobre matrona nunca se recuperara totalmente das terríveis emoções pelas quais passara durante a erupção. Desde então, ela enlanguescera, apagando-se docemente, mas sempre bela, calma e com alma forte, como sempre fora durante toda sua vida. Nas últimas semanas, suas forças tinham diminuído tão visivelmente, que seu filho e seu neto, que a cercavam dos mais constantes cuidados, convenceram-se de que seu fim estava próximo.

Alguns dias antes daquele em que retomamos nossa narrativa, Metella e Virgília haviam recebido cartas de Caius, convidando-as a ir passar algum tempo na vila de seu pai, tendo em vista que a avó expressara o desejo de ver, pela última vez, os amigos reunidos ao seu redor.

Então, as duas jovens partiram, sem mais tardar, acompanhadas das crianças e, naquela mesma manhã, Agripa se juntaria a elas. Aproveitando da animação causada pela chegada de um novo hóspede, Fábia retirara-se, levando Virgília. Depois de uma longa conversa, na qual procurara habilmente sondar o estado de espírito da jovem viúva, Fábia lhe dissera, atraindo-a para si:

— Cara Virgília, antes de deixar este mundo, gostaria de fixar o destino daqueles que me são caros. Para a felicidade de ambos, torna-te a mulher de Caius. O passado que ainda pesa sobre ti, apagar-se-á na aurora de um novo amor e de novos deveres. Compreendo que ninguém consiga substituir Marcus Fabius no teu coração, mas o teu amigo de infância talvez seja o único que ainda possas amar. Sempronius já te ama como a uma filha e este casamento muito o alegrará e eu terei ainda a felicidade de abençoar vossa união. Agora, vai, minha filha, pensa nas minhas palavras e decide o que teu coração mandar.

Emocionada e perturbada, Virgília se refugiara no terraço deserto e meditava. A idéia de se casar com Caius Lucilius não lhe desagradava, e a afeição que ela sentia desde a infância pelo belo e simpático rapaz poderia facilmente se transformar em amor. No entanto, considerações de outra ordem agitavam ainda o coração orgulhoso e caprichoso de Virgília. Caius mudou muito depois da catástrofe — pensava ela. "Não é mais o impetuoso e despreocupado homem de outrora. Teria a perda de Daphné o abalado assim profundamente? Tudo prova que ele a amou mais do que a mim, pois, quando Sempronius proibiu-o de se casar com Daphné, ele empalideceu e emagreceu; sua tristeza saltava aos olhos, enquanto que, quando o recusei, ele apenas ficou amuado e escandalizou toda a cidade com suas extravagâncias. Será que agora ele devotará a mim um amor exclusivo como aquele de Marcus Fabius? Mas uma coisa continua mal esclarecida: se ele tanto amou Daphné, por que nunca lhe pronuncia o nome? Por que nunca deixou escapar uma palavra de saudade? Sei que ela fez muitas coisas erradas, mas a morte apaga todos os ressentimentos, mesmo em relação a seres detestáveis como aquele menino desprezível, Gundicar, que me fez brigar com Fabius. Agora que ele morreu de um modo tão terrível, eu lamento por ele."

Um passo vivo e decidido, ressoando no pavimento de mármore do terraço veio interromper-lhe essas reflexões. À vista de Caius Lucilius, ela levantou-se, enrubescendo. Aproximando-se rapidamente, ele sentou-se ao seu lado.

— Querida Virgília, sei que vovó conversou contigo — disse, pousando seus lábios na mão da jovem —; se eu te disser: — aceita meu amor e te tornes minha esposa —, recusar-me-ás pela segunda vez?

Ela ergueu os olhos para seu amigo e encontrou seu olhar carinhoso e fascinante que conquistava todos os corações.

— Querido Caius — murmurou —, envergonho-me de trair a memória de Fabius e, no entanto, tu és o único homem ao qual eu gostaria de pertencer. Gosto de ti, sempre gostei, não com amor, talvez, mas és bastante belo para cativares uma mulher. Uma outra dúvida me perturba e me impede: se eu me tornar tua mulher, teu coração deverá pertencer unicamente a mim. Podes dedicar a mim o mesmo amor exclusivo e apaixonado que te inspirava Daphné? É a falta dela que te faz ficar triste e pensativo? Mas, então, por que nunca pronuncias o seu nome? Por que nunca derramaste uma lágrima em sua memória?

Ouvindo-a pronunciar o nome de Daphné, uma súbita palidez cobriu o rosto de Caius Lucilius, mas, dominando-se, respondeu:

— Tens razão, não deve haver

mais mistérios entre nós e vou te contar o fim de Daphné, mesmo correndo o risco de ser rejeitado, com horror, por ti.

Baixando a voz, ele traçou, rapidamente, o quadro dos horríveis acontecimentos que se desenrolaram em Herculanum durante as últimas horas que lá havia passado. Virgília escutou-o ansiosa, e com o coração palpitante começou a compreender, então, o seu silêncio glacial, a repugnância que lhe impedia qualquer palavra de pesar em relação à sorte da mulher infiel, que ele, com sua sentença impiedosa, condenara à morte. Mas a ferida aberta no coração e na honra daquele jovem volúvel e impetuoso transformara-o em um homem triste e sonhador. Virgília arrependia-se, agora, de tê-lo feito evocar aquelas recordações dolorosas. A lividez de Caius, o tremor nervoso de seus lábios, as sombrias chamas que lhe escapavam dos olhos, mostravam a ela que ele deveria ter sofrido muito e, entretanto, a cruel vingança de sua honra ultrajada entusiasmou o coração ousado e vingativo de Virgília. Nunca Caius Lucilius lhe parecera mais digno de amor. Percebendo que ele se calava, com o olhar fixo no vazio, absorto no passado, um repentino ciúme apertou o coração da moça que, passando a mão sobre a fronte úmida do rapaz, murmurou, trazendo-o de volta à realidade:

— Sou tua, Caius, e tratarei de te fazer esquecer tudo o que sofreste por uma indigna.

Diante daquela voz acariciante, acompanhada de um olhar úmido e cheio de promessas, Caius pareceu tudo esquecer. Com os olhos brilhantes de alegria, ele estreitou a jovem em seus braços:

— Minha noiva adorada, espero que nunca lamentes este momento — disse, beijando-lhe os lábios. — Eu te amarei tanto, que até a sombra de Marcus Fabius ficará satisfeita com a felicidade que cumularei o seu mais precioso tesouro.

Absortos em sua emoção, os jovens não perceberam Claudius que se aproximava pela alameda que conduzia ao terraço. Ele parecia estar procurando alguém, mas percebendo o casal sentado no banco, recuou bruscamente para a sombra das árvores.

— Ora, ora! — murmurou. — Noivado com a borboleta dourada! Velhaco feliz, este Caius! Beleza, riqueza, amor: os deuses lhe deram tudo. Mas não é hora de pensar nele: precisas tratar dos teus próprios negócios, amigo Claudius, pois não encontrarás uma ocasião mais propícia. Irei ter com Drusila, contar-lhe a nova e colocar meu humilde amor aos seus pés. Não acredito que ela o recuse, o ciúme e o amor-próprio ferido são poderosos auxiliares. Além disso, a perspectiva de contemplar o carinho dos noivos tampouco lhe será animadora. Decididamente, penso que, como um verdadeiro amigo, chegarei a tempo de salvá-la de si mesma.

Com ligeiro sorriso, voltou-se e se dirigiu rapidamente para o lugar do jardim situado do lado oposto da casa. Logo avistou Drusila que, iluminada pelos últimos raios de sol, passeava, dando lentamente a volta em torno de um grande lago que possuía, no centro, uma fonte que lançava em direção ao céu seu repuxo prateado. Evidentemente, pensamentos agradáveis absorviam a jovem: um alegre sorriso lhe entreabria os lábios e seus olhos não se desviavam de um ramo de flores silvestres que segurava, acariciando cada pétala com seu dedo afilado.

Claudius deteve-se à sombra de um plátano e contemplou-a com um olhar meio irônico, meio escrutador. Aquele buquê, ele sabia, tinha sido trazido por Caius Lucilius, na volta de um passeio matinal pelos campos. Notando que ele agradava à prima, tinha-lhe ofertado galantemente.

— E, no entanto, a mulher desdenhada por aquele feliz pretensioso é bela — murmurou o músico —, suas formas são irrepreensíveis, sua tez soberba e esses olhos negros contrastando com cabelos loiros dão um toque de charme ao seu ar demasiado plácido. De fato, melhor para mim: serei invejado pela mulher e pelo dote.

Deixando seu refúgio, Claudius alcançou a moça e, depois de trocarem algumas palavras triviais, disse-lhe bruscamente:

— Cara Drusila, não posso deixar passar a oportunidade, que há muito tempo espero, de falar-te sem testemunhas. Sabes que te amo, sou teu escravo há dois anos e, apesar de não te importunar com meus sentimentos, lembro-me que houve um tempo no qual me encorajavas.

— Nunca deixei de considerar-te como amigo, caro Claudius — respondeu Drusila enrubescendo e escondendo o rosto com o buquê —, mas por que escolheste este dia para me falar dos teus sentimentos?

— Porque — disse Claudius lentamente — a visão da felicidade alheia desperta no coração de todos os homens uma certa inveja e o desejo de também ser feliz. Não sabes que acabei de ver Virgília nos braços de Caius. Trocaram eternas juras de amor e fidelidade. Presenciando essa cena, senti amargamente meu isolamento e meu coração impeliu-me para a mulher que amo.

Como atingida por um raio, Drusila parou. O buquê escapou de sua mão trêmula que ela levou ao coração.

Claudius não percebeu esse gesto, como também não ouviu o rouco suspiro que escapou do peito oprimido da jovem, pois se abaixara calmamente para pegar as flores espalhadas sobre a areia, deixando a Drusila o tempo para se recuperar. Sua mão também tremia nervosamente, mas o que o inquietava não era o temor de perder aquela mulher que amava outro, mas sim o temor de ser obrigado a renunciar aos prazeres que o dote lhe proporcionaria. O próximo instante deveria decidir seu futuro, coroar ou destruir o plano tão habilmente arquitetado, tão tenazmente executado.

Finalmente, levantou-se e, pegando a mão gelada de Drusila, murmurou em tom apaixonado:

— Responde-me, posso também esperar um futuro de amor e de felicidade? Outrora tu mo prometeste.

A moça fitou-o com um olhar vazio e desanimado:

— Se posso te fazer feliz e se podes te contentar com minha amizade, casa-te comigo, Claudius — disse ela, tentando, em vão, dar firmeza à voz. — Serei uma esposa fiel e devotada, mas não posso oferecer-te um amor ardente.

Claudius deixou cair as flores e, enlaçando-lhe a cintura, cingiu-a em seus braços:

— Amo-te tal como te entregas a mim, pois a amizade de um coração como o teu vale o amor de um outro coração e, com este beijo, selo nossa união.

— Que seja feito como desejas — murmurou Drusila, apoiando pesadamente a cabeça sobre o ombro do rapaz.

Fez-se um breve momento de silêncio. Uma orgulhosa satisfação transbordava do coração de Claudius. A partida estava ganha, ele conquistara a independência e a riqueza. Diante de seu olho espiritual esboçou-se, como uma radiosa miragem, a satisfação de todos os prazeres. Mas o rapaz tinha bastante perspicácia para não perceber o estado de espírito de sua futura esposa. Assim, levantou-se e, levando a mão da jovem aos lábios, conduziu-a para o fundo do jardim. Com habilidade e a fineza espiritual que lhe eram próprias, começou uma conversa que, forçando Drusila a responder, acabou por distraí-la, devolvendo-lhe o equilíbrio necessário.

Já era noite fechada quando voltaram para casa. Um escravo disse-lhes que estavam sendo procurados e que Sempronius pedia-lhes que fossem ao terraço, onde todos estavam reunidos.

Tanto o terraço quanto a pequena alameda que a ele conduzia estavam inundados de luz. Em toda parte os escravos suspendiam tochas e lamparinas que iluminavam intensamente o grupo reunido perto da balaustrada. Fábia estava sentada em um canapé, apoiada em almofadas, com seu nobre e doce rosto demonstrando a mais pura alegria; à sua frente, encontravam-se os noivos, enquanto Sempronius, com o rosto descontraído, conversava com Metella e o marido. Diante daquela cena, Drusila parou, estremecendo, e seu olhar não pôde se desviar do radiante sorriso de Caius Lucilius que, enlaçando a cintura de Virgília, fitava com um olhar de fogo o rosto enrubescido da sua principal rival. A forte pressão da mão de Claudius fê-la voltar a si e, no mesmo instante, Sempronius, percebendo-os, gritou alegremente:

— Achegai, fugitivos, eis dois noivos que estão esperando vossos cumprimentos.

Claudius aproximou-se rapidamente com Drusila.

— Meus amigos — disse ele erguendo a mão em sinal de saudação —, recebei as nossas e dai-nos as vossas felicitações. Eu também estou trazendo uma noiva: Drusila acaba de me conceder seu coração e sua mão e espero que o nobre Sempronius e tu, ilustre matrona (voltou-se para Fábia) não ireis nos negar vossa bênção. Como sempre vós me honrastes com vossa amizade, não me recusais como parente!

Ele não poderia ter escolhido oportunidade melhor para

fazer o seu pedido: a alegria que sentiam o velho patrício e sua mãe, vendo acertado o casamento tão ansiosamente desejado de Caius e Virgília, os tornava indulgentes e calava as considerações que, talvez, pudessem impedir o seu consentimento. Dessa forma, Sempronius estendeu-lhe a mão e disse, abraçando-o:

— Sejas bem-vindo como meu sobrinho e não esqueças que, ao se casar com uma órfã, serás duplamente responsável por sua felicidade.

Fábia abriu-lhes os braços:

— Sede felizes, meus filhos, e que os deuses abençoem a vossa união!

Durante todas aquelas efusões, os escravos haviam colocado no terraço uma mesa ornada de flores, guarnecida de pratos selecionados e de louça preciosa. O mordomo anunciou que a ceia estava servida, todos se sentaram à mesa e, logo, uma ruidosa animação tomou conta dos convivas. Os brindes e os votos eram infindáveis.

— Quem imaginaria, quando a terrível erupção expulsou-nos de nossos lares, que os deuses nos reservariam uma reunião como a de hoje! — exclamou Fabricius Agripa, estendendo a um escravo a taça de Samos, [2] magnificamente esmaltada, que acabava de esvaziar.

— Confessa, Agripa — replicou Claudius, rindo —, que foram as escavações bem sucedidas que fizeste debaixo de tua vila e que te permitiram de lá retirar tantos objetos preciosos, além do milhão de sestércios que infelizmente lá ficaram, que estão contribuindo à tua atual felicidade. Não poderias esperar por isso durante a catástrofe.

— Não o nego, mas a honra de ter imaginado essas escavações cabe à minha mulher. Oh! Por Júpiter, [3] se eu tivesse seguido seus conselhos em vez de rir deles! Mas confesso meus erros e esvazio esta taça em tua honra, Metella. E vós, futuros maridos, aproveitai de minha experiência e escutai sempre a tempo os pressentimentos de vossas respectivas esposas.

A hilaridade provocada por esse gracejo foi interrompida pelo pequeno Valerius que corria ao redor da mesa, divertindo-se em empanturrar de pastelarias o cachorro de Caius Lucilius.

— Vede — gritou o menino —, Nero também vem cear.

Todas as cabeças se voltaram para a entrada do terraço e viram, efetivamente, o jovem oficial chegando, com o rosto afo-

---

2 Samos: ilha grega, localizada no mar Ergeu, famosa pela produção de excelentes vinhos.

3 Júpiter: deus supremo da mitologia romana, equivalente ao Zeus grego.

gueado pelo andar rápido. Uma nuvem escura tomou conta do rosto de Sempronius, que franziu as espessas sobrancelhas: apenas naquele momento ele se lembrara de que Nero amava Virgília e fora o primeiro a pedir-lhe permissão para com ela se casar.

— Saudações a todos — disse o jovem tribuno —, estou vindo diretamente da tua casa, Agripa, de onde o intendente me encaminhou a Micenas. Mas, por Baco![4] Que estais celebrando? Devo cumprimentar alguém? — acrescentou, pegando a taça que lhe apresentava um escravo.

Agripa, que notara a fisionomia preocupada dos donos da casa, apressou-se em responder.

— Chegas a tempo, caro amigo, de celebrar conosco um duplo noivado: o de teu irmão com Virgília e o de Claudius com Drusila.

Não teve tempo de terminar a frase: a taça de cristal acabava de escapar da mão de Nero, estraçalhando-se ruidosamente sobre as lajes. Pálido, o olhar fixo, o jovem recuou, desmaiando imediatamente.

Todos se levantaram e, enquanto os homens erguiam Nero, colocando-o sobre um canapé, Metella inclinou-se para Virgília que estava branca como sua túnica e cujos membros tremiam.

— Pois bem! Como vês, minhas suspeitas tinham fundamento — murmurou ela. — Pobre rapaz, ele não tem sorte!

Um instante mais tarde, o tribuno voltou a si, mas Caius Lucilius que se debruçava sobre ele, vendo surgir em seus olhos um lampejo de raiva e de ódio selvagens, recuou, de cenhos franzidos.

— Perdoai-me por todo esse incômodo — disse Nero, levantando-se. — Foi uma reação ao cansaço e o calor: tive uma tontura, mas não foi nada. Depois que tiver bebido uma taça em honra aos noivos, espero que permitais que me retire, pois algumas horas de sono me deixarão completamente restabelecido.

---

4 Baco: deus do vinho, filho de Zeus e da mortal Sêmele; Dionísio é seu equivalente grego.

4. Núpcias sangrentas

O tempo que se seguiu passou rapidamente em meio a preocupações e preparativos necessários para as duas núpcias que tinham decidido celebrar no mesmo dia. Pouca atenção foi dada a Nero que, aparentemente, estava tranqüilo e de cujo abominável estado de espírito ninguém desconfiava. Todos os ressentimentos nele represados durante longos anos haviam extravasado, ainda aguilhoados pelo ciúme que lhe causava a menor carícia, cada olhar afetuoso dos noivos. Sua razão obscurecida lhe insinuava que só o sangue do irmão que, na vida, tudo lhe roubara, poderia acabar com o inferno em que ele vivia.

E foi assim que chegou o dia do casamento. Apenas Metella notou com inquietação a palidez de Nero e a expressão sinistra que, por instantes, lhe crispava a boca. Mas sua calma aparente acabou por desnorteá-la, pois o rapaz extraía de sua raiva até a força para dissimular e aguardar o momento favorável para o crime que meditava.

Deixando os convidados encerrar o festim, os recém-casados haviam se retirado para os seus respectivos aposentos. Bem juntinhos, Caius e Virgília encontravam-se perto de uma janela aberta que dava para o jardim e, antes de se retirarem para o quarto contíguo, eles conversavam, respirando o ar fresco e perfumado da noite. Um leve ruído, perto da porta que se abria para a galeria, chamou a atenção dos dois: com o maior espanto, eles viram Nero, lívido e com os olhos chamejantes, erguer o reposteiro bordado e avançar, com uma das mãos escondida sob as vestes.

— O que significa esta invasão? — perguntou Caius de cenhos franzidos.

Sem responder, Nero jogou-se sobre ele, uma arma brilhou em sua mão e afundou no peito de seu irmão, que caiu, soltando um grito.

Por um momento, Virgília permaneceu petrificada, mas percebendo que o tribuno aprontava-se para desferir um segundo golpe, correu para uma mesa e, agarrando o estilete sírio que Caius trazia sempre consigo e que lá deixara ao despir-se da toga, plantou-a até o cabo entre os ombros de Nero. Ele estendeu os braços e caiu, com o rosto contra o chão.

No mesmo instante, gritos agudos elevaram-se da galeria ao lado. Eram de uma jovem escrava que, tendo visto Nero insinuar-se nos aposentos dos noivos, espiara, por curiosidade, através de uma abertura do reposteiro. À vista do duplo atentado, fugiu apavorada, correndo feito uma louca até o salão em que se realizava a festa e, com palavras entrecortadas, contou aos convivas, ainda reunidos, o terrível acontecimento. Num instante, o quarto no qual jaziam os dois feridos encheu-se de pessoas lívidas e aterrorizadas. Ao avistar Nero, uma chama de ódio e de desprezo acendeu-se nos olhos de Sempronius:

— Fratricida! — murmurou ele, com os dentes cerrados, mas logo se dominando, escondeu o rosto nas mãos e, com o peito oprimido pelos remorsos e pelo desespero, buscou apoio na parede.

Metella precipitara-se para Virgília que, sempre de pé, a mão erguida, os olhos fixos e alucinados, parecia ter perdido a razão. No início, permaneceu insensível às palavras e aos carinhos de sua amiga, mas, reconhecendo-a, finalmente, jogou-se nos braços de Metella e desmaiou.

— Agripa, ajuda-me a transportá-la ao nosso apartamento. Não podemos aqui deixar a pobre criança — disse a moça ao marido.

O patrício carregou Virgília em seus braços e conduziu-a à extremidade oposta da casa, onde Metella, ajudada por suas serviçais, despiu-a e deitou-a. Longas horas se passaram antes que Virgília retomasse o sentimento da triste realidade.

Nesse ínterim, tinham levantado e deitado os feridos. Agripa, que na qualidade de antigo militar, tinha algumas noções de cirurgia, fez-lhes um primeiro curativo. Quando, finalmente, o médico chegou, digno e sábio ancião, ele declarou que os dois ferimentos, embora não fossem mortais, eram muito graves e não quis se pronunciar sobre a evolução das enfermidades.

Ao longo daquela pavorosa noite, pareceu que o destino não podia deixar de bater à porta da casa de Sempronius, pois a notícia do atentado criminoso de Nero e do estado desesperador dos netos foi demasiadamente cruel para a venerável Fábia. Caiu num estado de torpor, do qual o médico teve muita dificuldade em fazê-la sair. Quando, enfim, ela abriu os olhos, foi impossível que as pessoas se iludissem, pois a agonia era evidente.

— Meu fim se aproxima, mas eu não vou lamentar, querida filha, pois a graça dos deuses me concedeu uma vida bem longa — murmurou a matrona, apertando fracamente a mão de Drusila que, ansiosa, se debruçava sobre ela, com os olhos marejados de lágrimas.

Depois, seu olhar apagado voltou-se para o médico:

— Caius Lucilius voltou a si? Gostaria de vê-lo uma última vez e abençoá-lo. Consente que me levem sem demora até ele, pois sinto que meus momentos estão contados.

O velho sábio inclinou a cabeça em sinal de assentimento. Enquanto tomava as providências para que a matrona fosse transportada para junto do neto, Caius Lucilius, que até então, permanecera deitado, mergulhado numa pesada sonolência, reabriu subitamente os olhos.

— Minha avó está me chamando, estão conduzindo-a até aqui — murmurou com voz rouca e entrecortada —; consigo vê-la, mas... Oh! Ela está nos deixando, a faixa de fogo que a retém vai se romper a qualquer momento, não posso mais segurá-la!

Gemendo, ele caiu novamente, e parecia não estar vendo quando os escravos colocaram a matrona perto do seu leito.

Por alguns minutos, Fábia permaneceu estendida, imóvel, sobre as almofadas que a amparavam. Por fim, ela abriu os olhos e abraçou, com o olhar, os parentes e os amigos reunidos ao seu redor.

— Erguei a cortina da janela, estou sufocando aqui — murmurou debilmente.

Agripa apressou-se em obedecê-la e o ar fresco e perfumado da manhã invadiu, em ondas, o apartamento.

Ouvindo a voz da avó, Caius levantou-se, estremecendo:

— Vovó, tu estás nos deixando — disse ele, apertando ansiosamente a mão gelada da matrona.

— Estou indo para o lugar em que todos nós nos reuniremos. Abençoado sejas, meu menino querido, e tu também, meu filho — respondeu Fábia, colocando sua mão sobre a cabeça grisalha de Sempronius. — E ao outro, ao infeliz insensato, transmiti meu perdão e minha última bênção.

Naquele momento, o sol surgiu no horizonte, inundando o quarto de reflexos dourados. Diante dessa visão, o rosto lívido da matrona pareceu, subitamente, se transfigurar; um leve rubor coloriu suas faces, seus grandes olhos negros animaram-se, iluminando todo o seu corpo com uma espécie de reflexo da sua antiga beleza. Com o olhar voltado para o astro brilhante, que parecia elevar-se das ondas, ela murmurou:

— Rá[1] me saúda; rejuvenescido e triunfante ele sai do reino das sombras. Oh! Recordo-me de tudo! Ela se ergueu para cair em seguida. Estava morta.

Enquanto transportavam o cadáver, Caius Lucilius, esgotado por tantas emoções, mergulhou num sono agitado e foi acometido por um delírio ardente, debatendo-se, pensando estar se afogando num pântano. Ele chamava, gritando, seus soldados e repelia o médico, ao qual chamava de mágico maldito que pretendia perdê-lo e ao seu povo.

Três dias depois, celebraram tristemente e sem pompa, os funerais de Fábia. Apenas a família e Fabricius Agripa com a esposa assistiram à cerimônia e verteram lágrimas sinceras à memória daquela nobre e venerável mulher. Um triste abatimento pesava sobre toda a casa; o estado dos dois feridos continuava sendo dos mais alarmantes, uma febre ardente os consumia. Lívido e desesperado, Sempronius errava vacilante do leito de Caius, ao qual o chamava o amor, ao leito de Nero, filho sempre negligenciado, ao qual o chamava a voz da consciência. O pensamento que *seu* filho erguera a mão criminosa contra o próprio irmão marcava como ferro em brasa o coração do velho patrício.

Drusila e Metella entregavam-se com uma abnegação completa à guarda dos feridos, prodigalizando-lhes aqueles cuidados inteligentes que nunca poderiam ser realizados por mãos pagas. Além disso, Metella também procurava estar sempre ao lado de Virgília, cuja saúde lhe causava temores inexprimíveis. Despertando de seu longo desmaio, a jovem mergulhara numa morna apatia da qual nada, até então, conseguira tirá-la. Ainda não recuperada do terrível abalo causado pela morte de Marcus Fabius e do filho, era de se esperar que a delicada compleição de Virgília não suportasse esse novo choque.

Uma única pessoa, na casa, tinha ficado indiferente a todas essas desgraças, que apenas lhe faziam sentir tédio e despeito. Esse personagem era Claudius, cuja alma egoísta e ávida de

1 Rá: principal divindade solar da mitologia egípcia.

prazeres ansiava pelo momento em que, finalmente, pudesse entrar como senhor no palácio de Drusus. Assim, mal conseguia abafar uma praga de impaciência e de raiva todas as vezes que seus olhos deparavam com a elegante galera amarrada às escadas da vila e que deveria conduzi-lo a Roma.

Na noite seguinte aos funerais da matrona, ele não conseguiu mais se conter e, aproveitando um momento em que sua mulher se recolhera ao quarto para descansar um pouco, disse-lhe:

— Cara Drusila, agora que cumprimos as últimas obrigações para com a nobre Fábia, suponho que tenhamos o direito de pensar em nós. Aqui, somos inúteis, pois ouvi Metella prometer a Sempronius que nem ela nem seu marido o abandonariam até que a calma tivesse voltado à casa e que os feridos tivessem convalescendo. Em conseqüência dessa promessa, Agripa já deu ordens ao seu intendente. Penso, pois, que poderemos, sem qualquer inconveniente, partir amanhã de manhã para Roma onde temos interesses em suspenso e onde somos esperados.

Ao ouvir esse discurso do marido, Drusila corou e fitou-o com um olhar profundo e escrutador.

— É com desgosto que vejo — respondeu-lhe — que sentes tão pouca afeição pela casa hospitaleira que, há mais de dois

Herculanum

anos, recebeu-te como amigo. Como podes querer abandonar Sempronius neste momento tão doloroso em que, mais do que nunca, ele precisa de ajuda e de apoio? Metella e Agripa abandonaram seu lar e seus negócios para aqui ficarem, e pretendes que eu abandone meu pobre tio e os dois feridos? Não, não, não partirei, mas tu, Claudius, parte para Roma, pois a necessidade de assumires a direção dos negócios, de dares as ordens indispensáveis e de te apresentares como senhor, servem como um pretexto razoável. Não fazes falta, aqui, e para evitar suposições inúteis, direi que fui eu que te incitei a partir.

Claudius mordeu os lábios. Drusila compreendera sua ávida impaciência de assumir o papel de senhor em seus novos domínios e, de uma maneira delicada, jogara-lhe na cara sua presunção e sua ingratidão para com a família que, durante dois anos, o alimentara e vestira.

Aquela ousadia e obstinação da jovem em querer ficar para cuidar de Caius Lucilius despertaram uma raiva surda no coração de Claudius. Ele não amava Drusila, mas ela era sua mulher: como ela ousava, tão abertamente, mostrar-lhe sua preferência por outro? Dominado por aquele ciúme brutal, esqueceu-se até de sua habitual prudência que o fazia conviver com a suscetibilidade de sua esposa e fingir ignorar seus sentimentos. Inclinando-se para ela, disse-lhe bruscamente:

— Compreendo, não queres deixar Caius enquanto estiver ferido. Pensas que sou cego? Casaste comigo para abandonar esta casa e, agora que tua louca paixão te leva a velar e a cuidar dele, para ao menos sonhares que significas alguma coisa para teu primo, tu me dispensas. Seguirei teu conselho e partirei, mas quis te mostrar que não me iludo de tua afeição por mim.

Empalidecendo, Drusila levantou-se, e seus olhos, habitualmente tão doces e calmos, fitaram o marido, faiscantes de desprezo e de orgulho ferido.

— Já que és tão clarividente, nobre Claudius, esperaste, pois, em pleno conhecimento de causa, o momento favorável para conquistares uma rica herdeira; *teu amor* era apenas pela minha fortuna que te permitiria satisfazer, finalmente, teus gostos por luxo e por prazeres. Preguiçoso como tu és, sempre evitaste um trabalho honrado a serviço do Estado, preferindo alimentar-te à custa de canções e de uma palavra amável dita no momento certo a algum rico proprietário. Vai, pois, homem ingrato, indigno até de amizade; vai, como primeiro intendente de tua esposa, fazer o papel de senhor nos domínios adquiridos a preço baixo por meio de uma baixa intriga.

Dando-lhe as costas, ela saiu sem dignar-se a olhá-lo. Ao ficar sozinho, Claudius abandonou-se a um acesso de raiva, maldizendo a imprudência que o levara a ofender tanto sua mulher. Mas, julgando com razão que o melhor a fazer era deixar acalmar a cólera de Drusila com sua ausência, ele expôs a Sempronius e a Agripa os motivos que o forçavam a partir e, à aurora, embarcou para Roma.

Pobre Drusila! Órfã desde o nascimento, passara a infância e a juventude triste e isolada, junto de um pai cego e doentio. A vida só lhe reservara desencantos e, a cena brutal que precedera a partida do seu marido, destruíra sua última ilusão. As melhores horas de sua vida, tão carente de felicidade, ela passara junto de Caius Lucilius, cuidando dele com dedicação, pois Virgília, apesar de ter voltado a si, estava ainda tão fraca, que o médico lhe proibira de passar mais de alguns minutos ao lado do marido.

Era, pois, Drusila que velava o primo, e o sorriso reconhecido dele, a amigável pressão de sua mão a recompensavam pelas noites que passava à sua cabeceira. Não podia odiar Caius, pois ele ignorava os sentimentos que despertara no seu coração e, com um profundo suspiro, ela imaginava o momento do seu restabelecimento, quando ela deveria deixar aquela casa amiga para voltar a Roma ao lado do marido, aquele homem falso e egoísta que bem conhecia. Fora um sentimento covarde e ruim que a levara a se entregar a Claudius ao tomar conhecimento do noivado do homem que ela amava; agora era preciso pagar pelo erro cometido naquela hora imprudente.

Passaram-se mais de seis semanas. Os dois feridos restabeleciam-se a olhos vistos e Sempronius não mais temia perder os filhos, mas a lembrança do atentado abominável que Nero cometera torturava indescritivelmente o velho patrício, causando-lhe, às vezes, cólera e repulsa, às vezes pungentes remorsos. Nestes momentos, censurava-se amargamente de não ter criado juntos todos os filhos: quantas desgraças poderiam ter sido evitadas se os dois irmãos tivessem crescido juntos, guiados por igual amor paterno! Jamais, então, aquele sombrio ciúme e aquele ódio que o levaram a tentar cometer um crime teriam criado raízes no coração de Nero, nem cavado um abismo que tornava impossível aos dois jovens a vida em comum sob aquele teto ao qual ambos tinham iguais direitos.

Certo dia, Sempronius sentou-se, mais melancólico e preocupado que nunca, junto do canapé de Caius Lucilius que, pela primeira vez, tinha sido levado ao terraço que dava para o jardim.

Herculanum   235

— Que tens, papai? — perguntou-lhe o jovem que o observara silenciosamente —, não podes me confiar os sombrios pensamentos que te angustiam?

A essa pergunta, a surda irritação de Sempronius transbordou em uma torrente de palavras amargas e de acusações contra Nero, cuja conduta lhe criara uma posição insustentável.

Vendo a cólera do pai e escutando suas duras palavras de condenação, Caius Lucilius lembrou-se, repentinamente, do bom velho da floresta e de sua narrativa sobre a morte do Divino Mestre, que perdoara seus carrascos e orara por eles. Sentiu um incontrolável desejo de contar a Sempronius sobre sua nova crença, convencendo-o, talvez, a compartilhar dela.

— Acalma-te, pai — disse, apertando-lhe com firmeza a mão —, sê indulgente e perdoa Nero. Lembra-te de que ele é vítima das circunstâncias e que deve ter sofrido muito antes de chegar a esse triste extremo. Quanto a mim, não lhe guardo nenhum rancor e gostaria, sinceramente de me reconciliar com ele, pois meu coração está tomado por uma nova fé que prega o perdão das ofensas e manda fazer o bem aos nossos inimigos. Já há muito tempo eu venho desejando confessar-te isso, mas não conseguia.

— De que nova fé tu estás falando, meu filho? — perguntou Sempronius surpreso —; tuas palavras são grandiosas e sábias, mas eu duvido, apenas, que tenha sido dada ao homem a capacidade de transformá-las em ações. Perdoar as ofensas não é fácil, e fazer o bem aos nossos inimigos é mais difícil ainda. Mas, conta-me tudo, pois, há muito tempo venho notando uma mudança no teu caráter.

— Teu consentimento me faz feliz, pois desejava abrir-te meu coração — respondeu Caius, cuja emoção coloriu seu rosto pálido.

Rapidamente, ele contou ao pai tudo o que calara até aquele dia do seu encontro com o eremita. Com sua eloqüência inata e uma força de persuasão vinda do coração, ele falou da grandeza da fé cristã, dos preceitos de caridade e de abnegação pregados pelo divino mensageiro do Pai Celeste, da imperfeição da vida terrena e da felicidade sem mescla reservada em um mundo de claridade aos sofredores e aos fiéis adeptos dos preceitos do Mestre. Retraçando a inesgotável bondade do profeta e sua morte sublime, os traços expressivos de Caius Lucilius pareciam inundados do fogo divino que o animava e, nos seus olhos negros ardia a mesma fé entusiasta que sentira na gruta, aos pés do Deus crucificado que o acolhera.

Surpreso, emocionado, subjugado, Sempronius o escutara sem interrompê-lo.

— Tua convicção é profunda, meu filho — disse finalmente —, e estou vendo que estava absolutamente enganado sobre a fé dos nazarenos. Eu também tenho necessidade de ser aliviado e quero orar e me arrepender de minhas faltas, a fim de que o profeta Jesus de Nazaré me conceda um porto de salvação no seu reino de calma e felicidade. Assim que as circunstâncias me permitirem, acompanhar-te-ei até a gruta do eremita para que o sublime ancião me oriente.

— Ele predisse tua ida e, também, que nós dois receberíamos de suas mãos o batismo! — exclamou Caius radiante. — Oh! Grande é a força do Deus Jesus, já provada por mim. Não mais precisar nada esconder de ti, faz-me atingir o auge da felicidade.

Certa manhã, alguns dias após essa séria conversa que acabamos de mencionar, Metella e seu marido estavam sentados em seu quarto, conversando animadamente. Fabricius Agripa regressara de sua vila, no dia anterior, e logo pretendia voltar para lá com sua família, tendo em vista que os dois feridos já estavam quase restabelecidos. Naquele momento, ele falava de seu anfitrião:

— A situação de Sempronius é, realmente, digna de pena. É terrível ter sob seu teto dois filhos que possuem direitos iguais ao carinho do pai, mas dos quais um quase se transformou no assassino do outro e ainda pode, se ele continuar aqui e rever seu rival, cometer outro atentado. Percebo perfeitamente como nosso velho amigo está sofrendo por não poder dizer a Nero que parta, embora ele compreenda que mantê-lo aqui é impossível.

— Não poderíamos levar Nero conosco? — perguntou a moça que o escutara pensativa —; fui eu quem o tratou com exclusividade e, portanto, todos acharão muito natural que eu queira acompanhar o restabelecimento total do meu doente. Esta decisão porá fim a uma situação embaraçosa. Precisamos conversar com o tribuno, convidando-o a nos acompanhar.

— Tua idéia é excelente e vou imediatamente conversar com Nero — disse Agripa, levantando-se muito satisfeito. Despedindo-se da esposa com um gesto amigável, dirigiu-se para o apartamento ocupado pelo tribuno.

Nero já tinha se levantado, seu escravo de quarto acabava de vesti-lo e já o acomodara numa grande poltrona de vime trançado, colocada perto da janela aberta. O rapaz mudara muito: uma expressão sombria e feroz pairava-lhe nos traços emagrecidos e uma indefinível amargura lhe contraía os lábios.

Herculanum

Durante as semanas de sua convalescença, uma verdadeira tempestade moral abalara sua alma, pois o simples pensamento de que Virgília, a mulher que ele amava, ferira-o para defender Caius, seu rival, despertara nele um inferno e acumulara no seu coração, um fel, um ódio cego impossível de ser descrito, contra o pai e o irmão.

O escravo acabava de arrumar as almofadas que sustentavam o enfermo, quando Agripa entrou.

— Deixa-nos, Trula, eu te chamarei quando for necessário — disse o patrício, sentando-se perto de Nero e perguntando, amavelmente, como ele passara a noite.

Quando se viram sozinhos, Agripa disse-lhe sem preâmbulos:

— Eu vim, caro Nero, falar-te de uma coisa que é bem penosa para ti, ou seja, de tua permanência nesta casa na qual causaste tantos aborrecimentos e tanta dor. Será inevitável que logo revejas teu irmão e creio que isso também não te será agradável. Assim sendo, venho convidar-te para acompanhar-nos, na próxima semana, à nossa vila, onde tua fiel guardiã Metella cuidará de ti até que uma cura completa permita que voltes a Roma.

Às primeiras palavras do patrício, um rubor sombrio invadira o rosto pálido de Nero.

— Foi provavelmente meu pai que te enviou, incomodado por ter que dizer ao filho supérfluo que saia de sua casa? — perguntou com a voz ligeiramente trêmula. — Que pai digno! Não pode me perdoar por eu ter ousado levantar a mão contra seu favorito. Ele, que sempre me jogou seu ouro, frio e duro como ele, como se fosse uma esmola.

— Estás enganado. Teu pai ignora totalmente minha decisão; ele está ainda muito aflito para decidir alguma coisa e devo te dizer, Nero, que foste levado a praticar um ato odioso para o qual não há desculpa. Embora ninguém o comente, em consideração a Sempronius e sobre o qual espalhamos, de comum acordo, que já chegaras enfermo, agindo sob os efeitos de um delírio.

— Como sois bons! — exclamou ironicamente o doente —, mas pouco importa! Eu te acompanharei com prazer, pois desejo deixar esta casa odiosa: odeio tudo o que nela respira. Peço-te apenas uma coisa: quando tu fores anunciar ao meu pai esta agradável notícia, que lhe digas que eu gostaria, antes da minha partida, de falar com ele sem testemunhas. Como é bem provável que seja nossa última conversa nesta vida, espero que ele não ma recuse.

5. Sempronius e seus dois filhos

Na manhã do dia marcado para a partida de Agripa e sua família, Sempronius, taciturno e irritado, percorria nervosamente o terraço contíguo ao seu quarto. Ele concordara em encontrar com Nero para aquela última conversa solicitada pelo filho. Primeiramente, esse desejo provocara a cólera do velho patrício, cujo caráter despótico não admitia outra vontade além da sua própria, considerando como uma imperdoável ousadia lhe ter sido assim imposto um diálogo que, ao que tudo indicava, seria desagradável. No entanto, remorsos que ele não podia sufocar e os preceitos de caridade e de perdão que Caius não parava de citar quando estavam sozinhos, dominaram aquele primeiro sentimento e logo se dirigiu, embora a contragosto, para o quarto de Nero.

O rapaz estava sentado perto de uma mesa, a cabeça apoiada na mão, e tão absorto em seus sombrios pensamentos, que só notou a entrada do pai quando este lhe tocou no ombro, dizendo:

— Queres falar comigo sem testemunhas e aqui estou. O que tens a dizer?

Estremecendo, Nero levantou-se e um lampejo de ódio brilhou em seus olhos.

— Primeiramente, quis te comunicar que estarás, para sempre, livre de um filho cuja presença te é penosa; mas, ao mesmo tempo, dizer-te que chamo sobre tua cabeça a vingança dos deuses, pai cruel e desnaturado, tu que expulsaste do teu lar três filhos para poderes amar a um só, porque a natureza mais ricamente o dotara. Acreditas que eu tenha esquecido como nos privaste do amor e da proteção a que tínhamos direito, para nos abandonar à mercê de uma mulher idosa, rabugenta e malvada que nos maltratava, repetindo a todo instante que éramos rejeitados, que nosso pai nos odiava e maldizia a hora em que nos dera a vida?

Durante vinte e quatro anos, nunca transpus o umbral da casa paterna e se agora vim, foi porque, apesar de tudo, eu esperava conquistar um lugar neste lar, uma parte no coração do meu pai. Louco que fui! Muito depressa me convenci que eu era apenas um estranho, tolerado na casa, mas cujo futuro e felicidade eram indiferentes para todos. Mesmo enquanto sofrias, não me chamaste para te consolar, preferindo mesclar tuas lágrimas às de uma estranha a abrir os braços ao filho exilado.

Devotaste um culto exclusivo a esta estátua viva, entediada pela adulação de todos, a Caius que as cinzas da cidade destruída te devolveram intacto para que ele viesse roubar minha felicidade. Foi por Caius que me traíste, pois fui o primeiro a te dizer que eu amava Virgília e, no entanto, foi a ele que a entregaste, não admitindo que este deus doméstico pudesse desejar sem possuir.

Pois bem! Quis pôr fim a esta idolatria, destruir este insolente caçula que nos expulsou e que me roubou o amor do meu pai e a afeição de todos, onde quer que apareçamos juntos.

Meu braço não tremeu quando ergui o punhal, pois eu sabia que o golpe que o atingiria transpassaria, também, o teu coração. Eu poderia ter te perdoado todo o resto, mas nunca por me haver arrebatado a mulher que eu amava. Parto amaldiçoando a vida que me deste.

Era isso o que eu queria dizer-te antes de nos separarmos.

Exausto, sentou-se na poltrona e passou a mão sobre a testa molhada de suor. Sempronius o escutara, o cenho franzido, deixando transparecer no rosto uma sombria melancolia.

— Já esgotaste a torrente de injúrias e de acusações com a qual acabo de ser inundado? — perguntou, com os olhos faiscantes.

— Sim.

— Então escuta, por tua vez, sem me interromper. Alguns meses atrás, eu teria julgado abaixo de minha dignidade me desculpar diante de um filho ingrato e rebelde e, em razão da ação abominável que cometeste, ter-te-ia excluído da família, como o fiz com Sempronia, entregando-te à vindita das leis.

Hoje eu penso de maneira diferente: compadeço-me de ti e quero mostrar-te a verdadeira face dos acontecimentos do meu passado. Teu avô era um homem rude, severo e despótico. Sua palavra era lei e ninguém, nem mesmo minha mãe, ousava desobedecê-lo. Se, apesar disso, cresci com uma relativa liberdade, foi porque o alto cargo que ele ocupava no exército o mantinha, às vezes, por anos inteiros, afastado de casa.

Eu tinha vinte e dois anos quando me apaixonei por Lívia. Ela era bonita, rica e de família importante. Considerando nossa união perfeitamente conveniente, minha mãe concordou, com prazer, com meu projeto de com ela me casar. Só estávamos esperando o próximo retorno do meu pai para celebrar as núpcias.

Ele chegou trazendo consigo, para nossa grande surpresa, uma jovem de aparência agradável, mas que não me despertou o mínimo interesse, visto que amava outra. À noite daquele triste dia, meu pai chamou-me ao seu quarto e, da maneira breve e concisa que lhe era própria, contou-me que o pai de Júlia morrera salvando sua vida e que, levado pelo reconhecimento, havia jurado ao seu antigo companheiro de armas, moribundo, garantir o destino da órfã, casando-a com o filho mais velho. Para cumprir essa promessa, ele trouxera Júlia, ordenando-me que a tratasse como minha futura noiva. Saí arrasado e implorei a ajuda e a intercessão da minha mãe, mas seus rogos foram em vão, pois meu pai se considerava comprometido pela palavra dada a um moribundo e não admitia nenhuma objeção.

Durante um ano lutei contra aquela vontade de ferro e, entre nós, houve cenas que apenas a intervenção de Fábia impediu que se tornassem criminosas. Recorri até a generosidade de Júlia, oferecendo-lhe a metade da minha fortuna se ela renunciasse àquela união. Que móbil a levou a recusar minha proposta e aferrar-se ao projeto de meu pai? Não sei, mas a partir daquele instante, comecei a odiar mortalmente a mulher indelicada que se imiscuía assim na minha vida. Cedendo, enfim, às lágrimas e às súplicas de minha mãe, cuja saúde ficara abalada com esses conflitos, eu consenti em me casar com Júlia, mas com quais sentimentos? Não preciso dizer a *ti,* a quem a perda de uma mulher amada quase levou ao fratricídio e que, por isso, deveria me compreender melhor e me julgar com mais indulgência.

Nossa vida conjugal, iniciada sob tais auspícios, não poderia ser feliz. O ciúme atroz, as espionagens com as quais Júlia me perseguia, acabaram por torná-la odiosa para mim. No entanto, quando Antonius nasceu, senti afeto por ele e, provavelmente, teria me afeiçoado a todos os meus filhos se Júlia não tivesse impedido. Vendo que suas cenas de ciúmes e de lágrimas serviam apenas para me afastar cada vez mais, ela deu livre curso à sua maldade, inspirando aos filhos tal aversão por mim, acompanhada por um medo tão grande, que, desde que eu chegava em casa, eles se escondiam pelos cantos, fugindo e sem coragem para me encararem.

Nesse ínterim, meu pai morreu. Eu, porém, desgostoso com aquele inferno doméstico que minha casa se tornara, solicitei e obtive uma magistratura. Absorvido pelos negócios públicos, minha vida transcorreu no fórum ou nas viagens que me tornavam cada vez mais estranhos à minha família. Teu nascimento quase custou a vida de tua mãe, que nunca se recuperou completamente do parto. Contudo, ela ainda viveu três anos e, com certeza, teria vivido mais se, imprudentemente, não tivesse se resfriado durante a celebração dos mistérios da boa deusa.[1] Uma inflamação dos pulmões levou-a em poucos dias, devolvendo-me a liberdade depois de nove anos de escravidão.

Pensei, então, em me casar com Lívia, que ainda me amava e se mantivera fiel. Sentindo que o convívio convosco deveria ser doloroso para uma mulher, a quem a tenacidade de Júlia condenara à solidão e ao abandono durante os seus mais belos anos, mandei-vos embora, não desconfiando, de modo algum, que um dia eu iria me arrepender amargamente de não vos ter criado ao meu lado. A Caius, eu devotei uma afeição redobrada, não pela sua beleza, mas por seu caráter amoroso, pela dedicação filial que constantemente me demonstrava, desde o seu nascimento. Nunca foram do meu feitio os excessos de carinho, mas penso ter cumprido lealmente os meus deveres de pai, assegurando-te, como também a Antonius, um futuro brilhante. A sábia e estrita economia, que me impus como regra, permitiu que eu quase dobrasse minha fortuna, que, por ocasião da minha morte, será dividida igualmente entre vós três, embora Antonius, por sua conduta odiosa, merecesse ser deserdado. Caius só possui, a mais, a fortuna de sua mãe. Nunca me recusei a satisfazer os teus desejos razoáveis, e quando quiseste adquirir terras próximas às de Agripa, não coloquei imediatamente à tua disposição as quantias necessárias? A acusação de haver traído tua confiança para conceder a mão de Virgília a Caius é ridícula. Amo essa jovem, que cresceu debaixo dos meus olhos e que

---

1 Mistérios da boa deusa: chamada pelos romanos de Bona Dea, era uma deusa que representava a Terra e a castidade e também a felicidade das mulheres. Cultuada pelas damas romanas, os homens eram proibidos de participar do culto.

sempre foi alvo de nossa ternura, e gostaria, ardentemente, de vê-la casada com um dos meus filhos. Se ela preferiu o amigo de infância a ti, não é minha culpa. Não fui eu quem a aconselhou a fazer essa escolha e sinto muito se a amas.

O pensamento de que sofreste com nosso afastamento e com minha falta de ternura me aflige. As duras palavras, que acabas de me dizer, provam que teu coração está profundamente magoado. Ah, se o passado pudesse ser resgatado, o que eu não daria para fazê-lo! Mas, ao menos, reparemos o que pode ser reparado, restabelecendo a paz entre nós. Penso que meus dias estão contados: estes últimos acontecimentos, o terrível sofrimento que suportei vendo meus dois filhos atingidos por ferimentos fratricidas, alteraram profundamente minha saúde. O ódio que sentes por Caius e Virgília e o abismo sangrento que cavaste entre vós, obrigam-te a partir. Mas eu fico para morrer entre eles. Quem poderá dizer se algum dia nós nos reveremos? Então, não me deixes com o coração repleto de rancor e de fel, pois tu te arrependerás quando eu não mais existir. Vem para os meus braços, meu pobre filho exilado, deixa-me abraçar-te e abençoar-te!

A emoção e a cólera que tomavam conta de Sempronius no início do seu discurso havia, pouco a pouco, se dissipado. Sua voz dura e imperiosa vibrava com uma inflexão terna e melancólica, e quando ele estendeu as mãos a Nero, uma lágrima, hóspede inusitada do olho claro e frio do velho patrício, tremia no canto de sua pálpebra.

Nero levantou-se, pálido e perturbado, vítima dos mais contraditórios sentimentos. A emoção profunda, o olhar de ternura daquele pai sempre rude e frio o desarmavam. Cedendo a um repentino impulso de sua alma, deixou-se cair de joelhos e murmurou com voz rouca e entrecortada:

— Não no teu coração, pai, pois nele só há um lugar, mas abençoa-me para acabar com a maldição que trago comigo, sempre isolado, nunca tendo sido amado por ninguém. Não mais te acuso, pai, e que os deuses julguem o porquê de nos terdes exilado do teu coração. O meu é uma ferida aberta!

Sua voz apagou-se num soluço convulsivo.

Sempronius atraiu-o silenciosamente em direção ao seu peito e beijou-lhe a testa: pela primeira vez, um impulso vindo do coração unia pai e filho.

— Que os deuses te abençoem, ajudem e protejam em tudo o que fizeres, meu filho — disse finalmente Sempronius, colocando a mão sobre a cabeça de Nero. — E agora, descansa, temo que uma emoção tão forte quanto esta possa reabrir tua ferida. Antes de partires, nos reencontraremos.

Abraçou-o uma última vez e saiu precipitadamente.

Enquanto aquela difícil conversa se realizava, Virgília e Caius encontravam-se no quarto deste último. Apesar de estar em plena convalescença, o rapaz ainda passava uma parte do dia deitado no canapé. No momento em que vamos reencontrá-lo, Virgília estava ajoelhada sobre uma almofada ao seu lado, segurava com uma das mãos uma taça de vinho e, com a outra, um pedaço de ave, persuadindo o marido a se alimentar. Caius se negava a fazê-lo, brincando, fazendo-se de rogado e beijando os pequenos dedos que lhe apresentavam a comida.

Quando, finalmente, a refeição terminou, o rapaz levantou-se para dar um passeio. Virgília segurou-lhe o braço para, ao que ela dizia, apoiar seus passos ainda vacilantes, e o jovem casal desceu ao jardim. Caminhavam lentamente, conversando sobre a partida de Metella e sobre a sua viva inquietação quanto ao visível definhamento de Sempronius, quando, na curva de uma aléia estreita, depararam-se inesperadamente com Nero. Os dois homens pararam como se pregados no chão, Virgília emitiu um grito surdo e aconchegou-se ao marido. Depois da noite da catástrofe, os dois irmãos não se haviam reencontrado. Quando os dois feridos começaram a se levantar, tudo era feito para que eles não se reencontrassem. Pela primeira vez, o tribuno saíra desacompanhado, procurando, num passeio solitário, acalmar seus nervos superexcitados com a conversa que tivera com Sempronius.

Tão branco quanto a sua túnica, lábios trêmulos e o olhar transbordante de ódio e amargura, Nero fitava o casal à sua frente. Enlaçados, os jovens pareciam zombar de sua impotência para separá-los ou destruí-los.

Caius Lucilius foi o primeiro a romper o embaraçoso silêncio:

— Esqueçamos o passado, Nero — disse, estendendo a mão ao irmão. — Perdoa-me a preferência que a natureza e a afeição me concederam; sê meu irmão pelo coração e procura encontrar a paz no seio de nossa família. Não sejas tão amargo e tão injusto. Não tenho culpa se, outrora, foste banido da casa paterna.

Não te guardo nenhum rancor por me haveres ferido, pois não agi corretamente casando-me com a mulher que amavas; mas Virgília só me preferiu porque sou seu amigo de infância: crescemos nos considerando noivos. Ela sente amizade por ti e foi somente devido a um estado de suprema exaltação, julgando-me morto, que levantou a mão contra ti. Façamos, pois, as pazes, senão por mim, ao menos por nosso velho pai, cuja saúde está profundamente abalada pelos últimos acontecimentos. Que grande alegria nossa reconciliação seria para ele!

Nero o escutara em silêncio, respirando com dificuldade. A emoção que lhe causara a conversa com Sempronius estava longe de ter sido acalmada. O gênio invisível do bem sussurrava ao seu ouvido que ele devia aceitar francamente a paz tão generosamente oferecida e procurar apagar, com a afeição, aquele ódio que não lhe trazia felicidade. Mas, todas as vezes que seu olhar se fixava na alva e frágil jovem, amparada no braço do marido, parecendo ser realmente aquela leve borboleta à qual ela havia sido comparada, paixão e ciúmes estreitavam seu coração, sufocando e repelindo qualquer sentimento bom. Assim, quando Caius calou-se, o olhar de Nero readquirira sua dureza odiosa e sua voz vibrava com uma mordente ironia.

— Só posso me admirar da tua generosidade, Caius, uma vez que queres perdoar e esquecer meus erros. Fico surpreso, apenas, com este sentimento tão contrário ao teu caráter violento e vingativo. Será que os extrai da convicção de tua superioridade? Sim, o destino é injusto quando tudo te *dá*, para tudo me *tirar*. Devo suportar isto, mas não sou um mendigo que se contenta com esmolas, com uma suposta amizade. Odeio-te, Caius, pelos dons que recebeste dos deuses e que atraem aos teus pés qualquer mulher que honras com um olhar, tanto a que me cativou, como as outras. Não foste tu mesmo que te referiste a ela como uma mulher encantadora, uma borboleta dourada? Tens culpa se a borboleta brincou comigo até o momento em que o brinquedo tornou-se supérfluo?

— Estás mentindo, Nero — interrompeu Virgília com os olhos faiscantes —, nunca brinquei contigo, nunca te dei a entender que te amava ou que eu encorajava sentimentos nos quais eu não acreditava.

— Claro, claro, bela Virgília, nunca suspeitaste que tu podias me agradar. Mas por que me agüentaste junto a ti, sorrindo-me com teus olhos brilhantes? Por que acariciaste as flores que eu te dava, dizendo-me, quando eu queria partir: "Fica, Nero, sabes me distrair tão bem!" e dando-me aquelas mil mostras de preferência que fazem um homem acreditar que é amado? Agora compreendo que foi por causa do meu parentesco com Caius que me concedeste aqueles favores. Admito que fui um louco e que sonhei de olhos abertos. Mas estás enganado, Caius, se pensas que ainda amo esta mulher: eu a odeio! O frio do seu punhal trouxe-me de volta à realidade!

Parou um momento, sufocando de raiva, de punhos crispados.

— Estou convencido — continuou — que a bela mulher que eu amava era apenas uma visão enganadora que escondia a impiedosa sereia que só atrai os imprudentes para perdê-los. Há um abismo entre nós: um de vós roubou-me o coração e o teto paternos; o outro, um futuro feliz. Parto sem me reconciliar e voltarei um dia para vos cobrar esta dívida.

Virou-lhes as costas e afastou-se rapidamente.

Silenciosos e com o coração oprimido, os jovens esposos voltaram para seus aposentos.

— Oh! Homem abominável! Por que não o matei? — exclamou Virgília, deixando-se cair numa poltrona. — Caius, sê prudente, meu bem-amado; sinto que Nero causará grandes desgraças. Ele é perverso, não tem fé e nos odeia mortalmente. Li tudo em seus olhos que pareciam querer me devorar.

— Acalma-te, minha pobre Virgília, e não exageres um perigo que talvez seja imaginário — respondeu Caius, curvando-se ternamente para sua jovem esposa, cujo rosto estava inundado de lágrimas. — Nero é mais terrível em palavras do que em atos. Não temo suas ameaças, pois são os deuses que contam os dias dos mortais: entretanto, juro que serei prudente e que não o perderei de vista, pois devo isso a ti e ao meu pai. Portanto, tranqüiliza-te, enxuga tuas lágrimas e vai, como pretendias, encontrar-te com Metella. Uma conversa íntima com esta amiga tão fiel e tão sensata devolverá teu equilíbrio. Quanto a mim, vou ter com meu pai e conversar sobre alguns negócios.

Impaciente de confiar suas apreensões à amiga, Virgília logo chegou aos aposentos de Metella, que encontrou rodeada de criadas, supervisionando suas últimas bagagens com ar distraído e preocupado.

— O que está acontecendo, Virgília? Estás com um ar tão transtornado! — disse, fazendo-lhe um sinal para segui-la ao terraço, onde as duas se sentaram num banco de mármore. — Tivestes um encontro desagradável com Nero? Eu o vi quando voltava do jardim e, em seus olhos, estampava-se algo de feroz. Disse-me que iria imediatamente para o navio, no qual nos aguardaria.

Esvaindo-se em lágrimas, Virgília jogou-se nos braços da amiga, fazendo-lhe o relato do que acabava de acontecer.

— Os deuses são injustos — concluiu — deixando viver esse homem odioso, contra quem nada fizemos e que, sem nenhuma razão, persegue-nos com sua vingança. Oh! Metella! Não sabes como é terrível viver sob a ameaça perpétua de um perigo invisível, que não sabemos como evitar nem como prever.

Com a cabeça apoiada na mão, Metella escutara em silêncio e, paulatinamente, uma expressão de tristeza e de amargura tomou conta do seu belo rosto.

— Enganas-te, Virgília, pensando que sou incapaz de compreender os teus temores. Também tive um inimigo tenaz e implacável e, como tu, tremi diante de um perigo invisível, mas sempre ameaçador e sei, por experiência, que em casos como esses, só podemos concentrar toda a nossa energia para enfrentar o perigo e entregar o resto à mercê dos deuses.

Virgília endireitou-se animadamente e as lágrimas rapidamente secaram em seus olhos azuis, brilhantes de curiosidade:

— Que dizes, Metella? Também tiveste um inimigo como Nero? Algum apaixonado rejeitado, aposto! Mas como ignorei até agora um fato tão interessante?

— Eras ainda criança quando tudo aconteceu — respondeu Metella com um sorriso —, e, de modo geral, evitamos, Agripa e eu, de contar os tristes acontecimentos que precederam nosso casamento.

— Mas a mim, vais confiá-los, não é, querida Metella? Eu não poderia suportar a idéia de ignorar o que te toca de tão perto. Agora entendo porque eras tão reservada, quando eu fazia perguntas sobre teus anos de solteira.

— Acalma-te, pequena curiosa, e não me sufoques — disse Metella acariciando o rosto ardente de Virgília. — Já que insistes tanto, vou te contar esse episódio do meu passado. Extraia dele a seguinte lição: mesmo nas mais críticas situações, não devemos perder a cabeça e a esperança da misericórdia dos imortais.

Após um momento de concentração, a jovem continuou:

— Tu sabes que nasci e cresci em Roma, órfã desde meu nascimento que custou a vida da minha mãe. Embora na força da idade, meu pai, rudemente posto à prova pela perda de cinco filhos e da esposa que ele adorava, nunca quis casar novamente, concentrando toda sua afeição no meu irmão e em mim. Sergius era dez anos mais velho que eu e, no entanto, meu pai fez o possível para nos criar juntos. Cresci entre os oradores, filósofos e artistas que instruíam meu irmão e dos quais meu pai gostava de se cercar durante as horas vagas que seu cargo de senador lhe propiciava. Um velho estóico, chamado Aurelius, criou, particularmente, amizade por mim, e me deu aulas, desde minha tenra infância, pretendendo que eu tinha vocação para ser uma perfeita estóica. Meu pai, divertindo-se, deixava-o continuar, e a influência daquela sociedade masculina e douta no meio da qual cresci, contribuiu certamente para dar à minha personalidade este aspecto severo e um pouco masculino, que às vezes me censuram.

Feliz e amada por todos, completei quinze anos. Pretendentes começaram a se apresentar, mas como nenhum deles me inspirava amor, meu pai os descartou, feliz de me manter perto dele.

Devo dizer-te que possuíamos, perto de Tíbur[2], uma encantadora vila na qual eu passava, com minhas criadas e meu pai, todo o tempo que ele podia furtar-se aos negócios públicos. Um dia, depois do jantar, havia muitas visitas em casa. Meu irmão e eu fazíamos as honras da casa, aguardando a chegada de meu pai, que estava demorando. Todos nós estávamos reunidos no terraço e eu cantava, acompanhada pela lira, quando vi meu pai entrar com um jovem alto, que me era completamente desconhecido.

Enquanto meu pai cumprimentava seus convidados, vi que os grandes olhos acinzentados do recém-chegado fixavam-se em mim com uma admiração apaixonada, que não procurava, sequer, dissimular. Não sei explicar porque aquele olhar me gelava até o coração: parecia-me que as pupilas ardentes de um tigre fixavam-se em mim e senti, pelo desconhecido, uma aversão que beirava o ódio. Um momento depois, ele foi apresentado a mim e aos outros convivas, e eu soube, então, que Flavius Sulpicius Varro estava em Roma, de passagem, para acertar negócios, em cujo interesse ele veio solicitar a ajuda do meu pai, antigo amigo do seu. Meu pai, contente por poder obter notícias sobre os últimos anos do seu velho camarada, trouxera o rapaz até a vila.

Desde aquele dia, Flavius passou a freqüentar assiduamente nossa casa, cortejando-me insistentemente, apesar da glacial indiferença que eu lhe demonstrava. Na mesma época, conheci Fabricius Agripa que, gravemente ferido num combate com uma tribo selvagem do norte da Gália, voltara a Roma para solicitar sua dispensa e tomar posse de uma herança considerável, com a qual acabava se ser contemplado. Ele era muito ligado ao meu irmão Sergius e visitava-o com freqüência. Logo se apaixonou perdidamente por mim, o que absolutamente não me desagradou, pois seu caráter franco e leal e sua conversa variada e interessante, causaram-me uma grande simpatia que, pouco a pouco, transformou-se em amor.

2 Tíbur: hoje, Tivoli, Itália. (N.T.)

Flavius Sulpicius vira nossa aproximação com olhos ciumentos. Continuava a nos visitar assiduamente, mas ao deparar-se com Agripa, tamanha raiva incendiava seus olhos, que eu deveria ter previsto alguma desgraça. No entanto, na minha tola vaidade, cria-me invulnerável e me regozijava com sua ira.

Certa manhã, papai veio me procurar, muito satisfeito, e me contou que Flavius me pedira em casamento, com o que ele quase concordara, aguardando apenas meu consentimento, do qual ele não duvidava. Recusei categoricamente, mas pela primeira vez, meu pai insistiu. O partido era tão maravilhoso, tão vantajoso, que acabou por tachar minha recusa de loucura. Entretanto, mantive-me firme e papai acabou cedendo. No dia seguinte, anunciou-me, de mau humor, que Flavius, muito ofendido, deixara Roma. Alegrei-me sinceramente por não ter mais que ver seu rosto odioso e liguei-me cada vez mais a Agripa, que passava em nossa casa a metade do dia.

Uma noite, estávamos reunidos ele, meu irmão e eu, que conversava alegremente com Agripa, quando notei que Sergius estava distraído e preocupado. Cedendo às minhas insistentes perguntas, confessou que queria sair, passear um pouco, mas que, não desejando ser reconhecido e abordado por importunos, pediu a Agripa que lhe emprestasse o capacete e o manto, ao que este anuiu. Sergius partiu, prometendo voltar dentro de duas horas. Depois que ele saiu, Agripa contou-me, rindo, que suspeitava que ele estivesse com ciúmes de uma linda florista e que, provavelmente, ele ia, assim disfarçado, surpreender aquela mulher que não possuía a reputação de uma vestal. A entrada de meu pai fez com que mudássemos de assunto, mas a noite passou sem que Sergius voltasse.

No dia seguinte, à aurora, fui acordada por clamores e gritos de desespero. Trêmula de pavor, vesti às pressas algumas roupas e desci. Sob as arcadas do primeiro pátio, percebi meu pai contorcendo os braços, enquanto ouvia as palavras de um oficial público que apontava uma maca carregada por veteranos e rodeada por uma multidão compacta de curiosos que obstruía a entrada até a rua. Sobre a maca, estava estendido um corpo coberto por um manto, que reconheci, arrepiada, como sendo o de Agripa. Soltando um grito, precipitei-me em direção aos carregadores, e meu primeiro olhar foi para o rosto lívido e imóvel do meu irmão. Soube, a seguir, que o triúnviro, [3] que comandava a guarda noturna, o encontrara caído de bruços numa ruela

3 Triúnviro: cada um dos magistrados da Roma antiga que formavam um triunvirato.

próxima ao fórum. Uma ferida aberta nas costas provava que fora ferido traiçoeiramente; ele já estava frio e a morte deveria ter sido instantânea.

É impossível descrever-te nosso desespero. Todos se perdiam em conjecturas sobre os motivos do crime: não era roubo, pois uma pesada bolsa cheia de ouro e as magníficas fivelas de pedras preciosas que ornavam o cinturão e a túnica da vítima estavam intactas; também a idéia de uma vingança secreta estava excluída, visto que Sergius era bom, prestativo, amado por todos e não tinha inimigos.

Na véspera dos funerais, fui ao templo para orar e oferecer sacrifícios aos manes do meu infeliz irmão. Ao voltar para casa, meus criados tiveram que abrir passagem através da multidão que se aglomerava nos arredores da vila, ávida para receber as esmolas e os presentes, tais como vestes e vitualhas, que eram distribuídos em nome do meu pai. Como atravessávamos passo a passo aquela confusão, um homem moreno e barbado, que se vestia como os carregadores do porto, trazendo a cabeça coberta por um grande chapéu, inclinou-se para frente e mergulhou seu olhar ardente na liteira. Estremeci e a emoção quase me fez perder os sentidos: eu teria reconhecido, entre mil outros, aqueles olhos acinzentados de expressão feroz e apaixonada. Ao mesmo tempo, pareceu-me que uma venda caíra diante dos meus olhos: Flavius Sulpicius não deixara Roma; ele se escondera e procurava destruir seu rival. O capacete e o manto o haviam induzido ao erro: matara Sergius, pensando ter atingido Agripa. Senti um aperto no coração, pois naquele momento eu sabia o que poderíamos esperar de um semelhante inimigo.

Ao meu pai, perdido na sua dor, nada contei sobre a minha descoberta, mas conversei com Agripa, confiando-lhe tudo, jurei-lhe que nunca pertenceria a outro e supliquei-lhe que saísse de Roma por alguns meses. Assim que meu pai, mais calmo, desse seu consentimento à nossa união, ele voltaria e nos casaríamos sem demora. Agripa concordou com tudo, prometeu ser prudente, nunca saindo desarmado e, logo no dia seguinte, deixou a cidade de improviso.

Respirei mais aliviada, mas meu sossego estava destruído. Esperava as cartas que meu noivo me enviava de tempos em tempos por intermédio de um escravo fiel, mas vários incidentes suspeitos provavam que meu inimigo vigiava e maquinava algum plano tenebroso.

Realmente um dia ao voltar à vila, minha liteira foi atacada por malfeitores que tentaram me raptar e fui salva por acaso.

250   J. W. Rochester

A partir desse dia, evitei deixar Roma, mas era assaltada pelos mais negros pressentimentos, que, aliás, eram bem fundados. Um dia, após a refeição, meu pai sentiu-se mal, e o médico que o atendera declarou que os cogumelos que ele comera eram venenosos. Nenhum remédio surtiu efeito e, após uma noite de sofrimentos, ele expirou nos meus braços. Fora obra do acaso ou um novo crime?

À noite daquele triste dia, eu estava ajoelhada perto do corpo, mergulhada num triste desespero, quando uma fumaça acre e espessa e gritos de "fogo, fogo" tiraram-me do meu torpor. Em um instante, uma multidão de escravos e de pessoas de fora invadiu as salas e os pátios para ajudar no salvamento. Uma das minhas aias levou-me para a rua, através de uma galeria já em brasa e cheia de fumaça. A crepitação das chamas e os clamores do populacho mesclavam-se em uma tempestade estrondosa. Naquele momento, um manto espesso caiu sobre minha cabeça; senti que me levantavam por trás e fui rapidamente levada. Quis me debater, gritar, mas o pano grosso me sufocava e braços fortes impediam meus movimentos. Minha cabeça rodou e perdi os sentidos. Quando voltei a mim, um leve balanço e um barulho regular de remos fizeram-me compreender que me encontrava num barco. Quase no mesmo instante, uma voz potente e imperiosa disse: "Atracai lentamente! Stichus, tu vais levar esta mulher para a cabine e vós outros, preparai tudo, mas esperai minhas ordens para içar velas".

Meu coração quase parou de bater: aquela voz bem conhecida pertencia a Flavius Sulpicius e eu estava em poder do meu inimigo mortal. Senti que me transportavam ao navio, depois que me estendiam sobre um canapé. O manto que me cobria a cabeça foi retirado e a porta se fechou. Deixara-me levar sem ousar sequer me mexer. Então, entreabri os olhos e vi que me encontrava sozinha na cabine, ricamente mobiliada, de uma galera. Sobre a mesa ao meu lado, haviam colocado vinho e frutas. Compreendi que aquela solidão não duraria muito e concentrei minha energia. Desde a tentativa de rapto, trazia sempre comigo um pequeno punhal escondido sob minhas roupas e até as minhas criadas, das quais eu desconfiava, ignoravam esse fato. Minha primeira preocupação foi a de procurar a arma. Como ela se encontrava no lugar habitual, respirei aliviada. Na pior das hipóteses, eu poderia morrer, mas antes, quis tentar a astúcia, enganar aquele homem abominável que tanto mal me causara.

Passos impacientes, aproximando-se, tiraram-me do meu

Herculanum

devaneio. Levantei-me e, escondendo o punhal nas pregas da túnica, apoiei-me na mesa. Vendo-me de pé e encontrando meu olhar calmo e escrutador, Flavius parou, indeciso e descontente:

— Vejo, com prazer — ele disse finalmente — que acordaste e que pareces disposta a conversar razoavelmente.

— Antes de tudo, gostaria de perguntar com que direito uma cidadã romana é assim violentada? Não te esqueças que estás diante da filha de um senador e não de uma escrava!

— A única coisa em que penso é que te amo e não sou daqueles que se deixam humilhar. Nesta galera, minha vontade é a lei; assim, depende de ti seres rainha ou escrava. Não contes com aqueles que podem te socorrer: até o soldado aventureiro que a mim preferiste está longe de ti, certamente por prudência.

— Talvez queiras me fazer passar por morta, mantendo-me prisioneira aqui? Antes a morte que tal opróbrio. Vê, eis o que me libertará de tua tirania! — e ergui a mão na qual brilhava o punhal.

— Não te aproximes — continuei, ao ver que ele fazia um movimento para se jogar sobre mim —, estarei morta antes que me toques.

Provavelmente, ele leu em meus olhos que eu não estava gracejando, pois recuou, o rosto ruborizado e, com palavras vibrantes de emoção, descreveu-me o amor insensato que eu lhe inspirara e jurou que, para me possuir, não recuaria diante de nenhum crime. Contudo, propondo-me novamente casamento, explicou-me que queria me conduzir a Massília, onde possuía muitos bens, e lá, festejar nosso casamento.

Eu o escutei de cabeça baixa, fingindo estar surpresa e perturbada.

— Nunca pensei — eu disse finalmente — que me amavas a este ponto e o teu amor é, realmente, daqueles que podem subjugar o coração e o orgulho de uma mulher. Não te rejeito mais, Flavius, pois, aliás, seria inútil. Mas ouve as condições que imponho para concordar em me tornar tua esposa:

Não te acompanharei a Massília, pois não quero me comprometer nessa viagem que, além do mais, nada justifica. A filha de Sergius Metellus deve se casar à vista de todos, e não às escondidas como qualquer moça obscura do Monte Esquilino. [4]Além disso, peço-te três meses para prantear, em retiro, meu pai. No entanto, como Roma tornou-se, para mim, odiosa, gostaria de realizar esse retiro em Herculanum, na casa de um amigo do meu pai. Se consentires com tudo isso, logo que termine

4 Monte Esquilino: uma das sete colinas de Roma.

o período de luto, lá irás me buscar e desde então, considerar-me-ei tua noiva.

— Mas quem responde pela tua sinceridade?

— Minha palavra — respondi orgulhosamente —; tua suspeita é um insulto.

— Pois bem! Que seja! Aceito tuas condições. Como penhor de nossa aliança, aceita este anel e dá-me o beijo de noivado.

Deixei que me abraçasse e que colocasse o anel no dedo, depois combinamos que ele me levaria para casa, de onde eu partiria para Herculanum, depois da realização dos funerais do meu pai.

Quando cheguei em casa, o tumulto era ainda tão grande, que ninguém havia notado minha ausência de algumas horas. No dia seguinte, Flavius (voltando oficialmente) fez-me uma visita de condolências, assistiu aos funerais e vigiou, discretamente, minha partida para Herculanum. Lá cheguei triste e abatida, sendo recebida de braços abertos pelo bom Virgilius e sua esposa Lélia.

— Como! Foste para a casa de meus pais? — perguntou Virgília, muito surpresa.

— Justamente e foi então que vi, pela primeira vez, uma menininha traquinas que também conheces.

Confiei tudo aos teus excelentes pais e Virgilius, que conhecia Agripa, aconselhou-me a desposá-lo logo que ele regressasse de uma viagem a Roma, que se propunha a fazer para pedir ao tio de Flavius, personagem consular, de colocar um freio às fantasias arbitrárias do sobrinho.

Tudo foi realizado de acordo com o plano do teu pai, que trouxe da parte do cônsul as mais sérias promessas. Agripa visitava-me discretamente e nosso casamento logo deveria se realizar. No entanto, uma manhã, Flavius apareceu inesperadamente na sala em que eu me encontrava com meu noivo, que já estava se despedindo. Tremendo de raiva, balbuciando, com voz rouca, palavras insultuosas, lançou-se sobre Agripa para apunhalá-lo. Este, dando um salto para trás, arrancou do seu punhal preso à cintura. Um combate silencioso e terrível teve início: rangendo os dentes quais tigres famintos, os dois homens lutavam corpo a corpo, enquanto eu permanecia imóvel, temendo atrapalhar ou distrair o homem que eu amava, mas só os deuses sabem o quanto sofri ao ver seu sangue correr!

De repente, Flavius caiu; Agripa deu alguns passos na minha direção, para, a seguir, também desmoronar. Naquele momento, Virgilius acorreu, seguido de criados; levantaram os feridos e chamaram os médicos. Para Flavius, os cuidados de nada valeram, pois morreu dois dias depois. Agripa restabeleceu-se lentamente, eu cuidava dele noite e dia e, quando estava em estado de se levantar, casamo-nos e nos estabelecemos na vila em que passei muitos anos felizes e que a lava enterrou.

— Os deuses tiveram piedade de ti, minha boa Metella, livrando-te daquele miserável inimigo — disse Virgília, suspirando. — Não penses que te invejo a sorte, pois tu foste para mim, depois da morte dos meus pais, a melhor das mães e das irmãs. Não, apenas deploro que a morte não me tenha livrado de Nero.

— Quanto a isso, eu te dou razão e é mil vezes lamentável que teu golpe (uma vez desferido) não tenha sido mortal. Entretanto, acalma-te e não percas a coragem. Vigiarei o tribuno enquanto ele estiver conosco e procurarei lá retê-lo o mais possível. Talvez ele se acalme quando for para Roma, o serviço mantê-lo-á ocupado, pois Agripa me disse que ele mudou de idéia e não entrará de licença. Falando nisso, eis meu marido e Sempronius que certamente estão vindo nos chamar para a refeição de adeus.

No dia seguinte ao da partida de Metella e dos seus, Drusila também se despediu para retornar a Roma. Foram em vão os pedidos para que ainda ficasse, e Caius, que não desconfiava dos sentimentos de sua prima e sentia-se profundamente reconhecido à sua fiel enfermeira, quis, ao menos, acompanhá-la, mas Drusila recusou:

— Devo voltar para junto de Claudius, uma vez que vós já não precisais de mim. Caius, acabaste de te recuperar, fica, então, com tua jovem esposa que quase te perdeu e não ficará tranqüila, eu sei, se não estiveres ao seu lado.

Esforçando-se para aparentar calma, a jovem despediu-se de Sempronius e dos primos, mas, quando se viu só na liteira, aquela coragem factícia abandonou-a e, jogando-se sobre as almofadas, soluçou convulsivamente. Seu coração sangrava por causa de sua separação de Caius e, embora compreendendo o quanto seu amor por ele era condenável e inútil, não tinha forças para tirar do seu coração aquele sentimento que nele se insinuou como um ladrão e que, sempre disfarçado diante de todos, tinha, entretanto, subjugado e escravizado todo o seu ser.

Nesse estado de espírito, o gênio do mal a levara a submeter-se a um senhor, e um senhor como Claudius que, amando apenas sua fortuna, a faria pagar, muito caro, sua preferência por Caius, predileção que adivinhara. Com um arrepio inte-

254   J. W. Rochester

rior, Drusila imaginava as cenas de ciúmes brutais que teria de suportar e das quais já tivera uma amostra. A boa moça não sabia que o astucioso e maleável Claudius lamentava muitíssimo ter-se assim desmascarado. Gozando, pela primeira vez em sua vida, do prazer de agir como senhor; de gastar o ouro a mancheias e de satisfazer todas as suas paixões, ele não queria irritar sua mulher que bem lhe poderia retirar a gestão de sua fortuna. Assim, ele resolvera se reconciliar e viver com ela no melhor entendimento possível.

Dessa forma, quando chegou em Roma, Drusila ficou agradavelmente surpreendida quando viu seu marido recebê-la com a mais terna deferência. Ajudando-a a descer da liteira, Claudius conduziu-a aos seus aposentos e, numa franca explicação, desculpou-se por sua imperdoável partida que, com razão, a havia ofendido. Garantiu-lhe, também, que seu maior desejo era o de viver em harmonia com a bela e doce companheira que os deuses lhe haviam concedido. Drusila, que só aspirava à paz, perdoou-o de bom grado e, por um acordo tácito, viveram, aparentemente, muito unidos, embora, de fato, profundamente separados. A jovem entregou-se, com uma melancólica alegria, à lembrança do pai, cercando-se dos objetos que ele usava habitualmente, realizando longos passeios pelas alamedas e galerias nas quais, outrora, ela conduzia o cego e mandou construir, em sua memória, um magnífico túmulo.

Claudius não se opunha a esse culto da memória do sogro. Estava muito satisfeito pelo fato de a esposa deixá-lo meter a mão à vontade nos seus cofres, não se importando nem com suas aventuras amorosas nem com as libações demasiadamente copiosas que ele oferecia a Baco. Estava contente por ela haver decidido presidir, com uma graciosa docilidade, as festas suntuosas que ele gostava de dar. Na verdade, ninguém teria reconhecido naquele patrício, orgulhoso e fleumático, que reunia nos suntuosos salões do palácio de Drusus a elite da sociedade elegante, o modesto e amável músico que considerara como uma grande felicidade o convite de Sempronius para viver em sua casa e apreciara plenamente a vantagem de viver, sem preocupar-se com as despesas.

Herculanum

6. A morte de Sempronius

Depois da partida de todos os hóspedes, uma vida calma e feliz se estabelecera na vila de Sempronius. No entanto, uma doença grave que acometera o dono da casa veio perturbar tal quietude. O mal foi dominado, mas, apesar dos cuidados freqüentes, longos meses transcorreram sem devolver as forças e a saúde a Sempronius. Aquele homem, outrora tão robusto, tão ativo e cheio de energia, caminhava, agora, com dificuldade. Estava encurvado e uma insuperável fraqueza o prendia, na maior parte do dia, ao seu leito. O nascimento de um neto veio iluminar com uma última alegria a vida do velho. Com uma orgulhosa satisfação, ele abençoara o pequeno Sempronius e não cansava de admirar a criança, tanto por ser encantadora como também, por lhe lembrar todos os seus parentes, por causa de seus grandes olhos negros e seus cabelos dourados.

Dividido entre a alegria e a dor, Caius Lucilius ia do berço do seu filho ao leito do seu pai, cujo enfraquecimento gradual não lhe deixava qualquer ilusão. Um dia, Sempronius disse-lhe:

— Meu filho, não podemos demorar mais se devo ter com o virtuoso ancião que te iniciou nos preceitos do Deus de Nazaré. Aspiro a ouvir de sua boca as palavras de consolação que me garantirão a paz e a felicidade no reino do céu.

Caius considerou como um dever sagrado de fazer imediatamente os preparativos para a viagem.

Escreveu a Agripa e à sua esposa, comunicando-lhes que um negócio urgente forçava seu pai e ele a deixarem a vila por duas ou três semanas, pedindo, ao mesmo tempo, que o patrício autorizasse a esposa a passar esse tempo com Virgília, a qual, apesar de surpresa e triste com aquela viagem misteriosa, não protestou, compreendendo que, em razão de seu estado, Sempronius não poderia viajar sozinho.

No dia seguinte à chegada de Metella, Sempronius despediu-se carinhosamente das duas moças, que choravam muito, pressentindo que não mais reveriam seu velho amigo. Abençoando pela última vez seu neto, ele subiu na liteira.

Após uma viagem fatigante e interrompida por longas paradas indispensáveis ao doente, chegaram à aldeia por trás da qual elevavam-se as montanhas arborizadas que serviam de refúgio ao eremita. Lá chegando, deixaram a comitiva (as mulas que carregavam as bagagens), trocaram a liteira por uma espécie de poltrona de junco trançado, carregada por dois robustos montanheses e, acompanhado apenas por Caius e pelo fiel Rutuba, Sempronius retomou seu caminho.

Depois de uma difícil caminhada, durante a qual a impaciência do velho patrício aumentava a cada minuto, eles pararam, finalmente, diante da gruta. O ermitão lá se encontrava, de pé, disposto e vigoroso tal como três anos antes. Com um sorriso amigável, estendeu as mãos aos recém-chegados.

— Sede bem-vindos, meus amigos, eu vos esperava.

Caius Lucilius lançou-se em seus braços, muito emocionado e disse:

— Meu salvador e generoso guardião, tuas palavras proféticas se realizaram. Vê, trago-te meu pai moribundo para que o instruas e consoles.

O eremita caminhou animadamente em direção a Sempronius, abraçou-o e disse efusivamente:

— Sê bem-vindo, meu irmão, é com alegria que farei o que eu puder para aliviar-te, mas, antes de tudo, descansa, pois estás visivelmente esgotado.

Com a ajuda de Caius, ele amparou o velho patrício, conduziu-o para dentro da gruta e ajudou-o a deitar-se sobre o mesmo leito em que Caius tinha sido tratado durante sua grave enfermidade. A seguir, ocupou-se com ardor juvenil da instalação dos seus hóspedes. As duas mulas que carregavam as bagagens foram descarregadas, os objetos de uso pessoal transportados para uma pequena gruta, ao lado da grota do ermitão, que foi designada como alojamento de Caius e Rutuba. Dispensaram os montanheses e logo que os viajantes foram reconfortados por uma leve refeição e uma taça de vinho envelhecido, o velho sentou-se sobre um tronco de árvore, perto do leito de Sempronius, e disse-lhe afavelmente:

— Agora, meu irmão, conversemos. O Deus de misericórdia, que fiz teu filho conhecer, deverá me inspirar as palavras que te acalmarão.

— Venerável ancião — disse Sempronius erguendo-se e apertando a mão do ermitão —, meu filho iniciou-me nos preceitos de amor e caridade pregados pelo Deus que te foi dado conhecer e aspiro compartilhar da tua crença. Trago, atrás de mim, uma vida cheia de riquezas e de prazeres diversos. Sempre considerei ter o direito de rejeitar tudo o que me é desagradável e de amar parcialmente alguns membros da minha família e excluir outros, mas agora, começo a compreender que fui duro, orgulhoso e egoísta e gostaria de te confiar muitos atos que pratiquei na minha vida e que me pesam na consciência, para que me esclareças e alivies meus remorsos.

— Neste caso, meu irmão, vem comigo até o santuário. Lá, aos pés dAquele que lê em nossa alma e pode aliviar todas as misérias, tu me confiarás o que oprime teu coração. Caius, ajuda-me a conduzir teu pai até os degraus do altar e, a seguir, retira-te, meu filho. O que o nobre Sempronius quer me confiar pesa terrivelmente no seu coração; é, então, inútil que escutes o que teu pai censura em si mesmo. Não cabe aos filhos julgarem e condenarem os erros dos pais e nada deve diminuir seu respeito e sua veneração.

Algumas horas mais tarde, o ermitão chamou Caius e disse, apertando-lhe a mão.

— Conversei longamente com teu pai e, pela graça do Salvador, pude levar a paz à sua alma. As grandes verdades que lhe expliquei e o mistério da morte que lhe revelei fizeram com que se desvanecessem os temores que lhe inspirava a inevitável passagem, bem como os sombrios pensamentos que o agitavam. No momento, ele não quer ver ninguém, nem mesmo tu. Ele deseja, pelo isolamento e pela prece, preparar-se para o batismo, que lhe prometi ministrar dentro de três dias.

— E a mim, meu pai, recusarás esta graça? Meu coração também está repleto de fé e de amor pelo Deus da misericórdia, cuja graça eu já recebi.

— Que seja feito de acordo com tua vontade, meu filho. Sei que teu coração é generoso e leal, embora ensombrecido por violentas paixões; mas, então, prepara-te pelo jejum, a prece e o retiro, para receber o Divino Sacramento a que aspiras.

E o ermitão, tendo abençoado Caius, retirou-se.

O rapaz voltou para sua gruta e, após uma breve prece, deitou-se sobre as almofadas que lhe serviam de leito. Os sentimentos mais contraditórios perturbavam a alma do jovem romano: seu pai estava renunciando à fé de seus ancestrais para se tornar cristão e ele próprio iria seguir o exemplo paterno. Por um momento, pensou nas conseqüências que poderiam advir dessa grave resolução: por ora, os cristãos não eram mais perseguidos, mas, a qualquer momento, um novo édito de proscrição poderia atingi-los e, então, ele corria o risco de perder sua posição, sua felicidade conjugal e até sua vida. As imagens de Virgília e de seu filho vieram-lhe ao pensamento como uma visão tentadora, mas, com um esforço de vontade, Caius repeliu aqueles pensamentos inspirados, provavelmente, pelo espírito do mal. Como podia ele, que havia recebido sua graça, duvidar da força e da proteção desse Deus que desejara se mostrar aos homens humildes, pobre e morrendo sobre uma cruz ignominiosa e que, no entanto, dobrava aos seus preceitos de amor um coração rebelde e altivo como o de Sempronius e inspirava aos seus adeptos o desprezo pela morte e pelos sofrimentos? Com a exaltação apaixonada, própria de seu caráter, Caius Lucilius abandonou-se à oração e ao jejum. A presença de Rutuba o incomodava e, à aurora, dispensou-o por três ou quatro dias, autorizando-o a visitar uma parenta casada com um lavrador das redondezas.

Na manhã do dia combinado para a santa cerimônia, Caius, que velara e orara a noite inteira, encaminhou-se para a gruta do ermitão. Percebendo seu pai, que não revira desde sua chegada, ficou surpreso com a expressão de calma e de felicidade que transfigurava o rosto de Sempronius.

— Tornei-me um novo homem, meu filho — disse o velho patrício estreitando-o ao encontro do peito —; se soubesses como reforcei meu espírito, que clareza e que calma tomam conta do meu ser! Mas agora, apressemo-nos, dá-me teu braço, pois estamos sendo esperados no santuário.

Amparando o pai, Caius penetrou com ele na gruta contígua, ambos se ajoelharam diante do altar, em cujos degraus encontrava-se, de pé, o eremita, apenas reconhecível sob as vestes de uma brancura ofuscante que lhe caía até os pés. Uma cruz de ouro pendia-lhe sobre o peito e velas acesas sobre o altar rodeavam-lhe a cabeça venerável, como uma auréola dourada. Ao seu lado, estava de pé um rapaz vestido com uma longa túnica de linho, no qual Caius reconheceu o jovem pescador que vira, durante sua enfermidade, levar provisões ao ancião.

Depois de uma oração recitada por todos e uma alocução

com a qual fez os neófitos compreenderem toda a grandeza do sacramento que iriam receber, o ermitão ordenou a Sempronius e ao filho que se despissem e entrassem no lago cavado no meio da gruta. Ajudado por Paulo, o jovem pescador, derramou-lhes água na cabeça, dando a Sempronius o nome de Serafim e a Caius, o de Gabriel. A seguir, os dois novos cristãos saíram da água e Paulo os vestiu com túnicas brancas como a sua. Ajudando Sempronius, que vacilava de fraqueza, a se ajoelhar, ele retomou seu lugar no último degrau do altar. O ermitão, com os braços erguidos para a cruz e o olhar inspirado, rezava em voz alta:

— Senhor Jesus, meu mestre e redentor, escuta a minha súplica. Não disseste que estarias no meio daqueles que se reunissem em teu nome? Lança, pois, um olhar de misericórdia para estes dois novos filhos de tua crença, e permite-lhes aproveitar toda a graça que contém este augusto ato que realizarei em tua memória.

Com ar grave e solene, abriu um rico estojo que estava sobre o altar, retirou dele um recipiente de ouro maciço, que Paulo encheu de vinho, e um pão, que ele partiu:

— Creio — disse com voz forte — que esta é a tua carne e este é o teu sangue derramado por nós e pela redenção do mundo.

Ergueu o cálice, abençoou os neófitos prosternados, dando-lhes a seguir o pão e o vinho, dizendo:

— Crede que esta é a carne e este é o sangue do salvador do mundo, pois agora acaba de se realizar o grande mistério da fé!

Como se estivesse apenas esperando o final da cerimônia, Sempronius desmaiou de fraqueza. Transportaram-no para a primeira gruta e fizeram-no voltar a si, dispensando-lhe todos os cuidados possíveis. Depois, o eremita colocou as mãos sobre sua cabeça e, logo, o doente adormeceu num sono profundo e reparador.

Já tombava a noite quando, finalmente, Sempronius reabriu os olhos. Percebendo que Caius e o ermitão estavam sentados ao lado de seu leito, estendeu-lhes as mãos:

— Meu filho querido e tu, meu amigo venerável — disse com voz fraca —, obrigado pela felicidade que me proporcionastes, instruindo-me com esta fé nova que reconfortou meu coração e me fez compreender que a morte não é mais do que uma doce passagem para um mundo melhor, no qual se abrirão para mim as portas da salvação. Além disso, meu filho, suplico-te que me enterres como convém a um cristão e não entregues meu corpo à pira, segundo os ritos dos falsos deuses. Prometes?

260   J. W. Rochester

— Podes ficar tranqüilo, meu pai, pois teus desejos são sagrados — respondeu Caius emocionado.

— Obrigado. E agora que estou completamente em paz, deixai-me, amigos, contar-vos um sonho estranho, mas de extraordinária clareza, que acabei de ter.

Tendo-se sentado, apoiado nas almofadas, Sempronius continuou:

— Sentia-me flutuar num espaço escuro; oprimido e inquieto, eu procurava, sem conseguir, sair daquelas trevas e, ainda repleto da alegria de ter reconhecido e adotado a nova fé, eu me perguntava a razão daquelas trevas que me cercavam. No mesmo instante, apareceu diante de mim um ser radiante e de uma beleza admirável.

— Sim — disse-me ele —, compreendeste a verdade e tua alma está repleta de felicidade. Mas com o tempo, esta nova fé que deve regenerar as almas, será maculada e degradada pelas paixões que tomam conta do coração humano; as leis sagradas ditadas pelo salvador tornar-se-ão incômodas e serão derrubadas, negadas, ridicularizadas e não haverá mais lugar no coração do homem para a virtude, a verdade e a fé. Perturbados pelas mais diversas opiniões, desgostosos dos próprios vícios, os espíritos que ainda aspirarem ao bem suplicarão ao dispensador de todas as graças para que os fortaleça na virtude, que não os condene a permanecerem estagnados nos degraus que conduzem ao fim supremo, mas que lhes conceda a certeza da existência da alma na vida após a morte, para que se elevem à perfeição. Então, na sua bondade suprema, o Criador do Universo dará aos homens a possibilidade de constatarem, pelo testemunho de seus sentidos, a presença dos invisíveis, por eles chamados de mortos. E os intermediários entre o túmulo e a terra serão vossas mulheres, filhos e filhas. Esses intermediários formigarão por todos os lugares, sem distinção de classe, de fortuna ou de nacionalidade; e os sofredores, os pobres, os altruístas, os caridosos serão os mais bem dotados e os preferidos.

Naquele momento, as trevas se entreabriram e, num espaço luminoso, eu te vi, venerável pai. Sobre teus braços estendidos, flutuava uma larga faixa, de uma brancura ofuscante, na qual estava traçada, com letras de fogo, a seguinte inscrição:

"Morrer para reviver e progredir sempre, tal é a lei".[1]

Ao redor de ti, parecia desfilar uma multidão imensa e agitada, mas, à medida que aqueles seres aproximavam-se de ti,

---

1 Esta frase se tornaria no futuro um lema de Allan Kardec; foi utilizada como seu epitáfio.

seus traços se acalmavam e uma doce luz os iluminava.

Fui tomado por um desejo imenso de igualmente aproximar-me, mas minha pesada e maculada túnica parecia me pregar no lugar em que eu estava.

— Sujaste a veste branca do cristão — disse-me a aparição.

— Não, não — respondi —, sou cristão de coração e de convicção.

— És e foste durante os séculos que se seguiram à tua conversão, mas sem esforço de tua parte, tua fé tornou-se tíbia.

Naquele instante, da multidão que te rodeava, pai João, destacou-se um rapaz, no qual reconheci meu filho Nero.

— Vem, pai, a verdade está ali — disse ele arrastando-me.

Mas, no momento em que eu tocava tua faixa e sentia um calor vivificante atravessar todo o meu ser, vi Nero perder o equilíbrio e cair num fosso negro. De seu coração jorrou uma chama acre e devorante que o consumiu. Eu ainda estava perturbado com aquela catástrofe, quando um globo de fogo surgiu ao meu lado e, sobre ele, estava de pé um adolescente no qual reconheci meu Caius. Com uma das mãos, erguias uma tocha, com a outra, apertavas uma cruz contra o peito. Mas teu rosto estava triste e com voz queixosa, disseste:

— Oh, pai! Estou sofrendo na escuridão. Leve-me à luz!

Meu coração encheu-se de desejo de atender ao teu pedido, mas parecia-me que o fardo ultrapassaria minhas forças.

— Como fazê-lo? — murmurei, levantando os olhos para o ser brilhante que flutuava acima de mim.

— *Querer* — respondeu-me ele.

Transportado de energia, segurei o globo em que te encontravas e comecei a elevar-me. Primeiro, um enxame de seres negros e horripilantes quis impedir nossa ascensão: alguns me mordiam, crivavam-me de dardos envenenados; répteis enrolavam-se aos meus pés. Outros tentavam arrebatar-me o precioso fardo, mas em vão: subíamos sempre, tu eras leve como uma pluma e parecias arrastar-me para um centro de luz mais resplandecente que o Sol. Depois, elevaste-te ainda mais, raios multicores te envolveram, subtraíram-te à minha vista e acordei.

Totalmente esgotado por essa longa narrativa, Sempronius caiu sobre as almofadas.

— É um sonho estranho, mas certamente profético, com que Deus te favoreceu, meu irmão — disse o ermitão, que o escutara com grande atenção. — Não foi dado à nossa limitada inteligência compreendê-lo completamente, mas ele pressagia que, dentro de um tempo longínquo, a lei do Senhor será ignorada e que, de acordo com sua promessa, o Divino Jesus enviará o espírito da verdade para esclarecer os homens.

— E então, meu filho, se me for dado levar-te à luz, serei bem feliz! — murmurou Sempronius, cujo olhar já se apagava.

— Que me importa o futuro, se agora devo perder-te? — respondeu Caius cobrindo de beijos e de lágrimas as mãos geladas do pai.

— Não te esqueças que para o cristão, a morte é apenas uma breve separação e reza em vez de chorar — disse o eremita, ajoelhando-se ao lado do moribundo.

À aurora tudo acabara: Sempronius estava morto.

Tendo deixado a Caius algumas horas para acalmar a primeira dor, o ancião veio procurá-lo.

— Vem, meu filho — disse afetuosamente —; aqui repousa apenas um corpo perecível e não convém a um cristão entregar-se a uma dor excessiva porque um ser que lhe é caro foi libertado das misérias terrenas.

Caius levantou-se docilmente, cobriu com um lençol branco o rosto imóvel do morto e acompanhou o velho até a saída da gruta, onde eles se sentaram sobre uma rocha.

— Já é hora de pensar em realizar os últimos desejos do teu pai — continuou o eremita — e eis o que quero te sugerir: no santuário, perto do altar, há um fosso cavado na rocha. Eu o preparei com minhas próprias mãos para lá repousar depois da morte, mas ele é bastante espaçoso para dois corpos e eu gostaria de lá enterrar o homem a quem me foi dado converter e que provou uma fé tão ardente e tão profunda.

Caius agradeceu calorosamente o eremita e, quando a noite chegou, foi até o santuário onde seria feito o enterro. Ajudado pelo jovem pescador, levantou, bem perto do altar, uma pesada laje de pedra sob a qual fora cavada, na rocha, um cova espaçosa e profunda. Para lá desceram o corpo de Sempronius, envolto em lençóis brancos, trazendo, ao peito, uma pequena cruz de madeira ali colocada pelo eremita. Depois de breve prece, a laje foi recolocada, dissimulando qualquer traço da sepultura.

No dia seguinte, pela manhã, Rutuba voltou. A morna tristeza de Caius e a notícia do falecimento do velho patrício, cujo corpo já desaparecera, deram o que pensar ao fiel servidor. Guiado pelo instinto de devotamento e por um espírito sutil e observador, Rutuba quase adivinhou a verdade, e um vago temor do futuro insinuou-se na sua alma. Tomando prontamente uma resolução, aproximou-se de Caius, que se conservava mudo e absorto, e bateu-lhe, de leve, no ombro:

Herculanum

— Meu bom senhor, crês no meu total devotamento?

— Sem dúvida alguma — respondeu Caius, surpreso.

— Então, permite que te diga uma coisa: estando morto nosso velho senhor, não celebrarás, quando do teu regresso, os funerais dignos de sua posição?

Percebendo a hesitação de Caius, ele continuou:

— Devo dizer-te que a crença do bom velho da gruta não é segredo para ninguém das redondezas. Se o nobre Sempronius houve por bem adotar a religião desse homem, não cabe a mim criticá-lo, pois todos os cristãos que conheci se distinguem por uma virtude extraordinária. No entanto, é preciso que todos sejam advertidos sobre isso. Não permitirias que eu fosse até a cidade mais próxima adquirir uma urna funerária que tu levarás à tua casa? Pensa, senhor, que tens uma jovem esposa e um filho pequeno, cujo futuro te está confiado.

— Pensaste corretamente, amigo perspicaz e devotado — respondeu Caius, emocionado —, não posso deixar de te dar razão. Faze, então, tudo o que for necessário para evitar suspeitas e falatórios inúteis.

Oito dias mais tarde, Caius Lucilius voltou à vila. Levava a urna funerária que, presumidamente, deveria conter as cinzas de Sempronius. À vista da habitação que seu pai deixara ainda vivo, Caius sentiu um aperto no coração, e as lágrimas de Virgília e de Metella, que não se conformavam com a perda de seu velho amigo, aumentaram ainda mais sua tristeza. Acompanhado de todos os servidores da casa, foi ao túmulo erguido por Sempronius depois da morte de sua mãe, e lá colocou, solenemente, a urna ao lado da que continha os restos de Fábia. Terminada a cerimônia e depois de Caius ter contado às duas moças os detalhes dos últimos momentos de Sempronius e de lhes ter transmitido a bênção do falecido, Metella informou que recebera uma carta de Agripa comunicando-lhe a chegada de Nero, que se propunha a passar algumas semanas na propriedade que ele adquirira.

— Já que é assim, pede a Agripa que seja meu intermediário para acertar o mais breve possível os negócios da herança, pois me repugna reencontrar Nero pessoalmente — disse Caius.

— Isto é perfeitamente compreensível e prometo, antecipadamente, que meu marido te substituirá de bom grado.

7. Nero

A magnífica propriedade comprada pelo tribuno estava situada a pouca distância de Nápoles, num local dos mais pitorescos. O rico habitante de Pompéia ao qual aquela terra pertencera e que não esperava perecer com todos os seus, nada poupara para decorar a residência e embelezar os jardins. No entanto, Nero não quis fazer os gastos indispensáveis de manutenção e, a casa vazia, os jardins descuidados tinham um ar de abandono e de tristeza.

Cerca de um mês após a morte de Sempronius, numa bela tarde, encontramos o jovem tribuno no seu gabinete de trabalho, sentado perto de uma grande janela aberta que dava para o jardim. Ele parecia mais taciturno que nunca. Uma ruga profunda se cravara entre as suas sobrancelhas e uma expressão dissimulada e malvada contraía-lhe a boca. No fundo do quarto, Trula, seu escravo de quarto, ocupava-se em enrolar e arrumar, numa estante, um monte de papiros e de rolos de pergaminho que a mão impaciente do seu amo folheara e, depois, espalhara no chão. Mal-humorado e pensativo, Nero degustava, em pequenos goles, uma taça de um velho Falerno. Na véspera ele terminara todas as formalidades concernentes à herança, mas não era uma questão de dinheiro que absorvia seus pensamentos: a viagem misteriosa de seu pai e sua morte longe da família o intrigavam ao máximo. Farejava nisso um mistério que não podia esclarecer. "Onde teria ele ido, tão doente, e para fazer o quê?", murmurava inconscientemente.

Trula, de cabeça baixa e olhar astucioso, não deixara de observar, de soslaio, seu amo; e seu ouvido aguçado captara as palavras que escaparam dos lábios do mesmo. Aproximando-se da mesa, fingiu verificar se a ânfora de prata ainda continha vinho.

— Senhor, não desejas que te sirva aquelas frutas cristalizadas que eu trouxe ontem de Nápoles? Foram recomendadas pelo mercador. O nobre Caius Lucilius também as consome, pois encontrei Sapala, seu escravo, que fazia compras — concluiu insidiosamente.

— Ah! — disse Nero levantando a cabeça com vivacidade — viste Sapala? Pois bem! Há novidades na vila?

— Não sei, senhor, apenas conversamos por um breve instante sobre a morte do ilustre Sempronius e sobre seus funerais desprovidos de pompas, o que não permitiu que seus servos o pranteassem junto da pira.

— Sapala acompanhou meu pai na sua última viagem?

— Sim, senhor, ele, Rutuba, Gurges, Prosper, os dois negros mudos e quatro gladiadores. Escoltaram-no até uma aldeia nas proximidades das montanhas. Lá, seus amos contrataram montanheses e continuaram o caminho, acompanhados apenas de Rutuba. Doze dias mais tarde, o nobre Caius Lucilius voltou, trazendo a urna que continha as cinzas do seu pai.

— E Sapala não soube pelos aldeões para onde meu pai poderia ter ido?

— São pessoas muito reservadas e caladas, senhor, pelo que Sapala me disse. No entanto, um rapaz contou-lhe que, numa gruta da montanha, vive um venerável ancião que visita os pobres e realiza curas maravilhosas.

— Está bem, Trula, toma este resto de vinho e deixa-me.

Ficando sozinho, Nero, muito intrigado, pensou longamente nas notícias que acabara de receber, mas lhe foi impossível adivinhar qual motivo secreto teria levado seu pai e seu irmão a empreenderem aquela misteriosa viagem.

— Conversarei sobre isso com Claudius. Se a riqueza não o embruteceu completamente, ele será bastante astuto para encontrar a chave do enigma — concluiu, tomando, ao mesmo tempo, a decisão de apressar sua partida.

No dia seguinte ao de seu retorno a Roma, Nero foi ao palácio de Drusus, onde Claudius o recebeu com sua habitual cordialidade.

— Muito bem, caro primo, tu voltas carregado de ouro! — disse ele, oferecendo uma poltrona ao tribuno. — Drusila recebeu uma carta de Virgília informando-lhe sobre a morte do bom Sempronius. Acertaste pacificamente teus negócios relativos à herança?

— Muito pacificamente. Caius foi a própria providência e não posso me queixar da parte que me coube. Mas não foi isso que aqui me trouxe: quero te pedir um conselho.

— Se for sobre a maneira de gastar teu dinheiro e o modo de esquecer uns certos olhos azuis, não poderias ter procurado pessoa melhor — respondeu Claudius, rindo.

— Não, não, é uma coisa bem diferente — respondeu Nero, aborecido com a alusão a Virgília, e contou o que ele sabia sobre a última viagem de Sempronius e sobre as circunstâncias misteriosas que haviam cercado sua morte.

— Penso poder esclarecer esse mistério — disse o patrício que o escutara atentamente —, e tuas palavras vêm confirmar uma suspeita que tenho há muito tempo. Sei, por um dos meus amigos que exerceu uma magistratura naquela província e visitou-a minuciosamente, que, no lugar que acabas de citar, vivem muitos cristãos que para lá se retiraram depois da última proscrição. Ele também me falou de um velho que vive nas montanhas, que abriga os doentes e viajantes perdidos, fazendo deles adeptos do seu falso credo. Agora, é bastante sabido que esses sectários possuem um dom mágico de enfeitiçar os que deles se aproximam e de lhes insinuar uma fé inabalável aos preceitos do judeu crucificado, que eles adoram como a um deus.

O pretor Lentulus contou-me que, por ocasião do último édito de proscrição, ele foi testemunha de fatos completamente extraordinários: pais que abandonavam os filhos, mulheres que abandonavam os maridos, sem que nenhuma persuasão surtisse efeito contra aquele terrível feitiço. Contra qualquer razão, os infelizes deixavam-se torturar com uma verdadeira beatitude, repetindo até nas chamas: "Continuamos fiéis a Jesus".

— Ouvi falar desses fatos, mas que relação têm eles com Caius e meu pai?

— Já vais ver. Lembras-te que depois da catástrofe de Herculanum, teu irmão foi recolhido e sua doença tratada por um velho cujo nome nunca revelou? Creio que foi nas mesmas paragens, e todos nós notamos a grande mudança que se operou no caráter de Caius quando do seu retorno. De todas essas circunstâncias, concluo que Caius caiu, justamente, nas mãos do velho arrebanhador de adeptos, que não deixou escapar a ocasião de deixar entrar no curral uma tão rica ovelha. O filtro mágico continuava a agir: teu irmão converteu teu pai e provavelmente o conduziu até lá para que fosse batizado. E agora ele fará de Virgília uma cristã, o que é deplorável tendo em vista as conseqüências que um dia poderão atingir toda a família.

— Agora compreendo tudo e agradeço as explicações que me deste, meu caro Claudius — disse Nero levantando-se e recusando o convite para cear que o patrício lhe fazia.

O tribuno voltou para casa remoendo os mais controvertidos pensamentos. Não duvidava da existência do talismã que os cristãos possuíam, e veio-lhe a suspeita de que talvez Caius o tivesse usado para apoderar-se do coração de Virgília e para roubar dele, Nero, a felicidade. Diante de tal pensamento, foi tomado por uma ira insensata, mas, pouco a pouco, veio-lhe a idéia de também obter aquele dom mágico, usá-lo para subjugar a jovem, afastá-la de Caius e assim punir e ferir o coração daquele irmão que invejava e odiava. Seu fatal amor por Virgília, infelizmente, não se extinguira; mas, muito ao contrário, mesclara-se com uma amargura feroz que, sufocando qualquer nobre sentimento, nele não deixara vivo senão o selvagem desejo de possuí-la a qualquer preço. Após uma luta interior de vários meses, tomou enfim a decisão inabalável de ir procurar o velho da floresta para obter o talismã, mesmo que tivesse que se batizar para ganhar sua confiança. A seguir, ele queria se reconciliar com Caius e, por meio de feitiço, cativar Virgília.

Tomada tal decisão, obteve uma licença de várias semanas e partiu. Não lhe foi difícil obter as informações indispensáveis. Certa tarde, nós o reencontramos simplesmente vestido, subindo a vereda pedregosa que conduzia à gruta. Perto da entrada, sentado na pedra que servia de banco, estava o ermitão, com as mãos cruzadas sobre os joelhos, absorto em profunda meditação. Avistando-o, Nero parou perturbado e surpreso. Por um momento, teve vergonha de se aproximar daquele homem venerável, com o coração carregado de perjúrio e mentira, mas, dominando aquele sentimento bom, avançou e, colocando um joelho no chão, disse humildemente:

— Venerável pai, sou um daqueles que procuram a paz numa nova crença. Queres iluminar minha alma com a verdadeira luz que, segundo dizem, nos dá uma nova vida?

O ermitão levantou-se e seu olhar perscrutador penetrou no rosto do recém-chegado. A seguir, colocou sua mão enrugada sobre a cabeça inclinada do tribuno e, depois de um instante, disse:

— Mais vale admitir dez indignos do que perder um verdadeiro crente, disse o Senhor. Quero crer que tua fé seja verdadeira, meu filho. Levanta-te, vem repousar e conversaremos.

Depois de uma longa conversa e inúmeras perguntas, o velho disse gravemente:

— Não podemos conhecer nossa fé em algumas horas. Se, pois, meu filho, teu desejo de tornar-te cristão for sincero, fica aqui, põe-te à prova pela humildade, abstinência e prece. Somente, então, eu poderei iniciar-te em nossos santos mistérios. Nero consentiu com tudo. As últimas palavras do ancião tinham aumentado seu desejo de obter o talismã. Então ele ficou, fingindo uma fé profunda e se submetendo às privações, que eram tão novas para ele. Todos os dias passava longas horas a conversar com o eremita e, involuntariamente, os admiráveis preceitos da nova religião agiam como um bálsamo benfazejo sobre a alma ulcerada de Nero. Olhava com admiração para aquele velho que parecia planar acima de todas as necessidades da vida, considerando as virtudes e a caridade os únicos bens desejáveis. Pobre, ele sempre encontrava o que dar nas riquezas de seu coração; às portas do túmulo, não se lamentava de nada e aspirava à morte que viria, enfim, vesti-lo com o traje de festa do vencedor e levá-lo ao reino do Pai Celeste.

Perturbado, abalado, Nero às vezes sentia o desejo de se jogar aos pés do ancião e lhe abrir inteiramente o coração. Sabia que se encontrasse forças para entregar-se àquela fé renovadora, ela dissiparia suas trevas; mas, todas as vezes, a paixão impura que havia subjugado todo o seu ser se erguia, tal uma sombra fatal, entre ele e aquele bom sentimento, e o seu mau gênio fazia luzir em seus olhos espirituais a imagem sedutora de Virgília e o talismã que o faria conquistar o amor da moça.

Finalmente cedendo às suas instâncias, o ermitão concedeu-lhe o batismo, e essa cerimônia austera acarretou uma verdadeira tempestade, travou um último combate desesperado entre o bem e o mal na alma abalada do tribuno. De retorno à primeira gruta, o velho contemplou demoradamente e com tristeza o rosto pálido e alterado do rapaz. A seguir, aproximando-se, levantou a cruz, abençoou-o e disse emocionado:

— Meu filho, eu te dei a compreensão da vida futura e abri teus olhos para a luz da verdade. Não tornes a cair, pois, nas trevas do vício e de uma paixão impura; não te rias da crença augusta que vieste livremente procurar, pois grande será tua punição e perecerás miseravelmente. Estou te prevenindo, embora saiba que todos os destinos devem se cumprir. Então, faças o que quiseres fazer; Jesus, nosso mestre, conheceu o traidor e não o deteve.

Na manhã do dia seguinte, data marcada para a partida de

Nero, este foi, muito agitado, despedir-se do eremita. Era chegada a hora de obter o talismã mágico e ele não sabia como fazer para abordar um assunto ao qual o velho nunca fizera alusão. Querendo apressar a solução, pegou a mão do ancião:

— Pai João, fui subjugado pela verdade e, se me deres ainda uma coisa, serei o seguidor mais ardente da nova fé. Concede-me o talismã que obtém a afeição, até de um coração rebelde. Senti sobre mim a força mágica que empregas para ganhar novos adeptos. Não recuses, pai João, faze-me feliz.

O velho dispensou-lhe um olhar límpido e surpreso:

— Não estou compreendendo tuas palavras, meu filho, nem a perturbação que toma conta de ti. Queres ganhar afeição? Mas este talismã que me pedes, tu o tens em ti mesmo pelas máximas da verdade que te ensinei: a humildade, a paciência e a bondade são os dons que nos conquistam novos adeptos.

— Tudo isso eu já sei — interrompeu Nero impaciente —, mas o que estou te pedindo é outra coisa: quero o talismã mágico que liga a ti todos os que de ti se aproximam, tornando-os invulneráveis a qualquer outra influência. Quero usá-lo para que aja sobre um coração frágil de uma mulher que eu amo e que não me ama e foi para ligá-la a mim que me tornei cristão.

— Então, tu te enganaste, infeliz — respondeu o velho empertigando-se com majestade. — Não possuímos nenhum outro dom mágico além das palavras legadas por Jesus, nosso senhor e mestre. Ele pregou o amor puro e infinito e tu, insensato, vens procurar as forças nefastas da natureza para um emprego criminoso. Aqui, podes encontrar a oração, a caridade, a abnegação, mas jamais um filtro para te fazeres amar por uma mulher.

As palavras sublimes do mestre não tocaram, pois, teu coração? A graça não renovou tua alma perturbada? Cai em ti, filho infeliz, sacode a força do mal e ore, pois a oração é o bálsamo que cura as feridas do coração, é o fogo divino que se projeta para a fonte celeste onde foi criada tua alma imperfeita. A oração é teu escudo contra o espírito do mal que te tenta e obscurece tua razão. Ora e terás a força para viver e sofrer.

Lívido, olhos faiscantes, Nero escutara as palavras que destruíam irremediavelmente sua louca esperança. Uma ira insensata fervia dentro dele: então, todos os sacrifícios tinham sido em vão; por um fogo-fátuo, ele havia renegado a religião dos seus pais, e o talismã mágico que devia submeter-lhe o coração rebelde de Virgília, o talismã, que ele acreditava já possuir, fugia-lhe das mãos.

— Recusas-me definitivamente o teu segredo? — perguntou com voz rouca.

— Eu te perdôo e gostaria de te chamar à razão.

— Cabe a mim fazê-lo contigo, velho infame, e te farei lembrar desta hora — retrucou o tribuno, saindo da gruta.

Trêmulo de raiva, só desejando a vingança, Nero dirigiu-se rapidamente a Nápoles. Sempre cavalgando, ele amadureceu o plano que deveria prejudicar o ermitão e, ao mesmo tempo, destruir Caius e magoar profundamente Virgília. Logo que chegou, foi à casa do pretor e lhe contou o seguinte:

"Viajando a negócios, sentira-se indisposto. Um velho cuidara dele e o levara para a gruta em que morava, mas ele logo percebeu que caíra numa emboscada: o velho era um cristão, um grande feiticeiro que, ajudado nas suas maquinações, por um rapaz, chamado Paulo, procurava viajantes e doentes para convertê-los. Certa noite, pensando que ele dormia, os dois cúmplices tinham conversado, e o tribuno ouvira horrorizado que seu irmão, Caius Lucilius, quando de sua fuga de Herculanum, fora recolhido pelo mesmo ermitão, fora convertido e subjugado de tal maneira que conduzira, mais tarde, Sempronius para também ser batizado. A bem-conhecida energia do velho patrício fizera abortar o plano, mas temendo uma denúncia, assassinaram-no na gruta. Na sua inconcebível cegueira, Caius aceitara o crime e o ocultara da vindita das leis, deixando que todos acreditassem que o pai morrera naturalmente".

Nero declarou que, tendo conseguido fugir, graças a um feliz acaso, considerava ser seu dever prevenir as autoridades, tanto mais porque dois criminosos, foragidos das prisões de Nápoles, se refugiaram nas montanhas e foram acolhidos de braços abertos pelo eremita.

O pretor ouviu essa história com atenção, agradeceu ao tribuno pelo seu zelo e declarou, que em todo caso, ele mandaria prender o perigoso velho e seus cúmplices.

— Quanto ao teu irmão — continuou o magistrado —, não posso prender um homem da sua posição, sem antes tê-lo interrogado. É verdade que os funerais de Sempronius foram realizados sem qualquer pompa; no entanto, Caius Lucilius não se entrega *abertamente* a nenhuma prática cristã, sai raramente de sua vila e parece viver apenas para sua família. Hoje, enviar-lhe-ei uma intimação para que compareça ao pretório e tu, tribuno, peço-te que fiques na cidade até o fim deste caso. Talvez tu sejas encarregado da prisão do criminoso, cujo refúgio conheces bem.

Nero respondeu que o pretor adivinhara seu desejo de dirigir pessoalmente a perseguição do miserável assassino e retirou-se, agradecendo.

Nada suspeitando da terrível tempestade que se formava sobre suas cabeças, Caius Lucilius e Virgília estavam calmamente sentados, na noite daquele mesmo dia, no terraço que dava para o mar. O rosto encantador da moça readquirira todo o seu frescor rosado e, nos seus olhos azuis, refletia-se a calma da felicidade. Alegres como crianças, eles brincaram com o pequeno Sempronius, que tinha então um ano e que ensaiava os primeiros passos sobre um espesso tapete estendido sobre as lajes.

Mas a chegada de uma correspondência viera interrompê-los. Virgília dera um brinquedo ao menino e sentara-se perto do marido, que lia em voz alta uma carta de Drusila. A patrícia comunicava ao seu primo que, conforme prescrição médica, Claudius (indisposto havia algum tempo) tinha a intenção de seguir um tratamento no célebre estabelecimento de águas termais, situado nas proximidades de Baias.[1] Por causa disso, os dois estavam na vila que possuíam perto dos banhos. Tendo, por motivo de negócios, que passar três ou quatro dias em Nápoles, Drusila pedia aos amigos que fossem visitá-la, pois estava muito cansada da viagem.

A entrada brusca de Rutuba interrompeu a leitura de Caius Lucilius.

— O que houve? — perguntou o patrício, fitando surpreso o rosto pálido e perturbado do seu fiel servidor.

— Um destacamento de soldados acaba de chegar, e o comandante, centurião Cornelius Burrha, deseja falar incontinenti contigo, senhor. Vê, ele me acompanhou.

Um jovem oficial, em trajes de serviço, seguido de diversos soldados, que se detiveram na aléia, avançou rapidamente na direção de Caius, que se levantara, pálido e de cenho franzido. Avistando Virgília que, assustada, abraçava junto ao peito seu filho, saudou-a respeitosamente:

— Não te inquietes, nobre matrona, nenhum perigo, espero, ameaça teu esposo.

O centurião desenrolou um pergaminho e, estendendo-o ao patrício, solicitou-lhe, cortesmente, que o acompanhasse até Nápoles para comparecer, na manhã seguinte, diante do pretor.

— De que me acusam? — perguntou Caius.

— Deves dar explicações sobre várias circunstâncias relati-

---

1 Baias: vila do sul da Itália, na baía de Nápoles; à época romana era um famoso resort, muito apreciado pelos banhos medicinais de águas sulfurosas e mornas e clima fresco.

vas à morte de teu pai e à última viagem do nobre Sempronius. O resto, tu saberás do pretor — respondeu o oficial.

— Está certo, estou pronto para acompanhar-te. Peço-te, apenas, que me concedas duas horas para que eu tome algumas providências indispensáveis e me despeça da minha mulher e do meu filho.

— De acordo.

— Obrigado. Rutuba, conduze o centurião à sala que ele desejar ocupar e serve-lhe refrescos. Manda servir um reforçado lanche a estes bravos guerreiros e, depois, prepara tudo o que for necessário para a viagem.

Logo que ficou sozinho, Caius abaixou a cabeça, abatido: a hora da luta chegara, mas quem poderia tê-lo denunciado? Instintivamente, pensou em Nero. A mão de Virgília, apoiada em seu braço, arrancou-o de seus pensamentos.

— Que fizeste, Caius, para seres citado ao tribunal e o que tem a ver com tudo isso a morte de Sempronius?

O olhar angustiado da moça mergulhou ansiosamente nos olhos do marido.

— Minha bem-amada, perdoa-me a angústia desta hora — disse Caius atraindo-a apaixonadamente para seus braços. — Até hoje escondi de ti uma grave circunstância da minha vida, mas agora devo confessar abertamente minha fé: sou cristão e meu pai, também, recebeu o batismo antes de morrer.

Trêmula, Virgília recuou:

— Estás acometido de loucura? Tu e Sempronius, cristãos? Que fizeStes? Renegastes a fé de vossos ancestrais para adotar uma seita amaldiçoada que condena seus adeptos à vergonha e à morte?

— O que estás dizendo, Virgília? Não conheces a pureza da nova fé. Quando compreenderes como ela ensina a amar, a agir e a crer, tu também rejeitarás os ídolos para te prosternares aos pés do filho de Deus, que veio ensinar aos homens a sofrer e a perdoar.

— Não — respondeu energicamente Virgília —, nunca me prosternarei diante desse nazareno crucificado; nunca aceitarei teu Deus que não tem orgulho nem dignidade e que prescreve que amemos nossos inimigos. Não, não admito que esta nova crença seja melhor que a de nossos pais. Ela pode, apenas, criar hipócritas, pois pretende destruir o que é inato no homem: a energia e as paixões. Tua nova fé exige que perdoemos nossos inimigos: mas isso é possível? Podemos forçar os lábios a pronunciarem tal mentira, mas nunca um coração cheio de ódio.

Herculanum
273

Não penses, Caius, que nada conheço sobre os cristãos. Metella conheceu vários deles e, freqüentemente, discutimos sobre os preceitos de sua fé. Pois bem! Ela concorda inteiramente comigo, quando afirmo que esta religião não é melhor que a nossa, muito ao contrário, pois se difundindo, ela tornará a população miserável e hipócrita; toda a dignidade humana será pisoteada e se perderá num sentimento covarde de perdão geral, sem uma real sinceridade.

Estupefato, abalado, Caius Lucilius escutava sua jovem esposa que, olhos flamejantes, faces ruborizadas, defendia a causa dos antigos deuses com a força da convicção. Compreendeu imediatamente que Virgília nunca se tornaria cristã, que aquele caráter orgulhoso e apaixonado era inacessível ao duro exercício da humildade e do perdão. A educação de Metella, altiva e vingativa, aristocrática, estóica e filosófica, exaltara ainda mais seus sentimentos e munira a jovem das armas da lógica.

— Virgília — ele exclamou dolorosamente —, vejo que o ódio que sentes pela minha crença faz com que sejas injusta. Como podes chamar de covardes os mártires que sofreram as mais terríveis torturas por causa das suas convicções? Essa coragem indomável não faz com que mereçam ser chamados de grandes homens?

— Não! Mil vezes não! — respondeu Virgília, cuja energia começava a fundir-se em soluços convulsivos. — Essas pessoas morreram indignamente por uma utopia. Para fazer o bem e evitar o mal, é necessário morrer torturado e arrastar outros para a morte, criando ao redor de si viúvas e órfãos? Um deus que exige isto, nada mais é do que um tirano cruel. (Segurando o filho, ela se lançou aos pés do marido). Oh, Caius! Meu bemamado! Sê razoável e renuncia a esse erro passageiro e não me abandones novamente ao isolamento e ao desespero. Jura-me que voltarás são e salvo, pois um sinistro pressentimento oprime meu coração: sinto que jamais te reverei. Vejo a mão de Nero nisso tudo e pressinto que uma grande desgraça nos ameaça.

Assustado com o descontrole da jovem, que tremia como se estivesse febril e cuja angústia desfigurava-lhe as feições, Caius ergueu-a e conduziu-a até o banco de mármore, no qual sentouse ao seu lado. Como se estivesse ébrio, ele enterrou o rosto nas mãos, e uma tempestade, luta breve, mas terrível entre o amor e o dever, desencadeou-se no seu coração. Como sói acontecer, o amor foi vencedor. Levantando-se lívido, porém decidido, atraiu para si a esposa e beijou-a apaixonadamente.

— Acalma-te, Virgília, juro que voltarei são e salvo. Por ti farei o sacrifício de renegar o que a honra me exorta a defender até a última gota do meu sangue. Para voltar para ti e para nosso filho, oferecerei sacrifícios aos deuses.

Como que aliviada de um peso enorme, Virgília ergueu a cabeça e um lampejo de esperança iluminou seu rosto transtornado. Uma conversa mais calma teve início, mas foi interrompida pela aparição de Rutuba portando o chapéu e o manto do amo.

— Já é hora de partir — disse Caius levantando-se. — Mas controla-te e não recomeces a tremer, pois nenhum perigo me ameaça. Não estou te deixando como prisioneiro e repito que voltarei são e salvo.

Ele beijou a criança e estreitou ternamente a esposa contra o peito. No entanto, naquele momento uma súbita angústia cerrou-lhe o coração, pois pressentiu que ele estava deixando Virgília para sempre, que era a última vez que estava vendo aqueles olhos azuis fixados nele com uma muda angústia. Dominando-se com esforço, desprendeu-se dos braços da moça e saiu apressadamente.

Quando, um quarto de hora mais tarde, a barca na qual viajava, sentado ao lado do centurião, passou diante da vila, ele percebeu, de pé junto do parapeito do terraço, o vulto esbelto de sua jovem esposa, iluminado pela claridade avermelhada do sol poente. Trocaram um último adeus e, novamente, o sinistro pressentimento de que não reveria Virgília, oprimiu seu peito.

8. Na presença do pretor

Na manhã seguinte, o pretório regurgitava de curiosos. A notícia de uma acusação contra o filho do rico Sempronius, bem conhecido em Nápoles por suas aventuras e liberalidade, espalhara-se com uma inconcebível rapidez. No meio daquela turba compacta que se tornava cada vez maior, também se encontrava Nero que, irreconhecível sob um manto escuro e um chapéu de abas largas, queria testemunhar a condenação do irmão.

Quando Caius Lucilius, pálido, porém calmo, apresentou-se, acompanhado de Rutuba, perante o tribunal, o magistrado (instalado havia pouco tempo) fez um gesto de surpresa ao ver o belo rapaz de olhar leal que estava sendo acusado quase de parricídio. A seguir, rapidamente ele deu ciência das suspeitas relativas à morte de Sempronius que pesavam sobre Caius.

Surpreso, este escutou a bizarra acusação com um ar de desprezo.

— A afeição que unia meu pai a mim é demasiado conhecida — disse ele — para que eu me rebaixe refutando uma insinuação tão insensata. Todos os nossos amigos que me viram crescer e todos os nossos serviçais aqui estão para atestar que eu amei demais meu pai para deixar que fosse assassinado e que sou bastante corajoso para tê-lo defendido, se fosse o caso, até a minha última gota de sangue. O velho que me salvou e que cuidou de mim após minha fuga de Herculanum é um antigo militar que serviu sob as ordens do meu avô, e nossa viagem foi motivada por razões que só dizem respeito à nossa família.

— Nada mais desejo do que te considerar inocente — disse o magistrado com benevolência —; se puderes refutar a segunda parte da acusação que pesa sobre ti, a primeira cairá por si mesma. Tu és, digamos, cristão, e é bastante conhecido que o fanatismo dessa seita culmina nas mais estranhas aberrações, chegando até a aniquilar qualquer sentimento de afeição humana. Se, pois, estás sendo falsamente acusado, aproxima-te desta estátua de Júpiter e oferece um sacrifício ao soberano dos deuses: isto bastará para te livrar de qualquer acusação.

Com o coração pesado, a cabeça baixa, Caius Lucilius aproximou-se do altar portátil colocado diante da estátua. Um novo e doloroso combate travava-se em sua alma: abjurar seria desonrar-se perante sua própria consciência; confessar-se cristão seria se perder. Diante do seu olhar espiritual passou o rosto ansioso de Virgília e ele reviu seus olhos suplicantes. Não lhe tinha jurado de voltar são e salvo? Com uma energia febril, pegou a taça e fez as libações habituais: "Senhor Jesus", murmurou, "renego-te como Pedro, mas não me retires a tua graça, tenha piedade da fraqueza humana".

Maquinalmente, ergueu os olhos para a estátua e uma muda invocação elevou-se do seu coração atormentado para o deus que renegava. Naquele instante, pareceu-lhe que o rosto impassível do senhor do Olimpo transmutava-se em uma cabeça coroada de espinhos, inclinada pelo sofrimento, e que um olhar cheio de mansuetude divina o fitava com doce indulgência.

Os murmúrios aprovadores da assistência arrancaram-no dessa visão. O pretor declarou-o livre e isento de qualquer suspeita e, logo, ruidosas felicitações romperam de todos os lados. Agradecendo e apertando as mãos estendidas à direita e à esquerda, Caius deixou o pretório e dirigiu-se para a casa em que Drusila habitava, pois desejava cumprimentá-la e convidá-la a ir à vila. No entanto, a noite tombara na sua alma e os remorsos lá enterravam os seus ferrões.

Alguns instantes depois, fervendo de ódio e ira, Nero também havia deixado o pretório. Ia colocar-se à frente do destacamento encarregado de prender o ermitão, o qual, ao menos, pagaria por Caius. Antes, porém, queria pôr em execução um plano diabólico que subitamente lhe viera à mente e que poderia reparar a derrota que acabava de sofrer.

Avistando o primo, Drusila, pálida e abatida, correu para ele:

— Caro Caius, então é verdade que te acusaram de crimes inconcebíveis? Mas se já estás aqui, presumo que foste absolvido. Graças sejam dadas aos deuses! Mas quem foi o maldito que pôde espalhar calúnias tão infames?

— Não o procuremos — respondeu Caius com amargura —; mas, cara Drusila, só posso ficar um instante, pois devo voltar para junto de Virgília que está morrendo de ansiedade. Queres me acompanhar à vila?

— Para meu grande pesar, não posso. Claudius volta esta noite de Baias, onde se encontra há dois dias, e me levará consigo. Mas antes de nos deixarmos, descansa um pouco e espera para almoçar. Deita-te naquele canapé e dentro de quinze minutos virei te procurar. Quando estiveres refeito, partirás para acalmar tua mulher.

Quando Drusila veio se reencontrar com o primo, estava segurando um pequeno rolo de pergaminho que virava e revirava muito preocupada.

— Um homem desconhecido, que diz ter te procurado em Micenas, acaba de trazer-te esta mensagem — disse ela, estendendo-lhe o rolo —; tive uma imensa vontade de destruí-la, pois, diante dos acontecimentos desta manhã, desconfio de tudo, mas não pude me decidir a fazê-lo.

Caius desenrolou ansiosamente o pergaminho e, depois de tê-lo lido, ergueu-se transtornado.

— Isto muda todos os meus planos. Devo partir por alguns dias e vou mandar avisar Virgília. Podes fazer chegar às suas mãos, sem demora, minha carta e acrescentar algumas linhas confirmando-lhe minha libertação? Ordena, também, que me chamem imediatamente Rutuba a fim de que ele me providencie dois cavalos de sela, pois devo partir sem mais tardar.

Ansiosa, olhos marejados de lágrimas, Drusila segurou-lhe a mão:

— Aonde vais, Caius? Vejo que esta mensagem infeliz te transtornou. Dize-me de quem se trata, pois saberei compreender-te e calar-me. Dize-me para onde vais, a fim de que eu possa rezar pela tua salvação!

Tocado pela expressão suplicante de sua voz, Caius fitou o semblante pálido da jovem cujo olhar úmido era bastante significativo e, pela primeira vez, ele compreendeu a natureza dos sentimentos que ele inspirava à sua prima. Um penoso misto de vergonha, de piedade e de remorsos anuviou seu rosto.

— Não mereço tua amizade nem teus temores, cara Drusila — disse com amargura —; sou um indigno que traiu sua fé. Mas para provar-te a confiança que tua afeição me inspira, confesso que sou cristão. Recebi o batismo e, no entanto, há uma hora eu reneguei Jesus e ofereci sacrifícios aos ídolos por razões humanas. Esta mensagem vem do virtuoso ancião que me converteu. Ele está morrendo e quer me ver antes de expirar. Além disso, parece que espalharam a calúnia de que ele oferece abrigo a malfeitores condenados pelas leis e ele dá a entender que um perigo o ameaça. Compreendes, então, que devo ir ter com ele imediatamente para fechar-lhe os olhos ou salvá-lo, se necessário for. Se ele for preso, estará perdido, pois ele não negará sua fé.

Uma estranha expressão de alegria entusiasta parecia transfigurar o rosto de Drusila.

— O que dizes, Caius, tu és cristão? — murmurou e seus olhos brilharam —, pertences a essa nova fé, da qual muito me falou minha velha ama, e que ensina que aqueles que sofreram muito, que mostraram muita abnegação na terra, reencontrarão aqueles que amam no reino de Jesus, para lá viverem eternamente! Vai! Vai encontrar-se com esse bom velho que te iniciou na religião da caridade e da misericórdia. Quanto a mim, eu pedirei ao teu Deus, Jesus, que te proteja e perdoe tua fraqueza. Mais tarde, tu me ensinarás os preceitos cristãos, pois desejo crer e orar como tu.

Profundamente emocionado, o rapaz pousou os lábios na pequena mão que apertava a sua.

— Ser-me-á uma alegria ensinar-te nossos divinos preceitos. Enquanto aguardas minha volta, toma isto, querida irmã em crença, e conserva-o até que eu volte a ser digno de usá-lo.

Retirou de seu pescoço um grande medalhão preso a uma corrente de ouro e, abrindo-o, mostrou-lhe que continha uma pequena cruz de madeira. Drusila beijou ardentemente o símbolo da fé cristã e seus olhos ergueram-se ao céu com um fervor entusiasta:

— Vai — disse ela —, minhas preces não te abandonarão.

Duas horas mais tarde, Caius Lucilius e Rutuba montados em vigorosos corcéis, deixavam Nápoles, pegando, a galope, o caminho das montanhas. Não suspeitavam, absolutamente, que uma tropa de cavaleiros, conduzida por um oficial superior, deixara a cidade quinze minutos depois deles, seguindo-os a uma distância bastante grande para não ser notada.

Após uma corrida rápida e fatigante, Caius e seu companheiro pararam num bosque cerrado, aos pés da vereda pedregosa que conduzia à gruta.

— Fica aqui, meu fiel amigo — disse Caius, apeando-se do cavalo. — Logo que eu souber o que está acontecendo lá em cima, voltarei para te dar instruções. Se ficarmos alguns dias por aqui, será preciso levar os animais para a aldeia.

— Não te canses voltando, senhor, conheço, perto daqui, um local tão bem escondido que os cavalos lá poderão ficar até o próximo ano. Vou conduzi-los até lá e te encontrarei em duas horas.

Com o coração apertado, Caius penetrou na primeira gruta e ficou surpreso de encontrá-la vazia. Já estaria o ancião morto ou preso? — pensou ele angustiado. Depois, dirigindo-se para o santuário, ergueu com a mão trêmula a cortina de couro que escondia a entrada.

Então, ele avistou o ermitão estendido sobre os degraus do altar. Perto dele encontrava-se Paulo, o jovem pescador, ajoelhado e friccionando-lhe as têmporas com a essência de um pequeno frasco.

— Gabriel, meu querido filho, aproxima-te do meu coração, para que eu te abrace e abençoe antes de morrer — exclamou o eremita estendendo-lhe os braços.

Mas Caius permaneceu imóvel e cobriu o rosto com as mãos.

— Oh, meu pai! Sou indigno de transpor este umbral sagrado — murmurou, e lágrimas amargas brilharam entre seus dedos —; um ato abominável pesa-me na consciência e não ouso confessá-lo para ti.

— Aproxima-te sem medo, meu filho. Tuas lágrimas são os primeiros sinais de arrependimento, e nosso misericordioso Salvador abre os braços a todos os pecadores que se arrependem. Sei de tudo o que fizeste, cedendo à fraqueza de uma afeição terrena.

— Tudo sabes e não me expulsas? — perguntou Caius, atirando-se para o moribundo e beijando-lhe a mão fria e úmida.

— Sei que renegaste a Jesus diante dos homens, mas também sei que suas leis estão em teu coração e que as colocas em prática nas tuas ações. Quando a alma se liberta do seu invólucro perecível, ela começa a ver e a ouvir além dos limites humanos. Eis porque te digo, meu filho: recebe meu perdão, minha bênção e parte, pois um perigo te ameaça.

— Que dizes, meu pai? Na carta que me mandaste, fazias alusão a um perigo para ti, e acorri para te salvar, nem que isso me custe a vida.

O ancião balançou tristemente a cabeça.

— Não te chamei, meu filho. Uma traição covarde é que te trouxe aqui. Que poderia eu temer, já que dentro de algumas horas estarei naquele mundo invisível, no umbral do qual se detêm todos os poderes humanos? Não, não, estou acima do perigo, mas tu, meu filho, parte!

— Nunca, antes que tenha fechado teus olhos e enterrado ao lado do meu pai bem-amado. Não podes exigir que eu seja covarde até o fim e que te abandone para fugir.

— Oh, céus! É tarde demais, eles estão se aproximando — murmurou o ancião, tombando esgotado.

Caius e Paulo trocaram um olhar surpreso e ficaram escutando. Durante alguns minutos, tudo ficou silencioso, mas depois, passos pesados e tilintar de armas fizeram-se ouvir, a cortina de couro foi violentamente arrancada e um oficial portando a espada desembainhada e seguido de soldados, surgiu à entrada.

— Por que acaso o nobre Caius Lucilius aqui se encontra neste refúgio de bandidos? — perguntou ironicamente Nero. — Ele se prostra aos pés do judeu crucificado, depois de ter oferecido sacrifício aos deuses? Soldados, prendei estes três homens.

Caius levantou-se e seus olhos faiscaram:

— Que ninguém ouse aproximar-se deste velho moribundo. Dentro de alguns minutos, Nero, tu poderás acabar teu trabalho de traidor.

— Ainda ousas me insultar, duplo traidor, renegado de Júpiter e de Jesus! Revistai este antro, pode ser que o resto do bando esteja escondido por aqui.

Herculanum

— O primeiro que se aproximar do ancião é um homem morto — disse Caius tirando do seu punhal e voltando-se para os soldados que invadiam a gruta.

No mesmo instante, Nero atirou-se sobre ele:

— Miserável! Ousas opor-te ao cumprimento das leis? — gritou com voz rouca e enterrando traiçoeiramente sua espada nas costas do irmão.

Caius estendeu os braços e caiu, sem um grito, aos pés do ermitão, inundando-o de sangue. Como que galvanizado, o moribundo ergueu-se: seus lábios tremiam, seus olhos lançavam chamas, a alma do velho guerreiro acabava de despertar naquele momento supremo e, diante da majestade daquela cabeça venerável, os soldados detiveram-se, indecisos.

— Vergonha sobre ti, tribuno, que desonras tua augusta classe, fazendo papel de reciário! Perjuro e fratricida, eu te amaldiçôo! Que tu erres sem repouso e sem asilo e venhas morrer miserável no mesmo lugar em que... — sua voz que soara ameaçadora sob a abóbada, subitamente calou-se. Ele caiu, enrijeceu-se e imobilizou-se.

Incapaz de dominar a terrível impressão que as últimas palavras do ancião tinham produzido nele, Nero apoiou-se na parede, contemplando com ar feroz os soldados que reviravam a gruta, destruindo tudo o que lhes caía nas mãos. Num piscar de olhos, a cruz foi arrancada do altar e despedaçada, grande parte das lâmpadas destruídas e as ânforas de vinho, que o bom ermitão reservava para os enfermos, esvaziadas e lançadas ao lago. Apesar dessas minuciosas buscas, os dois malfeitores fugitivos não foram encontrados. A tropa já estava prestes a se retirar, quando um dos soldados notou que o jovem pescador procurava silenciosamente ganhar a saída. Furioso, saltou em sua direção e aplicou-lhe sobre a cabeça um golpe tão violento, que Paulo caiu gravemente ferido.

Quando, uma hora mais tarde, Rutuba (que cruzara com os soldados), entrou, inquieto e agitado, na gruta, um grito de horror escapou dos seus lábios. Precipitando-se para Caius, colocou o ouvido contra seu peito:

— Deuses imortais! Sede benditos! Seu coração ainda bate — murmurou, molhando um pano na água do lago e aplicando sobre a ferida.

Depois de ter dispensado ao seu querido amo todos os cuidados possíveis, Rutuba ocupou-se do jovem pescador que gemia, contorcendo-se em dolorosa agonia.

Cerca de três dias depois dos tristes acontecimentos que acabamos de contar, vamos encontrar Virgília ainda ignorando a desgraça que se abatera sobre ela. A carta de Caius, enviada por Drusila, havia acalmado a jovem, e a chegada de Metella, trazendo-lhe todos os pormenores do julgamento que ouvira do próprio pretor, também contribuiu para tranqüilizá-la.

Cedendo às instâncias de Virgília, a patrícia consentira em passar alguns dias na vila, esperando o retorno de Caius e, no momento que retomamos nossa narrativa, encontramos as duas amigas no grande terraço que dominava o mar.

Estendido sobre varas douradas, um amplo toldo púrpura protegia dos raios do sol dois canapés e uma mesinha carregada de frutas e pastelarias. Vestida com uma túnica branca, de leve tecido oriental, Virgília estava deitada, apoiada em almofadas. Uma expressão de sofrimento e inquietação contraía seu rosto e suas mãos amassavam, nervosamente, um lenço de seda azul que lhe cingia a cintura. Metella, em trajes simples e discretos como gostava de usar, estava sentada diante da amiga. Acabava de cantar e seus dedos afilados ainda erravam sobre as cordas de uma lira de ébano incrustada de ouro e nácar, tirando do instrumento acordes e arpejos belos e perolados que provavam que ela era uma musicista consumada.

De repente, ela colocou a lira sobre uma almofada aos seus pés e, inclinando-se para frente, disse:

— Escuta, Virgília, há dois dias que, positivamente, não estou gostando de tua aparência. Estás doente? Estás triste? Se te inquietas por causa de Caius, não existe razão para isso: repito-te mais uma vez que o próprio pretor disse a Agripa que não pairava nenhuma suspeita sobre ele. Se for sua louca conversão que te atormenta, fica tranqüila, pois os homens da têmpera do teu marido não se apaixonam por muito tempo por uma crença, tentadora apenas para os escravos que, naturalmente, gostariam de encontrar no outro mundo as recompensas e a ascendência sobre seus amos, que a terra lhes nega. Já te disse que não duvido um instante sequer que eu possa trazer Caius novamente de volta à razão. Que queres mais? Entretanto, estás nervosa, com uma inquietação febril, tua testa arde e não comes nada.

— Não estou doente, querida Metella — respondeu Virgília, soerguendo-se —, apenas minha cabeça está pesada como chumbo e uma inquietação, uma angústia que não consigo descrever oprime meu coração. Parece-me que uma desgraça paira sobre minha cabeça, e não tenho sossego em nenhum lugar, pois cada ruído me faz estremecer. Sei que este temor é infundado e, no entanto, tenho vontade de fugir, evitar este perigo que não posso definir, mas que sinto ameaçar-me.

— Minha pobre criança, tua doença é causada por todas essas emoções pelas quais passaste, e tua imaginação muito fértil é que cria terrores imaginários — disse Metella levantando-se e beijando a testa da amiga. — Tua testa está em brasa. Espera, vou soltar teus cabelos, pois isso fará com que te sintas melhor — continuou, retirando os grampos de ouro que prendiam as pesadas tranças de Virgília. Logo, as massas ondulantes espalharam-se ao redor da moça qual um manto dourado.

— Obrigada, minha boa Metella, sempre adivinhas o que pode me aliviar — respondeu Virgília, fazendo a amiga sentar-se ao seu lado no canapé. — Mas te confesso que não são apenas meus pensamentos que me atormentam. Ontem à noite, aconteceu-me algo extraordinário e que pressagia uma desgraça.

Percebendo o espanto ansioso que o rosto de Metella demonstrava, continuou com mais animação:

— Antes de te contar minha visão inexplicável, devo trazerte à lembrança alguns acontecimentos do passado. Lembras-te do pequeno escravo germânico, Gundicar, que roubou o camafeu de Tibério e que, segundo Marcus Fabius, parecia-se muitíssimo com esse perverso imperador? Se não fosse ridículo, eu diria que aquele jovem selvagem sentia por mim uma surda, porém violenta, paixão. Sempre procurava estar perto de mim, olhando-me com uma admiração não disfarçada. Eu, que detestava aquele menino, quando sentia seu olhar ardente seguir-me com persistência, ficava nervosa. Não sei se te contei que, no dia da destruição de Herculanum, Gundicar pensou que poderia acompanhar-nos a Pompéia e, durante toda a manhã, assaltounos de súplicas. No momento em que subíamos no carro, ele veio jogar-se aos meus pés, suplicando-me, com um desespero cômico, que o levássemos conosco. Talvez eu tivesse cedido, mas Marcus Fabius, que conhecia minha antipatia, ordenou-lhe que ficasse: foi sua sentença de morte, pois ele pereceu durante a erupção.

Pois bem! A lembrança daquele menino vem me perseguindo há alguns dias como um pesadelo e ontem, esta preocupação aumentou ainda mais. Não podia pensar em nada que não fosse os últimos dias de minha permanência em Herculanum, em Fabius e em Gundicar. Mil pequenos fatos apareciam, para mim, com uma triste clareza. Tu te retiraste um pouco mais cedo que de costume para escrever ao teu marido e, ficando sozinha, fui acometida por indescritível mal-estar, tendo, a seguir, um desejo incontrolável de rever os objetos que eu tinha usado antes do terrível acidente que veio, pela primeira vez, destruir minha felicidade e mudar meu destino.

Chamei Ione e ordenei-lhe que me trouxesse o porta-jóias salvo por Rufila e depois, que se sentasse ali, sobre os degraus, pois não sei porque a solidão causava-me medo.

De coração apertado, espalhei sobre a mesa as jóias que Fabius me dera e, por fim, o famoso camafeu com o perfil de Tibério. Contemplei o medalhão por muito tempo até que me veio à cabeça que aquela jóia me dava azar e que, apesar do seu alto valor, eu deveria dá-la de presente a alguém. Ruminando esse projeto, levantei-me e debrucei-me à balaustrada. A noite estava magnífica, nem uma brisa agitava o ar, a claridade da lua iluminava fantasticamente a paisagem e os vapores esbranquiçados que subiam do mar.

Um estrondo abafado aos meus pés, subitamente, me chamou a atenção: o mar calmo e luzidio parecia ferver embaixo do terraço. Mas, imagina o meu espanto e minha estupefação quando vi surgir das ondas coroadas de espuma, uma figura humana, a princípio vaporosa e indecisa, mas que se tornou cada vez mais distinta. Logo vi, claramente, um homem alto, vestido de púrpura, a cabeça cingida por uma coroa de louros e cujo rosto pareceu-me ser o de Gundicar.

Sacudida por um tremor glacial e incapaz de me mexer, contemplei a estranha aparição que, de braços cruzados sobre o peito, elevava-se rapidamente para o terraço. A dois passos de mim, o espectro parou e, vi então, que não era Gundicar, mas um homem na força da idade, que parecia prodigiosamente com ele. Seu rosto fino e regular contrastava estranhamente com os cabelos brancos que o emolduravam.

Quase me roçando com sua toga de púrpura, o espectro dirigiu-se para a mesa, de lá pegou um objeto e voltou para o meu lado. Seu olhar fixo e terrificante mergulhou no meu com uma expressão indefinível e um sorriso cruel e sardônico a contrair-lhe os lábios.

— Até logo, ingrata, até breve... lá.... — ele murmurou com voz surda e mostrando-me o abismo. Vi, então, na sua mão estendida, brilhar a corrente na qual se balançava o camafeu de Tibério. Passando através da balaustrada, o fantasma pareceu deslizar obliquamente para o abismo e, aproximando-se da água, fundiu-se em um vapor acinzentado.

Foi somente então que saí do meu torpor e lancei-me para Ione. Ela dormia tão profundamente, que precisei sacudi-la várias vezes antes que reabrisse os olhos. Naquele momento, decidi aproximar-me da mesa e constatei, com um sentimento que, creio, não tenho necessidade de descrever, que o camafeu tinha, realmente, desaparecido. Tenho, penso eu, uma prova evidente de que não sonhei, mas que, realmente, um habitante dos infernos veio anunciar-me que logo Caronte[1] também me conduzirá ao reino de Plutão.

Uma lividez havia invadido, ao longo dessa narrativa, o rosto de Metella e os seus lábios tremiam nervosamente:

— Não duvido, absolutamente, da realidade de tua visão — disse finalmente, com esforço —, pois tais fatos são reconhecidos. Dir-te-ei mesmo, sob sigilo, que Agripa viu, uma vez, o fantasma de seu pai, que lhe ordenou o pagamento de uma dívida ignorada por todos. Tua visão me parece natural: não se avista deste terraço a vila de Luculus, onde morreu o tirano e onde erra sua sombra culposa?

Aliás, tudo isso agora é secundário. O principal é afastar-te deste lugar nefasto e assombrado. Até o retorno de Caius, ficarás na minha casa, e isto será feito imediatamente. Vou dar as ordens necessárias e cuidar para que, em duas horas, nós já estaremos a caminho. Cearemos com Agripa, que ficará muito contente com tão agradável surpresa.

— Oh! Sim, partamos. Já estou reconfortada com o simples pensamento de não mais dormir aqui — exclamou alegremente Virgília. — Que boa idéia! É uma pena que não a tivéssemos tido mais cedo! Antes de voltar aqui, mandarei purificar a casa com preces e sacrifícios aos deuses. Não queres que eu te ajude?

— Descansa, minha menina mimada, não preciso de ajuda para mandar que se apressem. Quando for necessário, mandarei Ione te procurar para mudar tua roupa.

Metella levantou-se vivamente. A resolução que acabara de tomar restituíra a calma ao seu belo rosto. Depois de beijar Virgília, dirigiu-se rapidamente para a casa.

Ao ficar sozinha, Virgília estendeu-se preguiçosamente sobre o canapé. Também ela readquirira a serenidade. Parecia-lhe que aquele perigo desconhecido que a perseguia iria ficar naquela casa. Logo Caius voltaria e, ao lado dele, ela não teria medo de nada. Pedir-lhe-ia para ir passar, com ela e o filho, algumas semanas na casa de Agripa, para que seus nervos se acalmassem e suas alucinações se dissipassem. Decididamente, a idéia de Metella a livraria dos seus terrores: por que não lhe confiara

---

1 Caronte: figura mitológica do mundo inferior que transportava os recém-mortos através do rio Estige para o reino sombrio de Hades.

tudo na mesma noite? Se o tivesse feito, já estaria longe.

Passos rápidos, ressoando nas lajes do terraço, arrancaram a jovem dos seus pensamentos.

— Senhora! — disse um jovem escravo que corria já sem fôlego —, o tribuno Cneius Sempronius Nero deseja falar-te incontinenti. Como podes ver, ele me acompanhou.

Virgília ergueu-se, empalidecendo:

— Está certo, Manlius. Corre e procura Metella, dizendo-lhe que venha aqui encontrar comigo sem demora.

Enquanto o adolescente corria velozmente para a casa, Nero atravessou o terraço e deteve-se, fazendo uma breve saudação diante da jovem que se levantara e o media, desdenhosamente, com um olhar frio e surpreso. Ela notara, à primeira olhada, que uma estranha mudança se operara em Nero: sua fleuma taciturna cedera lugar a uma animação febril, tremores nervosos contraíam-lhe a boca, e no seu olhar, ora ardente, ora apagado, vacilava algo de desonesto, de feroz e de apaixonado, que a fez estremecer.

— Sei que sou uma visita não muito bem-vinda, das que se recebe de pé para que parta o mais depressa possível — disse o tribuno com voz insegura e cheia de amargura —; sou um mensageiro da desgraça e, no entanto, Virgília, venho como amigo.

— É provável, mas de que infortúnio és mensageiro? — perguntou Virgília, tentando manter-se calma.

— Procurarei ser breve: o ancião que recolheu Caius quando ele fugia de Herculanum foi denunciado como cristão e, graças a uma circunstância fortuita, fui encarregado de sua prisão. Como e por qual acaso teu marido soube o que iria acontecer, eu não sei. O caso é que logo após sua defesa, ele dirigiu-se imediatamente para as montanhas, pois, para minha grande surpresa, ao penetrar na gruta, eu o encontrei. Com a impetuosidade que lhe é própria, Caius quis impedir o cumprimento da lei e, na luta que se travou, um soldado o feriu gravemente. A seguir, trocamos explicações e nos reconciliamos. Ele me encarregou de fazer as pazes contigo, de substituí-lo ao lado de sua viúva e, a seguir, expirou nos meus braços, confessando-me que era cristão e que ele também te convertera à religião cristã.

Fulminada, arrasada, Virgília caíra sobre o canapé, murmurando maquinalmente:

— Caius morto! Assassinado, assassinado!

Mas, ao escutar as últimas palavras de Nero, ela levantou-se como que galvanizada:

— Cristã? Eu? Nunca o fui e jamais o serei. Esta última

mentira, imputada a Caius, traiu-te. Abominável assassino, foste apenas tu que denunciaste teu irmão e depois tramaste a cilada na qual o esfaqueaste mais à vontade do que na primeira vez! E ainda ousas vir aqui para substituir a vítima ao lado de sua esposa e de seu filho? Traidor! Infame! Oh! Por que não tenho, neste momento, um punhal para te atingir com um golpe mais certeiro do que o primeiro?

Ela deu um passo em direção ao tribuno, erguendo, quase até seu rosto, as pequenas mãos crispadas. Talvez jamais ela havia sido de uma beleza tão fascinante como naquele momento de exaltação e de desespero: olhos faiscantes, lábios entreabertos, rodeada das massas flutuantes de seus cabelos ruivos como a crina de um leão, ela parecia uma fera ferida, a personificação da vingança. O olhar de Nero fixara-se nela, expressando alternadamente ódio e paixão.

— Pois bem! Que seja! — disse ele com voz entrecortada.

— Eu o denunciei e o matei. Isso deveria convencer-te de que meu amor chegou a um ponto tal que nenhum obstáculo poderá detê-lo, que esse sentimento desenfreado rompe e destrói tudo o que barra o seu caminho, nem que esta barreira seja um irmão. Não me repilas, pois! Se não podes me amar agora, dá-me esperanças, suporta-me ao teu lado e saberei fazer com que te afeiçoes a mim e que esqueças o motivo que nos uniu.

Com um movimento brusco, ele agarrou a jovem e, comprimindo-a contra o peito, cobriu-lhe os lábios e o rosto de beijos apaixonados. Com uma força da qual ninguém acreditaria ser capaz aquele corpo frágil e delicado, Virgília desprendeu-se de seus braços e, como ele lhe barrava o caminho da casa, ela recuou até a beira do terraço, apoiando-se na balaustrada. Seus traços exprimiam um desgosto e uma aversão indescritíveis.

— O excesso de crimes que cometeste provavelmente obscureceu tua razão, tribuno, ou então, estás ébrio para ousares assim me insultar! Mas tenho amigos, poderei encontrar um defensor que te desmascarará e te perseguirá. Suportar aqui tua presença odiosa, nunca! Prefiro, antes, a morte!

Um indizível desprezo vibrava na sua voz e, com um suspiro de alívio, ela olhou para a aléia pela qual Metella, acompanhada de Ione e de Manlius, chegava correndo. Não reparou no rubor violáceo que invadia o rosto de Nero:

— Morre pois, mulher pérfida, criada para a minha infelicidade — sibilou com voz irreconhecível. — Antes de encontrares esse protetor e de me criares, assim, um terceiro inferno, morre! E não sejas minha nem de ninguém!

Antes que Virgília pudesse ao menos desconfiar de sua intenção, Nero agarrou-a e, suspendendo-a acima da balaustrada, lançou-a no vazio.

Um tríplice grito de horror respondeu ao grito de angústia de Virgília. Como que petrificada Metella estacara à entrada do terraço. Levando as mãos ao rosto, caiu desmaiada sobre as lajes.

Subitamente sóbrio, Nero contemplou por um instante, estupefato, o abismo que acabava de engolir sua vítima. A nuvem sangrenta que obscurecera sua razão se dissipara, cedendo lugar a um sentimento estranho e pungente jamais por ele experimentado. Abatido e nervoso, ele se voltou e, passando cabisbaixo perto do corpo inerte de Metella e dos dois escravos, que lhe cederam passagem, apavorados, atravessou a casa e, jogando-se sobre seu cavalo, partiu a toda velocidade.

Em poucos minutos, toda a vila movimentava-se, alguns homens lançaram-se ao mar, esperando, mas em vão, salvar Virgília. Outros haviam erguido Metella, tentando, também inutilmente, fazê-la voltar a si.

Transtornados, não sabendo mais o que fazer, os serviçais pareciam ter perdido, completamente, a cabeça. Finalmente, o velho intendente decidiu enviar um mensageiro para prevenir Agripa do que acabara de acontecer.

Quando o patrício, consternado, duvidando do testemunho de seus próprios sentidos, chegou à vila, ele encontrou Metella num estado dos mais inquietantes. Ela não reconheceu o marido, presa de acessos de delírio, seguidos de total prostração. Revoltado e desesperado, Agripa resolveu abandonar o mais rápido possível aquele local sinistro. Após uma última tentativa infrutífera de encontrar, ao menos, o corpo da infortunada Virgília, ele partiu, levando o pequeno Sempronius e a esposa ainda desfalecida.

No dia seguinte ao retorno de Agripa, já noite fechada, uma liteira carregada por duas mulas avançava lentamente pela estrada que conduzia à vila do patrício. Um homem alto, de aspecto sombrio e preocupado, conduzia a primeira mula. Chegando à primeira porta fechada da muralha, ele parou e, inclinando-se para o interior da liteira, ouviu ansiosamente a respiração sibilante de um doente estendido sobre almofadas e que se agitava e gemia. Aquele fiel condutor era Rutuba.

Tendo-se convencido de que Caius ainda respirava, ele lhe pensara a ferida e, depois, cuidara do jovem pescador. Embora gravemente ferido, este último lhe mostrara o túmulo onde Sempronius repousava e lhe indicara o nome de alguns homens

Herculanum

289

da aldeia em quem poderia confiar. Sem perder um minuto, Rutuba foi procurá-los e trouxera dois robustos camponeses, a liteira e as duas mulas. Depois de terem enterrado, rapidamente, o monge, eles abandonaram a gruta, levando os dois feridos. Rutuba se dirigira a Nápoles o mais rápido que lhe permitia o estado de Caius. Decidiu parar na casa de Agripa para encurtar a viagem e dar tempo ao patrício de preparar Virgília para a desgraça que se abatera sobre o seu marido.

Assegurando-se de que Caius dormia, Rutuba fez soar o aro de bronze e um velho escravo grisalho, passando a cabeça pelo postigo, perguntou-lhe quem chegava tão tarde.

— Abre a porta rapidamente, Sextus. Sou eu, Rutuba. Para não assustar a nobre Virgília, estou trazendo aqui meu senhor gravemente ferido.

A porta abriu-se imediatamente e a liteira entrou num longo pátio arborizado.

— Ah, infeliz! Vejo que ignoras o que aconteceu aqui — disse Sextus fechando cuidadosamente a entrada. Depois, contou brevemente os fatos que tinham acontecido em Micenas.

Num primeiro momento, Rutuba titubeou e apoiou-se na parede, mas essa fraqueza logo cedeu lugar a um acesso de raiva.

— E não prenderam o miserável? — perguntou rangendo os dentes e cerrando os punhos.

— Não que eu saiba. Hoje, tivemos médicos em casa o dia inteiro e, neste momento, dois deles ainda estão aqui. Depois, Fabricius não pôde deixar, um instante sequer, a nobre Metella que pensa ainda estar vendo o crime e quer se jogar sobre o assassino. Mas ouvi falar que amanhã, à aurora, ele irá procurar o pretor. Mas, espera um momento, vou correndo procurar o patrício.

Ao ver seu amigo em tão triste estado, Agripa colocou a cabeça entre as mãos.

— Estes últimos dois dias bem valem os dias da erupção do Vesúvio. Entre Caius e minha mulher não sei mais onde pôr a cabeça. Ah! — acrescentou batendo na testa — tenho uma idéia que pode resolver tudo. Sextus! Chama alguns homens para ajudarem a transportar o ferido!

Logo que Caius fora comodamente instalado e que o médico lhe dispensara os cuidados necessários, Agripa escreveu uma carta a Drusila e ao marido, contando-lhe em poucas palavras o que acontecera e pedindo à jovem que fosse ajudá-lo a cuidar dos dois enfermos.

9. Drusila e Caius

No triclínio de verão da pequena, embora elegante vila que Drusila possuía em Baias, o jovem casal estava reunido para o almoço. Claudius, que já havia tomado seu banho, entretinha-se, completamente, na degustação de uma torta de tchíli-tchíli[1], ao passo que sua esposa, sonhadora como sempre, mordiscava distraidamente um bolo de sésamo e mel.

A entrada de um escravo, que apresentou a Drusila um pequeno rolo de pergaminho, interrompeu o silêncio.

— Senhora, um portador esgotado de cansaço e coberto de suor acaba de trazer para ti esta mensagem da parte do nobre Fabricius Agripa e disse que é urgente — disse ele.

A jovem apressou-se em desenrolar o pergaminho, mas mal nele tinha passado os olhos, levantou-se, soltando um grito surdo: seu rosto estava lívido e tentou falar, mas, faltando-lhe a voz, deixou cair a carta e caiu na poltrona.

— Pelo tridente de Plutão e por todas as divindades do inferno, o que anuncia esta mensagem terrível? — exclamou Claudius, assustado com o extraordinário nervosismo da esposa. Prontamente, pegou a carta e, com um gesto imperioso, dispensou os escravos. Mas, apenas lera algumas linhas, sentou-se, trêmulo, e afastando seu prato, apoiou a cabeça nas mãos.

— Morta? Virgília, morta? E de morte tão terrível? Pobre borboleta dourada, tal devia ser, então, teu triste fim! — mur-

---

1 Tchíli-tchíli: pássaro, também conhecido por "olho-branco-de-príncipe", muito apreciado pela delicadeza de sua carne. (N.T.)

murou e, esquecendo sua mulher e os criados, absorveu-se em pensamentos.

Sentimentos dolorosos de piedade e de remorso acabavam de atingir o coração frio daquele homem egoísta. Diante do seu olho espiritual erguia-se a diáfana aparição do ser jovem e encantador que já não existia. Sem o saber, Marcus, o médico de Tibério, estava se lembrando de seu afeto de outrora. Muitas vezes, a sedutora Virgília fizera seu coração bater e lamentar amargamente de ser forçado pela razão e pela necessidade de afastar aquele amor. Invejara a felicidade de Marcus Fabius e de Caius e, agora, aqueles olhos azuis estavam extintos e, aquela boca risonha fechada para sempre. Um arrepio glacial percorreu as veias do patrício: vida, juventude, beleza, tudo isso não era uma espuma mais frágil do que aquela que se forma e desaparece na crista das ondas?...

Drusila foi quem, primeiro, voltou à realidade.

— Claudius, permitirias que eu fosse cuidar do pobre enfermo e do órfão que perdeu a mãe? — perguntou ela com voz angustiada. — Metella está doente e não pode ajudar o marido. Sei que sentiste ciúmes de Caius, mas podes guardar esse sentimento diante de tamanho infortúnio? No coração de Caius só há lugar para a pobre morta, cuja perda ele ainda ignora, e eu te juro, que nunca serei infiel.

Claudius lançou um olhar indiferente ao rosto de sua mulher que se cobriu de um ligeiro rubor. Há muito tempo, nenhuma verdadeira afeição o ligava a Drusila, cuja reserva silenciosa e a melancolia o aborreciam. Mas ele a estimava e apreciava sua bondade imutável, a paciência indulgente com que ela suportava, sem jamais criticá-lo, seu esbanjamento e suas aventuras escandalosas que Roma inteira comentava.

Sem responder, ele pegou novamente a carta e leu-a com atenção: Agripa descrevia a doença de Metella, o estado desesperador de Caius Lucilius, cuja cura era mais do que incerta, e pedia a Claudius que autorizasse a esposa a ir ajudá-lo a cuidar dos dois enfermos.

A esperança de uma esplêndida tutela espelhou-se, repentinamente, nos olhos do patrício. Se Caius morresse, a quem ele poderia escolher para criar o filho, senão o parente e amigo devotado que cedera a própria mulher para tratá-lo? Administrar os imensos domínios do pequeno Sempronius seria assegurar para si um futuro radiante, repleto de prazeres inesgotáveis. Esses pensamentos, que lhe ocorreram num átimo, levaram-no a decidir-se completamente. Apertando a mão de sua mulher, disse-lhe com uma aparente seriedade:

— Drusila, nosso lugar é ao lado do pobre ferido e de seu filho. Que melhor oportunidade, do que neste grave momento, teríamos para provar-lhe nossa amizade? Estimo-te muito para esconder sob meu consentimento um baixo ciúme por um moribundo, e tua virtude está para mim acima de qualquer suspeita. Vou mandar atrelar a *carruca,* [2] e eu mesmo te conduzirei. Não ouso interromper completamente minha cura, mas irei sempre que possível ajudar-te em tuas vigílias. Vai, pois, depressa mandar embalar os objetos indispensáveis, e o resto enviar-te-ei mais tarde.

Agradecendo ao marido com um olhar de reconhecimento, Drusila saiu com uma pressa febril para supervisionar os preparativos da viagem. No entanto, quando finalmente se viu instalada na *carruca*, e que os três cavalos tessálios, nela atrelados, puseram-se a caminho da casa de Agripa, a moça deixou-se cair abatida sobre as almofadas, e uma prece silenciosa, mas ardente elevou-se do seu coração:

— Oh Jesus! Deus misericordioso dos cristãos, dá-me forças para tudo suportar sem me queixar, para velar, como uma irmã, o homem amado, para assisti-lo no desespero que lhe causará a perda de Virgília, sem que meu devotamento ceda lugar ao sentimento de ciúmes, contentando-me com a felicidade de estar ao lado dele.

Algumas horas mais tarde, enquanto Claudius conversava com Agripa sobre os últimos acontecimentos, conduzida por Rutuba e com o coração palpitante, Drusila entrava no quarto quase escuro do doente. Caius dormia um sono pesado, como se estivesse desmaiado. Seus espessos cachos negros, espalhados sobre a almofada, emolduravam um rosto crispado pelo sofrimento e de uma palidez cadavérica. Se não fosse por uma respiração rouca e sibilante a movimentar-lhe o peito, poder-se-ia acreditar que estivesse morto.

Trêmula, mas sem lágrimas, a moça caiu de joelhos junto do leito, pressionou os lábios ardentes na mão inerte do enfermo e, novamente, dirigiu uma invocação ao Deus redentor dos cristãos. A seguir, pediu para ver o pequeno Sempronius, e quando a criança, que era a imagem viva de Caius, estendeu para ela as mãozinhas, sorrindo-lhe com seus grandes olhos negros, Drusila estreitou-a convulsivamente contra o peito e uma torrente de lá-

---

2 Também conhecida como *carruca dormitoria,* era um dos veículos mais usados pelos romanos em suas viagens e, muitas vezes, servia de dormitório. Era uma espécie de carroça coberta por um toldo de couro e atrelada a dois ou três cavalos. (N.T.)

Herculanum   293

grimas benfazejas veio, finalmente, aliviar seu coração oprimido! Drusila instalou-se à cabeceira do ferido, velando-o dia e noite com total devotamento. O Deus a quem ela rezava tão ardentemente parecia abençoar seu zelo, pois o estado de Caius melhorava visivelmente, até que uma manhã, debruçando-se sobre ele, ela encontrou o seu olhar límpido e consciente.

— Minha boa Drusila, quando fico doente é sempre tu que encontro à minha cabeceira. Mas por que não estou no meu quarto e onde está Virgília?

A jovem sentiu um aperto doloroso no coração. Era preciso mentir-lhe, esconder a qualquer preço do enfermo a terrível verdade, para dar-lhe tempo de readquirir as forças necessárias para suportá-la. Esforçando-se para sorrir, respondeu com uma calma aparente:

— A resposta à tua primeira pergunta é bem simples: teu fiel Rutuba parou aqui antes de te conduzir a Micenas e o médico que examinou tua ferida disse que seria impossível transportar-te para mais longe. Assim, tu te encontras na casa de Agripa, que me chamou de Baias e está me ajudando a cuidar de ti. Quanto a Virgília, ela está indisposta...

— Virgília está doente, provavelmente seja grave, e vós não me dizeis nada? — interrompeu Caius, com um febril nervosismo.

— Não, não, deixa-me terminar. A própria Metella foi contar-lhe o que te havia acontecido, mas apesar de todas as precauções, sua emoção foi tão grande, que foi acometida por uma crise nervosa. Essa crise já passou, mas os seus nervos estão ainda tão frágeis, que o médico temeu uma recaída, caso te visse tão magro e desfigurado como estás. Assim, ele prescreveu a ela isolamento e repouso absolutos. Metella encontra-se cuidando dela, em Micenas, e escreveu-nos dizendo que tudo vai bem. Agora, fecha teus olhos e dorme. Basta de explicações por hoje.

Também Metella conseguira superar sua grave doença e se restabelecia lentamente. Apenas um pensamento, um só desejo — a vingança — parecia, então, absorver todas as faculdades da jovem. Readquirindo a consciência, suas primeiras palavras foram para perguntar se Nero tinha sido preso. A notícia de que ele desaparecera quase lhe causou uma recaída, mas, dominando sua fraqueza física, ela encontrou um meio de dar um impulso à perseguição do criminoso. Incitado por ela, Agripa foi, novamente, falar com o pretor, e ofereceram uma quantia considerável a quem trouxesse notícias do fugitivo. Atos de interdição foram colocados na casa do tribuno e todos os seus escravos submetidos a um interrogatório severo. Trula declarou que, na noite do crime, o rapaz entrara abatido e silencioso, fechara-se por algumas horas em seu quarto e, depois, mandara selar um cavalo e partira sem dar qualquer informação sobre o seu destino nem sobre a duração da viagem. Disse também que ele, apenas, ajudara o amo a prender, no lombo do corcel, uma pesada sacola, que supunha estar cheia de ouro.

Metella acompanhava todo esse lento procedimento com uma impaciência febril. Para ela, as palavras perdão e indulgência não existiam; queria destruir o traidor, saciar-se da sua vergonha e dos seus sofrimentos. E, com certeza, teria assistido ao seu suplício com uma satisfação feroz que ninguém julgaria possível existir naquela moça delicada, culta, amante das artes e da poesia.

Enquanto tudo isso se desenrolava sem o conhecimento de Caius, o estado de saúde do mesmo continuava a melhorar, mas na mesma proporção, aumentava, também, sua impaciência e sua inquietação.

— Por que — repetia incessantemente — Virgília não me escreve ao menos uma palavra?

Para tranqüilizá-lo um pouco, Agripa simulou ter ido a Micenas e trouxe uma carta, na qual Metella dizia que Virgília estava quase completamente restabelecida, cumprimentava Caius e informava que dentro de catorze dias ela traria a amiga para junto dele. Enquanto esperava, para fazê-lo ter um pouco mais de paciência, Virgília lhe enviava o filho.

Aquela carta e a presença do garotinho acalmaram um pouco Caius Lucilius, mas sua impaciência era visível. Contava os dias e as horas para a chegada da esposa, ora fazendo projetos para o futuro, ora subjugado por uma surda apreensão.

Na véspera do dia fixado para a pretensa chegada das duas jovens, Caius disse durante o café da manhã:

— Se soubesses, querida Drusila, que sonho estranho tive esta noite! Parecia-me que estava em casa, em Micenas, já restabelecido e chegado de improviso para surpreender Virgília. Eu corria por todos os aposentos sem poder encontrá-la. Finalmente, cheguei ao terraço que domina o mar e apoiei-me na balaustrada: de repente, percebi, sobre a água, uma forma branca e reconheci, estupefato, Virgília que parecia se aproximar, embalando-se sobre as ondas. Pouco a pouco as águas se elevaram, bramindo surdamente, até a altura da balaustrada. Então, Virgília estava de pé no terraço e se dirigia para mim. Nesse momento, vi que sua túnica branca e seus cabelos soltos estavam banhados de água; seus lábios pareciam desbotados e

Herculanum   295

seus olhos fitavam-me com uma tristeza indefinível. Caímos nos braços um do outro e senti que ela estava totalmente gelada...

Mas o que tens, Drusila? — ele se interrompeu. —Penso que estás desmaiando!

— Não, é uma fraqueza passageira, cansei-me um pouco ao velar-te.

— Acredito, é um milagre que ainda estejas de pé! Mas agora, se um pedido meu tem algum valor para ti, tu vais te deitar. Manda-me, por algumas horas, a velha Semele, pois sei que tu retomarás teu posto, esta noite.

Sufocando de emoção reprimida, Drusila aquiesceu ao seu pedido, mas, em lugar de ir se deitar, foi para o quarto de Metella, onde também se encontrava Agripa, e contou-lhes o que acabara de ouvir.

— Pobre Virgília, sua sombra magoada, privada de sepultura, vem reencontrar aqueles a quem amou. Oh! Que calamidade aquele cão miserável desencadeou sobre nós! — exclamou Agripa, cerrando os punhos, e uma lágrima de raiva e de piedade brilhou-lhe no seu olho leal. — Mas eu vos digo — continuou — que já é hora de tomarmos uma resolução e de dizer ao infeliz uma verdade que não podemos esconder eternamente. Caius está bem, começa a se levantar, e um acaso pode tudo lhe revelar com menos tato ainda. Estou decidido a contar-lhe tudo hoje mesmo, enquanto ele estiver acordado. Vou mandar chamar dois médicos, para tê-los a postos, em caso de necessidade. E tu, minha querida Metella, serás forte o bastante para assistir a esta triste cena? Ver-te sem Virgília será uma primeira advertência a Caius.

A moça empalideceu, dominando-se em seguida:

— Certamente irei. Seria uma fraqueza covarde evitar o pobre Caius num momento como este.

Algumas horas depois, Drusila foi encontrar-se com o enfermo que, apoiado nas almofadas, estava sentado próximo à janela aberta.

— Meu amigo, Metella chegou e está vindo — disse com uma voz insegura e mostrando a porta, que se abriu quase no mesmo instante.

Radiante e sorridente, Caius levantou-se, estendendo as mãos, mas logo tornou a cair e exclamou angustiado:

— Metella, estás sozinha e tão pálida! Tão magra!... Mas o que aconteceu? O que estais me escondendo? Onde está Virgília? Quero saber, não me tortureis por mais tempo.

— Viemos dizer-te a verdade e te pedimos para ouvi-la corajosamente, disse Metella em voz baixa e engolindo as lágrimas.

— Sim, meu amigo, escuta, sê forte, e não te esqueças que tens um filho para criar — disse Agripa, apertando-lhe fortemente a mão. A seguir, em breves e claras palavras, descreveu-lhe o terrível acontecimento.

Respirando com dificuldade, Caius escutava: estupefação, raiva, desespero alternavam-se em seu rosto. No final, levantou-se de um salto, numa indescritível exaltação:

— Virgília morta, miseravelmente assassinada! — exclamou, enterrando as mãos na sua espessa cabeleira —, e eu não estava lá para defendê-la contra aquela fera sanguinária! Como um louco, fui pego na emboscada!...

Interrompeu-se. Uma golfada de sangue acabava de jorrar de sua boca e ele caiu, desmaiado, nos braços de Agripa, que correra para ampará-lo.

Com a ajuda dos dois médicos, que logo acorreram do quarto vizinho, deitaram o enfermo e fizeram-lhe curativos, pois a ferida do seu peito acabava de reabrir.

Mais uma vez a força vital daquele jovem e robusto organismo pareceu triunfar sobre o mal, pois ele apresentou uma ligeira melhora. No entanto, logo compreenderam que a mesma era factícia e não levaria a uma cura total.

Logo que Caius teve condições de falar, manifestou o desejo de voltar a Micenas:

— Não penseis que estou sendo ingrato, meus fiéis amigos, mas sinto que estou condenado e quero morrer lá naquele terraço onde Virgília e eu nos dissemos adeus, defronte do abismo que tragou minha querida esposa.

A seguir, deu algumas instruções, que Agripa, com lágrimas nos olhos, prometeu executar com a maior diligência possível. Cumprindo a promessa, naquela mesma noite o patrício viajou para Micenas e, sob sua enérgica direção, elevaram, como que por encanto, um elegante pavilhão contíguo ao terraço e ligado à casa por um pequeno corredor coberto. Essa pequena construção, em pranchas e maçonaria leve, compreendia dois cômodos e um gabinete, providos de todo o conforto necessário ao enfermo.

Quando sua saúde permitiu que fosse transportado, Caius voltou, então, para sua vila e instalou-se no grande quarto do pavilhão. Agripa e a esposa prometeram visitá-lo todas as semanas e, quanto a Drusila, o marido concordou que ficasse junto do primo até o fim. O bom Claudius soube, pelos médicos, que a morte de Caius estava próxima e que ele se apagaria pouco a pouco, qual cera que se derrete ao sol. Dessa forma, demons-

Herculanum

297

trara ao moribundo a mais calorosa amizade, garantira-lhe que sempre amaria o pequeno Sempronius como se fosse seu próprio filho, e voltara para Roma, pretextando negócios importantes. Aparentemente, ele estava muito aflito, mas no fundo, embalava as mais felizes esperanças.

Ficando sozinho naquela casa onde fora feliz e que tinha sido devastada por mão criminosa, Caius parecia estar enfraquecendo ainda mais. Calado e pensativo, ele passava horas deitado no terraço, contemplando o abismo e se deixando acalentar pelo surdo bramido das ondas. Pensamentos sérios absorviam a alma do rapaz. Não se iludia: cada dia que passava, ele ficava mais próximo daquele mundo desconhecido que só atingimos através da morte. Mas lá, qual seria o seu estado? Para onde iria sua alma naquele éter tão transparente que parecia que nele poderíamos distinguir cada átomo? Naquele lugar deveriam se encontrar aqueles que seus olhos corporais não viam mais. Ele contemplava o céu, persuadindo-se de que, por trás dos flocos de nuvens, reuniam-se os seres que lhe haviam sido caros na Terra. E fatigava seu olhar a sondar o azul escuro do céu, sempre esperando ver aparecer, numa nuvem, os traços marcados do pai, a cabeça cacheada de Virgília ou a barba prateada do seu velho amigo eremita.

Quando pensava em Nero, todo o seu sangue fervia de ódio raivoso, seus punhos se crispavam. Bem gostaria de degolar com as próprias mãos o covarde assassino e, no entanto, devia ficar ali, fraco e moribundo. Bem poderia ter lançado sobre ele a justiça humana, mas Metella e o marido já haviam tomado as providências para isso, com uma implacável sede de vingança. A denúncia que fizeram chegara até ao imperador e, em toda a Roma, procuravam o culpado. Mas os deuses infernais pareciam proteger o tribuno, que continuava inencontrável, como se a terra o tivesse tragado.

Após tais acessos de raiva, Caius se lembrava, com um sentimento de vergonha, que ele era cristão, que adorava o Deus que, embora morto na cruz, rezara por seus carrascos. Pensava nas lições do eremita e imaginava, angustiado, o que a alma de seu pai deveria estar sofrendo ao ver seu filho preferido destruído pelo filho preterido. Nesses momentos, orava ardorosamente, pedindo a Jesus para apoiá-lo, ajudá-lo a espantar aqueles pensamentos vingativos e lhe dar forças para não odiar o irmão, caso não pudesse perdoá-lo.

Drusila cuidava do primo com toda a solicitude engenhosa das mães. Sempre presente, sem jamais ser importuna, ela pare-

cia adivinhar os desejos do enfermo e só aceitava Rutuba para ajudá-la e com ela revezar as vigílias. O estado de espírito da jovem era estranho, oscilando entre a felicidade e o desespero. Estar sempre perto de Caius, arrumar suas almofadas, ministrar-lhe os medicamentos, ler e cantar para distraí-lo, era a felicidade; mas a idéia que ele se extinguia entre suas mãos, constrangia-lhe o coração com uma angústia inominável. Tentando adivinhar em seus traços magros a aproximação do temido momento, ela sofria, por antecipação, todo o inferno da perda irremediável. E ainda devia dissimular todos esses sentimentos no fundo do seu coração, demonstrando apenas a calma amizade de uma irmã, para que Caius não percebesse a que ponto ele era amado, pois ela ignorava que ele já sabia desse amor havia muito tempo.

Certa noite, Caius que sofria de insônias freqüentes, estava deitado, bem acordado, mas não querendo incomodar seus fiéis guardiões, fingia-se adormecido. Primeiro, escutou, com um cansaço indiferente, a respiração forte e regular de Rutuba, que dormia sobre uma esteira, mas, pouco a pouco, seus pensamentos voltaram-se, novamente, para um assunto que o absorvia e o atormentava: era o desejo cada vez mais imperioso de ver um dos seres queridos que o haviam precedido no túmulo. Isso era possível, pois Metella lhe contara a visão de Virgília na véspera de sua morte e o ermitão vira, ao redor de Jesus expirante, milhares de seres flutuar no espaço. Por que ele também não poderia obter a graça de ver um dos que ele amava, se pedisse a Deus com instância? Soergueu-se com dificuldade e, juntando as mãos, orou com o fervor ardente de sua alma violenta e apaixonada.

O ruído de uma respiração penosa e sibilante veio interromper sua invocação. Voltou os olhos para Drusila que, sentada ao pé do seu leito, numa grande poltrona, parecia cochilar. À fraca luz da lamparina, ele viu, então, que a moça mudara de posição: o corpo enrijecido, a cabeça caída, ela parecia lutar contra um sufocamento. Mas o que significavam aquelas fagulhas que esvoaçavam ao redor do seu corpo, concentrando-se, por vezes, em largas placas fosforescentes? Mudo de espanto e de ligeira apreensão, Caius contemplava aquele estranho espetáculo. De repente, viu se formar, acima de Drusila, uma pequena nuvem branca que descia, em coluna, até o assoalho e, depois, adensou-se, iluminando seus contornos com uma luz azulada e vacilante. Daquela massa flocosa foi surgindo, gradativamente, a forma distinta de um homem alto, vestindo uma toga, e a claridade azulada iluminou a cabeça grisalha e os traços acentuados de Sempronius. Seus olhos acinzentados e brilhantes olhavam para o filho predileto com uma expressão de amor e de pesar.

Com o coração palpitante, acreditando sonhar, Caius deixou-se escorregar para fora da cama e, caindo de joelhos, estendeu os braços para a aparição que não ousava tocar.

— Pai! Pai! Ouviste o meu apelo? — murmurou com voz sufocada.

Sempronius inclinou-se para ele e segurou-lhe a mão. Caius, estremecendo de espanto e de alegria, sentiu o calor e a densidade da carne.

— Pai querido, tua mão é a de um vivo: estou louco ou sonhei que estavas morto? — ele balbuciou.

— Não, meu filho, já não sou um habitante da Terra — respondeu Sempronius com voz distinta, apesar de um pouco surda e como que velada pela distância —, mas grande é a bondade do Criador, que te inicia em um dos mistérios pelos quais a natureza liga, invisivelmente, o mundo terrestre ao espiritual. Tão temas o momento que te libertará da carne; estamos te esperando. Ora por ti e por mim. Ainda aparecerei para ti algumas vezes: até breve!

Caius sentiu na testa, a pressão dos lábios do homem-espectro e, depois, a aparição esmaeceu-se, elevou-se ao teto e pareceu se dissolver na atmosfera. Fascinado, transportado de alegria, Caius ergueu as mãos em súplica, numa fervorosa ação de graças, mas, acometido de uma fraqueza súbita, caiu desmaiado contra o leito.

Quando o enfermo reabriu os olhos, os raios do sol nascente já iluminavam o quarto. Pálidos e ansiosos, Rutuba e Drusila inclinavam-se na sua direção.

— Deuses poderosos! Como nos assustaste, Caius! — exclamou a prima, censurando-o. — Encontramos-te, estranhamente, de joelhos e de mãos unidas! Cansas-te muito, rezando. Mas não compreendo como pude adormecer a ponto de não ouvir quando saíste do leito.

— Não lastimes teu sono nem a minha prece, boa Drusila — respondeu Caius, de olhos brilhantes. — Esta noite, a graça veio ao meu encontro e restituiu a paz à minha alma.

Depois desse dia, uma profunda mudança pareceu, realmente, operar-se nele. Doce e pacientemente, suportava seus sofrimentos físicos e, nos seus belos olhos negros refletia-se uma calma estranha ou uma fé entusiasta. Passava os momentos em que se sentia melhor, a brincar com o filho ou a explicar para Drusila os sublimes preceitos de Jesus.

Certo dia, encontrando-se no terraço com a prima, absorveu-se na contemplação do pequeno Sempronius que, deitado sobre almofadas, dormia profundamente. Longos cachos dourados, como os da mãe, rodeavam-lhe a cabeça, tal uma auréola, e um sorriso, nascido de algum sonho infantil, errava-lhe nos lábios acarminados.

Um longo suspiro escapou do peito do jovem pai:

— Coitadinho! Logo, logo serás totalmente órfão — murmurou, quase inconscientemente.

Naquele momento, seu olhar pousou sobre o rosto pálido de Drusila, sulcado de grossas lágrimas. Estava percebendo, havia muito tempo, com um sentimento doloroso, o emagrecimento e a tristeza mortal da moça, mas nunca, como naquele instante, sua tortura secreta se traíra: seu olhar entristecido refletia um abismo de desespero e seus lábios tremiam em razão do esforço que ela fazia para conter os soluços.

Uma vaga de piedade e de amargos remorsos inundou o coração de Caius. Tomando a mão da prima, comprimiu-a contra os lábios.

— Drusila, venho notando que teu coração está oprimido. Não queres aliviá-lo, confiando-me o que te entristece? Meu ouvido é um túmulo e acho que as palavras sinceras e consoladoras de um amigo aliviarão teu sofrimento. Fala, pois, abertamente, minha fiel e infatigável guardiã, não sabes como eu desejo mostrar-te minha afeição e minha gratidão.

Drusila estremeceu e abaixou a cabeça.

— Oh, Caius! És a última pessoa a quem eu gostaria de abrir meu coração e confiar minha tristeza — murmurou com voz indecisa —; deixa-me apenas velar e cuidar de ti até teu último suspiro. Nada mais desejo.

Caius inclinou-se e seu olhar, carinhoso e fascinante, mergulhou no da jovem com um brilho que fazia lembrar os tempos idos.

— Coração fiel e incompreendido — disse apertando-lhe fortemente a mão —, o que calas a um amigo, confia ao homem amado. Podes fazê-lo sem pudor, pois um sentimento que inspira tão sublime abnegação como a tua, honra tanto a quem o sente, como a quem o inspira. Não podes, tampouco, supor que eu possua uma mesquinha fatuidade. Sou cristão e, logo, serei pó. Mas gostaria de aliviar teu coração deste peso, desta simulação que te impuseste. Acredita-me, nunca te amei e respeitei tanto quanto agora.

Drusila nada respondeu. Escondendo nas mãos o rosto inundado de lágrimas, apoiou os cotovelos na mesa. Após uns instantes de pesado silêncio, a moça ergueu-se e, encontrando o olhar leal do primo fitando-a com tristeza, estendeu-lhe a mão.

— Adivinhaste, Caius; se estivesses feliz e gozasses de boa saúde, eu o negaria, mas posso confessar ao moribundo que eu o amo. Como, apesar de tua indiferença, apesar dos conselhos da minha própria razão, este amor pôde subjugar todo o meu ser? Eu não sei, é uma fatalidade. Em vão, apelei à minha dignidade feminina, em vão me casei, esperando que os novos deveres e as ocupações de um lar pudessem mudar o rumo dos meus pensamentos. Infelizmente, Claudius não é o homem que poderia fazer-me esquecer-te, pois não consigo nem mesmo estimá-lo. Estou sendo franca, como vês. Confesso que te amo com um sentimento total, absorvente, indestrutível, mas recuso qualquer

302   J. W. Rochester

palavra que disseres para colocar um bálsamo sobre minha ferida. Por duas vezes, te vi casar, te vi chorar a perda de Virgília, suportei um inferno de ciúme e, entretanto, teu Deus tornou-se o meu, velo à tua cabeceira e nenhuma outra mão, que não seja a minha, te fechará os olhos. Não me fales, pois, de amizade, de estima, nem de amor fraterno. Não tentes me consolar, pois menos que ninguém o conseguirás. Mas se quiseres me fazer feliz, lega-me teu filho.

Pouco a pouco sua voz se tornou mais firme e, com o olhar brilhante, ela continuou:

— Sim, Caius, dá-me tua imagem viva para criar; todos os sentimentos reprimidos do meu pobre coração podem se transferir para Sempronius. Cuidarei dele como se fosse a menina dos meus olhos, ele será o meu mais precioso tesouro e, um dia, lerei em seus olhos brilhantes, que serão teus olhos ressuscitados, o amor filial que lhe teria inspirado a própria mãe e, então, serei feliz. Deixa-me, pois, o menino, mas apenas ele. Nomeia o nobre Fabricius Agripa tutor dos bens materiais, pois Claudius é um jogador e um dissipador que está me arruinando, bem o sei, apesar de não ter vontade nem energia para impedi-lo. No entanto, ele não deve tocar na fortuna do teu filho.

Caius Lucilius a escutara, profundamente emocionado.

— Que seja feito de acordo com tua vontade, minha boa Drusila — disse afetuosamente. — De resto, nossa conversa nos fez abordar uma questão que está me preocupando há vários dias: é indispensável que eu ponha em ordem os meus negócios, por isso, tem a bondade de escrever em meu nome a Agripa, pedindo-lhe que venha passar alguns dias aqui e que tenha a gentileza, além disso, de trazer um escriba e um magistrado para legalizar meus últimos desejos.

Passados três dias dessa séria conversa, os fiéis amigos de Caius encontravam-se reunidos, com ele, no salão da vila. Com calma e clareza, o enfermo ditou ao escriba suas disposições testamentárias. Depois de consideráveis legados aos filhos de Agripa e a Rutuba, vinha uma longa e minuciosa nomenclatura dos escravos a alforriar, esmolas a distribuir, lembranças destinadas aos amigos. Ninguém foi esquecido, recebendo uma jóia ou uma obra de arte valiosa. Finalmente, Fabricius Agripa foi nomeado tutor de Sempronius, mas a educação da criança seria confiada a Drusila.

Ao ouvir esta cláusula, um rubor repentino subiu às faces de Metella:

— Espera um pouco, Caius, e permite-me uma observação

— disse ela, levantando-se. — Acho injusta e surpreendente esta tua última disposição. É à família do tutor que pertence, de direito, a educação do pupilo. Se o filho da minha pobre Virgília, a qual quase nasceu nos meus braços, e me cabe como uma herança de afeto, for confiado a outras mãos, oponho-me formalmente que Agripa se encarregue de sua tutela.

— Oh, Metella! — exclamou Drusila, com lágrimas nos olhos. — Tu, esposa e mãe venturosa, irás disputar comigo o direito de criar esta criança que adoro, esta única jóia da minha vida sacrificada?

— És jovem e os deuses podem te conceder filhos — disse Metella mais brandamente. — Em consciência, não creio que a educação que tu lhe darás seja a mais apropriada a Sempronius. Uma criança deve ser amada, mas não mimada e enervada por uma adoração perpétua, e estás propensa a agir assim, justamente porque tu o amas cegamente. Uma segunda razão, que ainda me faz insistir, é o caráter do teu marido: Claudius (uma indefinível expressão de orgulho e desprezo vibrou-lhe na voz) é, penso eu, a última pessoa que um pai deveria escolher para servir de exemplo ao filho.

Caius Lucilius escutara com triste emoção a discussão das duas jovens, cuja amizade a toda prova as tornava igualmente queridas para ele.

— Queridas amigas — interpôs-se apressadamente —, não entristeçais meus últimos momentos com uma desavença e aceitai amigavelmente uma decisão que as palavras de Metella, ditadas como sempre por um espírito profundo e judicioso acabam de me inspirar. Vossa afeição comum pela minha falecida esposa e por mim já foi comprovada. Em nome dessa afeição, eu vos peço, Agripa e Metella, que aceiteis a tutela do meu filho. A grande fortuna que estou lhe deixando carece ser administrada por mãos firmes e hábeis. Quanto à permanência de Sempronius na casa da minha boa Drusila, eu imponho uma condição: estou pagando com a vida a experiência do mal terrível que pode causar, numa família, a presença de um filho predileto. Assim, não quero que os filhos de Drusila, que terão direito a todas as suas atenções, a todo o seu amor, tenham inveja de Sempronius e o acusem de lhes roubar a afeição da mãe. Determino, pois, que se minha prima tiver um filho, o meu ficará sob a guarda de Metella e espero que Agripa e Valerius, já crescidos e assentados, não lhe cobrarão a ternura que ele receber de seus pais.

Os dois interpelados, que brincavam com Sempronius no outro canto da sala, levantaram-se rapidamente.

— Claro que não — disseram a uma só voz, levando o menino até o canapé de Caius. — Não somente não teremos ciúmes dele, mas eu te juro — acrescentou Agripa —, e não penses, Caius, que eu não compreenda o valor de um juramento, eu te juro sempre considerar Sempronius um irmão, amá-lo, protegê-lo, ser seu amigo e conselheiro. Podes ficar tranqüilo, pois Valerius compartilha de todos os meus sentimentos.

— Fico tranqüilo e feliz e aceito vossa promessa como se fosse de homens feitos — disse o enfermo, acariciando os cachos negros do menino, que herdara toda a beleza aristocrática da mãe e cujo rosto irradiava generosa vivacidade.

— Erguei vosso irmãozinho, meus amigos, para que eu possa beijá-lo e, depois, ide brincar com ele no jardim, enquanto nós acabamos de acertar os negócios. Lembrai-vos que o estou confiando a vós, não somente por hoje, mas por toda a vida.

Quando as crianças saíram, Caius voltou-se para as duas moças:

— E então, aceitais minhas condições? — perguntou ele, estendendo-lhes as mãos. — Metella, serás menos generosa que os filhos que criaste?

— Eu aceito e me conformarei aos teus desejos — respondeu a patrícia, dominada pelo orgulho materno e pelo olhar suplicante de Drusila.

— Obrigado. Agora posso morrer tranqüilo — disse Caius com gratidão. — Voltemos, pois, aos negócios. A vida de uma criança, por mais cuidados que tenhamos com ela, é sempre muito frágil, por isso tenho que tomar algumas providências, na hipótese da morte de Sempronius. Neste caso, minha boa Drusila, lego-te toda a minha herança paterna, bem como esta vila repleta de lembranças. Receberás, também, a fortuna proveniente da minha mãe, com exceção das terras nos arredores de Salerno e das duas vilas que possuo, uma em Pozzuoli e a outra perto de Palermo, [3] que lego, como lembrança do irmão adotivo, aos dois filhos de Agripa.

O casal quis protestar, mas Caius insistiu e apressou-se em concluir o testamento. Quando, finalmente, tudo foi assinado, selado e os estranhos partiram, o enfermo disse com um suspiro de alívio:

— Agora que estes negócios enfadonhos foram concluídos, eu agradeço vossa colaboração, meus amigos, e convido-vos a passar ao triclínio, pois hoje eu desejo presidir a refeição.

---

3 Palermo: antiga comunidade comercial fenícia localizada na ilha de Sicília; foi conquistada pelos romanos no sec. III a.C..

O pequeno grupo reuniu-se, então, ao redor da mesa, lautamente servida. Todos tentaram rir e conversar para alegrar o anfitrião que, também procurava mostrar o seu antigo bom humor para distrair seus convivas. Mas, em vão, sucediam-se os pratos delicados, que eram apenas tocados e, as taças permaneciam cheias, pois pungentes lembranças estreitavam os corações. E, no entanto, havia bem pouco tempo àquela mesma mesa sentavam-se o alegre e ainda forte Sempronius, a nobre Fábia, e Virgília, a bela e faceira jovem cujo riso argentino desanuviava as fisionomias mais preocupadas. E agora, todos aqueles lugares estavam vazios e o de Caius Lucilius logo também o estaria. Seus fiéis amigos contemplavam tristemente aquele homem pálido, magro e esgotado, trazendo na testa úmida o selo da morte. Era ele, realmente, o jovem atleta, exuberante de vida e de força, cuja saúde de ferro parecia prometer que ele atingiria os limites da velhice? O duplo talho feito no jovem carvalho por mão fratricida atingira a raiz da árvore soberba e, seus galhos murchos inclinavam-se em direção à terra. Todavia, talvez, jamais Caius Lucilius fora tão belo como naquela última refeição com os seus. Seu rosto, de uma palidez transparente, tinha conservado os contornos clássicos, agora mais finos e enobrecidos pela expressão grave e severa da boca, que fora, outrora, risonha e sardônica.

No entanto, o enfermo superestimara suas forças. Apesar dos seus esforços para dominar-se, foi acometido por uma fraqueza súbita e tiveram que carregá-lo para o quarto. Depois de um sono de várias horas, despertou tão reconfortado, manifestando uma melhora tão sensível, que todos os seus amigos esperaram, senão a cura, ao menos um prolongamento da vida.

Mais tranqüilos, Agripa e a esposa viajaram para Nápoles, onde os aguardava um negócio urgente, prometendo voltar dentro de quatro dias, a fim de ajudar Drusila, esgotada por causa das vigílias. Naquela mesma noite da partida, o estado do doente piorou repentinamente, uma fraqueza e uma sonolência constantes substituíram a calma dos últimos dias. Uma tosse seca o consumia, fazendo-lhe vir aos lábios uma espuma sanguinolenta.

Inquietos, pressentindo que seu fim estava próximo, Drusila e Rutuba não abandonaram o enfermo, recusando-se até um momento de repouso. Na manhã do terceiro dia, não mais podendo dominar sua inquietação, a jovem enviou uma mensagem a Agripa e à sua esposa, solicitando-lhes que voltassem o quanto antes. As horas escoavam-se lentamente sem trazer quaisquer alterações, mas, à noite, Caius pareceu acordar, pediu que lhe dessem o que beber e lançou aos que lá estavam um olhar límpido e lúcido.

— Por que me fecham aqui assim? Estou sufocando! — disse debilmente. — Rutuba, escancara as portas do terraço, suspende as tapeçarias. Ótimo. Aproximai um pouco meu leito, quero ver o mar ao longe. Obrigado. Peço que não torneis a fechá-las se eu adormecer, pois o ar puro me alivia.

Instantes mais tarde, ele recaiu num sono pesado e agitado.

Um calafrio glacial, que lhe agitava todo o corpo, acordou o doente. Soergueu-se com dificuldade e lançou ao seu redor um olhar ansioso. Nunca se sentira tão mal. A luz fraca de uma lamparina de alabastro, pendurada no teto, iluminava o rosto exausto de Drusila, abandonada sobre as almofadas da poltrona que ocupava. Vencidos pela fadiga, seus dois fiéis guardiões cochilavam, um à cabeceira, o outro, ao pé do leito. Pelo terraço, penetrava o ar puro e fresco da noite, mas o tom acinzentado do céu e o esmaecido brilho das estrelas anunciavam a proximidade da aurora. Apenas respirando, Caius passou a mão sobre a testa coberta de suor frio. O que significavam aquele peso de chumbo que lhe invadia todo o corpo agitado por arrepios gelados, aquela terrível opressão, aqueles violentos e precipitados batimentos de coração e, enfim, aquela estranha inquietação, aquela vaga angústia que nunca antes sentira?

Seria a morte? A aproximação do temível momento em que a alma liberta-se deste mundo e rompe os laços que a unem ao corpo material?

Com a mão enfraquecida, Caius levantou a tampa de uma caixinha colocada ao seu lado, sobre a mesa, dela retirando uma cruz que levou aos lábios.

— Jesus, senhor divino, alivia-me, perdoa os meus pecados assim como perdôo a todos os meus inimigos — murmurou o moribundo, voltando a cair, esgotado, sobre as almofadas. — Papai, vovó, Virgília, todos vós que me amastes, amparai-me nesta terrível passagem que me conduz a vós.

Seu olhar turvo fixou-se na porta do terraço e iluminou-se imediatamente. Não estava sonhando: via condensar-se rapidamente uma nuvem esbranquiçada, como já vira uma vez. Uma luz azulada elevava-se, invadindo o quarto e encobria, com sua claridade cintilante, todos os objetos circunjacentes.

Espessando-se, dilatando-se, a nuvem branca aproximava-se, envolvendo seu leito e, daquele vapor, destacavam-se distintamente figuras conhecidas e amadas. Estava vendo Sempronius acompanhado de Virgília, fresca e sorridente como outrora. Atrás deles, distinguia o rosto de Fábia, envolvida em um véu branco e prateado como tinham sido seus cabelos em vida. Finalmente, acima de todos, planava o eremita, erguendo com as mãos unidas uma cruz luminosa, acima da qual lia-se em letras de fogo: "Morrer para renascer e progredir sempre, tal é a lei".

Todas aquelas sombras amigas rodearam Caius, debruçando-se sobre ele. Apararam-no, elevaram-no, parecendo envolvê-lo com um vapor nebuloso de onde jorravam centelhas. Caius queria falar, estender-lhes os braços, mas uma dor atroz contraía seus membros. Pensava estar atravessando uma massa compacta, chocando-se contra milhares de pontas agudas. De repente, um clarão chamejante abateu-se sobre ele, arrancando-o do seu corpo e projetando-o numa noite profunda, com a violência de uma tempestade arrebatando uma pluma. Diante dos seus olhos, tudo se apagou e perdeu a consciência de si mesmo.

Voltando a si, sentiu-se flutuar num espaço de claridade prateada. Trêmulo e desnorteado, examinou o que o cercava. Abaixo dele, encontrava-se sua vila, o memorável terraço e o quarto onde dormira. O sol terrestre nascia, fazendo cintilar sobre as ondas milhões de rubis. Os raios dourados do astro do dia invadiam o quarto, projetando-se sobre o rosto imóvel de um homem deitado que trazia uma pequena cruz entre os dedos gelados. Uma expressão séria e indefinível de sereno triunfo planava sobre os traços marmóreos do cadáver, última impressão do espírito triunfante abandonando a matéria inerte. Naquele momento, um dos raios atingiu o rosto de Drusila adormecida, que estremeceu, lançou um olhar sobre Caius e, com um grito de indizível desespero, tombou desmaiada perto do leito. Ao ouvir o grito, Rutuba levantou-se de um salto, contemplou com um olhar perdido os traços imóveis do seu amo bem-amado e depois, com o rosto inundado de lágrimas, ajoelhou-se e comprimiu os lábios na sua mão gelada.

Dolorosamente transtornado, Caius tentou rezar. Queria falar, consolar, mas sua impotência o oprimia. De repente, viu-se cercado de uma multidão de seres semelhantes a ele, cujos semblantes transparentes revelavam amor e ternura. Lá estavam todos os seus parentes e muitos amigos esquecidos na vida terrena, que o saudavam alegremente.

— Pai, Virgília, amigos que agora reencontro, este momento me recompensa por todos os sofrimentos — exclamou o espírito liberto, elevando-se no espaço com os seres amigos que o levavam para longe dos tristes quadros da dor terrena.

10. O proscrito

· O sol se punha. Nos vales e nas gargantas profundas da montanha, já era noite, mais uma última claridade rósea iluminava um planalto desértico e as rochas maciças que o ladeavam.

O mais profundo silêncio reinava em toda parte, aumentando ainda mais a impressão de tristeza daquele lugar árido e solitário. A abertura da gruta onde, outrora, vivera o bom ermitão, agora parecia uma disforme anfractuosidade negra, uma fenda aberta pelo golpe de picareta desferido por um gigante na massa rochosa.

A cortina de cipó selvagem que, anteriormente, enfeitava e disfarçava um pouco sua entrada, fora arrancada pelos soldados, para lhes facilitar a passagem, e os longos ramos do arbusto arrastavam-se, murchos, pela terra, conservando ainda esparsos tufos de folhagem amarelada.

Seu interior não estava menos desolado: os destroços do pobre mobiliário e do catre do ancião recobriam o chão da primeira gruta em completa escuridão, mas ao fundo, no santuário, vacilava uma luz fraca que iluminava, com uma claridade avermelhada, o altar semidestruído e as grandes placas negras que manchavam os degraus. Ali, numa reentrância profunda e encoberta pela aspereza da rocha, esconderijo no qual o eremita guardava suas melhores provisões, encontrava-se, naquele momento, acesa uma pequena lâmpada de barro, cuja chama fumarenta iluminava um homem semi-estendido sobre uma pele de carneiro e coberto por um manto escuro de lã. O ser que se abrigava naquele lugar desolado, fugindo de todos, estava coberto de vestes desbotadas e desarrumadas, seus calçados rotos, deixavam entrever pés poeirentos e inchados. Aquela aparência descuidada contrastava estranhamente com uma elegante espada com punho de marfim que trazia sobre os joelhos, e um punhal sírio, com cabo de ébano, admiravelmente incrustado de nácar e coral, aparecia por entre as dobras do seu cinturão. A barba e os cabelos desgrenhados emolduravam um rosto magro, exausto e como que talhado por paixões ou pensamentos infernais. Com certeza, seria difícil reconhecer naquele fugitivo esfarrapado, o orgulhoso e elegante oficial, o filho do rico Sempronius e, no entanto, era realmente Nero a quem a inexorável conseqüência de seus crimes reduzira àquele extremo.

Após o assassinato de Virgília, o tribuno voltara para casa totalmente lúcido e com a alma dilacerada. Pela primeira vez, o remorso o atormentava, e acreditava estar vendo em todos os lugares o olhar apavorado da jovem e seu grito de angústia ressoava em seus ouvidos. No entanto, ele conservava a calma suficiente para compreender que sua situação era precária e que as leis romanas não deixariam passar impune um crime inaudito que tivera três testemunhas. Compreendeu que, se quisesse evitar a prisão, não poderia perder tempo.

O perigo devolveu-lhe a presença de espírito e ele arquitetou um plano que tinha chances de sucesso. Resolveu ir, a cavalo, até um pequeno porto bem afastado de Nápoles e de lá fretar um barco que o conduzisse a Massília. Naquela província distante, onde ninguém o procuraria, tinha a intenção de viver bem isolado, até que a primeira tempestade tivesse passado. Quando a opinião pública se acalmasse e que novos crimes fizessem com que o seu fosse esquecido, escreveria ao seu irmão Antonius, do qual conhecia o ódio cego pelo pai, por Caius e por todos os parentes, e lhe pediria para sondar as autoridades sobre a possibilidade de um indulto. Se uma reabilitação não fosse possível, Antonius lhe enviaria, por um homem de confiança, as quantias necessárias para que comprasse em algum lugar, nos confins do império, uma propriedade na qual viveria, esperando tempos melhores.

De início, tudo pareceu correr de acordo com seus desejos; atingiu sem problemas o porto escolhido, lá encontrando, contra todas as expectativas, um barco que partia para Massília. Na sacola mencionada por Trula, ele levava ouro e pedras preciosas suficientes para viver tranqüilamente até a chegada dos subsídios que Antonius lhe enviaria.

Na manhã do terceiro dia que se seguiu à morte de Virgília, Nero embarcou e, com um alívio indescritível, viu as costas da

Itália[1] perderem-se no horizonte. O dia passou sem incidentes, mas ao anoitecer, grossas nuvens acumularam-se, um vento impetuoso começou a soprar e, logo, desencadeou-se uma tempestade de uma violência inaudita. Após longas horas de luta desesperada contra os elementos, acabaram por avistar, à luz dos relâmpagos, a costa coberta de rochedos. Momentos mais tarde, o navio, violentamente erguido, bateu contra um recife submarino e um fragor sinistro foi ouvido: a coberta desconjuntou-se, precipitando no abismo destroços e homens. O mar rejeitou, apenas, uma vítima: levantado por uma onda enorme, Nero foi arremessado, sem sentidos, à praia.

Quando reabriu os olhos, já era dia, mas o local selvagem e isolado em que se encontrava era-lhe completamente desconhecido. O tribuno estava bem, salvo uma contusão na perna que lhe causava dores fortíssimas.

Reunindo toda sua energia, Nero caminhou ao longo da costa, esperando encontrar um lugar habitado. Depois de várias horas de penosa caminhada, atingiu, completamente esgotado, uma cabana de pescadores, dos quais um concordou em dar asilo ao náufrago. Sua contusão, mal cuidada por falta de médico, reteve-o mais de um mês naquele rincão perdido, o que lhe proporcionou tempo para refletir sobre sua situação. Um temor supersticioso apossara-se do espírito de Nero: uma estranha fatalidade o havia arremessado àquele canto da Itália, país do qual pretendia fugir. De toda a tripulação, apenas ele fora salvo, mas despojado de tudo: o mar tragara o ouro e as pedras preciosas, restando-lhe apenas uma bolsa que continha algumas moedas de ouro e jóias de pouco valor. Seria a maldição do ermitão que o pregava àquele solo maldito? Ele perguntava isso a si mesmo, com uma sombria angústia. Para cúmulo do horror, suas noites de insônia eram assaltadas por estranhas alucinações.

Sentindo-se restabelecido, Nero resolveu ganhar, sem mais tardar, a alta Itália onde morava seu irmão. Pagou os pescadores, pela hospitalidade, e mandou que um deles comprasse, na cidade mais próxima, algumas roupas indispensáveis. Voltando com os objetos solicitados, o homem contou que na cidade não se falava de outra coisa que não fosse a enorme recompensa oferecida a quem denunciasse ou entregasse à justiça um oficial, de família patrícia, que assassinara a cunhada, e cujo retrato falado estava publicado em toda a parte. Ao ouvir isso, Nero sentiu o coração apertar como se estivesse em um estojo, mas

---

1 Itália: o nome *Itália* vem da Roma antiga. Os romanos chamavam o sul da península italiana de *Itália*, que significa "terra de bois" ou "terra de pastos".

nenhuma suspeita daqueles homens simples e primitivos recaiu sobre ele, pois consideravam-no um náufrago, tinham recolhido, de acordo com suas instruções, alguns destroços do navio e enterrado dois corpos lançados pelo mar. Assim, deixaram-no partir, desejando-lhe boa viagem.

Nero pôs-se a caminho com as maiores precauções, mas logo compreendeu que chegar até Antonius era uma coisa difícil, pois, com o instinto do ódio, Metella pressentira que o assassino procuraria refúgio com aquele aliado natural e lançara grupos de perseguidores pelas estradas que conduziam a Ravena, [2] em cujos arredores vivia Antonius. Como um cervo, por inúmeras vezes quase sendo descoberto e, não mais se arriscando a caminhar senão à noite, Nero, depois de mil desvios e quase três meses de fuga, viu-se próximo a Nápoles e dirigiu-se para as montanhas. Extenuado, sem ter mais nada (quando vendeu seu último anel, ele quase foi preso), errou por aqueles lugares íngremes: durante o dia, escondendo-se, ao menor ruído, nas fendas e nos arbustos; à noite, perseguido e torturado por visões vingativas. Mais de uma vez, pegara o punhal para pôr fim à sua vida miserável, mas um sentimento instintivo, algo mais forte do que ele, sempre fizera sua mão se abaixar.

Na véspera do dia em que o reencontramos, o acaso ou a fatalidade tinha conduzido o infeliz à vereda pedregosa que levava à gruta do ermitão. De dentes cerrados, Nero a galgara e, incapaz de prosseguir, refugiara-se no santuário profanado do deus que ele traíra. Não era, portanto, o templo de Júpiter que lhe concedia aquele abrigo. A cruz, despedaçada por sua ordem e cujos fragmentos ainda jaziam no chão, ainda assim, protegia-o naquele momento.

Apesar daquela terrível ironia do destino, Nero resolveu lá ficar, pois se encontrava no limite de suas forças. A um canto, encontrara a pequena lâmpada, uma ânfora de óleo e um saco de frutas secas, restos das provisões do eremita. Manteve a lâmpada acesa, pois a escuridão lhe fazia medo e adormeceu num sono febril e agitado.

Um pouco reconfortado fisicamente, ele passou o dia deitado ao lado da lâmpada, absorto nos seus dolorosos pensamentos. Diante de seu olhar espiritual desenrolava-se o passado irreparável. Tudo poderia ter sido diferente se não tivesse deixado que baixas e tenebrosas razões invadissem sua alma e lhe obscurecessem a razão. E o que lhe dera aquele ódio finalmente saciado?

---

2 Ravena: importante cidade à epoca dos romanos, que fizeram de Classis — seu porto — a estação para sua frota no mar Adriático Norte.

Que demônio perverso e zombeteiro o havia inspirado, empurrado, passo a passo, para o abismo e feito, do homem tão bem dotado para ser feliz, um miserável renegado, um fugitivo sem pão, banido da sociedade, perseguido como um animal feroz, cujo único abrigo era o refúgio do ancião que ele traíra e cuja agonia ele perturbara com o assassinato odioso de seu próprio irmão? Não seria o sangue da vítima que molhava, pois, suas mãos? Seu olhar perturbado e desconfiado deslizou pelo altar semimergulhado na sombra. Não era o rosto pálido de Caius Lucilius que ali surgia, sobre os degraus? Não, era a balaustrada de mármore de um terraço, e aquela mulher esbelta, de pé a alguns passos dele, era Virgília, cujo olhar fixo parecia cravado no seu. Sim, era ela, sua túnica branca o roçava, ele abraçava sua cintura delicada e flexível, as massas douradas dos seus cabelos soltos acariciavam seu rosto e, agora, ele a erguia por cima da água, cujo frescor o alcançava. Um olhar tomado por indizível angústia mergulhava no seu, um grito lúgubre vibrava em seu ouvido e, aquele corpo jovem e palpitante lhe escapava e rolava no abismo.

Nero levantou-se de um salto, os braços estendidos, procurando encontrar no vazio um objeto invisível. Suas mãos esbarraram na rocha e, como se despertasse de um sonho, fitou a parede nua que refletia uma gigantesca silhueta negra. Seria o ermitão que, por sua vez, viera amaldiçoá-lo? Não, era sua própria sombra, mas sentia medo daquela companheira silenciosa que imitava todos os seus movimentos.

Estremecendo, inundado por um suor frio, deixou-se cair sobre o catre.

— Sou maldito — ele murmurou —; por que arrastar por mais tempo esta existência perdida? Não tenho mais lugar na sociedade e, no meu coração, não tenho mais Deus. Por que eu hesito em aniquilar este coração que palpita em mim e me devora? Este cérebro, sede de pensamentos infernais? Que força será essa que tantas vezes segurou meu braço? Serão as sombras vingadoras de minhas vítimas ainda não satisfeitas com minha desgraça? Ou será o Deus criador que rege nosso destino? Oh! Se eu tivesse a certeza de que ele existe! Se eu pudesse sondar este mistério: ser ou não ser!...

Levantou-se e começou a percorrer o santuário, excitado:

— Os cristãos juram que a imortalidade da alma é um fato incontestável e que, por causa de seus crimes, ela é condenada ao fogo eterno. Nossos próprios deuses proclamam uma Nêmesis. Aquela tempestade fatal que destruiu todos os meus planos, não seria, pois, um sinal visível da ira celeste? Para onde fugir?

Herculanum

O que me tornar? O passado me horroriza, o futuro me congela de temor. Serei, então, proscrito tanto na terra como no céu?

Com uma exaltação cada vez maior, o infortunado caiu de joelhos diante do altar:

— Jesus, filho do Deus único, perdoa-me. Já não te vingaste suficientemente de mim, pela minha traição? Já não fui bastante punido por ter ousado macular teu altar com o sangue do meu irmão? Dizem que, pregado à cruz, perdoaste teus carrascos e rezaste por eles: lança, pois, sobre este banido, abandonado por todos, um olhar de misericórdia; expulsa as sombras vingadoras que me perseguem, ensina-me a orar, a elevar-me a ti, para pedir-te misericórdia e perdão. Se tu existes, dá-me uma prova de que minha alma é uma chama divina dirigida por ti e que ouviste a minha súplica!

Parou, exausto, os olhos erguidos para a abóbada, numa espera ávida, mas tudo permaneceu escuro e mudo. Uma gargalhada selvagem escapou dos lábios de Nero:

— Mentira, tudo é mentira: Jesus é tão surdo quanto os nossos ídolos de pedra; nada existe além da terra, e fiz muito bem em renegar todas as divindades.

Com um gesto rápido, arrancou a espada da bainha, apoiando-a no peito, mas no mesmo instante, estremeceu e seu braço armado voltou a cair: alguém acabava de lhe tocar o ombro e uma voz doce e grave pronunciou, solenemente, estas palavras:

— Pára, meu filho, e não acrescentes um novo crime aos que já cometeste.

Nero voltou-se espantado e, à claridade incerta da lâmpada, percebeu, de pé perto dele, um ancião alto, mas já encurvado pela idade. Uma longa barba prateada emoldurava-lhe o rosto nobre e severo cuja rigidez era abrandada por um olhar cheio de misericordiosa mansuetude. Com uma branda autoridade, tirou a arma das mãos de Nero e enxugou o suor gelado que gotejava de sua testa.

— Pobre menino perturbado, tu blasfemas contra a Divindade e te felicitas por tê-la renegado, sem compreenderes que sofres justamente as conseqüências inevitáveis de tua traição. Qualquer nome que dês à divindade, não a expulses do teu coração, pois o princípio do bem nela vive e, enquanto ela tiver lugar na tua alma, ela te guiará, protegerá, acalmará tuas paixões, reconciliar-te-á contigo mesmo e dar-te-á esperanças. É a divindade quem te dita as leis da virtude, que te inspira o perdão; é ela quem te dá a força de orar. Quando repeles a fé na divindade, tua alma torna-se um campo inculto, ressecado pelo vento da vingança, devastado pela tempestade das paixões não

saciadas e não tens mais lugar para um santuário íntimo, no qual tua alma culpada se prosternaria, pedindo força e apoio.

O mais duro dos criminosos não estará totalmente perdido enquanto conservar a fé. Apenas o homem que perdeu essa última âncora da salvação, perece, esmagado pelo peso dos seus próprios atos. Lembra-te disso, meu filho. E agora, ajoelha-te perto de mim e rezemos juntos, para reconstruir, na tua alma culpada, um novo altar para os teus pensamentos.

Em silêncio e fascinado, Nero escutava. As palavras que acabara de ouvir eram realmente o eco de uma voz interior que, muitas vezes, lhe dissera a mesma coisa. Sim, ao renunciar à sua nova fé, ele também havia afastado, para bem longe, as lições sublimes do velho eremita, aquela dignidade do coração que não deixa o mal se aproximar. Sua traição tinha se autopunido, suas más paixões desenfreadas haviam-no compelido ao crime e, depois, destruído sua existência.

— Quem és, ancião venerável cujas doces palavras aliviam meu coração ulcerado? — murmurou o tribuno, dirigindo-lhe um olhar inquieto e reconhecido. — Tu me lastimas e, no entanto, sou um criminoso. Matei meu irmão e destruí um jovem ser cheio de vida e de esperança. Do meu ódio por eles derivou meu ódio pela fé do Cristo. Eu traí Jesus e enlameei seu altar. Não recuas de horror? Serias um ser celeste que atende ao meu apelo desesperado, ou um discípulo do Deus crucificado cuja misericórdia, segundo dizem, é infinita?

— Sou um homem como tu, cheio de defeitos e fraquezas. Meu nome é Domitius. Sou cristão e humilde discípulo do pai João, a quem devo minha conversão. Eu vim rezar sobre sua sepultura, não desconfiando de que Deus me reservava a felicidade de poder consolar um irmão sofredor. Mas deixa-me dizer-te ainda uma coisa, meu filho: *Nunca responsabilizes uma causa pelo ódio que te inspiram os homens que lutam a favor da mesma convicção.* Podes banir do teu coração *aqueles que te ofenderam*, mas não enlamear *a idéia que adoraste*. O homem que se vinga das suscetibilidades pessoais à custa de uma verdade já admitida por sua razão é covarde e indigno de afeição. Rejeitando os princípios que o apoiaram, sem nada receber em troca, ele vacila e basta apenas um choque moral para que se torne criminoso.

Se minhas palavras atingiram realmente teu coração e se, verdadeiramente, fizeram-te reconhecer o mal, considero-me feliz e disponho-me a amparar-te na medida do possível, mas deves encontrar em ti mesmo a força renovadora que iluminará tua consciência e te reconduzirá ao caminho da virtude. Mas agora, aproxima-te do teu Pai celeste pela humildade e pela prece.

Terminada a prece fervorosa e sincera, Nero levantou-se mais calmo.

— Meu filho, não abandones mais a âncora da salvação — a prece —, pois será ela que te sustentará — disse Domitius com doçura.

O discípulo de Jesus não mais via em Nero um renegado pelas leis, mas sim, um homem infeliz debatendo-se nas veredas espinhosas da vida. Movido por um sentimento de afeição (cuja origem perdia-se nas profundezas do passado), o velho atraiu para si o assassino e beijou sua testa úmida. Ele não sabia que, muitos séculos mais tarde, o cavaleiro Teobaldo, levado pelo mesmo sentimento, abriria seus braços a Sanctus, [3] o monge sacrílego que, naquele momento, tal como o faria no futuro, apoiava a cabeça em seu peito, murmurando:

— Deus me julgará, mas tu, pai, não me condenes!

— Agora, meu filho, sentemo-nos e conversemos. Conta-me tudo, a fim de que eu veja como poderei ajudar-te.

Quando Nero terminou a narrativa de seus crimes e de sua punição, Domitius disse, apertando-lhe a mão:

— Não te desesperes; nosso pai celeste não quer a morte do criminoso, mas sim sua regeneração. Penso poder salvar-te. Fica escondido aqui, onde ninguém te procurará. Amanhã à noite, trar-te-ei roupas adequadas e algumas provisões para reconfortar-te. Depois, um homem, amigo de confiança, deverá proporcionar-te os meios para chegar a Alexandria. Lá, tenho um parente, também cristão, homem íntegro e caridoso, a quem levarás uma carta minha. Eusebius — este é o seu nome — ajudar-te-á a começar uma nova vida, uma existência pobre e laboriosa, certamente, mas que aceitarás humildemente se teu

---

3 Para maiores detalhes, leia *Abadia dos Beneditinos*, do mesmo autor, **EDITORA DO CONHECIMENTO**.

arrependimento for sincero.

Quando seu novo amigo saiu, Nero, animado por uma nova esperança, estendeu-se sobre o catre e dormiu o sonho mais calmo que já tivera nos últimos meses. Entretanto, ao acordar, sentiu-se muito indisposto: a cabeça rodava, arrepios gelados alternavam-se com um calor escaldante e as pernas pesadas recusavam-se a sustentá-lo. A excitação nervosa, que até então lhe dera forças, desaparecera e uma violenta reação produzia-se no seu corpo enfraquecido por todas as privações e torturas morais que sofrera. Ao voltar, à noite, Domitius encontrou seu protegido ardendo em febre, perseguido, em seu delírio, pelas vítimas que havia sacrificado às suas paixões.

Profundamente aflito, o ancião postou-se à cabeceira do pobre rapaz que, privado do luxo e do conforto aos quais estava habituado, afastado de todos os parentes, agonizava em um miserável catre.

Logo compreendeu que as esperanças de cura eram vãs. Entretanto, como que esgotada pela sua própria violência, a doença parecia querer deixar à sua vítima um último momento de descanso: extenuado, agonizante, Nero reabriu os olhos, totalmente lúcido.

— Pai Domitius — murmurou debilmente — dize-me: estou irrevogavelmente condenado e expulso do reino de Deus? Fiz tanto mal! E meu arrependimento só chegou na hora da minha morte.

— Meu filho — respondeu solenemente o ancião —, se uma árvore não dá mais frutos, o bom jardineiro corta seus galhos mortos e a transplanta para um terreno mais favorável ao seu crescimento. Da mesma forma, nosso Divino Salvador dá à alma culpada, mas arrependida, uma nova posição, uma nova vida na qual ela poderá deixar amadurecer em si os frutos da virtude.

— Possa a misericórdia do bom jardineiro transplantar-me assim — balbuciou o moribundo, já enrijecido pelo frio da morte.

Alguns estremecimentos ainda agitaram-lhe o corpo abandonado pelo princípio vital e, depois, seus traços contraídos distenderam-se, assumindo aquela indefinível expressão de misteriosa superioridade que os vivos só contemplam com temor: Cneius Sempronius Nero terminara sua experiência terrena.

Domitius fechou-lhe os olhos, cruzou-lhe piedosamente as mãos sobre o peito gelado e, depois, ajoelhando-se, orou fervorosamente por aquela alma perturbada e sofredora que iria comparecer perante o juiz.

Herculanum

11. O fim de Claudius

Já havia decorrido mais de um ano do falecimento de Caius Lucilius, mas na sua vila, agora vazia e silenciosa, continuava a viver seu filho com a fiel Drusila.

Ao saber que a tutela de Sempronius fora confiada a Agripa, Claudius espumara de raiva. No entanto, as cláusulas do testamento que garantiam à sua esposa a herança do menino acabaram por acalmá-lo um pouco e, totalmente indiferente a Drusila, cuja presença representava para ele apenas um entrave, não se opusera ao seu desejo de viver em Micenas.

Para a jovem, tal anuência tinha sido uma verdadeira libertação. Devotou-se com um verdadeiro fanatismo à guarda de Sempronius e ao culto de suas lembranças. Instalara-se no pavilhão em que Caius morrera, conservando como relíquias os objetos que lhe pertenceram. Pouco a pouco, seu desespero transformou-se em uma doce melancolia. Sonhar com aquele que não mais existia, brincar com a criança no terraço cheio de recordações, tal era a única felicidade à qual ainda aspirava. As freqüentes visitas de Metella e dos filhos e uma estada prolongada que tivera na casa de Agripa, também tiveram uma reação favorável sobre ela.

Assim transcorreu, imperceptivelmente, mais de um ano, quando a chegada inesperada de seu marido veio abalar a calma, mal reconquistada, de Drusila. A alteração sofrida pela aparência de Claudius a surpreendera desagradavelmente. Naquele homem pálido e envelhecido precocemente pelos excessos seria difícil reconhecer o alegre músico, de faces coradas, a quem o velho Sempronius escolhera para companheiro do filho. A moça sentia uma invencível aversão por aquele esbanjador debochado que, não contente de arruiná-la, vinha ainda perturbar sua tranqüilidade. Aquela aversão transformou-se em ódio e desconfiança quando ela surpreendeu o olhar de Claudius fixo no menino com uma maldade dissimulada. Prometeu a si mesma vigiar o marido e ai dele se causasse algum mal ao seu ídolo!

Nada suspeitando da secreta desconfiança de sua esposa, Claudius se retirara para os seus aposentos, pretextando cansaço, mas ele não se deitara e, apesar da noite avançada, continuava a percorrer o quarto, sorvendo taça após taça de um vinho envelhecido que se encontrava sobre a mesa. Qualquer pessoa que o tivesse visto naquele momento teria se afastado rapidamente: todas as paixões violentas lhe transpareciam no rosto pálido e seus olhos refletiam uma raiva fria mesclada de inquietação.

— Devo conseguir, a qualquer preço, cem mil sestércios — murmurou cada vez mais nervoso —, mas como? Com Agripa? Ele nada me dará do seu bolso e não tocará no dinheiro do pequeno, eu o conheço. Maldita criança que me fecha o caminho para esta herança que me pertence de direito! Devo fazê-la desaparecer e o farei. Mas como afastá-la rapidamente, sem despertar suspeitas? Se eu não agir depressa, Lucilius Sabinus fará com que o escândalo recaia sobre mim, divulgando-o por toda a Roma. E esta doida Drusila vigia o menino de tal maneira que fica difícil aproximar-me dele. Deuses infernais, inspirai-me uma boa idéia!

Aproximando-se da mesa, sorveu sucessivamente duas taças cheias até a borda. Seu rosto ficou vermelho e, de olhos congestionados, recomeçou seu interminável passeio. De repente, bateu na testa:

— *Heureca*![1] Eis algo simples, que evita a necessidade de cúmplices e que dará à minha cara esposa a alegria de logo acordar herdeira do seu bem-amado Caius.

Um lampejo de sinistra satisfação surgiu em seus olhos e, como se a decisão tomada tivesse dissipado os vapores da embriaguez, levantou-se decididamente, lavou o rosto com água fria, recompôs as vestes e, depois de ter colocado no cinto uma bolsa bem cheia, envolveu-se em um manto escuro. Com as maiores precauções, evitando fazer o menor ruído, Claudius che-

---

1 *Heureca*: expressão de alegria supostamente usada por Arquimedes ao descobrir a lei do empuxo; é utilizada para designar "descobri!".

gou ao jardim, tirou a tranca de uma pequena porta que dava para o campo, e saiu. O patrício seguiu, a grandes passadas, por uma vereda estreita e pedregosa que começava ladeando a praia para, depois, se perder entre os rochedos abruptos. Depois de aproximadamente uma hora de caminhada, ele parou, tentando se orientar. Encontrava-se numa garganta selvagem, cercada de rochas de formas fantásticas, em cujos flancos abriam-se covas e fendas. A escuridão da noite e o profundo silêncio aumentavam ainda mais a impressão sinistra daquele lugar desolado.

Claudius passou a mão pela testa úmida.

— É bem aqui que deve estar localizado o refúgio da feiticeira — murmurou. — Idiota que fui de não ter pensado nisso em Roma, pois teria trazido o necessário. Enfim, sorte a minha de haver guardado tão boa lembrança da topografia da região e das pessoas certas que aqui vivem.

Assim refletindo, ele contornou uma grande rocha e parou diante da entrada de uma gruta, ao fundo da qual oscilava um fraco feixe de luz.

— Actea! Velha feiticeira! — chamou o patrício com voz abafada e batendo de leve o pé no chão.

Quase imediatamente, passos arrastados se fizeram ouvir e uma mulher de coluna encurvada, apoiada num bastão, apareceu à entrada da gruta.

— Quem és tu, estrangeiro? E o que queres a esta hora imprópria? — perguntou com voz rouca.

— Preciso falar contigo, sem testemunhas, e recompensarte-ei pelos teus serviços. Toma isto como adiantamento — replicou com rudeza Claudius, jogando-lhe uma moeda de ouro.

Como uma agilidade da qual não a julgaria capaz, a velha apanhou a moeda e, dando um passo para trás, disse com um servilismo obsequioso:

— Segue-me, nobre visitante, estou pronta para atender às tuas ordens.

Ele seguiu sua guia, que ergueu uma cortina de couro que encobria o fundo da gruta e fez o patrício entrar numa profunda reentrância, iluminada por uma tocha presa à parede. Num caldeirão suspenso acima do fogo de resina fervia uma massa escura, que exalava um odor acre e nauseabundo. A feiticeira designou um escabelo ao seu visitante e agachou-se sobre um tronco de árvore colocado perto do fogo. Era um ser estranho ao qual seria difícil atribuir uma idade. Seu corpo murcho e encurvado, seu rosto amarelado, enrugado, trazendo as marcas de todas as paixões que a haviam assolado, acusavam cem anos, mas nos seus profundos olhos negros brilhavam o fogo e a energia da mocidade.

— Que queres de mim, senhor? Talvez um filtro do amor? Tenho vários, infalíveis — disse ela, fixando um olhar escrutador no rosto de Claudius, semiescondido pela dobra de seu manto.

— Não, digna filha de Locusta, é de um veneno que tenho necessidade e isto, imediatamente, pois não tenho tempo a perder. Mas esse veneno deve ser bom e não deixar vestígios. Podes ou não me atender? Nem tenta me enganar, pois isso te custaria a vida.

A velha balançou a cabeça:

— Tenho o que precisas, senhor, mas o filtro custa caro.

Claudius, em silêncio, tirou a bolsa do cinto e mostrou-lha. Um sorriso de alegre cupidez iluminou a face ossuda da megera.

— És generoso, senhor, e serás bem servido.

Ela se levantou e desapareceu numa cavidade do rochedo que, provavelmente, dava acesso a uma segunda gruta. Alguns instantes mais tarde, ela voltou e estendeu a Claudius uma garrafinha cheia de um líquido incolor.

— Isto mata sem deixar vestígios. Podes ter certeza, senhor, que aquele que engolir duas gotas deste suco, morrerá uma hora mais tarde, pela ruptura do coração.

Claudius pegou o frasco, jogou no chão a pesada bolsa e, fazendo com a mão um sinal de adeus, saiu apressado. Uma hora depois, entrou na vila e alcançou seu quarto sem encontrar ninguém e, após de ter trancado o frasco, jogou-se no leito, moído de cansaço.

No segundo dia depois daquela noite agitada, reencontramos Claudius no terraço que dava para o jardim. Fora um dia de calor sufocante e todos da família gozavam, deliciados, o frescor da tarde. Semideitado sobre uma poltrona de bronze, o patrício lia, degustando em pequenos goles uma taça de vinho que, juntamente com uma ânfora e uma cesta de confeitos, tinham sido colocados sobre uma mesa ao seu lado. Drusila estava sentada no jardim. Ocupando-se de um trabalho manual, ela vigiava Sempronius que, ora colhia ramos de flores que amontoava sobre o banco, ora divertia-se em subir e descer, correndo, os degraus do terraço.

Claudius, que o observava, aproveitou um momento em que o menino tinha parado a poucos passos dele para tomar fôlego, e chamando-o com um gesto, disse-lhe amigavelmente:

— Como estás quente, pequeno! Vem aqui e bebe um gole

do meu vinho para te sentires melhor.

    Sorrindo, Sempronius aproximou-se e, pegando com as duas mãozinhas a taça quase cheia, esvaziou-a de um trago. Se naquele momento, alguém estivesse observando o patrício, teria ficado surpreso com a expressão indefinível de seu rosto pálido, com o brilho sinistro de seus olhos e com o tremor nervoso de seus lábios. No entanto, o menino nada notou. Devolvendo a taça, voltou-se e recomeçou sua alegre corrida pelo jardim.

    Naquele instante, Rufila surgiu à entrada do terraço. A antiga criada de Virgília continuava trabalhando para Drusila, tomando conta do menino, e se afeiçoara sinceramente à sua doce e indulgente ama. Aproximando-se da patrícia, a criada anunciou-lhe que uma pobre mulher dos arredores pedia insistentemente para falar com Drusila.

    — Vou imediatamente — disse a moça, levantando-se. — Tu, Sempronius, dize boa noite ao teu tio e segue-me. Já está na hora de tomares banho e de te deitares.

    — Eu quero continuar correndo pelo jardim — respondeu o menino mimado, mas Rufila pegou-o nos braços e levou-o, sem se importar com suas lágrimas e seus protestos, pois o pequeno caprichoso não estava habituado a ser contrariado.

    Chegando à grande sala do pavilhão, que fora ocupada por Caius durante sua última enfermidade, Drusila olhou espantada ao seu redor.

    — E então? Onde está a velha Cláudia?

    — Perdoa-me por ter ousado mentir para ti, minha boa senhora — disse Rufila, beijando-lhe a mão —; Cláudia não está aqui, mas foi um pretexto que usei, porque eu estava impaciente para te colocar a par de uma coisa grave que acabaram de me contar. Lembras-te, senhora, de Remus, o pobre corcunda que socorreste e que vive na casa da sibila do Rochedo? Pois bem! Ele teve que fazer um serviço aqui perto e veio me confiar que, na noite de anteontem, nosso amo foi à casa de Actea. O menino não conseguiu ouvir o que eles conversaram, mas, mais tarde, ele viu a megera contando muitas moedas de ouro. Então, tive medo de que te acontecesse alguma desgraça e pensei que, talvez, gostarias de passar algumas semanas com a nobre Metella — acrescentou a criada hesitando, e com voz chorosa.

Drusila empalideceu e, presa de um tremor nervoso, deixou-se cair sobre uma poltrona.

— Obrigada pelo teu conselho, minha fiel Rufila. Tens razão, partirei com o menino. Temo por ele e não por mim. Mas, para evitar as suspeitas de Claudius, vou escrever a Metella e pedir-lhe que me convide. Brinca com Sempronius enquanto escrevo minha carta que, depois, expedirás por um homem confiável, além de encarregar-te dos preparativos para a viagem.

Dominando sua emoção, a moça aproximou-se de um armário de cedro, retirando dele tudo o que era preciso para escrever. Terminada a missiva, guardou no móvel o sinete de ouro com o qual acabara de selar o rolo de pergaminho. Seu olhar, velado pelas lágrimas, deteve-se sobre diversos objetos colocados na mesma prateleira e cuja visão despertava nela um mundo de doces e penosas recordações. Lá se encontravam anéis, fivelas e amuletos que Caius usara, a taça em que tinha bebido na noite de sua morte e até o punhal com o qual Nero o atacara no dia do seu casamento com Virgília.

Perdida em seus devaneios, a jovem absorvia-se no passado, quando um grito cortante trouxe-a de volta à realidade.

— Senhora! Senhora! — gritava Rufila —, veja! O que está acontecendo com o menino?

Sempronius acabava de cair entre os seus braços com os lábios entreabertos, o olhar fixo e já sem cor. Uma palidez cadavérica cobria-lhe o rosto e rápidas contrações agitavam-lhe o corpo e as pequenas mãos crispadas. Fora de si, Drusila precipitou-se para o menino. Arrancando-o dos braços de Rufila, sacudiu-o, comprimiu-o contra o peito. Tentava reanimá-lo, cobrindo-o de beijos, mas nada adiantou: o corpo de Sempronius enrijecia visivelmente e sua cabeça anelada tombava inerte.

— Minha boa senhora, acalma-te, ele está morto — repetia Rufila, soluçando.

Os braços de Drusila distenderam-se subitamente, deixando rolar no chão o corpo inanimado da criança.

— Morto — repetia ela, com uma estranha calma —, morto, meu filho adorado, herança a mim confiada por Caius! E eu sei *quem* o matou!

Segurou a cabeça com as mãos e apoiou-se na parede. Olhos parados e arregalados, rosto agitado por crispações estranhas, dentes enterrados no lábio inferior, Drusila estava assustadora.

Parecia que uma revolução se operava em seu cérebro. Subitamente, correu até o armário aberto, pegou o punhal que servira a Nero em seu ataque fratricida e saiu correndo.

Rápida e leve qual uma sombra, a arma contra o peito, a moça atravessou a casa, dirigindo-se para o terraço no qual tinha deixado o marido. Parou um momento à entrada de uma sala em colunatas que também dava para o jardim. Claudius lá se encontrava, sentado a uma mesa coberta de carnes frias, de vinho e de frutas. A noite chegara e, para distrair a surda inquietação e matar o tempo, o patrício mandara que lhe servissem a ceia, embora não sentisse apetite. De ouvido atento, verificava cada ruído e, esvaziando copo após copo, procurava afogar no vinho as diversas emoções que o atormentavam.

Um roçar ligeiro fê-lo voltar a cabeça: ao ver sua mulher de pé à entrada, tão branca quanto sua túnica, o rosto convulsionado, os olhos brilhando de ódio selvagem, Claudius pensou estar vendo um demônio vingador, saído do reino de Plutão.

— O que houve, Drusila? Que queres de mim? — balbuciou, tentando levantar-se, mas suas pernas vacilaram, a taça que segurava escapou-se-lhe das mãos, rolando sobre as lajes.

— Que queres de mim? — repetiu caindo pesadamente na poltrona.

— Assassino! — gritou a moça com voz sibilante. — Enganas-te se esperas usufruir o fruto de teu crime: vai juntar-te à tua vítima!

Rápida como um raio, saltou sobre ele e, como uma força e uma precisão surpreendentes, afundou-lhe o punhal na garganta.

Claudius levantou-se, soltando um rugido abafado, levou ambas as mãos à boca, de onde o sangue jorrava fervendo e, com os olhos fora das órbitas, deu alguns passos cambaleantes, para cair morto. Drusila debruçou-se sobre o cadáver, examinando-o com feroz satisfação:

— Ele está bem morto — murmurou —; agora, é preciso destruir este lugar desgraçado.

Soltando uma sinistra gargalhada, pegou uma das tochas

colocadas sobre a mesa, colocou fogo nas vestes de Claudius e, depois, nas tapeçarias da sala.

— Destruir, destruir tudo! — repetia a pobre louca, retomando sua corrida para o pavilhão e incendiando tudo à sua passagem.

Ao ver as línguas de fogo que se erguiam de todos os lugares com uma sinistra crepitação, as gargalhadas de Drusila transformaram-se em terror.

— O Vesúvio, o Vesúvio está vomitando fogo — gritou, lançando-se para todos os lados e procurando angustiadamente Caius, seu pai e a criança, a fim de salvá-los da erupção.

Logo, clamores soaram por toda a casa, mas o que podiam os esforços humanos contra o elemento desencadeado? À claridade sangrenta do incêndio, os elegantes peristilos e as galerias que desabavam, miraram-se pela última vez nas águas avermelhadas do golfo, e o sol levante só iluminou um monte de ruínas fumegantes, vestígios informes da esplêndida habitação que abrigara entre suas paredes tantas desgraças e tantos crimes.

A alguma distância da tragédia, os serviçais, mudos e apavorados, agrupavam-se ao redor do cadáver de Drusila, sufocada pela fumaça antes que conseguissem alcançá-la e levá-la dali.

Algumas horas mais tarde, um barco atravessava o golfo à força de remos. Nele se encontravam Rufila, o velho intendente e alguns escravos. Iam procurar Agripa para contar, a ele e à esposa, sobre o incêndio da vila e os terríveis acontecimentos que, consumando uma estranha fatalidade, acabava de destruir o último rebento do filho preferido de Titus Balbus Sempronius.

Epílogo - As sombras da cidade morta

Era noite, a lua inundava, com seus raios prateados, uma vasta planície acinzentada no horizonte da qual se erguia, como um gigantesco *memento mori*, a sombria silhueta do Vesúvio coroada por uma coluna de fumaça salpicada de fagulhas.

Aquela planície árida e semeada de asperezas e blocos de lava, sulcada de brechas profundas, era a mortalha das duas cidades. Sob aquela abóbada de pedra e cinzas dormiam Pompéia e Herculanum, atingidas de improviso, no auge do seu desenvolvimento e da atividade da vida, e sufocadas pelo abraço de fogo do velho gigante que era considerado inofensivo.

Se tivesse sido dada ao olho humano a capacidade de ver no fundo daquela enorme tumba, um espetáculo mais desolado teria atingido seu olhar. Lá jazia a cidade morta, com suas ruas vazias e devastadas, suas casas desertas e seus templos desmoronados. Nas trevas profundas daquele local desolado erravam ora sozinhas, ora em grupos, pequenas chamas vacilantes como os fogos-fátuos. Rápidas e como se estivessem inquietas, aquelas luzes, semelhantes a borboletas de fogo, esvoaçavam sob as abóbadas dos prédios abandonados, iluminando furtivamente alguma estátua ainda de pé ou um montículo de cinza endurecida, sob o qual se conservava fielmente, para os séculos vindouros, a marca do infortunado enterrado sob aquela pesada mortalha.

Numa casa, outrora ricamente decorada de esculturas e objetos preciosos e que, mais que as outras, havia resistido à destruição, um numeroso grupo de pequenas chamas esvoaçava agitadamente, parando, por um instante, em um quarto, ao lado de dois esqueletos abraçados, ou em um pequeno pátio, ao centro do qual se comprimia um grupo mais estranho ainda. Todos aqueles fogos-fátuos, uns esmaecidos, outros brilhantes, dirigiam-se, na sua caminhada errante, para uma cova bastante ampla e abobadada, cujas paredes, contendo inúmeras urnas funerárias, não deixavam dúvidas sobre sua utilidade. Pouco a pouco, o subterrâneo iluminou-se com uma claridade azulada, as borboletas de fogo, esmaeceram, ocultas por nuvens esbranquiçadas e, logo, sombras vaporosas, atraídas reciprocamente pela voz da afeição ou da animosidade, agruparam-se perto de uma grande urna de alabastro, na qual se encostava uma mulher de traços regulares e cabeleira de ébano. Junto dela, desenhava-se distintamente a cabeça grisalha de um homem alto, de traços marcados, assim como o corpo atlético de um rapaz de formas admiráveis e de olhos negros e brilhantes. Ao redor deles, comprimiam-se os atores do drama terreno que parecia ter terminado com a morte, mas cujo desfecho, infelizmente, deveria aguardar muitos séculos, reclamando de cada um, com uma justiça inexorável, benefício por benefício, sofrimento por sofrimento.

Quase todos aqueles rostos transparentes refletiam tristeza, remorsos ou sofrimento.

— Oh, meus pobres pais! — expressou o pensamento de Caius Lucilius. — Quantos remorsos torturam o espírito humano quando, de olhos abertos, ele sonda suas existências passadas! Quantas faltas e quantos erros poderiam ser evitados! Quantas oportunidades de se fazer o bem e de conquistar amigos foram perdidas!

— Estou sofrendo — suspirou o espírito de Lívia —; por orgulho e ciúmes, expulsei os filhos de minha rival. Agora Nero e Sempronia vêm me culpar pelo fim miserável que tiveram, assolando-me com acusações e sufocando-me com seu ódio.

— Participo dos teus sofrimentos, Lívia — murmurou Sempronius, abaixando a cabeça acabrunhado. — Cego de egoísmo, mandei para longe do meu coração e da minha casa os seres que me foram confiados para que eu lhes ensinasse o bem. Eu não quis compreender que o amor pode se expandir infinitamente e, que, num coração amoroso há lugar para todos. Tu também, Caius, terias sofrido menos seu eu tivesse amado com a mesma intensidade todos os meus filhos; minha inflexibilidade criou-me três inimigos que, agora, perseguem-me com seu ódio.

Herculanum

Foi só aqui que compreendi que, ao me tornar cristão, eu certamente estaria adquirindo uma grande graça que aliviaria meus últimos momentos, mas também entendi que apenas a minha conversão não poderia, como eu pensava, inocentar-me das minhas faltas. As sublimes máximas que o cristianismo proclama em nome do divino missionário que veio lembrar aos homens as leis da virtude e da caridade, esses preceitos, eu os conheci no mundo dos espíritos, mas minha alma endurecida e orgulhosa os rejeitava, por serem incômodos: agora, desiludido com a morte, eu percebo que não basta batizar o corpo, pois é a alma que é preciso retemperar na humildade e na oração, para dar-lhe a força de proclamar, por meio de atos, os princípios de amor e de caridade pregados por Jesus.

Ah, meu filho! Como a alma humana, embotada e tornada orgulhosa no seu asilo terrestre, pouco compreende o objetivo da vida! Em vez de lutar contra as paixões e os impulsos da vida material, ela imagina que um simples arrependimento proferido pelos lábios que mentiram, traíram, blasfemaram, é suficiente para devolver-lhe a pureza; e que um homem saciado de prazeres, incapaz de ainda pecar, pode resgatar suas faltas, repetindo as máximas sublimes que jamais pôs em prática. Aqui, o despertar é terrível, pois vemos o caminho que nos resta a percorrer, o imenso trabalho que ainda temos que realizar para nos domarmos e revivermos num corpo material, como verdadeiros discípulos do filho da perfeição, encarnado com o nome de Jesus.

— Compreendo tuas palavras, pai — disse Caius tristemente —, sou ainda mais culpado do que ti. Voluntariamente convertido, nem tentei lutar pela minha nova crença; covardemente a reneguei, à primeira suspeita que ela poderia prejudicar minha posição diante dos homens.

Naquele momento, uma ofuscante claridade inundou a sombria tumba, envolvendo, qual uma vasta auréola, um ser de suave beleza. O olhar calmo e sereno do espírito superior fixou-se com doce piedade no grupo das inteligências culpadas e perturbadas.

— A fé no criador misericordioso do Universo — exprimiu seu pensamento — não é absolutamente um altar sobre o qual se deve imolar a carne de seus adeptos; não se glorifica a um Deus entregando seu corpo às torturas e a uma morte inútil.

É só por meio de duras provas, de atos, em trabalho incessante, que a alma adquire força para corresponder ao bem e ao verdadeiro. Mas essa grande força do bem, que é uma emanação do próprio Deus, nunca é mesquinha nem parcial, como os homens a entendem. Ela julga o espírito, não a letra, e é por isso, meu filho, que serás perdoado por teres renegado tua crença diante dos homens. As leis de Jesus estavam no teu coração, pois perdoaste àquele que atentou contra tua vida, bem como socorreste a pobre velha mãe do traidor que havia ofendido tua honra. Qualquer religião recomenda fazer o bem e evitar o mal; portanto, todas são iguais aos olhos da divindade e, seus adeptos, que servem ao pai com atos virtuosos, são igualmente caros ao mensageiro divino, que guia vosso mundo para a perfeição, e que encarnou para fazer renascer os princípios do bem.

Mas não foi somente isso que vim vos dizer, pobres espíritos vacilantes e perturbados. Para vos encorajar e apoiar na difícil ascensão para o bem, estou autorizado a revelar-vos um futuro, ainda longínquo do ponto de vista terreno. Virá um tempo em que a religião do amor pregada por Jesus para elevar e enobrecer a triste humanidade não terá mais influência sobre a mesma. As descobertas científicas, que desvendarão aos homens algumas ínfimas parcelas do saber infinito, torná-los-ão tão orgulhosos a ponto de não acreditarem em nada do que estiver além do que puderem pesar e dissecar com seus instrumentos. Deus, considerado supérfluo, será abolido; templos serão derrubados e a fé, ridicularizada. Como conseqüência inevitável dos princípios grosseiramente materiais proclamados por esses anjos decaídos, obscurecidos pela presunção, chegando até a revolta contra seu Criador, a humanidade se endurecerá, perderá todos os limites e, nessa caça desenfreada aos prazeres a qualquer preço, o vício se transformará em virtude, o mal reinará soberano, milhares de inteligências, privadas de todo apoio moral, tropeçarão e procurarão no suicídio ou em todos os excessos, um remédio para o vazio interior que as torturará.

Então, todos os que ainda conservarem alguma noção do bem, tremerão, e um grito de angústia se elevará ao Criador, jamais surdo a uma prece sincera. Mas como, nessas almas cegas pelo orgulho, ressecadas pelo egoísmo, nenhuma palavra poderá dar frutos, o Eterno, na sua clemência, dirá àqueles que o servem: "Descei; misturai-vos aos vossos irmãos encarnados, provai-lhes que vós existis, mostrai-lhes, em vós mesmos, a vida imortal, as conseqüências que o mal provoca e, por meio desse conhecimento, poupai-os de um longo arrependimento, de uma dura expiação". A essa ordem divina, legiões invisíveis partirão, e a Terra será povoada por milhares de missionários desconhecidos que, por suas faculdades, permitirão aos habitantes do espaço manifestarem-se e se comunicarem com os vivos, deixando-se controlar por todos os seus sentidos. Então, uma luta encarniçada será travada entre a incredulidade presunçosa e a verdade que surgirá em todos os lugares e não se deixará sufocar.

Deveis ter em vista a época dessa grande luta entre as inteligências; deveis preparar-vos ao longo de vossas existências sucessivas. Se, chegado o momento, tiverdes adquirido a força para combater pelo bem, dominando vossas paixões, respondendo com afeição e caridade aos ataques dos adversários que não mais queimarão vosso corpo, mas ulcerarão vossa alma, grande será vossa recompensa e, talvez, podereis até deixar esta terra de miséria para ascenderdes a uma esfera melhor. Pensai nesse objetivo, meus irmãos perturbados, e trabalhai, trabalhai! Pois será duro o combate e, infelizmente, muitos serão os chamados, mas poucos serão os escolhidos.

Lançando sobre os espíritos ali reunidos um último eflúvio reconfortante, a inteligência superior elevou-se no espaço, mas sua presença havia atraído muitos ouvintes, reunindo, agora, amigos e inimigos na sombria tumba da cidade destruída.

Abaladas pelos sentimentos mais contraditórios, as inteligências hostis entreolharam-se em silêncio: o desejo de avançar, de não faltar entre os combatentes da verdade e de ganhar a recompensa prometida, animava a todos, mas ninguém se iludia sobre as dificuldades da tarefa.

— Amar os que me repudiaram, não mais ter inveja de Caius, perdoar a Claudius sua covarde hipocrisia, será que algum dia eu o conseguirei? — murmurou ansiosamente Nero.

Tremendo, dilatando-se, por momentos, num bólido de faíscas, o perispírito de Metella flutuava diante de uma sombra negra, de onde jorravam chamas escuras e fumarentas, sinal de paixões baixas e violentas.

— Eras tu, então, Galius, que meu instinto reconheceu sob o invólucro de Flavius? Ser odiento que, em tantas existências, me levaste ao crime, perdoar-te, amar-te, pagar-te com o bem o mal que fizeste, é um esforço que apenas a alegria da perfeição pode compensar.

— No entanto, precisarás fazê-lo, para brilhardes na primeira fila, a única que consideras digna de ti — ironizou o espírito de Galius.

Tibério ameaçou surdamente:

— Hei de vencer-te, Virgília, e te forçarei a me amar.

— Nunca, respondeu Virgília. Sofrerei, aperfeiçoar-me-ei, mas sem me aproximar de ti. E enquanto estiveres apodrecendo, ligado a Febé, cujos instintos ignóbeis te manterão na lama, eu subirei e combaterei pelo bem, unida aos que eu amo.

A agitação propagava-se entre os espíritos culpados, dos quais uns tentavam a reconciliação e, outros, declaravam-se um ódio implacável. O turbilhão potente de uma vontade superior veio acabar com aquela querela e, como leves flocos, eles foram suspensos, arrastados e dispersos no espaço, para se prepararem, pelo trabalho e pela prece, para novas provas terrenas.

O tempo, esse nada tão longo para o homem, tão imperceptível para o espírito, escoara na sua impassibilidade imutável. Insensivelmente, mais de dezessete séculos haviam se desfiado, caindo como gotículas fugitivas no abismo aberto da Eternidade, no qual, bilhões de pérolas semelhantes *nada* representavam.

Nos recônditos desses séculos passados, muitas vidas se desenvolveram. Os membros do grupo de espíritos, cuja história descrevemos, haviam lutado, pecado, expiado. Alguns se tornaram mais sábios ou mais virtuosos; outros permaneceram estacionários. Chegara o momento solene predito pelo espírito superior: a grande luta do mundo extraterreno contra o reino da matéria e do ceticismo presunçoso ia começar. Antes de se dispersarem, aqueles que deviam descer em primeiro lugar para se encarnar na Terra, haviam se reunido. Graves e meditativos, recordavam o passado e olhavam ansiosamente para o futuro: sairiam vitoriosos da prova? O momento era sério e decisivo. O imenso deslocamento das massas inteligentes iria promover alguns deles e relegar, por muito tempo, os retardatários aos mundos inferiores, onde seriam empregados como instrutores das humanidades menos evoluídas.

Entre aqueles numerosos grupos, também se encontrava Sempronius que, antes de reencarnar, despedia-se de Caius Lucilius.

— Temo — repetia ele com inquietação — deixar-me levar e absorver além da conta pelos interesses da vida material. Novamente estarei unido a Lívia, mas os filhos que nos são destinados, tu os conheces. Poderão eles nos amar como devem? Saberemos uni-los a nós por essa afeição profunda que nos tornará solidários e apagará o passado? E Nero, que novamente será meu filho, será que saberei mantê-lo no caminho do bem?

— Eu lhe prometi ajuda e apoio e, desta vez, ele encontrará os braços de um pai para ajudá-lo — respondeu Caius. — Tem, pois, coragem, meu antigo e fiel amigo, cumprirás o teu dever, pois Nero fez um longo trabalho consigo e está imbuído das melhores intenções.

No mesmo instante, o espírito de Nero surgiu-lhes à frente, também inquieto e nervoso.

— Oh, Caius! — murmurou. — Agora, reconheço de bom grado, tua superioridade. Quero lutar bravamente pela nova fé, que permitirá que eu me aproxime de ti. Ajuda-me a não falhar, a não mais sentir, pela beleza da tua alma, aquele velho ódio ciumento que me inspirava tua vantagem física. Vejo que o teu perdão é sincero, mas ainda posso vacilar e, se eu deixar cair a tocha que deverá me iluminar, então, como previsto, rolarei pelo abismo de uma vida inútil; mentindo sem parar à minha consciência, tornar-me-ei um falso sacerdote da verdade e do bem.

— Meu irmão, esqueces que minha voz estará fraca e que as paixões humanas rugirão dentro de ti. Mas tanto quanto eu puder, ajudar-te-ei e tentarei esclarecer tua alma. Teu pai, que conduzirás à verdade, à fé e ao espiritismo, será teu apoio terrestre.

— Apesar de ter conhecimento disso, tremo. Se eu vacilar, se me deixar guiar por más inspirações; se enfraquecido pela carne, atormentado por inimigos visíveis e invisíveis (Claudius vai encarnar ao meu lado), eu não permanecer firme e me afastar da luz, quem, senão tu, Caius, me ajudará? Eu sinto e eu temo, que aquele que eu conduzir à fonte da salvação, me repudiará.

— Não! Não! — protestou energicamente Sempronius.

— Farei o meu dever, procurarei ajudar-te.

— Oh! — murmurou Nero, tomado de uma violenta agitação —, tua alma dura, que quer dobrar e quebrar em vez de levantar, não encontrará o caminho do meu coração. Recolherás os mendigos da rua, para socorrê-los, mas o mendigo espiritual que será teu filho, tu o abandonarás à sua luta moral e dirás: "Ele assim o quis!" Ainda uma vez, atirar-me-ás teu ouro frio e duro, no lugar de me conceder a indulgente afeição de um pai? O filho pródigo terá apoio nos seus momentos de fraqueza? Rechaçado pelos homens por mim ofendidos, amar-me-ás o suficiente para tentar reconduzir-me ao caminho da verdade? Não, provavelmente, pois prevejo que nosso velho ódio despertará e, como um estrondo subterrâneo, cobrirá e sufocará os bons sentimentos, as aspirações generosas que nos incentivarão. Tu, ao menos, Caius, não te afastarás de mim?

Caius Lucilius suspirou profundamente:

— Acreditas que minha tarefa será leve? Vês esta falange de espíritos que, pouco a pouco, irão se encarnar e tentar progredir, abrindo um caminho para as verdades do espiritismo? No meio desta multidão, quantos inimigos encontramos? Quantas inteligências estreitas, presunçosas, invejosas? Em virtude da pesada missão que solicitei, todos esses seres de mim se aproximarão para pedir-me ajuda, conselho, apoio moral. Iludidos pela carne, não me conhecerão, mas eu os conhecerei, eu verei, através da máscara carnal, seu antigo ódio instintivo, sua inveja mesquinha e a covarde ingratidão com a qual eles pagarão meu devotamento. E nessa luta exaustiva contra a incredulidade presunçosa, mesclada de misérias e torpezas humanas devo me manter calmo, indulgente e inalterado, como a verdade que me cabe proclamar. Devo ser o amigo, o conselheiro, o consolador de todos os que a mim fizerem apelo, sejam amigos ou inimigos, e trabalhar para eles como o último dos operários, sabendo que a traição e a calúnia serão minhas únicas recompensas. Oh! Eu repito: essa tarefa será dura para minha alma violenta. Trata, pois, Nero, de não torná-la mais penosa ainda. De resto, meu irmão, seja qual for o futuro e, mesmo que, movido por antigos sentimentos hostis, tu te separes de mim e do grupo sob minha direção, não encares essa deserção como decisiva para tua crença. Qualquer homem pode vacilar um dia, mas sempre poderá levantar-se e atingir a verdade por um outro caminho. Deus está em toda a parte, e não são os homens que fazem os adeptos do espiritismo, mas a fé e a convicção. Separados na Terra, nós nos reencontraremos aqui, lembra-te disso.

Da falange de espíritos mais ou menos obscuros que se preparavam a uma futura encarnação, um grupo bastante numeroso havia se destacado e, cercando Caius, suplicava-lhe apoio e que não desanimasse com suas fraquezas e quedas. Nesse grupo, podíamos encontrar Claudius, Túlia, Tibério, Daphné e muitos outros.

O fogo divino da caridade, o desejo de resgatar erros passados, melhorando seres semelhantes a ele, inundou com uma torrente de luz a alma ardente e generosa de Caius Lucilius.

— Sim — respondeu ele —, quero perdoar a todos vós os sofrimentos que me infligistes; elevando, bem alto, a tocha da verdade. Comprimindo contra o meu peito a cruz, símbolo da eternidade e da esperança, eu desejo vos ensinar o bem, abrir-vos os olhos para as vossa faltas, mostrar-vos o caminho da perfeição. Pela pena e pelos atos, provarei a vós a existência do além-túmulo e vos convencerei da imortalidade da alma. Trabalharei sem trégua para vos abrir o caminho e para vos iluminar. Todos os que apelarem a Rochester, encontrarão nele um auxílio, um conselheiro infatigável, que velará pelos amigos e inimigos. Quanto a ti, Daphné, devo te dizer algumas palavras em particular. Todas as tuas existências foram uma trama de baixezas, de ambições, de estúpida teimosia. Quando foste, sucessivamente, Radamés, Daphné, Kurt, mostraste tua ingratidão, tua deslealdade vergonhosa para comigo e, no entanto, o sentimento de afeição que senti por ti ainda não se extinguiu. Assim, considero-te uma sobrecarga da bagagem de perfídia, de ódio e de ingratidão que me seguirá por toda parte. Sabes que os espíritos superiores, que julgaram tua última existência terrena, consideraram necessário impor-te uma vida de miséria e de humilhação. Eu tive piedade de ti, retirei-te da lama, tornei-me teu fiador e obtive, para ti, naquele grave momento, uma existência que, se me fores fiel, far-te-á progredir sem muitos sofrimentos. Mas, toma cuidado! Se, uma vez mais, traíres minha confiança e complicares a minha tarefa, abandonar-te-ei definitivamente aos teus inimigos e a uma dura, porém justa, expiação que poderá destruir tuas más paixões. Tomando para mim a responsabilidade de tua regeneração e convicto de que apenas o sofrimento e a infelicidade podem te domar, velarei por ti e, tão tenaz quanto o tens sido no mal e na ingratidão, eu o serei no cumprimento da expiação. Para o teu bem, não pouparei lágrimas nem sofrimentos morais que purificarão teu ser. Reflete, pois, ainda há tempo, e se te sentes fraca, renuncia a esta encarnação e prepara-te seriamente para enfrentar a outra, que teus juízes te designaram.

O espírito de Daphné agitou-se com inquietação:

— Juro amar-te, ser fiel a ti e obedecer-te em tudo — murmurou, calculando, com a rapidez do pensamento, que, de qualquer forma, era preferível, naquele momento, escapar de uma vida de expiação cheia de misérias e sofrimentos, para escolher uma existência abastada, sob a égide de um protetor do qual, tantas vezes, já experimentara o poder e a bondade.

Nos tempos que estavam por vir para o espiritismo, era realmente bastante útil ligar-se à fortuna, ser, por assim dizer, o favorito privilegiado de um espírito poderoso como Rochester, por sua energia e desenvolvimento intelectual, e seu trabalho poderia até produzir aquele metal tentador que Daphné, em todas as encarnações terrenas, era hábil em dissipar.

E mesmo que ela fraquejasse e traísse a confiança de Rochester, não lhe tinha ele perdoado cem vezes as piores traições? Ela podia contar com sua invariável indulgência. Como todos os espíritos covardes e limitados, Daphné era incapaz de sondar uma alma como a de seu protetor, para avaliar os limites da sua paciência e, no ardor de suas tramas astuciosas, ela esquecia até que a inteligência superior estava lendo seu pensamento.

— Estás enganada e, desta vez, estás fazendo as contas sem o hoteleiro — respondeu-lhe Caius, ou Rochester (como queiramos chamá-lo). — Se tu me traíres, terei a punir *mais* do que uma ofensa pessoal. Encarreguei-me de velar por tua evolução e conduzir-te-ei, regenerada, à presença dos teus juízes. Definitivamente convencido que tu és um daqueles alunos sobre os quais a doçura não produz efeito, empregarei a severidade e serei um mentor como o mereces.

Tendo trocado um último pensamento simpático com Sempronius, Caius elevou-se no espaço e desapareceu.

Na Terra, mais de meio século havia transcorrido desde a reunião extraterrena que acabamos de descrever. Quase todos os espíritos convocados a provar, por seus atos, a solidez das resoluções tomadas na erraticidade, já estavam encarnados. O momento de cumprir sua missão de trabalho e de devotamento chegara para Caius Lucilius e, acompanhado de uma falange inteira de amigos e auxiliares devotados, mas também de inimigos, ele desceu do espaço infinito — pousada do espírito livre — para dar início, na pesada e espessa atmosfera terrestre, ao seu trabalho preparatório.

Espessos fluidos avermelhados, sulcados de faíscas elétricas, cercavam-no qual uma esfera de fogo: era a matéria terrestre, destinada a religá-lo aos seus médiuns e ao mundo material, no meio do qual deveria agir. Ao seu lado, flutuava um espírito, cuja transparência luminosa e cujo pensamento, resplandecente como uma estrela, provavam a elevação e a grandeza moral.

— Sábio, corajoso e perseverante mestre, apoiar-me-ás na minha pesada tarefa? — perguntou Caius. — Sei quais pecados, quais faltas eu irei voluntariamente expiar e resgatar, e, no entanto, no último momento, minha alma está tomada pelo temor e pela dúvida. Será que perderei a coragem? Terei a paciência e a força para continuar sendo o puro e inalterado arauto da verdade, no meio de homens presunçosos, pérfidos, endurecidos pelo ceticismo e pelos prazeres materiais? Oh! Se eu pudesse ser poeta, escrevendo com letras de fogo os dramas do passado, as lições salutares, esclarecer, para os encarnados, a vida de além-túmulo! Então, nada poderia macular a pureza da minha obra. No entanto, ligado aos homens, envolvido nas suas lutas, seus interesses mesquinhos, suas intrigas traidoras, não serei levado, pela minha alma exaltada, a odiar e a punir, como já me aconteceu? Atualmente, sacerdote Amenophis, muitas vezes eu penso que, naquela época longínqua, quando eu era o faraó Mernephtah, tu me dizias que o homem que subjuga e humilha, por meio de uma vida meramente material, o princípio divino que enobrece, rebaixa-se à categoria dos animais. Nos nossos tempos, não encontramos milhares de seres que, enfraquecidos pelo ateísmo, cegos por um orgulho ridículo e ávidos por lucros e prazeres, passam sua vida na irreflexão e nos gozos dos irracionais? Como fazer para chegar até eles? Como encontrar o caminho da sua alma? Tu mesmo, tu, o valente centurião que não há muito tempo foste Allan Kardec; tu que, nesta última existência, te devotaste à fundação de uma doutrina que esclarece e consola a humanidade, quantas decepções não tiveste que sofrer?

— Não te exaltes, meu discípulo e neófito de outrora — respondeu Kardec com a calma serena adquirida pela consciência da força —: a tarefa que empreendes é pesada, mas, também, bastante nobre e bela para que lhe dediques todas as forças de tua alma enérgica e laboriosa. Trabalhar na grande obra de regeneração da humanidade, demonstrando-lhe, por meio de provas incontestáveis, a imortalidade e a responsabilidade do ser racional, é uma missão digna de todos os espíritos generosos. Penses nisso, meu devotado amigo, e encontrarás a força para dominar os impulsos da tua alma violenta, e a tua palavra atingirá e abalará os corações endurecidos dos encarnados. Tenho necessidade de te prometer que podes contar com o meu apoio e o meu concurso? Entretanto, muitas desilusões, muitas deserções te esperam, mas isso não deve te desencorajar. Toda obra que é realizada entre os homens é frágil e sujeita a mil vicissitudes. Mas não importa! O que é verdadeiro e eterno acaba por triunfar.

Vê minha obra terrena, na qual trabalhei com toda a prudência e todo o discernimento de que o homem pode dispor, para lhe dar fundamentos sólidos, baseados na verdade. Pois bem! Depois de há alguns anos ter deixado meu invólucro carnal, quantos detratores, opositores, até acusadores não surgiram, querendo refazer, corrigir, melhorar esta obra e até mudar os seus princípios? Isto me desencoraja ou me entristece? Não. Pois nos pontos que errei como homem, apesar da minha boa vontade, a verdade aparecerá. O que é verdadeiro e eterno resistirá a todos os ataques. Vai, pois, meu amigo, e trabalha também, sem atos irrefletidos e sem desfalecimentos, para continuar e completar minha obra.

Enquanto ele falava, uma claridade cada vez mais intensa, o fogo das resoluções generosas, iluminou o perispírito de Caius Lucilius.

— Sim, tens razão, como sempre — declarou entusiasmado —: trabalharei e tentarei dominar-me para servir à humanidade e continuar tua obra. Dedicarei à propagação da tua doutrina, em toda a sua pureza, todas as forças de minha alma, todos os recursos do meu talento. Combaterei, sem desanimar, pelos princípios de verdade que proclamaste, e o Pai de todas as coisas amparar-me-á e abençoará minhas mágoas.

Um jato de fogo jorrou dos dois espíritos e os uniu num abraço cordial. Em seguida, o espírito de Kardec elevou-se, para ascender ao infinito.

Sempre movido pelo entusiasmo generoso que acabara de experimentar, Caius (Rochester) continuava, com seus companheiros, a aproximar-se da Terra. Logo viu estender-se abaixo de si uma grande cidade, cujas ruas e casas estavam cobertas de neve. Então, lançou-se no espaço dos fios luminosos que o atraíram para mais perto ainda e o uniram aos seres humanos que nada desconfiavam da presença daquele invisível visitante.

Finalmente, parou diante de um grande e maciço edifício. Sobre seu portal via-se uma águia coroada cujas asas abertas pareciam proteger aquele abrigo, destinado, pela generosidade soberana, ao estudo e desenvolvimento do bem.

Lançando ao redor de si um olhar entristecido, o espírito visitante penetrou numa ampla sala debilmente iluminada. Nos numerosos leitos, dispostos uns atrás dos outros, dormiam jovens seres despreocupados. Mas, bem ao fundo, perto de uma mesinha contendo dois espelhos iluminados por velas, comprimiam-se muitas moças. Era véspera do Ano Novo e as pensionistas tentavam adivinhar o futuro, que parece tão desejável aos mortais porque lhes é desconhecido.

O lugar diante do espelho estava ocupado, naquele momento, por uma pessoa muito jovem, de rosto claro e rosado, de traços infantis. Fartos cabelos castanhos caíam soltos por sobre seus ombros, e seus grandes olhos azuis, de estranho brilho, refletiam a mais radiante esperança, a mais ingênua confiança na humanidade e na vida.

No entanto, naquele momento, um jato de fogo transpassou seu corpo e seu perispírito, detendo-se no seu coração. A moça estremeceu, seu olhar velou-se e, empalidecendo, levou a mão ao peito. O pressentimento de seus sofrimentos que aquela graça do céu lhe acarretaria oprimiu-lhe a alma e fez com que um suspiro escapasse dos seus lábios: o espírito acabava de se unir ao seu médium terreno, mostrando-lhe, ao mesmo tempo, todo o despeito, o ódio e inveja que seu trabalho haveria de despertar entre os homens.

Enlaçada, envolvida pela fita de fogo, a moça levantou-se sentindo um evidente mal-estar e deitou-se na cama. Rochester lançou sobre ela uma torrente de fluido calmante e, logo, o pesado torpor transformou-se num sono tranqüilo e reparador.

— Descansa, criança, até o momento da luta pela verdade. Possa eu te ajudar a permanecer calma, corajosa e indulgente, pois a vida atual é um campo de batalha, cujas conseqüências serão avaliadas pela morte — murmurou o espírito, elevando-se no espaço e, uma ardente invocação para o Pai de todas as coisas jorrou de sua alma:

— Deus todo-poderoso! Ajuda-me e apóia-me na tarefa que me impus.

Rochester

Anexo: Os personagens de Rochester

O desfecho desta narrativa de Rochester nos mostra que ele se fez tutor do grupo dos personagens que a compõe; além de *Herculanum*, outros livros também descrevem os dramas vivenciados por eles. Para que o leitor possa fazer uma análise comportamental e evolutiva destes personagens, descrevemos aqui a série de encarnações conhecidas de alguns deles, na maioria das vezes, fruto de pesquisas nas próprias obras do autor espiritual.

Rochester faz referências a este grupo de personagens nas obras *Hatasu - a rainha do Egito*, *O Faraó Mernephtah*, *Episódio da Vida de Tibério*, *Herculanum* e em *Abadia dos Beneditinos*. Outras referências do autor apontam que *Diana de Saurmont*, *Os Luminares Tchecos*, *O Barão Ralph de Derblay* e *O Judas Moderno* – embora estes dois últimos ainda não tenham sido encontrados – também fazem parte desta lista.

Outras referências ainda vêm do prefaciador da primeira publicação de *A Vingança do Judeu* para o nosso idioma; segundo suas informações, podemos incluir nesta lista as obras *Dolores* e *O Sacerdote de Baal*.

Acreditamos que as demais obras históricas (*O Chanceler de Ferro do Antigo Egito*, *O Sinal da Vitória*, a bilogia *Os Servidores do Mal*, *O Festim de Baltazar*, *As Fraquezas de um Grande Herói*, *Um Grego Vingativo* e *Saul, o Primeiro Rei dos*

Judeus – estes quatro últimos também ainda não localizados) também podem fazer parte deste grupo de obras.

Novas pesquisas virão, novos livros surgirão, e certamente teremos num futuro um quadro mais completo para oferecer aos nossos leitores.

Antonio Rolando Lopes Jr.

Caius Lucilius: O protagonista e herói deste drama, além de ter sido o poeta satírico inglês, John Wilmot, conde de Rochester – autor desta obra –, encarnou através dos tempos a figura de Mernephtah (*O Faraó Mernephtah*) – o faraó do êxodo hebreu, que enfrentou o legislador Moisés –, o gladiador romano Astartos (*Episódio da Vida de Tibério*), e foi também o conde Lotário de Rabenau (*Abadia dos Beneditinos*). Alguns pesquisadores apontam ainda que teria sido ele o José do Egito (*O Chanceler de Ferro do Antigo Egito*), embora não tenhamos encontrado referências concretas e precisas de tal informação.

Virgília: Foi em existência anterior a personagem Lélia (*Episódio da Vida de Tibério*) e a bela egípcia Smaragda (*O Faraó Mernephtah*). Encarnou Rosalinda em *Abadia dos Beneditinos* e foi a médium Vera Ivanovna Kryzhanovskaia – quem o espírito de Rochester preparou desde a infância para ditar suas obras. A personagem Lélia afirma ainda que teria participado das obras *O Barão Ralph de Derblay* e *Diana de Saurmont*, sugerindo possivelmente que teria sido a protagonista principal desta obra, que dá o nome ao livro. Tal como na hipótese de que Rochester teria sido o José do Egito, alguns pesquisadores afirmam ter sido ela a personagem Asnath (*O Chanceler de Ferro do Antigo Egito*), quiçá Neith (*Hatasu - a rainha do Egito*), bem como a espanhola Dolores (em *Dolores*).

Tibério: O altivo imperador romano descrito em *Episódio da Vida de Tibério* teve existência anterior como o mago Pinehas, à época de *O Faraó Mernephtah*. Rochester sugere nesta obra – *Herculanum* –, que ele retornara como Gundicar, o escravo de Marcos Fabius e Virgília. Futuramente, reencarnaria como o conde Hugo de Mauffen (*Abadia dos Beneditinos*) e também participou das tramas de *O Barão Ralph de Derblay* e *Diana de Saurmont* (sendo supostamente nesta obra o conde Briand de Saurmont).

Daphné: A esposa de Caius Lucilius sempre teve uma relação de muita proximidade com ele. Encarnou Radamés, o condutor oficial do carro de Mernephtah e foi seu filho bastardo (*O Faraó Merneptah*); também foi filho de Rochester em *Abadia dos Beneditinos*, quando viveu na pele de Kurt de Rabenau. Encarnou o egípcio Mena na estória de *Hatasu - a rainha do Egito* e à época da encarnação da médium Vera, na Rússia Imperial, vivia sob o nome de Alexandre Hasenfeldt.

Cornélius: O centurião romano conhecido nesta obra por Pai João também participou de outras estórias: foi o sacerdote egípcio Amenophis à época de *O Faraó Mernephtah*; retornou como Jan Huss (*Os Luminares Tchecos*), quando foi queimado vivo em Constança; reencarnou então como Allan Kardec, codificador do espiritismo.

Nero: Entre as encarnações conhecidas do irmão de Caius Lucilius, apontamos a de Pater Sanctus (ou Ângelo) em *Abadia dos Beneditinos* e teria sido ele também o sacerdote de Baal – possivelmente o personagem Matã, relatado na Bíblia (*O Sacerdote de Baal*). Na Rússia imperial do século XIX viveu como S. M. (as iniciais do seu nome) e foi novamente filho de Semprônius (que se chamava S. J. M........sky).

Claudius: Em existência anterior, vestiu a roupagem de Marcos, o médico de Tibério (*Episódio da Vida de Tibério*). Em *Abadia dos Beneditinos* encarnou Wilibald de Launay.

Metela: Na estória de Tibério, foi Veleda, a prisioneira de Gálio (que em *Herculanum* retornou como Salius). Em *Abadia dos Beneditinos* foi Edgar (Pater Benedictus).

Marcus Fabius: Embora não sejam apontadas referências explícitas de outras encarnações, podemos supor – pela semelhança de caráter – que o marido de Virgilia foi o sacerdote Roma à época de *Hatasu - a rainha do Egito*, o egípcio Omifer em *O Faraó Mernephtah* e o germânico Hilderico na estória de Tibério (*Episódio da Vida de Tibério*).

O Castelo Encantado
J. W. ROCHESTER / VERA KRYZHANOVSKAIA

O *Castelo Encantado* é um romance simplesmente fascinante. O drama se passa na França do século XIX, em meio à frívola e depravada nobreza da época e segue um estilo de suspense gótico. Nele, podemos comprovar as inevitáveis leis cármicas, reunindo novamente nas ruínas do antigo castelo da família Bordele os mesmos protagonistas de uma misteriosa e terrífica trama ocorrida em encarnações anteriores.

Um enredo picante e de conteúdo doutrinário, com surpreendentes fatos sobrenaturais, envolve os personagens Berange, Alice, Mushka e Renoir, em queda e ascensão, de vida em vida, resgatando débitos em busca do conhecimento, do aperfeiçoamento e do crescimento moral.

Rochester faz o leitor se emocionar ao conduzi-lo às ruínas do castelo "encantado" e reviver o drama e a paixão dos envolventes personagens desta belíssima obra que todos devem conhecer.

O Terrível Fantasma
Trilogia *Do Reino das Trevas* - Livro 1
J. W. ROCHESTER / VERA KRYZHANOVSKAIA

Mistério, drama, paixão e a presença marcante das forças ocultas compõem o instigante enredo de *O Terrível Fantasma*, livro 1 de uma trilogia do conhecido autor espiritual conde de Rochester.

História ocorrida na aristocracia russa, numa época sem sólidas bases morais, praticamente todos os personagens da trama são envolvidos num clima de magia que se materializa através de Pratissuria, um tigre empalhado, que inesperadamente toma vida e espalha o terror no castelo de Zeldenburg.

Será ele o terrível fantasma? Será o "cavaleiro andante" da Livônia, que foi murado vivo na capela do castelo? Ou será Vairami, bela dançarina do Templo de Kali, que entregou seu coração à deusa?

Totalmente comprometidos com reajustes cármicos, os personagens desta trama acabam mergulhando nas profundezas dos baixos sentimentos. Rochester, no entanto, sabe como fazê-los emergir do caos, prevalecendo o despertamento da moral cristã.

Belíssima capa e texto aprimorado, a obra *O Terrível Fantasma* irá fascinar o leitor. E o que é melhor... seu conteúdo envolvente terá seqüência em *No Castelo Escocês*.

No Castelo Escocês
Trilogia *Do Reino das Trevas* - Livro 2
J. W. ROCHESTER / VERA KRYZHANOVSKAIA

O que teria levado uma mocinha tão jovem e requintada como Mary Surovtsev a aventurar-se por caminhos tão tortuosos?

Dócil e apaixonada personagem de *O Terrível Fantasma*, livro 1 de uma trilogia, ela retorna agora em *No Castelo Escocês*, livro 2, para revelar sua verdadeira identidade moral. E envolve-se num tenebroso clima de magia, paixão, delírio e lascívia, tentando reconquistar os privilégios e a posição social perdidos em *O Terrível Fantasma*.

Mas Mary não estava preparada para uma tarefa tão complicada e macabra que o destino colocara como prova em seu caminho.

A partir daí, o leitor irá acompanhar uma trajetória excitante e obscura pelos labirintos escuros da vida, percorrida pela bela jovem aristocrata de apenas dezoito anos.

Mas, a história não pára por aí. Mary cambaleia, tropeça, chora e vacila ao penetrar no mundo subterrâneo das sombras, que terá o seu desfecho em *Do Reino das Trevas*.

Do Reino das Trevas
Trilogia *Do Reino das Trevas* - Livro 3
J. W. ROCHESTER / VERA KRYZHANOVSKAIA

Uma extraordinária reviravolta no destino dos principais personagens desta trilogia de Rochester surpreenderá os leitores.

Depois de viver uma empolgante e breve paixão por Zatorsky, talentoso doutor que mantinha uma vergonhosa ligação com a Baronesa Kozen, Mary é atingida por terríveis infortúnios e acaba caindo nas garras de um asqueroso satanista que a introduz na ciência negra.

Durante cinco anos ela suporta as mais repulsivas orgias satânicas e, movida pela sede de vingança, penetra cada vez mais nos subterrâneos das sombras até que descobre quem é o terrível fantasma que a mantém ligada às trevas.

Então, terá de suportar graves provações e muito perigo para resolver entraves ligados ao passado. Mas uma grande surpresa está reservada para Mary e será a sua última chance de salvação.

O emocionante desfecho desta enigmática trama está aqui nas páginas de *Do Reino das Trevas* (livro 3), provando que só o amor é capaz de vencer e ultrapassar todas as barreiras.

Num Outro Mundo
J. W. ROCHESTER / VERA KRYZHANOVSKAIA

Um planeta longínquo, de cenário exuberante, paisagens pitorescas e atmosfera aromática, onde predomina a harmonia e reina a paz entre os homens. Um mundo magnificamente belo, que fascina e atrai os que buscam a verdadeira felicidade e o pleno amor.

Quantos não sonham encontrar esse paraíso lendário, que parece habitar apenas a imaginação dos sonhadores? Pois, Dangma é o nome do lugar que tanto buscamos; o planeta que todos sonham habitar um dia, onde os que anseiam um ideal maior poderão experimentar o êxtase da plenitude dos puros sentimentos.

Este lugar existe e está aqui, nas páginas de *Num Outro Mundo*. Realidade ou ficção? Somente, Rochester, autor espiritual que fascina por sua característica inovadora, poderá revelar, conduzindo o leitor numa magnífica viagem a Dangma, o luminoso planeta Vênus, onde habita uma sociedade muito mais evoluída. É ler para conhecer e, então, realmente acreditar!

Dolores
J. W. ROCHESTER / VERA KRYZHANOVSKAIA

O romance *Dolores* se passa no fim do século XVIII, inicialmente na Espanha e depois em Cuba, palco da última encarnação de Rochester, e reúne alguns dos personagens que acompanharam o autor durante as várias jornadas de experiências encarnatórias.

Dolores é a filha mais nova da aristocrática família de Mornos, que se vê obrigada a abdicar de seu grande amor, Alfonso, em favor de uma união indesejada com seu primo José para saldar as pesadas dívidas de seus familiares.

A bela e altiva jovem logo conquista o coração de todos na fazenda dos Mornos. Apenas o filho bastardo do conde Fernando com uma escrava mulata, ou melhor, José, não se rende aos encantados de Dolores, apesar de estar totalmente apaixonado por ela. Cego de ciúme, desesperado com a indiferença da moça e humilhado por sentir-se inferior, ele passa a prorrogar a sua própria felicidade, adiando intencionalmente o casamento e cometendo atitudes impensadas uma após outra.

Por isso, revolta e resignação, desespero e tolerância, ódio e amizade passam a ser os sentimentos que se revezam no coração de Dolores, presenteando-nos com belas lições de amor e de justiça, que se contrastam com as armações e as baixezas de seu próprio irmão, dom Ramiro.

Obra raríssima que ficou desaparecida durante sucessivas décadas, não tendo sido encontrada em nenhum idioma, *Dolores* é resgatada pela EDITORA DO CONHECIMENTO num momento oportuno para o público cativo do autor espiritual conde de Rochester.

Os Luciferianos
Bilogia *Os Servidores do Mal* - Livro 1
J. W. ROCHESTER / VERA KRYZHANOVSKAIA

A trama de *Os Luciferianos* (livro 1 da bilogia *Os Servidores do Mal*) se desenrola no Tirol, região "nebulosa" que já foi palco de muitos rituais macabros nos subterrâneos dos castelos medievais. Raymond e Eliza são as vítimas desta vez. Unidos, ainda crianças, pelos laços do matrimônio, provocam sem se dar conta ciúmes e intrigas entre vários personagens desta história. E o que tiveram de suportar então... foi simplesmente "infernal". Desencontros e suspense marcam as páginas desta obra inédita do conde de Rochester, cujo misterioso enredo continua em *Os Templários* (livro 2).

Os Templários
Bilogia *Os Servidores do Mal* - Livro 2
J. W. ROCHESTER / VERA KRYZHANOVSKAIA

Raymond e Eliza, jovens personagens de *Os Luciferianos* (livro 1) retornam agora ao palco de *Os Templários* para concretizar, de fato, o matrimônio que lhes fora "encomendado" pelos pais, quando ainda eram crianças. Mas não contavam conhecer Gil de Basemon, o cavaleiro templário adepto de uma ciência obscura, cuja alma afundava sem freios nos abismos do mal.

Linda e romântica, a condessa desperta o verdadeiro amor no coração do jovem templário. Mas Uriel, o selvagem judeu "luciferiano", ainda está em cena tramando nos subterrâneos do castelo um terrível fim para Eliza e Raymond.

Era a idade das trevas e a luz ainda não se fazia presente no coração dos homens. Gil de Basemon vai experimentar, então, toda a sorte de crueldades que caracterizam aquele período histórico. A Ordem dos Templários sofre a pior das perseguições e vê a sua própria derrocada, levando consigo o grande amor desta história.

Ksenia
J. W. ROCHESTER / VERA KRYZHANOVSKAIA

Ivan Fiodorovitch não estava acostumado a sofrer. Em sua vida de prazer e egoísmo, nunca passara por uma luta moral interna. Mas, subitamente, recebeu um golpe do destino que abalou todo o seu ser e mudou completamente os seus sentimentos. Olhava agora para si mesmo com pavor e censura. Era um pai depravado!

Quem teria traçado aquele plano diabólico que se desencadeava em sua vida com conseqüências tão sinistras? Como suportaria enfrentar o terrível drama familiar causado por sua própria invigilância moral?

Sem fazer derramar uma só gota de sangue, ou se reportar a rituais satânicos, Rochester revela nesta obra até que ponto a maldade humana é capaz de chegar para executar as tramas de uma sórdida vingança.

Ksenia — O Calvário de uma Mulher pode chocar pela delicadeza do tema abordado, mas é obra cujo conteúdo vai levar o leitor a uma ampla reflexão sobre os valores morais.

A Teia
J. W. ROCHESTER / VERA KRYZHANOVSKAIA

No final do século XIX, a Rússia vivia uma grave crise social, com insustentáveis desigualdades econômicas entre os privilegiados proprietários de terras e uma massa de camponeses que chegava a 80 por cento da população. Greves e revoltas rapidamente se espalharam pelo país, culminando na Revolução Bolchevista de 1917, que tomou o poder e as propriedades burguesas das mãos dos aristocratas e do clero ortodoxo e desmantelou a velha ordem feudal — estava lançado então o primeiro Estado socialista da história da humanidade. É neste cenário que se passa o enredo de *A Teia*, romance histórico que retrata a *via crucis* percorrida por uma bela e intransigente condessa em busca de harmonia social e de uma vida justa e digna como cidadã russa.

Vivendo nos limites entre o amor e o ódio, sentimentos em ebulição naquela época conturbada, a jovem defensora dos interesses russos presenciava a hábil "teia" que era tramada pelo destino para mostrar à humanidade que tanto na história real quanto na ficção o extremismo só leva à destruição e ao separativismo.

Esta é a oportunidade oferecida por Rochester para o leitor conhecer com detalhes os sórdidos episódios que antecederam os movimentos revolucionários na Rússia.

A Filha do Feiticeiro
J. W. ROCHESTER / VERA KRYZHANOVSKAIA

Tudo começou em Gorky, uma velha mansão isolada numa pequena ilha malafamada, conhecida como "o ninho do diabo", onde, por décadas, sucederam-se inúmeros fenômenos inexplicáveis e muitas desgraças. Ali nasceu Mila, linda e enigmática como uma jovem pantera.

Herdeira de um poderoso feiticeiro, ela possuía estranhas sensações físicas, mas se apaixonou por Mikhail e quis roubá-lo da noiva. Então, terá de escolher entre o caminho das trevas ou da luz. Conseguirá vencer o egoísmo e seguir os benéficos conselhos do bom espírito de sua falecida mãe?

As fortes emoções desta luta entre o bem e o mal, cheia de tramas e mistérios, o leitor vai acompanhar avidamente a cada página de *A Filha do Feiticeiro*, mais uma bela obra inédita de Rochester, narrada como somente ele sabe fazê-lo.

HERCULANUM
foi confeccionado em impressão digital, em agosto de 2023
CONHECIMENTO EDITORIAL LTDA
(19) 3451-5340 — conhecimento@edconhecimento.com.br
Impresso em Luxcream 70g - StoraEnso